Schriftenreihe der Forschungsstelle für Finanzdienstleistungsrecht der Philipps-Universität Marburg
Herausgegeben von Gilbert Gornig und Hans-Detlef Horn

Band 6

Zur Qualitätssicherung und Peer Review der vorliegenden Publikation

Die Qualität der in dieser Reihe erscheinenden Arbeiten wird vor der Publikation durch den Herausgeber der Reihe geprüft.

Notes on the quality assurance and peer review of this publication

Prior to publication, the quality of the work published in this series is reviewed by the editor of the series.

Die Regulierung von Leerverkäufen als Folge der Finanzkrise

Vorwort

Seit dem Aufkommen der Finanzmarktkrise im Jahre 2007 ist die Regulierung der Finanz- und Kapitalmärkte eines der bestimmenden Themen der politischen und gesellschaftlichen Diskussion und hat infolge ihrer Auswirkungen auf die europäische Staatsschuldenkrise bis zum heutigen Tage nicht an Brisanz verloren.

Den Ausgangspunkt der nachstehenden Arbeit bildet daher die Frage, auf welche Ursachen die Finanzmarktkrise zurückzuführen ist und ob der Gesetz- bzw. Verordnungsgeber in rechtlich, rechtsökonomisch bzw. rechtspolitisch angemessener Weise auf die Krise reagiert hat.

Dieser Fragestellung soll im Rahmen der vorliegenden Arbeit anhand einer umfassenden Analyse der Regulierung von Leerverkäufen nachgegangen werden, welche als eine der prominentesten Lehren aus der Finanzmarktkrise propagiert wird.

Die Arbeit wurde im Sommersemester 2014 von der Philipps-Universität Marburg als Dissertation angenommen. Insoweit gilt mein besonderer Dank meinem Doktorvater Prof. Dr. Michael Kling, welcher mich in jedem Stadium meiner Promotion unterstützt hat. Herrn Prof. Dr. Sebastian Müller-Franken danke ich für seine hilfreichen Anregungen und die Erstellung des Zweitgutachtens. Weiterhin danke ich Herrn Prof. Dr. Dr. h.c. mult. Gilbert Gornig und Herrn Prof. Dr. Hans-Detlef Horn für die Möglichkeit der Publikation meiner Arbeit in dieser Schriftenreihe und bedanke mich bei der Forschungsstelle für Finanzdienstleistungsrecht der Philipps-Universität Marburg für die finanzielle Unterstützung bei der Publikation der Arbeit.

Widmen möchte ich meine Arbeit meinem Großvater Karl Tritschler, meinen Eltern Edith Wenz-Tritschler und Dr. Horst Tritschler sowie meiner Verlobten Angelika Rogalski, deren Unterstützung meine Promotion erst ermöglicht hat.

Marburg, September 2014 Paul Tritschler

Inhaltsverzeichnis

Einleitung 17

1. Kapitel Die Entstehungsgeschichte der Regulierung von Leerverkäufen 21

A. Die Entstehung der Finanzkrise 22
B. Der „Leerverkauf": Begriffsbestimmung 28
I. Der gedeckte Leerverkauf 29
II. Der ungedeckte Leerverkauf 30
III. Entscheidende Unterschiede zwischen gedeckten und ungedeckten Leerverkäufen 30
C. Die von Leerverkäufen ausgehenden Gefahren für die Stabilität des Finanzsystems 31
D. Der Leerverkauf als Handelsstrategie 32
I. Spekulation 32
II. Arbitrage 33
III. Hedging 34
IV. Zwischenergebnis 35
E. Ergebnis 35

2. Kapitel Die rechtliche Einordnung von Leerverkäufen vor Inkrafttreten der Verordnung (EU) Nr. 236/2012 37

A. Die Behandlung des Leerverkaufes im speziellen Kapitalmarktrecht 37
I. Das Verbot der Marktmanipulation gemäß § 20a WpHG 37
1. Der Anwendungsbereich des § 20a WpHG 38
a) Der Leerverkauf als Finanzinstrument i.S.d. § 2 Abs. 2b WpHG 38
aa) Der Leerverkauf als Börsentermingeschäft 38
bb) Der Leerverkauf als „zusammengesetztes Finanzinstrument" 41
cc) Zwischenergebnis 41
b) Börsennotierung 41

c) Räumlicher Schutzbereich ... 42
aa) Geltungsbereich ... 43
bb) Anwendungsbereich ... 43
d) Normadressaten ... 44
e) Zwischenergebnis ... 45
2. Der Verbotstatbestand des § 20a Abs. 1 S. 1 Nr. 1 WpHG ... 45
a) Das Machen unrichtiger oder irreführender Angaben ... 45
aa) Das Streuen von Gerüchten als unrichtige bzw. irreführende Angabe ... 47
bb) Die konkludente Abgabe unrichtiger oder irreführender Angaben ... 48
(1) Die Eigentümerstellung ... 49
(2) Die Motivation des Leerverkäufers ... 50
(3) Die Erfüllungsabsicht ... 51
cc) Zwischenergebnis ... 51
b) Bewertungserhebliche Umstände ... 51
c) Das Verschweigen bewertungserheblicher Umstände entgegen bestehender Rechtsvorschriften ... 53
d) Zwischenergebnis ... 53
3. Der Verbotstatbestand des § 20a Abs. 1 S. 1 Nr. 2 WpHG ... 54
a) Vornahme von Geschäften, Erteilen von Kauf- oder Verkaufsaufträgen ... 54
b) Eignung als falsches oder irreführendes Signal, künstliches Preisniveau ... 55
aa) Die Eigentumsstellung als irreführendes Signal i.S.d. § 20a Abs. 1 S. 1 Nr. 2 WpHG ... 55
bb) Die Bewertung als irreführendes Signal i.S.d. § 20a Abs. 1 S. 1 Nr. 2 WpHG ... 56
cc) Das Überangebot als irreführendes Signal i.S.d. § 20a Abs. 1 S. 1 Nr. 2 WpHG ... 56
(1) § 3 Abs. 1 MaKonV ... 58
(1.1.) Die zwingenden Regelbeispiele des § 3 Abs. 2 Nr. 1 und Nr. 2 MaKonV ... 59
(1.2.) Das zwingende Regelbeispiel des § 3 Abs. 2 Nr. 3 MaKonV ... 59
(1.3.) Der Leerverkauf als Anzeichen nach § 3 Abs. 1 Nr. 1 c und Nr. 1b MaKonV ... 62
(2) Zwischenergebnis ... 63
4. Die Schutzbereichsausnahmen des § 20a Abs. 2 und Abs. 3 WpHG ... 63

a) Der Tatbestandsausschluss des § 20a Abs. 2 WpHG 63
b) Die „Safe Harbours“ gemäß § 20a Abs. 3 WpHG 65
5. Vorsatz 66
6. Ergebnis 67
II. Das Verbot von Insidergeschäften nach § 14 Abs. 1 Nr. 1 WpHG 67
1. Die Insiderinformation als Anreiz des Leerverkäufers 67
2. Der Leerverkauf als Insidergeschäft i.S.d. § 14 Abs. 1 Nr. 1 WpHG 67
a) Die Eigentumslage als Insiderinformation 68
b) Der Drittbezug der Insiderinformation 68
c) Zwischenergebnis 71
III. Die Verbote von Leerverkäufen nach dem Investmentgesetz (InvG) 71
1. Anwendungsbereich des InvG 71
a) Örtlicher Anwendungsbereich 71
b) Sachlicher Anwendungsbereich 72
2. Das Leerverkaufsverbot des § 59 InvG 72
3. Das Leerverkaufsverbot des § 113 Abs. 1 S. 3 InvG 74
4. Das Leerverkaufsverbot des § 136 Abs. 1 Nr. 5g InvG 75
5. Zwischenergebnis 75
IV. Die Verleitung zur Börsenspekulation gemäß § 26 Abs. 1 BörsG 76
1. Der Leerverkauf als Börsenspekulationsgeschäft 76
a) Beurteilung aus Sicht des Käufers 77
b) Beurteilung aus Sicht des Verkäufers 77
2. Das Verleiten zum Leerverkauf 79
3. Die Beteiligung am Leerverkauf 80
a) Sammelkonto/Investmentclub als unmittelbare oder mittelbare Beteiligung 80
b) Der Fonds als mittelbare Beteiligung 81
aa) Single-Hedgefonds 82
bb) Dach-Hedgefonds 82
cc) Sonstige kollektive Anlageformen 83
4. Die Ausnutzung der Unerfahrenheit in Börsenspekulationgeschäften 83
a) Unerfahrenheit in Börsenspekulationsgeschäften 84
b) Ausnutzung der Unerfahrenheit 84
5. Die Gewerbsmäßigkeit 85
6. Zwischenergebnis 85
V. Ergebnis 86
B. Die strafrechtliche Ahndung des Leerverkaufes 86

I. Das Kernstrafrecht ... 86
1. § 263 StGB ... 86
a) Der Leerkauf ... 87
aa) Täuschungshandlung ... 87
(1) Die Eigentumslage ... 87
(2) Die Erfüllungswilligkeit ... 88
(3) Manipulation des Vertragsgegenstandes ... 88
bb) Irrtum ... 89
cc) Vermögensverfügung ... 90
dd) Vermögensschaden ... 90
b) Die Glattstellung der Leerverkaufsposition ... 91
aa) Täuschung ... 91
bb) Irrtum ... 91
cc) Vermögensverfügung ... 91
dd) Vermögensschaden ... 91
c) Zwischenergebnis ... 92
2. § 264a StGB ... 93
II. Das Kapitalmarktstrafrecht ... 93
1. § 38 Abs. 2 Nr. 1 i.V.m. § 20a Abs. 1 S. 1 Nr. 2 WpHG ... 93
a) Die Frage der Verfassungsmäßigkeit des § 38 Abs. 2 i.V.m. § 20a Abs. 1 Nr. 2 WpHG ... 94
b) Die Frage der Europarechtswidrigkeit des § 38 Abs. 2 i.V.m. § 20a Abs. 1 Nr. 2 WpHG ... 94
c) Zwischenergebnis ... 95
2. § 38 Abs. 1 Nr. 1 i.V.m. § 14 Abs. 1 Nr. 1 WpHG ... 95
3. § 49 i.V.m. § 26 Abs. 1 BörsG ... 95
4. Zwischenergebnis ... 96
C. Die aufsichtsrechtliche Unterbindung des Leerverkaufes ... 96
I. Das aufsichtsrechtliche Verbot des Leerverkaufes ... 96
1. Ermächtigungsgrundlage ... 97
2. Zwischenergebnis ... 100
II. Die Sanktionierung manipulativer Leerverkäufe ... 100
D. Zivilrechtliche Einordnung des Leerverkaufes ... 100
I. Der Leerverkauf als Kaufvertrag i.S.d § 433 BGB ... 101
II. Mögliche Unwirksamkeitsgründe ... 101
1. Unwirksamkeit wegen Gesetzesverstoßes nach § 134 BGB ... 102
a) Unwirksamkeit gemäß § 134 BGB i. V. m. § 20a WpHG ... 102
b) Unwirksamkeit gemäß § 134 BGB i.V.m. § 26 BörsG ... 103
c) Unwirksamkeit gemäß § 134 BGB i.V.m. § 59 bzw. § 113 InvG ... 103

2. Unwirksamkeit wegen Sittenwidrigkeit nach § 138 BGB 104
3. Zwischenergebnis 104
III. Die vertragliche Haftung des Leerverkäufers 104
1. Die Anwendbarkeit des Leistungsstörungsrechts 104
a) Die Rechtsnatur der Geschäftsbedingungen der Wertpapierbörsen 105
aa) Die Börsengeschäftsbedingungen als Satzung 106
bb) Die Börsengeschäftsbedingungen als AGB oder Handelsbrauch 107
b) Rechtsfolgen 108
2. Zwischenergebnis 109
IV. Die deliktische Haftung des Leerverkäufers 109
1. Deliktische Ansprüche geschädigter Anleger 109
a) Anspruch aus § 823 Abs. 2 i.V.m. § 20a Abs. 1 S. 1 Nr. 2 WpHG 109
aa) Schutzgesetzqualität des § 20a WpHG 110
bb) Kausaler Schaden 117
cc) Rechtswidrigkeit und Verschulden 118
dd) Zwischenergebnis 118
b) Anspruch aus § 823 Abs. 2 BGB i.V.m. § 26 Abs. 1 BörsG 118
c) Anspruch aus § 826 118
2. Ansprüche geschädigter Emittenten 120
a) Anspruch aus § 823 Abs. 1 BGB 120
b) Anspruch aus § 823 Abs. 2 BGB i.V.m. § 20a Abs. 1 S. 1 Nr. 2 WpHG 120
c) Anspruch aus § 826 BGB 121
3. Zwischenergebnis 121
E. Ergebnis 121

3. Kapitel Das Verhältnis einer Leerverkaufsregulierung zu den Regelungszielen des Kapitalmarktrechts 125

A. Die Allokation als zentrale Funktion des Kapitalmarktes 125
B. Die Effizienzkriterien des Kapitalmarktes 126
I. Die fundamentale Effizienz 126
II. Die informationelle Effizienz 126
III. Die Liquidität 127
C. Die primären Regelungsziele des Kapitalmarktrechts 128
I. Der Funktionenschutz 128

II. Der Anlegerschutz ... 129
D. Die Einordnung von Leerverkäufen ... 130
I. Der ökonomische Nutzen von Leerverkäufen ... 130
1. Informationsökonomischer Nutzen ... 130
2. Erhöhung der Marktliquidität ... 132
II. Die Risiken des Leeverkaufes ... 134
1. Preisbeeinflussungspotential ... 134
2. Gefahr für die Stabilität des Finanzsystems ... 137
3. Gefahren für die Erfüllungsdisziplin ... 138
III. Die Relation von Gefahren und Nutzen des Leerverkaufes ... 139

4. Kapitel Die Verordnung (EU) Nr. 236/2012 des Europäischen Parlaments und des Rates vom 14. März 2012 über Leerverkäufe und bestimmte Aspekte von Credit Default Swaps ... 143

A. Anwendungsbereich ... 144
I. Örtlicher Anwendungsbereich ... 144
II. Sachlicher Anwendungsbereich ... 145
1. Aktien im Sinne des Art. 12 VO 236/2012 ... 146
2. Schuldtitel im Sinne des Art. 13 der VO 236/2012 ... 146
III. Persönlicher Anwendungsbereich ... 147
B. Die Beschränkung ungedeckter Leerverkäufe nach Kapitel III. der Verordnung (EU) Nr. 236/2012 ... 147
I. Der Leerverkauf ... 148
1. Kein Eigentum des Verkäufers ... 149
2. Wertpapierdarlehen ... 152
3. Ausnahmen der Leerverkaufsdefinition ... 153
4. Konzernprivileg ... 154
5. Zwischenergebnis ... 154
II. Die Beschränkung ungedeckter Leerverkäufe in Aktien nach Art. 12 VO ... 155
1. Leihe oder rechtlich gleichwertige Vorkehrungen ... 155
2. Leihvereinbarung oder unbedingt durchsetzbarer Anspruch auf Eigentumsübertragung ... 156
3. Lokalisierungszusage durch einen Dritten ... 157
a) Lokalisierungszusage ... 157
aa) Standardlokalisierungszusagen und -maßnahmen ... 158
bb) Standardlokalisierungszusagen und -maßnahmen am Tag des Leerverkaufes ... 159

cc) Zusagen und Maßnahmen in Bezug auf liquide Aktien ... 159
dd) Speicherung der Lokalisierungszusage ... 160
ee) Zwischenergebnis ... 160
b) Dritter im Sinne der Verordnung (EU) Nr. 236/2012 ... 161
c) Der Ausnahmetatbestand des Art. 16 VO 236/2012 ... 161
4. Subjektive Anforderungen ... 162
5. Zwischenergebnis ... 163
III. Beschränkung ungedeckter Leerverkäufe von öffentlichen Schuldtiteln nach Art. 13 VO ... 164
1. Die Lokalisierungszusage im Sinne des § 13 Abs. 1 lit. c VO ... 164
2. Die Ausnahmetatbestände des Art. 13 VO 236/2012 ... 165
3. Zwischenergebnis ... 166
IV. Die Ausnahmetatbestände des Art. 17 VO 236/2012 ... 167
V. Subjektive Voraussetzungen ... 168
VI. Die Rechtsfolgen ... 168
1. Straf- und ordnungswidrigkeitenrechtliche Sanktionen ... 168
2. Zivilrechtliche Rechtsfolgen ... 169
a) Verbotsgesetzeigenschaft im Sinne des § 134 BGB ... 169
b) Schutzgesetzqualität im Sinne des § 823 Abs. 2 BGB ... 171
aa) Die gemeinschaftsrechtkonforme Auslegung des § 823 Abs. 2 BGB ... 171
bb) Der individualschützende Charakter der Art. 12 und 13 der Verordnung 236/2012 ... 173
3. Aufsichtsrechtliche Maßnahmen ... 177
a) Maßnahmen der BaFin ... 177
b) Maßnahmen der ESMA ... 179
c) Zwischenergebnis ... 180
VII. Konkurrenzverhältnis zu kapitalmarktrechtlichen Bestimmungen ... 180
VIII. Vergleich zu § 30h WpHG a.F. ... 182
C. Die Transparenz von Netto-Leerverkaufspositionen nach Kapitel II der Verordnung (EU) Nr. 236/2012 ... 184
I. Das Melde- bzw. Offenlegungsregime ... 184
1. Die Meldung signifikanter Netto-Leerverkaufspositionen in Aktien nach Art. 5 VO ... 184
2. Die Offenlegung signifikanter Netto-Leerverkaufspositionen in Aktien nach Art. 6 VO ... 185
3. Die Meldung signifikanter Netto-Leerverkaufspositionen in öffentlichen Schuldtiteln nach Art. 7 VO ... 185

4. Subjektives Element 186
II. Die Netto- Leerverkaufsposition 186
1. Saldierungsfähige Long- und Short-Positionen 187
a) Long-Positionen 187
b) Short-Positionen 189
2. Berechnungsmethode 190
a) Netto-Leerverkaufsposition im ausgegebenen Aktienkapital 190
b) Netto-Leerverkaufsposition in öffentlichen Schuldtiteln 191
c) Durch Fonds oder Gruppen gehaltenen Netto-Leerverkaufspositionen 192
aa) Netto-Leerverkaufspositionen für mehrere Fonds oder verwaltete Portfolios 193
bb) Netto-Leerverkaufspositionen innerhalb einer Gruppe 194
cc) Zwischenergebnis 194
III. Die Meldung bzw. Offenlegung 195
1. Meldepflichtige Person 195
a) Managementeinheit 196
b) Konzern (Gruppe) 197
2. Richtiger Adressat der Meldung bzw. Offenlegung 197
a) Jeweils zuständige Behörde 197
b) Öffentlichkeit 198
3. Maßgeblicher Zeitpunkt 198
4. Melde- und Offenlegungsverfahren 199
5. Zwischenergebnis 199
IV. Ausnahmetatbestände 200
V. Die Rechtsfolgen 200
1. Straf- und ordnungswidrigkeitenrechtliche Sanktionen 201
2. Zivilrechtliche Rechtsfolgen 201
a) Verbotsgesetzqualität im Sinne des § 134 BGB 201
b) Schutzgesetzqualität im Sinne des § 823 Abs. 2 BGB 201
aa) Das Melderegime der Art. 5 und Art. 7 VO 202
bb) Die Offenlegungspflicht nach Art. 6 VO 203
3. Aufsichtsrechtliche Implikationen 204
VI. Vergleich zu § 30i WpHG a.F. 204

5. Kapitel Die Angemessenheit der EU-Leerverkaufsregulierung aus europarechtlicher, rechtsökonomischer und rechtspolitischer Perspektive 207

A. Die Vereinbarkeit der EU-Leerverkaufsverordnung mit dem Europarecht ... 207
I. Vereinbarkeit der Leerverkaufsverordnung mit den Europäischen Verträgen (EUV/AEUV) ... 207
1. Rechtsgrundlage ... 208
2. Subsidiaritätsgrundsatz ... 210
3. Verhältnismäßigkeitsgrundsatz ... 212
4. Verstoß gegen die Grundfreiheiten ... 214
5. Verstoß gegen die Kompetenzverteilung des AEUV ... 216
II. Zwischenergebnis ... 217
B. Vereinbarkeit der Leerverkaufsverordnung mit den Grundrechten der Europäischen Grundrechtecharta ... 217
I. Das Recht auf den Schutz personenbezogener Daten ... 219
II. Die Berufsfreiheit des Art. 15 Abs. 1 der Europäischen Grundrechtecharta ... 222
III. Die unternehmerische Freiheit des Art. 16 der Europäischen Grundrechtecharta ... 227
IV. Das Eigentumsrecht des Art. 17 der Europäischen Grundrechtecharta ... 227
V. Das Bestimmtheitsgebot aus Art. 49 Abs. 1 S. 1 der Europäischen Grundrechtecharta ... 229
VI. Ergebnis ... 231
C. Die Angemessenheit der EU-Leerverkaufsregulierung aus rechtsökonomischer Perspektive ... 231
I. Die Vereinbarkeit des EU-Leerverkaufsverbotsregimes mit den Regelungszielen des Kapitalmarktrechts ... 232
II. Vereinbarkeit des EU-Leerverkaufstransparenzregimes mit den Regelungszielen des Kapitalmarkrechts ... 235
1. Die Meldung signifikanter Netto-Leerverkaufspositionen in Aktien ... 236
2. Die Offenlegung signifikanter Netto-Leerverkaufspositionen in Aktien ... 237
3. Die Meldung signifikanter Netto-Leerverkaufspositionen in öffentlichen Schuldtiteln ... 239
4. Zwischenergebnis ... 240
D. Die rechtspolitische Bewertung der Neuregelung ... 240

Zusammenfassende Thesen ... 245

Literaturverzeichnis ... 253

Einleitung

Die internationale Finanzmarktkrise der Jahre 2007 ff. verursachte schwere Verwerfungen auf den Finanzmärkten. Dies führte zu einer Liquiditätskrise im Bankensektor, welche eine Rezession der Realwirtschaft auslöste, und schlussendlich in eine Staatsschuldenkrise zahlreicher Mitgliedsstaaten der Europäischen Union mündete.

Hierdurch gerieten insbesondere Leerverkäufe und Credit Default Swaps in die Kritik, mit deren Hilfe gezielt gegen die Kreditwürdigkeit einzelner Unternehmen und Staaten spekuliert werden kann.[1]

Aufgrund der von Leerverkäufen (potentiell) ausgehenden Gefahren für die Funktionsfähigkeit des Finanzsystems verbot die Bundesanstalt für Finanzdienstleistungen (BaFin) in einer am 19. September 2008 erlassenen und zum 21. September 2008 ergänzten Allgemeinverfügung insbesondere den Leerverkauf von Aktien 11 börsennotierter Unternehmen mit besonderer Bedeutung für den Finanzsektor. Am 27. Juli 2012 trat sodann die in Folge der Umsetzung des Gesetzes zur Vorbeugung gegen missbräuchliche Wertpapier- und Derivategeschäfte in §§ 30 h f. WpHG eingefügte Leerverkaufsregulierung in Kraft. Diese wurde allerdings zum 1. November 2012 durch die Verordnung (EU) Nr. 236/2012 über Leerverkäufe und bestimmte Aspekte von Credit Default Swaps (EU-Leerverkaufsverordnung) abgelöst und dementsprechend im Zuge des EU-Leerverkaufsausführungsgesetzes aufgehoben.

Zielsetzung der nachstehenden Arbeit ist eine rechtliche, rechtsökonomische und rechtspolitische Bewertung der kapitalmarktrechtlichen Lehren aus der Finanzkrise am Beispiel der Regulierung von Leerverkäufen, welche anhand einer umfassenden Analyse der Recht- und Zweckmäßigkeit des neuen EU-Leerverkaufsverbots- und Transparenzregimes vorgenommen werden soll.

---

1 So kann der von Leerverkäufen ausgehenden „zerstörerischen Spekulation“ nach Ansicht der Bundesregierung nur mit einem weitgehenden Verbot (in ganz Europa) begegnet werden, und aus Sicht des SPD Vorsitzenden Sigmar Gabriel ist es nicht zu verstehen, warum derartige hoch spekulative Geschäfte überhaupt erlaubt sind; vgl. Vier europäische Staaten verbieten Leerverkäufe, in: FAZ vom 13. August 2011, Nr. 187, S. 11.

Zu diesem Zwecke erfolgt im 1. Kapitel der Arbeit eine umfassende Darstellung der Genese der Finanzkrise, anhand derer die Bedeutung von Leerverkäufen für die Entstehung und Verbreitung der Finanzmarktkrise aufgezeigt werden soll. In diesem Zusammenhang werden die von Leerverkäufen ausgehenden Gefahren für die Stabilität des Finanzsystems verdeutlicht, die grundsätzliche Funktionsweise von Leerverkäufen und deren verschiedenartige Einsatzmöglichkeiten erörtert und eine Abgrenzung gedeckter und ungedeckter Leerverkäufe vorgenommen.

Sodann wird im 2. Kapitel der Arbeit überprüft, inwieweit den von Leerverkäufen ausgehenden Gefahren bereits auf Grundlage des vor der gezielten Leerverkaufsregulierung geltenden Rechtsstandes begegnet werden konnte. Hierbei steht aus kapitalmarktrechtlicher Perspektive neben dem Insiderhandelsverbot des § 14 Abs. 1 WpHG, den investmentrechtlichen Leerverkaufsverboten der § 59 und § 113 InvG und dem Verbot der Verleitung zu Börsenspekulationsgeschäften des § 26 Abs. 1 BörsG insbesondere das Marktmanipulationsverbot des § 20a WpHG im Mittelpunkt der Untersuchung.

Weiterhin sind auch die strafrechtliche Relevanz von Leerverkäufen sowie die Möglichkeiten eines aufsichtsrechtlichen Vorgehens gegen Leerverkäufe Gegenstand der Untersuchung. Weiter wird eine umfängliche Einordnung der Vornahme von Leerverkäufen in das zivilrechtliche Haftungssystem unternommen.

Anschließend wird im Rahmen einer rechtsökonomischen Analyse das Verhältnis einer gezielten Leerverkaufsregulierung zu den Regelungszielen und Effizienzkriterien des Kapitalmarktrechtes diskutiert und ein angemessener Regulierungsumfang für eine Beschränkung von Leerverkäufen erarbeitet. Hierzu werden die positiven Effekte der Vornahme von Leerverkäufen deren Gefahren für die Stabilität des Finanzsystems gegenübergestellt und anhand einer Abwägung ein angemessener Regelungsauftrag an den Gesetz- bzw. Verordnungsgeber bestimmt.

Neben einer umfänglichen Erörterung des hoch detaillierten und äußerst komplexen Regelwerkes der Verordnung (EU) Nr. 236/2012 erfolgt im 4. Kapitel der Arbeit eine Bestimmung des Konkurrenzverhältnisses der Verordnung zu den im Rahmen des 2. Kapitels dargelegten kapitalmarktrechtlichen Bestimmungen sowie ein Vergleich der europarechtlichen Leerverkaufsregulierung zu den wertpapierhandelsrechtlichen Leerverkaufsbeschränkungen der Vorgängerregelung der §§ 30h f. WpHG. Hierbei ist die Intention insbesondere darauf gerichtet, die zahlreichen Schwächen der EU-Leerverkaufsregulierung aufzuzeigen.

Abschließend findet sich im 5. Kapitel der Arbeit eine umfassende europarechtliche, rechtsökonomische und rechtspolitische Bewertung der EU-Leerverkaufsverordnung. Hierbei gilt es zunächst, die europarechtlichen bzw.

unionsverfassungsrechtlichen Grenzen einer Leerverkaufsregulierung am Maßstab des Vertrages über die Europäische Union (EUV), des Vertrages über die Arbeitsweise der Europäischen Union (AEUV) bzw. der Europäischen Grundrechtecharta (GRC) zu beleuchten. Im Folgenden soll die Angemessenheit der Verordnung (EU) 236/2012 sodann aus rechtsökonomischer Perspektive beurteilt werden, wobei die Vereinbarkeit des EU-Leerverkaufsverbots- und Transparenzregimes mit den Regelungszielen des Kapitalmarktrechts zu untersuchen ist. Abschließend erfolgt eine rechtspolitische Bewertung der EU-Leerverkaufsregulierung, in welcher alle im Rahmen der vorliegenden Arbeit bzgl. des Für und Wider der Angemessenheit der Verordnung erarbeiteten Argumente Berücksichtigung finden. Die im Zuge der Arbeit gewonnenen Ergebnisse finden sich am Ende der Bearbeitung in einigen Thesen zusammengefasst.

1. Kapitel Die Entstehungsgeschichte der Regulierung von Leerverkäufen

Zu Beginn der vorliegenden Dissertation soll ein Überblick über die Entstehungsgeschichte der Regulierung von Leerverkäufen gegeben werden, deren Ursprung in engem Zusammenhang mit der im Jahre 2007 aufkommenden Finanzkrise zu sehen ist.[2]

Ursächlich für die in Folge der Umsetzung des „Gesetzes zur Vorbeugung gegen missbräuchliche Wertpapier- und Derivatgeschäfte“ in §§ 30h f. WpHG eingefügte und im Zuge des Leerverkaufsausführungsgesetzes[3] durch die Verordnung (EU) Nr. 236/2012 des Europäischen Parlamentes und des Rates vom 14. März 2012 über Leerverkäufe und bestimmte Aspekte von Credit Default Swaps (EU-Leerverkaufsverordnung) abgelöste Leerverkaufsregulierung war letztendlich die von Leerverkäufen (potentiell) ausgehende Gefahr für die Stabilität des Finanzsystems.[4] Leerverkäufe werden teilweise als mitverantwortlich für die Entstehung der weltweiten Finanzkrise der Jahre 2007 ff. gehalten,[5] welche ihren Höhepunkt im September 2008 in der Insolvenz der US-Amerikanischen Investmentbank Lehman Brothers Inc. fand.

Im Folgenden soll daher zunächst eine kurze Darstellung über die Genesis der Finanzkrise erfolgen, anhand derer die Bedeutung der Vornahme von Leerverkäufen für die Entstehung und Verbreitung der Finanzkrise aufgezeigt werden soll.

---

2 Erwägungsgrund 1 der Verordnung (EU) Nr. 236/2012 des Europäischen Parlamentes und des Rates vom 14. März 2012 über Leerverkäufe und bestimmte Aspekte von Credit Default Swaps, im Folgenden: EU-Leerverkaufsverordnung.

3 Entwurf eines Gesetzes zur Ausführung der Verordnung (EU) Nr. 236/2012 des Europäischen Parlaments und des Rates vom 14. März 2012 über Leerverkäufe und bestimmte Aspekte von Credit default Swaps (EU-Leerverkaufs-Ausführungsgesetz).

4 Vgl. den Regierungsentwurf für das Gesetz zur Vorbeugung gegen missbräuchliche Wertpapier- und Derivategeschäfte, BT-Drucksache 17/1952, S. 1; Erwägungsgründe 1, 2 und 5 der EU-Leerverkaufsverordnung.

5 Vgl. Der Verkäufer als Bösewicht: Alles Wichtige über Leerverkäufe, in: FAZ vom 13. August 2011, Nr. 187, S. 20; United States House of Representatives, Statement of Richard S. Fuld Jr. (...), 6.10.2008, S. 9 ff. abrufbar unter http://online.wsj.com/public/resources/documents/fuldtestimony20081006.pdf.

A. Die Entstehung der Finanzkrise

Der Ursprung der sich weltweit ausweitenden Finanzkrise der Jahre 2007 ff. lag nach heutigen Erkenntnissen im Zusammenbruch des US-Amerikanischen Immobilienmarktes.[6]

Durch das nach Ende der „Dotcom-Blase“ vorherrschende niedrige Zinsniveau erreichte auch das Hypothekenzinsniveau von variabel verzinslichen Krediten einen Tiefststand und es stieg die Bereitschaft der Banken zur Kreditvergabe an Schuldner minderer Bonität (sogenannte Subprime-Hypotheken).[7] Hierdurch stieg das Volumen der Subprime-Hypotheken von 35 Mrd. $ (5% der Hauskredite) im Jahre 1994 auf 600 Mrd. $ im Jahre 2006 und machte damit 20% der in den USA vergebenen Hauskredite aus.[8] Infolgedessen bekamen sogar Menschen einen Kredit, welche weder ein festes Einkommen, noch einen Job oder eigene Vermögenswerte vorzuweisen hatten (sogenannte NINJA-loans: No Income, No Job and No Assets). Auch Subprime-Schuldner wurden beispielsweise ARM (Adjustible Rate Mortgages), bei welchen nur ein variabler Zinssatz zu zahlen war, Teaser Loans, bei welchen der Schuldendienst anfänglich unter dem Marktniveau liegt, jedoch während der Laufzeit des Kredits stark ansteigt oder sogenannte Payment Options, bei denen der Abtrag im Belieben des jeweiligen Schuldners liegt und immer weiter in die Zukunft verschoben werden kann, angeboten.[9] Politisch war eine Kreditvergabepraxis in diesem Sinne nicht nur gewünscht, sondern sie wurde durch die Vergabe staatlich vergünstigter Refinanzierungen der Kreditvergabe an sozial benachteiligte Bevölkerungsschichten an die Hypothekenbanken Freddie Mac und Fannie Mae gezielt gefördert.[10]

Einen maßgeblichen Beitrag zur schrittweisen Verwässerung der Kreditvergabepraxis leisteten darüber hinaus auch die günstigen Refinanzierungsmöglichkeiten auf dem Verbriefungsmarkt.[11]

---

6 *Haug*, in: Schimansky/Bunte/Lwowski, Bankrechts-Handbuch, § 133a Rn.2; FA-BKR/*Sauer/Wittemann*, Kap. 1 Rn. 40; *Möschel*, ZRP 2009, 129, 129; *Märker/Hillesheim*, ZRP 2009, 65, 65 f.

7 *Park/Sorgenfrei*, in: Park (Hrsg.), Kapitalmarktstrafrecht, T 1, Rn. 15.

8 *Conrad*, Moral und Wirtschaftkrisen, S. 14.

9 *Conrad*, Moral und Wirtschaftkrisen, S. 14.

10 *Conrad*, Moral und Wirtschaftkrisen, S. 14; vergleiche auch: *Fikentscher*, GRUR 2009, 635, 637.

11 Kessler (Hrsg), Die Internationale Politische Ökonomie der Weltfinanzkrise, S. 59; *Park/Sorgenfrei*, in: Park (Hrsg.), Kapitalmarktstrafrecht, T 1, Rn. 18; *Kümpel/Piel*, DStR 2009, 1222, 1223.

Zum Zweck ihrer Refinanzierung übertrugen die US-amerikanischen Banken ihre Kreditforderungen unter Einschaltung von Investmentbanken an sogenannte Special Purpose Vehicles (SPV`s),[12] welche als Zweckgesellschaften ausschließlich zur Bündelung und Verbriefung der Forderungen gegründet wurden.[13] Hierzu wurden Kredite gleicher Gattung mit möglichst gleicher Laufzeit zusammengefasst, um aus diesen ein am Kapitalmarkt handelbares Finanzinstrument zu formen.[14] Sodann wurden zwecks Durchführung der Verbriefung eigens sogenannte Zweckgesellschaften gegründet, an welche die Hypothekenkredite der Banken veräußert wurden.[15] Damit diese Zweckgesellschaften das Entgelt für die erworbenen Kreditforderungen entrichten konnten, verbrieften sie die übertragenen Kreditportfolios zu sogenanten Asset Backed Securities (ABS) bzw. Mortgage Backed Securities (MBS), welche entweder als solche emittiert wurden oder in Fonds zu Collateralized Debt Obligations (CDO`s) gebündelt und nach erneuter Verbriefung veräußert wurden.[16]

Hierdurch konnten die Banken jedoch bereits bei Kreditvergabe damit rechnen, einen Kredit nicht lange in ihren Büchern zu haben und das Ausfallrisiko ihrer Schuldner lediglich bis zur Forderungsabtretung an die jeweiligen Zweckgesellschaften zu tragen; Kreditvergabe sowie Kredtirisikoübernahme fielen damit auseinander.[17] Außerdem wurde die dargelegte Kreditvergabe- und Verbriefungspraxis dadurch begünstigt, dass CDO's nicht als Kredite, sondern als Wertpapiere eingestuft wurden und demzufolge nicht mit „teurem“ Eigenkapital

---

12 Diese wurden in der nationalen Verbriefungspraxis in aller Regel in der Rechtsform einer Unternehmergesellschaft haftungsbeschränkt (UG) gegründet und waren demnach lediglich mit einem Haftungskapital von 1 € ausgestattet; eine ausführliche Auseinandersetzung mit der Rolle und Funktion von SPV's findet sich bei *Zerey*, Zweckgesellschaften, Rechtshandbuch.

13 Vergleiche *Haunreiter*, Die Krisenabwehr im Bankengesetz, S. 88; *Möschel*, ZRP 2009, 129, 130; *Schröder*, HdB. Kapitalmarktstrafrecht, Rn. 1084 ff.

14 *Park/Sorgenfrei*, in: Park (Hrsg.), Kapitalmarktstrafrecht, T1, Rn. 16; *Schröder*, HdB. Kapitalmarktstrafrecht, Rn. 1093.

15 *Park/Sorgenfrei*, in: Park (Hrsg.), Kapitalmarktstrafrecht, T1, Rn. 16, eine anschauliche Darstellung der Rolle der Zweckgesellschaften bei der Forderungsverbriefung findet sich auch bei *Kümpel/Piel*, DstR 2009, 1222, 1222 f.

16 Kessler (Hrsg.), Die Internationale Politische Ökonomie der Weltfinanzkrise, S. 55 f.; *Park/Sorgenfrei*, in: Park (Hrsg.) Kapitalmarktstrafrecht, Teil 1, Rn. 16; vergleiche auch: Schünemann (Hrsg.), Die sogenannte Finanzkrise, S. 71; *Funken*, Übertragung von Darlehensforderungen durch Kreditinstitute, S. 60 ff.

17 *Park/Sorgenfrei*, in: Park (Hrsg.), Kapitalmarktstrafrecht, T 1, Rn. 18; *Conrad*, Moral und Wirtschaftkrisen, S. 16; *Haunreiter*, Die Krisenabwehr im Bankengesetz, S. 90.

zu unterlegen waren.[18] Daher erschien die dargelegte Praxis aus der Perspektive zahlreicher Bankmanager als einfachster Weg, den Shareholder Value bzw. Aktienkurs des eigenen Instituts zu steigern und durch die Erreichung kurzfristiger hoher Renditen exorbitante Bonuszahlungen zu erhalten.[19]

Eine entscheidende Rolle bei der Entstehung der Subprime-Krise spielte dabei die Möglichkeit der Banken, im Rahmen der (zweifachen) Verbriefung ihrer Kreditforderungen in Form von CDO's verschiedene „Tranchen" bzw. Anlageklassen zu „destillieren", welche bezüglich ihrer Rendite durch Zinsen und Tilgung der zugrundeliegenden Hypotheken einer festgelegten Rangordnung unterlagen.[20] Somit wurden zunächst die Anleger der besten „Klassen" („senior" oder „supersenior") ausbezahlt, bevor auch die Anleger in den niedrigeren Anlageklassen („mezzanine" oder „equity") Zahlungen erhielten.[21]

Durch eine (vermeintliche) Konzentration der Risiken in den Mezzanine und Equity-Tranchen konnten sich jedoch die verbleibenden Tranchen der CDO's hohe Ratings sichern und hierdurch Investoren anlocken, welche bislang in diesem Segment kein Geld angelegt hätten.[22] So wurden CDO's neben Pensionsfonds insbesondere an andere Banken verkauft, welche, wie beispielsweise europäische Banken, keinen besonders guten Zugang zum amerikanischen Hypothekenmarkt hatten, aber dennoch am provisionsträchtigen Verbriefungsgeschäft teilnehmen wollten.[23] Somit spielten Kreditderivate im Rahmen der Entstehung der Finanzkrise eine entscheidende Rolle, insbesondere da der Subprime-Hypothekenmarkt für viele Anleger schlicht zu unattraktiv gewesen wäre, als dass er sich zum Epizentrum der Krise hätte entwickeln können.[24]

Auf Grund der stetig steigenden Nachfrage nach Immobilien schien durch diese Kreditvergabe- und Verbriefungspraxis aber lediglich ein geringes wirtschaftliches Risiko begründet.[25] So gingen viele Investoren auf Grund stetig

---

18 *Conrad*, Moral und Wirtschaftkrisen, S. 15 f.; *Haunreiter*, Die Krisenabwehr im Bankengesetz, S. 89 m.w.N.

19 *Conrad*, Moral und Wirtschaftkrisen, S. 15 f.

20 Ausführlich veranschaulicht bei Kessler (Hrsg.), Die Internationale Politische Ökonomie der Weltfinanzkrise, S. 55 f.; vergleiche auch: *Haunreiter*, Die Krisenabwehr im Bankengesetz, S. 89.

21 Kessler (Hrsg.), Die Internationale Politische Ökonomie der Weltfinanzkrise, S. 55 f.

22 Kessler (Hrsg.), Die Internationale Politische Ökonomie der Weltfinanzkrise, S. 60.

23 *Park/Sorgenfrei*, in: Park (Hrsg.), Kapitalmarktstrafrecht, T1, Rn. 16; Kessler (Hrsg.), Die Internationale Politische Ökonomie der Weltfinanzkrise, S. 60; *Märker/Hillesheim*, ZRP 2009, 65, 65f.

24 Kessler (Hrsg.), Die Internationale Politische Ökonomie der Weltfinanzkrise, S. 60.

25 *Hellwig*, NJW Beil. 2010, 94, 94; *Fikentscher*, GRUR 2009, 635, 637.

ansteigender Immobilienpreise davon aus, gegen das Insolvenzrisiko der Hypothekenschuldner (weitgehend) abgesichert zu sein und die Schuldner nahmen an, ihre Immobilien jederzeit mit Gewinn weiterveräußern zu können.[26]

Allerdings führten die wirtschaftliche Abschwächung ab dem Jahre 2005 sowie der Anstieg des US-Leitzinses von 1 % im Jahre 2004 auf bis zu 5,25% im August 2007 zu zahlreichen Zahlungsausfällen bei den Hypothekenschuldnern.[27] Die stetig ansteigende Anzahl von Zahlungsausfällen bei den Subprime-Krediten verursachte ein Überangebot von Häusern auf dem US-Immobilienmarkt, wodurch die Häuserpreise sanken und als Sicherheiten für die ausstehenden Kreditbeträge nicht mehr ausreichten.[28]

Die Problematik wurde auf dem Finanzmarkt erstmals im Februar 2007 deutlich, als die Großbank HSBC erste Abschreibungen auf CDO's in einer Höhe von 10,5 Mrd. US $ vornehmen musste.[29] Durch eine schlagartige Herabstufung hypothekengesicherter Papiere durch die Ratingagenturen kam es neben Verlusten auf Investorenseite zum Eintritt des Garantiefalles zahlreicher Ausfallversicherungen, welche Banken für ihre SPV`s abgegeben hatten.[30] Hierdurch wurden erhebliche Rückstellungen der Banken für den Eintritt der Ausfallgarantien erforderlich und der CDO-Markt brach vollkommen zusammen, so dass zahlreiche Zweckgesellschaften die Liquiditätslinien ihrer Banken ziehen mussten.[31]

Zunehmendes Misstrauen zwischen den Banken sowie ständig neue Abschreibungen auf CDO's verursachten zunehmend eine Liquiditäts- und Eigenkapitalkrise der Banken.[32] Diese liehen sich kein Geld mehr, da niemand überblicken konnte, wie viel Subprime der Andere hatte und noch abschreiben

---

26 *Park/Sorgenfrei*, in: Park (Hrsg.), Kapitalmarktstrafrecht, T 1, Rn. 15.

27 *Park/Sorgenfrei*, in: Park (Hrsg.), Kapitalmarktstrafrecht, T 1, Rn. 19; vergleiche auch *Conrad*, Moral und Wirtschaftkrisen, S. 16; *Schröder*, HdB Kapitalmarktstrafrecht Rn. 1131.

28 *Park/Sorgenfrei*, in: Park (Hrsg.), Kapitalmarktstrafrecht, T 1, Rn. 19.

29 *Conrad*, Moral und Wirtschaftkrisen, S. 16.

30 *Möschel*, ZRP 2009, 129, 130f.; vergleiche auch: *Haunreiter*, Die Krisenabwehr im Bankengesetz, S. 90.

31 *Möschel*, ZRP 2009, 129, 130; *Conrad*, Moral und Wirtschaftkrisen, S. 16; so auch *Schröder*, HdB. Kapitalmarktstrafrecht, Rn. 1138.

32 *Conrad*, Moral und Wirtschaftkrisen, S. 17; *Haug*, in: Schimansky/Bunte/Lwowski, Bankrechts-Handbuch, § 133a Rn.2 f.; *Haunreiter*, Die Krisenabwehr im Bankengesetz, S. 89 f.

musste, so dass die Zentralbanken gezwungen waren, hohe Refinanzierungsvolumina zur Verfügung zu stellen und die Zinsen zu senken.[33]

An dieser Stelle rächte sich erneut die Qualifizierung der CDO's als Wertpapiere, da diese nach den amerikanischen Bilanzierungsrichtlinien US-GAAP und den stark an diesen ausgerichteten internationalen Bilanzierungsregeln IFRS zu den jeweiligen Marktpreisen bewertet werden mussten und im Gegensatz zu europäischen Bilanzvorschriften nicht die Anschaffungskosten der CDO's angesetzt werden konnten, wenn eine Wertminderung vorübergehender Natur ist.[34] So wurde der größte Teil der Immobilienkredite weiterhin bedient; der Markt für CDO`s war allerdings derart weggebrochen, dass Banken auf Grund irrationaler Marktpreise bis zu 70% des Wertes der gehaltenen CDO's abschreiben mussten.[35]

Zudem waren zahlreiche Banken auf Grund stetig sinkender Preise auf dem US-Immobilien- und CDO-Markt bei immer bedrohlicherer Liquiditätsknappheit gezwungen, auch andere Wertpapiere zu veräußern, was auch deren Preise sinken ließ.[36]

Ihren Höhepunkt erreichte die Finanzkrise schließlich durch die Insolvenz der US-amerikanischen Investmentbank Lehmann Brothers Inc. am 15. 09. 2008. Bis zu diesem Zeitpunkt war der Zusammenbruch der viertgrößten Investmentbank der USA, welche als „too big to fail" galt und daher nach Einschätzung der Marktteilnehmer den Schutz des US-Regierung genoss, ein unvorstellbares Ereignis gewesen; ihre Insolvenz trug nun zu einer vollkommenen Verunsicherung der Finanzwelt bei.[37] Aus der Liquiditätskrise der Banken wurde hierdurch eine Vertrauenskrise im Interbankenmarkt, welche das Kreditgeschäft zwischen den Banken nahezu vollständig zum Erliegen brachte.[38] Überdies brach auch der Kapitalmarkt weitestgehend zusammen, so dass auch Unternehmensanleihen

---

33 *Conrad*, Moral und Wirtschaftkrisen, S. 16; in diesem Sinne auch *Kilgus*, BKR 2009, 181, 181ff.

34 *Conrad*, Moral und Wirtschaftkrisen, S. 17; vergleiche zu dieser Problematik auch Kessler (Hrsg.), Die Internationale Politische Ökonomie der Weltfinanzkrise, S. 61f.

35 *Conrad*, Moral und Wirtschaftkrisen, S. 17.

36 *Conrad*, Moral und Wirtschaftkrisen, S. 18; siehe hierzu auch: *Haunreiter*, Die Krisenabwehr im Bankengesetz, S. 90; FINMA, Finanzmarktkrise und Finanzmarktaufsicht, S. 11.

37 *Conrad*, Moral und Wirtschaftkrisen, S. 18.

38 FA-BKR/*Sauer/Wittemann*, Kap.1, Rn.40 m.w.N; *Möschel*, ZRP 2009, 129, 130; Sachverständigenrat, Das deutsche Finanzsystem. Effizienz steigern-Stabilität erhöhen, 2008,Rn.188, abrufbar unter:http:// archiv. dstgb. de/ homepage/ pressemeldungen/archiv_2008/dstgb_keine_konsolidierung_der_ landesbanken_ zulasten_der_ sparkassen/expertise_finanzsystem.pdf.

und Aktien nur mit immensen Abschlägen zu veräußern waren, so dass eine fristenkongruente Refinanzierung der Banken unmöglich wurde.[39] Letztendlich mündete die erhebliche Verunsicherung der Märkte in eine allgemeine Überzeugung von einer bevorstehenden Weltrezession, so dass der private Konsum einbrach, die Industrie ihre Produktion drosselte und die Banken die Kreditvergabe reduzierten.[40] So machte die Finanzkrise auch vor der Realwirtschaft nicht Halt und eine weltweite Wirtschaftkrise drohte.[41]

Für den Zusammenbruch von Lehmann Brothers Inc. wird (teilweise) wiederum der Leerverkauf von Aktien der Investmentbank für (mit-) verantwortlich gehalten.[42] So machte insbesondere der ehemalige Vorstandsvorsitzende von Lehman Brothers ungedeckte Leerverkäufe für die Insolvenz des Bankhauses verantwortlich, welche in unmittelbarem Zusammenhang mit der hartnäckigen Verbreitung unsubstantiierter Gerüchte über die Investmentbank standen.[43] Jedenfalls wird dem Leerverkauf von Aktien der Finanzmarktbranche aber eine die Finanzkrise verstärkende Wirkung beigemessen.[44]

Daher soll im Folgenden eine Einschätzung der Auswirkungen von Leerverkäufen für die Stabilität des Finanzsystems sowie deren potentieller Verursachungsbeitrag zur Entstehung der Finanzkrise untersucht werden. Zunächst gilt es allerdings, den Begriff des Leerverkaufes von Finanzinstrumenten zu bestimmen.[45]

---

39 *Conrad*, Moral und Wirtschaftkrisen, S. 19.

40 *Conrad*, Moral und Wirtschaftkrisen, S. 76 ff.

41 Allerdings ist auch bezüglich der Verbriefung von Krediten eine differenzierende Betrachtung angezeigt, da diese einen wichtigen Beitrag zur Ressourcenallokation innerhalb der Wirtschaft leistet; vgl. Verbriefte Forderungen als Motor der Automobilwirtschaft, in: FAZ vom 15. November 2012, Nr. 267, S. V 6.

42 Trüg, NJW 2009, 3202, 3202; Der Verkäufer als Bösewicht: Alles Wichtige über Leerverkäufe, in: FAZ vom 13. August 2011, Nr. 187, S. 20; United States House of Representatives, Statement of Richard S. Fuld Jr. (…), 6.10.2008, S. 9 ff. abrufbar unter: http:// online. wsj. com/ public /resources/ documents/ fuldtestimony 20081006. pdf.

43 United States House of Representatives, Statement of Richard S. Fuld Jr. (…), 6.10.2008, S. 9 ff. abrufbar unter: http:// online. wsj. com/ public/ resources/ documents/ fuldtestimony 20081006. pdf.

44 Allgemeinverfügung der Bafin v. 19.09.2008, v. 21.09.2008, v. 29.05.2009 und 18.05.2010 abrufbar unter: http:// www. bafin. de/DE /Daten Dokumente/ Dokumentlisten/ ListeVerfuegungen/ liste_verfuegungen_node. html; Erwägungsgrund 1 der EU-Leerverkaufsverordnung; vgl. auch: Der Verkäufer als Bösewicht: Alles Wichtige über Leerverkäufe, in: FAZ vom 13. August 2011, Nr. 187, S. 20.

45 Der Begriff des Leerverkaufes ist nicht auf den Verkauf von Finanzinstrumenten beschränkt, sondern erstreckt sich dem Grunde nach beispielsweise auch auf Waren

B. Der „Leerverkauf": Begriffsbestimmung

Bei Vornahme eines Leerverkaufes veräußert ein (Leer-)Verkäufer Wertpapiere, über welche er bei gesamtwirtschaftlicher Betrachtungsweise nicht verfügt, um sich erst kurz vor Fälligkeit der ihm obliegenden Leistungsverpflichtung mit den entsprechenden Wertpapieren am Markt einzudecken.[46]

In der Literatur wird der Begriff des „Leerverkaufes" allerdings nicht einheitlich definiert. Vielerorts wird hierunter ein Verkauf verstanden, bei welchem der Verkäufer zum Zeitpunkt der Veräußerung nicht Eigentümer[47] bzw. Besitzer[48] der veräußerten Wertpapiere ist. Gerade im Fall des gedeckten Leerverkaufes, in welchem der Verkäufer eine „Wertpapierleihe" in Form eines Sachdarlehens gemäß § 607 BGB eingeht (um seine Lieferverpflichtung aus dem Kaufvertrag erfüllen zu können), ist er aber regelmäßig bereits Eigentümer und Besitzer des Wertpapiers.[49]

Richtigerweise bemisst sich das Vorliegen eines Leerverkaufes daher nicht ausschließlich nach der Eigentümerstellung oder des Besitzes am (leer) verkauften Wertpapier zum Veräußerungszeitpunkt.[50] Vielmehr liegt ein Leerverkauf vor, soweit dem Verkäufer nach dem Verkauf einer Aktie bzw. Schuldtitels eine offene wertvariable Verbindlichkeit in Form des Wertpapieres verbleibt.[51]

---

oder Devisen. Entsprechend dem Gegenstand der Arbeit wird vorliegend allerdings allein die Begrifflichkeit des Leerverkaufes von Finanzinstrumenten erarbeitet.

46 Vergleiche *Vogel*, in: Assmann/Schneider, WpHG, § 20a Rn. 151b.

47 *Zimmer/Beisken*, WM 2010, 484, 485; *Stork*, in: Zerey, Handbuch Finanzderivate, S. 332 Rn. 35; *Zieschang*, in: Park (Hrsg.), Kapitalmarktstrafrecht, T 3, Kap.1 Rn. 131; *Jung*, in: Fuchs (Hrsg.), WpHG, Vor §§ 37e und 37g Rn. 46; *Karst*, Das Marktmanipulationsverbot gem. § 20a WpHG, S. 46; *Scherer*, in: Brinkhaus/Scherer, Gesetz über Kapitalanlagegesellschaften, KAGG, § 9 Rn. 31; nicht eindeutig: *Ekkenka*, in: MüKo HGB, Effektengeschäft, Rn. 66.

48 *Berger/Steck*, ZBB 2003, 192, 193; *Vogel*, in: Assmann/Schneider, WpHG, Vor § 20a Rn. 36; *Roberts*, Rechtliche Behandlung von Derivaten, S. 39; *Ricke*, BKR 2004, 60, 61 Fn. 6; Gabler Banklexikon S. 1166; *Büschgen*, Das Kleine Banklexikon S. 843.

49 *Tyrolt/Bingel*, BB 2010, 1419, 1419, *Weidenkaff*, in: Palandt, § 607 Rn. 5; so wird das Eigentum an den Effekten im Rahmen der „Wertpapierleihe" regelmäßig nach § 929 BGB im Wege der Übertragung des mittelbaren Besitzes durch die Anweisung an die Wertpapiersammelbank, nunmehr dem Erwerber den Besitz zu vermitteln, übertragen, vergleiche *Hoffmann*, in: Derleder/Knops/Bamberger (Hrsg.), HdB. zum deutschen und europäischen Bankrecht, § 15 Rn. 88.

50 *Trüg*, NJW 2009, 3202-3203; *Tyrolt/Bingel*, BB 2010, 1419, 1419.

51 *Laurer*, ZGesKredW 2008, 980, 982; *Veranneman*, GWR 2010, 337, 337; *Tyrolt/Bingel*, BB 2010, 1419, 1419; *Trüg*, NJW 2009, 3202, 3203.

Danach zeichnet sich die von einem Leerverkäufer gehaltene Position insbesondere dadurch aus, dass der von diesem erworbenen fixen Kaufpreisforderung eine variable Lieferverpflichtung gegenübersteht, welche in ihrem Wert in Abhängigkeit von der Entwicklung des jeweiligen Wertpapierpreises variiert.

Allerdings orientiert sich der EU-Leerverkaufsverordnungsgeber nicht an der voranstehend erarbeiteten (ökonomisch geprägten) Definition des Leerverkaufes, sondern bestimmt in Art. 2 Abs. 1 lit. b der Verordnung den „Leerverkauf im Zusammenhang mit Aktien oder Schuldinstrumenten (als) einen Verkauf von Aktien oder Schuldinstrumenten, die sich zum Zeitpunkt des Eingehens der Verkaufsvereinbarung nicht im Eigentum des Verkäufers befinden, einschließlich eines Verkaufes, bei dem der Verkäufer zum Zeitpunkt des Eingehens der Verkaufsvereinbarung die Aktie oder Schuldinstrumente geliehen hat oder eine Vereinbarung getroffen hat, diese zu leihen, um sie bei der Abwicklung zu liefern (...)". Eine abschließende Definition des Leerverkaufes im Sinne der Verordnung (EU) Nr. 236/2012 lässt sich allerdings erst in Verbindung mit den Vorschriften über die Beschränkung ungedeckter Leerverkäufe in Aktien bzw. öffentlichen Schuldtiteln der Artikel 12 und 13 der Verordnung vornehmen und soll demnach erst im 4. Kapitel dieser Arbeit im Rahmen der Darstellung der neuen EU-Leerverkaufsverbots- und Transparenzvorschriften erfolgen.

Aus Gründen besserer Verständlichkeit gilt es allerdings bereits an dieser Stelle eine Differenzierung zwischen gedeckten und ungedeckten Leerverkäufen vorzunehmen.

I. Der gedeckte Leerverkauf

Als *gedeckte Leerverkäufe* im Sinne der EU-Leerverkaufsverordnung lassen sich danach diejenigen Verkäufe einer Aktie bzw. eines Schuldtitels qualifizieren, die sich zum Zeitpunkt des Eingehens der Verkaufsvereinbarung zwar nicht im Eigentum des Verkäufers befinden, aber durch eine Leihvereinbarung oder durch alternative Vorkehrungen im Sinne des Art. 12 Abs. 1 lit. a bzw. Art. 13 Abs. 1 lit. a VO, einen vertragsrechtlich oder eigentumsrechtlich unbedingt durchsetzbaren Anspruch nach Art. 12 Abs. 1 lit. b und Art. 13 Abs. 1 lit. b VO, oder eine Lokalisierungsbestätigung eines Dritten gemäß Art. 12 Abs. 1 lit. c VO bzw. durch eine Lokalisierungszusage im Sinne des Art. 13 Abs. 1 lit. c der Verordnung „gedeckt" bzw. abgesichert sind.[52]

---

52 Eine ausführliche Auseinandersetzung findet sich wiederum im 4. Kapitel der Arbeit im Rahmen der Darstellung der Leerverkaufsverbote der Art. 12 und 13 der EU-Leerverkaufsverordnung, S. 155 ff.

II. Der ungedeckte Leerverkauf

In Abgrenzung hierzu lassen sich demnach alle Verkäufe von Aktien oder Schuldinstrumenten als *ungedeckte Leerverkäufe* („naked short sales") qualifizieren, bei welchen sich die Wertpapiere zum Zeitpunkt des Eingehens der Verkaufsvereinbarung nicht im Eigentum des Verkäufers befinden und bei denen keine der in Art. 12 bzw. Art. 13 der Verordnung bestimmten „Bedingungen" erfüllt sind.[53]

Zum Zwecke des besseren Verständnisses der Differenzierung zwischen gedeckten und ungedeckten Leerverkäufen, welche einen entscheidenden Anknüpfungspunkt im Rahmen der neu geschaffenen Leerverkaufsregulierung bildet, sollen im Folgenden die wesentlichen Unterschiede zwischen gedeckten und ungedeckten Leerverkäufen erörtert werden.

III. Entscheidende Unterschiede zwischen gedeckten und ungedeckten Leerverkäufen

Bei einer zwischen ungedeckten und gedeckten Leerverkäufen differenzierenden Betrachtungsweise fallen vor allem zwei grundlegende Unterscheidungsmerkmale ins Gewicht. Zunächst unterscheidet sich der gedeckte Leerverkauf von einem ungedeckten durch die bei ersteren in aller Regel anfallende Wertpapierleihgebühr. Durch diese entsteht dem Leerverkäufer ein finanzieller Aufwand, welcher letztendlich seinen durch den Leerverkauf erzielten Reingewinn schmälert.[54]

Demgegenüber entstehen beim ungedeckten Leerverkauf regelmäßig keinerlei nennenswerte Kosten, wodurch der Leerverkäufer in die Lage versetzt wird, nahezu ohne den Einsatz von Eigenkapital Verkäufe in unbegrenzter Stückzahl vorzunehmen.[55]

Des Weiteren ist auch die Anzahl der beim ungedeckten Leerverkauf veräußerten Wertpapiere, im Gegensatz zum gedeckten Leerverkauf, nicht durch die Stückzahl der am Markt verfügbaren Aktien begrenzt.[56] Dies kann letztendlich sogar so weit führen, dass durch ungedeckte Leerverkäufe mehr als die am Markt tatsächlich verfügbaren Wertpapiere einer bestimmten Gattung veräußert werden.[57]

---

53 Vergleiche hierzu die im Ergebnis engere Legaldefinition des ungedeckten Leerverkaufes in § 30h Abs. S. 4 WpHG a.F.

54 Vgl. *Tyrolt/Bingel*, BB 2010, 1419, 1419 f.

55 *Zimmer/Beisken*, WM 2010, 485, 487.

56 *Trüg*, NJW 2009, 3202, 3204; *Wittig*, Wirtschaftsstrafrecht, § 30 Rn. 58.

57 *Wittig*, Wirtschaftsstrafrecht, § 30 Rn. 58; *Trüg*, in: Kempf/Lüderssen/Volk (Hrsg.), Die Finanzkrise, Das Wirtschaftsstrafrecht und die Moral, S. 290 u. 312 f.; *Zimmer/Beisken*, WM 2010, 485, 487.

Ob hierdurch allerdings das vom Gesetzgeber vorgenommene Verbot ungedeckter Leerverkäufe im Verhältnis zur Leerverkaufsregulierung gedeckter Leerverkäufe zu rechtfertigen ist, gilt es im Rahmen des 3. Kapitels dieser Arbeit anhand einer Darstellung des Verhältnisses der Leerverkaufsregulierung zu den Regelungszielen des Kapitalmarktrechts zu untersuchen. Zunächst soll jedoch aufgezeigt werden, welche Gefahren für die Stabilität des Finanzsystems mit der Vornahme von Leerverkäufen einhergehen.

C. Die von Leerverkäufen ausgehenden Gefahren für die Stabilität des Finanzsystems

Durch Vornahme eines Leerverkaufes haben Marktteilnehmer unabhängig vom vorherigen Erwerb eines Wertpapiers die Möglichkeit, an dessen weiterem Kursverlauf zu partizipieren.[58]

Mit einem solchen sogenannten „short sale" bringt ein Leerverkäufer seine Markteinschätzung zum Ausdruck, ein bestimmtes Wertpapier (bzw. den Emittenten dieses Papieres) für überbewertet zu halten.

Gerade durch das mit Leerverkäufen in größerem Ausmaß einhergehende erhöhte Angebot der verkauften Wertpapiere am Markt kann sich hieraus allerdings ein Markttrend ergeben, welcher den Aktienkurs eines Emittenten in erheblichen Umfang zu drücken vermag.[59] Die mit einer solchen Herabstufung des Börsenwertes einhergehende verminderte Kreditwürdigkeit kann bei dem betroffenen Emittenten zu einer Gefährdung der Fremdkapitalfinanzierung in Form von Krediten oder Anleihen führen.[60] Des Weiteren kann diesem auch die Möglichkeit genommen sein, durch eine Kapitalerhöhung Eigenkapital zu generieren.[61] Sofern es sich bei dem betroffenen Unternehmen zudem noch um ein sog. systemrelevantes Unternehmen des Finanzsektors handelt,[62] kann von der Vornahme von Leerverkäufen in erheblichem Umfang eine bedeutende Gefahr für die Stabilität des im Zeitalter der Globalisierung weltweit vernetzten Finanzsystems ausgehen.[63]

---

58 *Zimmer/Beisken*, WM 2010, 485, 486.

59 *Schröder*, HdB Kapitalmarktstrafrecht Rn. 833.

60 Vgl. *Vogel*, in: Assmann/Schneider, WpHG, § 20a Rn. 151c.

61 *Vogel*, in: Assmann/Schneider, WpHG, § 20a Rn. 151c.

62 Eine ausführliche Auseinandersetzung mit der Begrifflichkeit eines „systemrelevanten Unternehmens" in diesem Sinne findet sich bei *Günther*, Bad Banks, S. 71 ff.; vgl. auch WM 2010, 825, 826;

63 *Findeisen/Tönningsen*, WM 2011, 1405, 1406; *Zimmer/Beisken*, WM 2010, 484, 485; Vgl. auch die Allgemeinverfügung der BaFin vom 19. 9. 2008 und 29.05.2009,

Zum Abschluss des 1. Kapitels soll nun dargelegt werden, welche verschiedenartigen Handelsstrategien mittels der Durchführung von Leerverkäufen verfolgt werden können. Hierbei gilt es festzustellen, ob Leerverkäufer auf hochspekulative Handelsstrategien beschränkt sind oder ob sich durch Leerverkäufe auch andere Investmentstrategien verfolgen lassen.

D. Der Leerverkauf als Handelsstrategie

Durch den Einsatz von Leerverkäufen können im Wesentlichen drei verschiedene Handelsstrategien verfolgt werden, welchen die grundverschiedensten Motivationen der Leerverkäufer innewohnen. So lassen sich durch Leerverkäufe etwa hoch spekulative Handelsstrategien verfolgen (Spekulation), Preisindifferenzen verschiedener Märkte und Finanzprodukte ausnutzen (Arbitrage) sowie bestehende Engagements absichern (Hedging).

I. Spekulation

Zunächst ermöglicht die Durchführung von Leerverkäufen eine Spekulation auf fallende Kurse einer Aktie bzw. eines Schuldtitels, da ein Leerverkäufer durch fallende Kurse einen Gewinn erzielt, während er bei steigenden Kursen einen Verlust realisiert.

Dies resultiert letztendlich daraus, dass sich der Verkäufer bei einem sinkenden Aktienkurs zu einem geringeren Preis als dem Verkaufspreis mit den veräußerten Wertpapieren eindecken kann, um seiner Lieferverpflichtung aus dem Leerverkauf nachzukommen.[64] Demgegenüber muss er hierzu bei steigenden Kursen zu erhöhten Preisen Wertpapiere erwerben. Lässt man eventuelle Gebühren unberücksichtigt, so bestehen Gewinn und Verlust des Verkäufers jeweils in der Differenz zwischen dem Kurs zum Verkaufszeitpunkt und dem Kurs zum späteren Erwerbszeitpunkt.[65] Demnach ist der maximale Gewinn eines Leerverkäufers auf den Ausgangskurs der Aktie beschränkt, während ein Verlust - zumindest theoretisch - in unbegrenzter Höhe möglich ist.[66]

---

abrufbar unter: http:// www.bafin.de/ DE/ DatenDokumente/ Dokumentlisten/ ListeVerfuegungen/ liste_verfuegungen_node.html.

64 *Schmies*, Die Regulierung von Hedgefonds, S. 50.

65 *Tyrolt/Bingel*, BB 2010, 1419-1420; Trüg, NJW 2009, 3202, 3202; *Paus*, Börsentermingeschäfte, S. 267.

66 *Tyrolt/Bingel*, BB 2010, 1419, 1419 f.; vergleiche auch: *Schmies*, Die Regulierung von Hedgefonds, S. 50 f.; *Gringel*, Die Regulierung von Hedgefonds zwischen Anleger- und Fondsinteressen, S. 40.

Die von einem Leerverkäufer gehaltene Position stellt sich demzufolge als das Spiegelbild eines herkömmlichen Aktienerwerbes dar, welche grundsätzlich als so genannte „long position" bezeichnet wird.[67] In Abgrenzung hierzu wird die von einem Leerverkäufer gehaltene Position daher als „short position" bezeichnet.[68]

Demnach hat ein Spekulant die Möglichkeit, mit Hilfe von Leerverkäufen auf einen fallenden Börsenkurs eines Wertpapieres zu spekulieren.

II. Arbitrage

Durch den Leerverkauf bestimmter Wertpapiere lassen sich zudem ungerechtfertigte Kursunterschiede zwischen verschiedenen in Zusammenhang stehenden Märkten, insbesondere zwischen Kassa- und Terminmarkt, ausnutzen (Arbitrage).[69] Dabei wird versucht, Preisineffizienzen (Fehlbewertungen) von ähnlichen oder voneinander abhängigen Finanzinstrumenten auszunutzen, indem (relativ) unterbewertete Finanzinstrumente gekauft und zeitgleich (relativ) überbewertete ähnliche Finanzinstrumente leerverkauft werden.[70]

So weisen beispielsweise Optionen auf Wandelanleihen, die dem Anleger für einen bestimmten Zeitraum eine feste Verzinsung zusichern und anschließend zu einem Umtausch in eine Aktie berechtigen, gelegentlich eine Fehlbewertung in dem Sinne auf, dass die Option auf die Anleihe einen niedrigeren Preis als die Aktienoption selbst aufweist.[71] Über den (Leer-)Verkauf der teuren Aktienoption und den Erwerb der preiswerten Anleiheoption lässt sich demnach ein Gewinn erzielen (Convertible Arbitrage).[72]

Hierdurch wird ein Ausgleich von markttechnisch bedingten ungerechtfertigten Bewertungsunterschieden bewirkt, indem möglichst gleichzeitig regelmäßig gegenläufige Aktivitäten vorgenommen werden.[73] Damit wirkt die Arbitrage kursstabilisierend und ist als volkswirtschaftlich nützliche Handelsstrategie zu

---

67 *Tyrolt/Bingel*, BB 2010, 1419, 1419.

68 *Tyrolt/Bingel*, BB 2010, 1419, 1419.

69 *Lenebach*, Kapitalmarktrecht und kapitalmarktrelevantes Gesellschaftsrecht, Rn. 9.107 u. § 14.197; *Von Livonius*, WM 2004, 60, 61.

70 *Von Livonius*, WM 2004, 60, 61.

71 *Scholz*, Langfristiger Vermögensaufbau mit risikoneutralen Hedge-Fonds-Strategien, S. 12.

72 *Scholz*, Langfristiger Vermögensaufbau mit risikoneutralen Hedge-Fonds-Strategien, S. 12

73 *Kümpel*, Bank- und Kapitalmarktrecht, (3. Aufl.), § 8 Rn. 8.150.

qualifizieren.[74] Aus Investorensicht zeichnet sich die vorgenannte Handelsstrategie insbesondere dadurch aus, dass mit dieser eine von positiven Marktentwicklungen unabhängige Handelsstrategie verfolgt werden kann.[75]

III. Hedging

Eine weitere bedeutende Funktion des short selling besteht in der Möglichkeit, durch den Leerverkauf ein bestehendes Engagement abzusichern (Hedging).[76] Insbesondere durch die im Zuge der Globalisierung zunehmende Volatilität der Wertpapiermärkte ist das Bedürfnis nach Absicherung gegen Kursrisiken aus dem Kapitalmarktbereich angestiegen.[77] Hierzu wird beispielsweise einem Aktienerwerb (Grundgeschäft), welchem grundsätzlich ein bestimmtes Wertsenkungsrisiko innewohnt, durch Vornahme eines Leerverkaufes eine Gegenposition (Sicherungsgeschäft) mit einer entsprechenden Wertsteigerungschance entgegengestellt.[78]

So ließe sich etwa der Erwerb potentiell unterbewerteter Aktien eines Automobilherstellers durch den Leerverkauf tendenziell überbewerteter oder angemessen bewerteter Aktien anderer Automobilhersteller gegen eine Verschlechterung der allgemeinen Entwicklung von Aktien der Automobilbranche absichern.[79] Danach ließe sich der im Fall einer negativen Marktentwicklung zu verzeichnende Verlust des Aktienkaufes durch den Gewinn des Leerverkaufes kompensieren. Bei guter Marktlage würde der Käufer unterbewerteter Aktien einen Gewinn generieren, welcher durch den gleichzeitigen Leerverkauf überbewerteter Aktien noch erhöht würde. Lediglich eine Fehlbewertung bzgl. der beiden Automobilhersteller, bei fallenden Kursen des potentiell unterbewerteten Automobilherstellers und steigenden Kursen des für überbewertet gehaltenen Unternehmens, würde einen Verlust des Investors bedeuten.

---

74 *Schäfer*, in: Schwintowski/Schäfer, Bankrecht, § 20 Rn. 20; *Lenebach*, Kapitalmarktrecht und kapitalmarktrelevantes Gesellschaftsrecht, Rn. 9.107.

75 *Von Livonius*, WM 2004, 60, 61.

76 Vgl. Der Verkäufer als Bösewicht: Alles Wichtige über Leerverkäufe, in: FAZ vom 13. August 2011, Nr. 187, S. 20; Deutsche Bank Research: Short selling- Wichtiges Marktsegment mit Bedarf an international konsistenten Regeln, 1. April 2010, S. 3, abrufbar unter: http:// dbresearch.de/ PROD/ DBR_ INTERNET_ DE-PROD/ PROD0000000000255965.pdf.

77 Vgl. *Seiffert*, in: Kümpel/Wittig, Bank- und Kapitalmarktrecht, Rn. 4.355.

78 Kümpel, Bank- und Kapitalmarktrecht, (3. Aufl.), § 16 Rn. 16.85.

79 Vgl. *Hergt*, Short Selling – Grundlagen, Strategien und Implikationen für den Kapitalmarkt, S. 9 m.N.

Folglich lassen sich durch Leerverkäufe auch Spekulationen auf steigende Börsenkurse absichern.

IV. Zwischenergebnis

Zusammenfassend ist festzuhalten, dass Investoren im Rahmen der Durchführung von Leerverkäufen nicht auf eine Verfolgung hoch spekulativer Anlagestrategien beschränkt sind. Vielmehr lassen sich mit Leerverkäufen neben gut kalkulierbaren Arbitrage-Geschäften sogar Geschäfte vornehmen, die andere Investments absichern.

E. Ergebnis

Im Ergebnis gilt es danach im Rahmen der nachfolgenden Untersuchung zu beachten, dass Leerverkäufe jedenfalls nicht hauptursächlich für das Aufkommen der bis zum heutigen Zeitpunkt nicht gänzlich überwundenen Finanzkrise waren. Nach bestrittener Auffassung kam diesen vielmehr allenfalls eine krisenverstärkende Wirkung zu.

Zudem ließ sich durch einen Vergleich von ungedeckten mit gedeckten Leerverkäufen, deren Definitionen aus Artikel 2 Abs. 1 lit. b in Verbindung mit Artikel 12 und 13 der Verordnung (EU) Nr. 236/2012 herzuleiten ist, eine vordergründig erhöhte Gefährlichkeit ungedeckter Leerverkäufe schlussfolgern.

Ferner gilt es zu beachten, dass Leerverkäufen nicht zwingendermaßen eine hochspekulative Handelsstrategie zugrunde liegen muss, sondern durch Leerverkäufe durchaus auch volkswirtschaftlich anerkennenswerte Motive verfolgt werden können.

Folglich erscheint schon unter Berücksichtigung der im 1. Kapitel dieser Arbeit gewonnenen Erkenntnisse eine kritische Auseinandersetzung mit dem Verbots- und Transparenzregime der EU-Leerverkaufsverordnung gerechtfertigt.

Um das Bedürfnis einer Leerverkaufsregulierung näher zu beleuchten, soll daher im folgenden Kapitel die rechtliche Beurteilung von Leerverkäufen vor Inkrafttreten der EU-Leerverkaufsverordnung Nr. 236/2012 untersucht werden. Im Rahmen dessen soll die Leistungsfähigkeit des früheren Rechtsstandes bestimmt werden, um hierdurch Rückschlüsse auf die Notwendigkeit einer weitergehenden Leerverkaufsregulierung ziehen zu können.

2. Kapitel Die rechtliche Einordnung von Leerverkäufen vor Inkrafttreten der Verordnung (EU) Nr. 236/2012

Zu Beginn der rechtlichen Bewertung von Leerverkäufen auf Grundlage der vor Inkrafttreten der §§ 30h ff. WpHG und der EU-Leerverkaufsverordnung geltenden Rechtslage erfolgt eine Untersuchung spezialgesetzlicher Regelungen des Kapitalmarktrechts. Hierbei gilt es zu beantworten, welchen spezialgesetzlichen Regulierungen die Durchführung von Leerverkäufen schon vor der gezielten Leerverkaufsregulierung im Rahmen des Abschnittes 5b des Wertpapierhandelsgesetzes bzw. der Verordnung (EU) Nr. 236/2012 unterworfen war.

Im Anschluss soll auf die strafrechtliche Relevanz von Leerverkäufen eingegangen werden sowie eine Darlegung der Möglichkeiten aufsichtsrechtlichen Vorgehens (unter kritischer Würdigung der von der Bundesanstalt für Finanzdienstleistungen (BaFin) erlassenen Allgemeinverfügungen) erfolgen.

Unter Berücksichtigung der vorangegangenen Erkenntnisse bildet eine zivilrechtliche Einordnung der Vornahme von Leerverkäufen den Abschluss des nachstehenden Kapitels.

A. Die Behandlung des Leerverkaufes im speziellen Kapitalmarktrecht

Zu Beginn der Untersuchung spezialgesetzlicher Regelungen des Kapitalmarktrechts steht eine Prüfung des in § 20a WpHG normierten Verbotes der Marktmanipulation. Daran anschließend erfolgt eine Darstellung der Bedeutung des Insiderhandelsverbotes gemäß § 14 Abs. 1 WpHG für die Vornahme von Leerverkäufen. Im Folgenden soll sodann auf die investmentrechtlichen Leerverkaufsverbote der §§ 59, 113 Abs. 1 S. 3 und 136 Abs. 1 Nr. 5g InvG eingegangen werden und abschließend eine Auseinandersetzung mit dem Verbot der Verleitung zu Börsenspekulationsgeschäften aus § 26 BörsG erfolgen.

I. Das Verbot der Marktmanipulation gemäß § 20a WpHG

Zunächst könnte die Vornahme von Leerverkäufen bereits vom Marktmanipulationsverbot des § 20a WpHG erfasst sein. Diesbezüglich finden sich in der Verbotsvorschrift des § 20a Abs. 1 S. 1 Nr. 1 bis Nr. 3 WpHG drei Verbotstatbestände, nach welchen die Durchführung von Leerverkäufen bereits vor ihrer wertpapierhandelsrechtlichen bzw. europarechtlichen Regulierung untersagt gewesen sein könnte. Hierzu müsste sich der Anwendungsbereich der Verbotsvorschrift des § 20a WpHG jedoch auf die Vornahme von Leerverkäufen erstrecken.

1. Der Anwendungsbereich des § 20a WpHG

Nach § 20a Abs. 1 S. 2 WpHG sind vom Verbot des § 20a WpHG jegliche Manipulationshandlungen erfasst, welche sich auf ein Finanzinstrument im Sinne des § 20a Abs. 1 S. 2 Nr. 1-3 WpHG beziehen und dem räumlichen und personellen Schutzbereich der Verbotsvorschrift unterfallen.

a) Der Leerverkauf als Finanzinstrument i.S.d. § 2 Abs. 2b WpHG

Entsprechend der gesetzlichen Definition des § 2 Abs. 2b WpHG sind alle Wertpapiere, Geldmarktinstrumente und Derivate im Sinne von § 2 Abs. 1, 1a und Abs. 2 WpHG sowie die Rechte auf Zeichnung von Wertpapieren Finanzinstrumente im Sinne des § 20a WpHG. Ungeklärt ist insoweit allerdings die genaue Einordnung von Leerverkäufen unter den Begriff des Finanzinstruments in diesem Sinne.[80]

aa) Der Leerverkauf als Börsentermingeschäft

Zunächst könnten Leerverkäufe von Aktien als Finanztermingeschäfte anzusehen sein.[81] Diese Auffassung teilte auch der Gesetzgeber, welcher durch Erweiterung des § 50 Abs. 1 S. 2 BörsG a.F. die Klarstellung anstrebte, dass Leerverkäufe als Börsentermingeschäfte zu qualifizieren sind.[82] Nach dem Wegfall des § 50 Abs. 1 S. 2 BörsG erscheint die Fortgeltung dieser Klarstellungsfunktion allerdings nicht zwingend.[83]

---

80 Schwark/Zimmer-*Schwark*, KMRK, § 20a WpHG Rn. 8 mit weiteren Nachweisen.

81 *Jung*, in: Fuchs (Hrsg.), WpHG, vor §§ 37e, 37g Rn. 46; *Horn*, in: ZiP 1990, 2, 4; *Kümpel/Peters*, AG 1994, 529; *Schäfer*, in: Assmann/Schütze, HdB. des Kapitalanlagerechts, § 19 Rn. 26; *Lenebach*, Kapitalmarktrecht und kapitalmarktrelevantes Gesellschaftsrecht, Rn. 6102.

82 Entwurf eines Gesetzes zur Änderung des Börsengesetzes, BT-Drucks. 11/4177, S. 18; allerdings ist diese Einordnung unter systemischen Gesichtspunkten schnell auf Kritik gestoßen und wurde teilweise als „Missverständnis des Gesetzgebers" bezeichnet; vgl. hierzu: *Kleinschmitt*, Das Informationsmodell bei Börsentermingeschäften, S. 50 f. m.w.N. Dies scheint in Anbetracht der eindeutigen Gesetzesbegründung allerdings nicht haltbar.

83 Vergleiche *Schäfer*, in: Assmann/Schütze, HdB. des Kapitalanlagerechts, § 19 Rn. 26.

Nach der Rechtsprechung des BGH fallen unter die Definition des Börsentermingeschäftes alle „standardisierten Verträge, die von beiden Seiten erst zu einem späteren Zeitpunkt, dem Ende der Laufzeit, zu erfüllen sind und einen Bezug zu einem Terminmarkt haben".[84] Allerdings erfolgt die Entscheidungsfindung der Rechtsprechung nicht anhand einer schematischen Definitionsanwendung, sondern überwiegend wertungsabhängig und nach dem jeweils für erforderlich gehaltenen Schutzumfang.[85]

Betrachtet man einen Leerverkauf, so lässt sich dieser in zwei Kassageschäfte über Wertpapiere sowie eine Wertpapierleihe untergliedern.[86] Mangels eines über die herkömmliche Erfüllungsfrist hinausgehenden Erfüllungszeitpunktes dieser Geschäftsabschlüsse wäre hierin folglich grundsätzlich kein Termingeschäft zu erblicken.[87]

Letztendlich wird durch die Kombination aus Aktienverkauf und Wertpapierleihe der Erfüllungszeitpunkt des Erwerbsgeschäftes allerdings ebenfalls nach hinten verlagert, so dass durch den Leerverkauf wirtschaftlich dasselbe Ergebnis wie durch ein herkömmliches Finanztermingeschäft erzielt wird.[88] Zudem gleichen die durch einen Leerverkauf begründeten wirtschaftlichen Risiken denen eines herkömmlichen Börsentermingeschäftes, bei welchem der Verkäufer gleichfalls Gefahr läuft, sich zu signifikant erhöhten Preisen mit Wertpapieren am Markt eindecken zu müssen.[89] Neben diesem in tatsächlicher Hinsicht hinausgeschobenen Erfüllungszeitpunkt erfüllt der Leerverkauf auch weitere typische Merkmale eines Finanztermingeschäftes wie Basiswertabhängigkeit

---

84 BGH, Urteil vom 12.3.2002 = BGHZ 150, 164-172 = WM 2002, 803-806 = ZIP 2002, 748-751 = BB 2002, 849-851 = DB 2002, 886-888=BKR 2002, 393-396.

85 *Melzer*, BKR 2003, 366, 370 ff.; *Schäfer*, in: Assmann/Schütze, HdB. des Kapitalanlagerechts, § 19 Rn. 26.

86 *Lenebach*, Kapitalmarktrecht und Kapitalmarktrelevantes Gesellschaftsrecht, Rn. 9.177; Schwark/Zimmer-*Kumpan*, KMRK, § 2 WpHG Rn. 54; *Verstegen/Roth*, in: KK-WpHG, § 2 Rn. 106.

87 So *Schäfer*, in: Assmann/Schütze, HdB. des Kapitalanlagerechts, § 19 Rn. 26; *Verstegen/Roth*, in: KK- WpHG, § 2 Rn. 106; Schwark/Zimmer- *Kumpan*, KMRK, § 2 WpHG Rn. 54; *Melzer*, BKR 2003, 366, 370; Schimanski/Bunte/Lowinski-*Bunte/Kienle*, § 106 Rn, 50 f.; Schwark/Zimmer-*Schwark*,Vor 37d WpHG Rn.28; sowie auch § 2 Abs. 2 Nr. 1 WpHG und § 38 Abs. 2 UA a) MiFiD-DVO = Verordnung EG Nr. 1287/2006 zur Durchführung der Richtlinie 2004/39/EG.

88 *Lenebach*, Kapitalmarktrecht und kapitalmarktrelevantes Gesellschaftsrecht, 9.178.

89 *Lenebach*, Kapitalmarktrecht und Kapitalmarktrelevantes Gesellschaftsrecht, Rn. 9.178 mit zahlreichen weiteren Nachweisen; *Jung*, in: Fuchs (Hrsg.), WpHG, Vor §§ 37e, g Rn. 46.

(vom Aktienkurs), einen relativ geringen Kapitaleinsatz, Hebelwirkung- bzw. Leverage Effekte, das Risiko eines Totalverlustes, die Notwendigkeit zur Aufbringung unbestimmter Geldmittel sowie die Möglichkeit zur Schließung der eingegangenen Risikoposition durch Vornahme eines gegenläufigen Geschäftes (Glattstellung).

Folgerichtig wurde vertreten, die formale Untergliederung eines Leerverkaufes in die dargestellten Kassageschäfte könne nicht maßgeblich gegen eine Qualifizierung des Leerverkaufes als Börsentermingeschäft ins Feld geführt werden.[90] Vielmehr müsse für diese Einordnung der bei einer Gesamtbetrachtung des Leerverkaufes für den Verkäufer der nach hinten verlagerte Erfüllungszeitpunkt von maßgeblicher Bedeutung sein, so dass der Leerverkauf richtigerweise als Börsentermingeschäft zu qualifizieren sei.[91]

Allerdings muss bedacht werden, dass anders als das Börsentermingeschäft gemäß §§ 50 ff. BörsG a.F. und das Finanztermingeschäft nach §§ 2 Abs. 2a, 37 d ff. WpHG a.F. die Begriffe Derivat und Termingeschäft in § 2 Abs. 2 WpHG keinen Anknüpfungspunkt für besondere Anleger schützende Regelungen (mehr) bilden.[92] So findet sich nunmehr ausschließlich in dem durch § 37 e S. 1 WpHG normierten Ausschluss des Spieleinwandes nach § 762 BGB eine ausdrücklich an den Begriff des Finanztermingeschäftes anknüpfende Regelung.[93]

Somit ist jedoch aus Verfassersicht eine Ausweitung der Begrifflichkeit des Finanztermingeschäftes auf die Vornahme von Leerverkäufen unter Berücksichtigung des aus rechtlicher Sicht nicht hinausgeschobenen Erfüllungszeitpunktes nicht (mehr) sachgerecht.

Leerverkäufe sind mithin richtigerweise nicht als Finanztermingeschäfte bzw. Derivate im Sinne des § 2 Abs. 2 Nr. 1a WpHG zu qualifizieren.[94]

---

90 Vgl. *Binder*, in: Langenbucher/Bliesener/Spindler, Bankrechtskommentar, 37. Kap. Rn. 33.

91 So unter anderem: *Lenebach*, Kapitalmarktrecht und Kapitalmarktrelevantes Gesellschaftsrecht, Rn. 9.178; *Jung*, in: Fuchs (Hrsg.), WpHG, vor 37e und 37g Rn. 46; *Schäfer*, in: Assmann/Schütze, HdB. des Kapitalanlagerechts, §19 Rn.26; zu § 50 BörsG a.F. auch: *Horn*: ZIP 1990, 2, 4; *Kümpel/Peters*, AG 1994, 525, 527f. jeweils mit weiteren Nachweisen.

92 Schwark/Zimmer-*Kumpan*, KMRK, § 2 WpHG Rn. 33; im Unterschied allerdings des vom Vorliegen eines Börsentermingeschäftes getrennt zu prüfenden Vorliegens eines Börsenspekulationsgeschäftes im Sinne des § 26 BörsG; siehe hierzu unten S. 76 ff.

93 Schwark/Zimmer-*Kumpan*, KMRK, § 2WpHG Rn. 33.

94 So unter anderem auch *Binder*, in: Langenbucher/Bliesener/Spindler, Bankrechtskommentar, 37. Kap. Rn. 33.

bb) Der Leerverkauf als „zusammengesetztes Finanzinstrument“

Vielmehr ließe sich der Leerverkauf als Finanzprodukt qualifizieren, welches sich aus mehreren Geschäften über Finanzinstrumente im Sinne des § 2b WpHG zusammensetzt („zusammengesetztes Finanzinstrument“).

Allerdings berechtigt dieses Ergebnis keinesfalls zu der Annahme, Leerverkäufe seien mangels Qualifikation als eigenständiges Finanzinstrument im Sinne des § 2b WpHG vom Anwendungsbereich des Wertpapierhandelsgesetzes und der Reichweite des Marktmanipulationsverbotes des § 20a WpHG ausgenommen;[95] Leerverkäufe sind zweifelsfrei dazu geeignet, sich auf die Bewertung von Aktien, Schuldtiteln und anderen Finanzinstrumenten im Sinne des § 2 Abs. 2b WpHG auszuwirken. So sind Leerverkäufe als potentielle Manipulationshandlungen vom Anwendungsbereich des Marktmanipulationsverbotes im Sinne des § 20a WpHG jedenfalls insoweit erfasst, wie sie sich auf Aktien, Schuldtitel oder andere Finanzinstrumente gemäß der Definition des § 2 WpHG beziehen.

cc) Zwischenergebnis

Leerverkäufe sind zumindest potentiell geeignet, sich auf Finanzinstrumente im Sinne des § 2 Abs. 2b WpHG manipulativ auszuwirken. Danach steht eine Qualifizierung des Leerverkaufes als „zusammengesetzes Finanzinstrument“, welches nicht als Finanzinstrument im herkömmlichen Sinne des § 2 Abs. 2b WpHG einzuordnen ist, einer Anwendbarkeit des § 20a WpHG nicht entgegen, soweit sich ein Leerverkauf wiederum auf Finanzinstrumente im Sinne des § 2 Abs. 2 b WpHG bezieht.

Leerverkäufe von Aktien und Schuldtiteln beziehen sich grundsätzlich auf die veräußerten Wertpapiere, welche als Finanzinstrumente im Sinne des § 2 Abs. 2b WpHG zu qualifizieren sind und unterfallen demnach dem Anwendungsbereich des § 20a WpHG.

b) Börsennotierung

Jedoch gilt das in § 20a WpHG normierte Verbot der Marktmanipulation nur für diejenigen Finanzinstrumente, welche an einer inländischen Börse zum Handel im regulierten Markt zugelassen (§ 32 BörsG), bzw. in den regulierten Markt (§ 33 BörsG) oder den Freiverkehr (§ 48 BörsG) einbezogen sind.[96] Nach § 20a Abs. 1 S. 2 Nr. 2 WpHG ist der Anwendungsbereich der Vorschrift

95 So aber wohl *Harrer*, Regulierung von Leerverkäufen und Credti Default Swaps, S. 36.

96 *Vogel*, in: Assmann/Schneider, § 20a WpHG Rn. 35; *Mock/Stoll/Eufinger*, in: KK-WpHG, § 20a Rn. 120; Schwark/Zimmer-*Schwark*, KMRK, § 20a WpHG Rn. 10.

auch hinsichtlich derjenigen Finanzinstrumente eröffnet, die in einem anderen Mitgliedsstaat der Europäischen Union oder einem anderen Vertragsstaat des Abkommens über den Europäischen Wirtschaftsraum zum Handel an einem organisierten Markt zugelassen sind. Des Weiteren sind auch solche Finanzinstrumente in den Schutzbereich des § 20a WpHG einbezogen, für welche ein Antrag auf Zulassung oder Einbeziehung gestellt oder öffentlich angekündigt ist (§ 20a Abs. 1 S. 2 Nr. 3 WpHG).

Insoweit ist die Reichweite des Anwendungsbereiches des § 20a WpHG allerdings nicht auf solche Finanzinstrumente beschränkt, welche ausschließlich am organisierten oder regulierten Markt oder im Freiverkehr gehandelt werden.[97] Vielmehr sind grundsätzlich auch außerbörslich vorgenommene Manipulationshandlungen vom Verbot des § 20a WpHG erfasst, da auch diese die Funktionsfähigkeit der Kapitalmärkte beeinträchtigen können.[98] Nicht in den Schutzbereich des Marktmanipulationsverbotes fallen danach Finanzinstrumente, welche ausschließlich auf nicht börsenüberwachten Märkten, namentlich den so genannten „grauen Kapitalmärkten“ gehandelt werden.[99] Dies ist insoweit auch folgerichtig, als der Anwendungsbereich des WpHG nicht auf Transaktionen, welche über eine Börse abgewickelt werden, beschränkt ist, der Gesetzgeber mit der Einfügung des § 20a in das Wertpapierhandelsgesetz aber ausschließlich die Funktionsfähigkeit des börslichen Wertpapierhandels schützen wollte.[100]

Die leerverkauften Aktien und Schuldtitel sind in aller Regel börsennotiert, so dass hiernach der Anwendungsbereich des § 20a WpHG grundsätzlich eröffnet ist.

c) Räumlicher Schutzbereich

Im Zeitalter global verflochtener Kapitalmärkte, in welchen Marktmanipulationen in vielfacher Hinsicht einen Auslandsbezug aufweisen können, stellt sich weiterhin die Frage nach der internationalen Anwendbarkeit des § 20a WpHG. So lassen sich etwa durch Handlungen im Inland Manipulationen ausländischer Märkte erreichen, aus dem Ausland ein inländischer Markt manipulieren oder

---

97 Schwark/Zimmer-*Schwark,* KMRK, § 20a WpHG Rn. 10; *Ziouvas*, ZGR 2003, 113, 124 f.

98 *Fleischer*, in: Fuchs (Hrsg.), WpHG, § 20a Rn. 7; *Mock/Stoll/Eufinger,* in: KK-WpHG, § 20a Rn. 131; Schwark/Zimmer-*Schwark*, KMRK, § 20a WpHG Rn. 11.

99 *Vogel*, in: Assmann/Schneider, § 20a Rn. 38; *Mock/Stoll/Eufinger*, in: KK-WpHG, § 20a Rn. 130; *Fleischer*, in: Fuchs (Hrsg.), WpHG, § 20a Rn. 8; *Möller*, WM 2002, 309, 312.

100 Schwark/Zimmer-*Schwark*, KMRK, § 20a WpHG Rn. 11 m.w.N.

durch im Ausland begangene Manipulationen eines ausländischen Marktes Auswirkungen auf einen inländischen Markt erzielen.[101] Gerade auf Grund der Tatsache, dass Leerverkäufe häufig von Investoren vorgenommen werden, welche sich wegen einer geringeren kapitalmarktrechtlichen Regulierung und niedrigeren Steuerlast an sogenannten „offshore Standorten“ ansiedeln, ist der räumliche Anwendungsbereich einer möglichen Leerverkaufsregulierung von erheblicher Bedeutung.

Zur Beantwortung der Frage kapitalmarktrechtlicher internationaler Anwendbarkeit des § 20a WpHG muss im Ausgangspunkt zwischen dem Geltungs- und Anwendungsbereich der Norm unterschieden werden.[102]

aa) Geltungsbereich

So ist der Geltungsbereich des § 20a WpHG, d.h. das Gebiet, in welchem Gerichte und Behörden an die Norm gebunden sind und diese anwenden und durchsetzen, als Folge des Territorialitätsprinzips auf das deutsche Staatsgebiet beschränkt.[103]

bb) Anwendungsbereich

Demgegenüber ist der Anwendungsbereich des Marktmanipulationsverbotes, d.h. das Gebiet, auf welches die Norm dem Grunde nach anwendbar ist, nicht auf das Inland beschränkt.[104] Voraussetzung für eine grenzüberschreitende Anwendbarkeit des § 20a WpHG ist allerdings stets das Vorliegen eines sinnvollen inländischen Anknüpfungspunktes („genuine Link“).[105] In der Sache ist der Anwendungsbereich einer Norm allerdings in erster Linie durch Heranziehung der diesbezüglichen gesetzlichen Regelung und in zweiter Linie durch Auslegung zu ermitteln.[106]

Demzufolge bemisst sich der Anwendungsbereich des § 20a WpHG vorrangig nach der gesetzlichen Regelung des § 1 Abs. 2 WpHG, wonach der Anwendungsbereich des Marktmanipulationsverbotes „auch auf Handlungen oder

101 *Vogel*, in: Assmann/Schneider, § 20a Rn. 45.

102 *Fleischer*, in: Fuchs (Hrsg.), WpHG, § 20a Rn. 10; *Vogel*, in: Assmann/Schneider, § 20a Rn. 46.

103 *Vogel*, in: Assmann/Schneider, § 20a Rn. 47; *Fleischer*, in: Fuchs (Hrsg.), WpHG, § 20a Rn. 10; speziell für das Verbot der Marktmanipulation auch, *Eichelberger*, S. 221.

104 *Vogel*, in: Assmann/Schneider, § 20a Rn. 48 m.w.N.

105 Vgl. exemplarisch *Ipsen*, Völkerrecht, § 23 Rn. 88 ff.

106 *Vogel*, in: Assmann/Schneider, § 20a Rn. 48 m.N.

Unterlassungen, die im Ausland vorgenommen werden", anzuwenden ist, „sofern sie Finanzinstrumente betreffen, die an einer inländischen Börse gehandelt werden".

Im Falle des § 20a WpHG folgt aus einer solchen Auslegung, dass die Anwendbarkeit der Vorschrift nicht voraussetzt, dass sowohl Handlungs- als auch Erfolgsort der Manipulation im Inland belegen sein müssen.[107] Vielmehr ist es ausreichend, wenn der tatsächliche, mögliche oder zumindest angestrebte Erfolgsort der Manipulation im Inland, auf dem Gebiet eines anderen Mitgliedsstaates der EU oder auf dem Gebiet eines Vertragsstaats des EWiR belegen ist.[108] Dieses Ergebnis lässt sich insbesondere aus dem Schutzzweck des in § 20a WpHG kodifizierten Marktmanipulationsverbotes entnehmen, welcher sich nicht abschließend auf inländische Märkte und Finanzinstrumente bezieht, sondern auch die Märke der EU sowie der Vertragsstaaten der EWiR erfasst.[109] Demgegenüber führt allein der Umstand, dass der Handlungsort einer Marktmanipulation im Inland belegen ist, nicht zu einer Anwendbarkeit des § 20a WpHG, sofern ausschließlich der Markt eines Drittstaates außerhalb des EWiR manipuliert werden soll.[110]

Folglich unterfallen alle Leerverkäufe, bei welchen der tatsächliche, mögliche oder zumindest angestrebte Erfolgsort einer Marktmanipulation im Sinne des § 20a WpHG im Inland belegen ist, dem räumlichen Schutzbereich des Marktmanipulationsverbotes. Sofern der Erfolg einer Marktmanipulation hingegen in einem Mitgliedstaat der EU oder in einem Vertragstaat des EWiR belegen ist, setzt die Eröffnung des Anwendungsbereichs des § 20a WpHG zusätzlich eine – zumindest teilweise – im Inland begangene Tathandlung voraus.[111]

d) Normadressaten

Normadressat des Marktmanipulationsverbotes ist grundsätzlich jedermann.[112] Folglich erstreckt sich das Manipulationsverbot des § 20a WpHG neben natürlichen

---

107 Vgl. *Vogel*, in: Assmann/Schneider, § 20a Rn. 49.; *Mock/Stoll/Eufinger*, in: KK-WpHG, § 20a Rn. 138.

108 *Vogel*, in: Assmann/Schneider, § 20a Rn. 49.

109 *Vogel*, in: Assmann/Schneider § 20a Rn. 34; *Schröder*, HdB. Kapitalmarktstrafrecht, Rn. 380.

110 *Vogel*, in: Assmann/Schneider, § 20a Rn. 49; Schäfer/Hamann-*Schäfer*, Kapitalmarktgesetze Band I, § 20a Rn. 27.

111 *Mock/Stoll/Eufinger*, in: KK-WpHG, § 20a Rn. 135 f.; *Fleischer*, in: Fuchs (Hrsg.), WpHG, § 20a Rn. 12 jeweils m.w.N.

112 Schwark/Zimmer-*Schwark*, KMRK, § 20a WpHG Rn. 11; *Sorenfrei*, in: Park (Hrsg.), Kapitalmarktstrafrecht, T 3, Kap. 4 Rn. 70 m.w.N.

auch auf juristische Personen. Weder nach dem Wortlaut noch nach Sinn und Zweck der Vorschrift ist das kapitalmarktrechtliche Manipulationsverbot auf natürliche Personen beschränkt.[113] Vielmehr wird es in aller Regel gerade Unternehmen in der Rechtsform einer juristischen Person möglich sein, Börsen- und Marktpreise von Finanzinstrumenten wirksam zu manipulieren.[114]

e) Zwischenergebnis

Sowohl von natürlichen als auch von juristischen Personen vorgenommene Leerverkäufe von Aktien oder öffentlichen Schuldtiteln mit hinreichendem Inlandsbezug unterfallen folglich auf Grund ihres Bezuges auf in aller Regel börsennotierte Finanzinstrumente grundsätzlich dem Anwendungsbereich des Marktmanipulationsverbots.

Im Folgenden soll daher die Einschlägigkeit des Marktmanipulationstatbestandes des § 20a WpHG auf die Vornahme von Leerverkäufen untersucht werden. Zunächst stellt sich insoweit die Frage, ob Leerverkäufe möglicherweise bereits in Form der klassischen Form der Marktmanipulation in Gestalt einer Verbreitung unrichtiger oder irreführender Angaben dem Marktmanipulationsverbot des § 20a Abs. 1 S. 1 Nr. 1 WpHG unterfallen.

2. Der Verbotstatbestand des § 20a Abs. 1 S. 1 Nr. 1 WpHG

Nach § 20a Abs. 1 S. 1 Nr. 1 WpHG ist es verboten, „unrichtige oder irreführende Angaben über Umstände zu machen, die für die Bewertung eines Finanzinstruments erheblich sind, oder solche Umstände entgegen bestehenden Rechtsvorschriften zu verschweigen, wenn die Angaben oder das Verschweigen geeignet sind, auf den inländischen Börsen oder Marktpreis eines Finanzinstruments (...) einzuwirken". Folglich ist zu untersuchen, ob ein Leerverkäufer bewertungserhebliche, unrichtige oder irreführende Angaben über ein Finanzinstrument macht, oder solche entgegen bestehender Rechtsvorschriften verschweigt.[115]

a) Das Machen unrichtiger oder irreführender Angaben

Unter den Begriff der Angaben im Sinne des § 20a Abs. 1 S. 1 Nr. 1 WpHG fallen neben Erklärungen über das Vorliegen bzw. Nichtvorliegen von Umständen als

---

113 *Vogel*, in: Assmann/Schneider, § 20a Rn. 54; lediglich bezüglich der eintretenden Rechtsfolge ergeben sich insoweit naturgemäß Unterschiede, vgl. *Mock/Stoll/Eufinger*, in: KK-WpHG, § 20a Rn. 114.

114 *Vogel*, in: Assmann/Schneider, § 20a Rn. 54.

115 Vergleiche beispielsweise *Trüg*, NJW 2009, 3202, 3205; *Schröder*, HdB. Kapitalmarktstrafrecht, Rn. 501 f.

nachprüfbare Tatsachen auch Prognosen und Bewertungen, soweit diese einen Tatsachenkern enthalten.[116] Unrichtig sind insoweit Angaben, welche nicht den objektiven Gegebenheiten entsprechen, indem sie nicht vorhandene Umstände als vorhanden, oder vorhandene Umstände als nicht vorhanden bezeichnen.[117] Als irreführend sind wiederum Angaben zu qualifizieren, welche „zwar inhaltlich richtig sind, jedoch auf Grund ihrer Darstellung (…) eine falsche Vorstellung über den geschilderten Sachverhalt nahe legen“, so dass sie objektiv geeignet sind, einen nicht ganz unbeachtlichen Teil des angesprochenen Anlegerkreises zu täuschen.[118] Diese Angaben können in jedwedem Zusammenhang und jedweder Form (mündlich, fernmündlich oder schriftlich, bzw. mittels Presse, Rundfunk oder Internet) getätigt werden.[119] Anders als § 264a StGB setzt § 20a Abs. 1 S. 1 Nr. 1 WpHG nicht voraus, dass die unrichtigen oder irreführenden Angaben gegenüber einem größeren Kreis von Personen oder gar öffentlich gemacht werden.[120]

Im Regelfall eines klassischen Leerverkaufes macht der Leerverkäufer allerdings ausdrücklich weder inhaltlich falsche, noch nach der Art ihrer Darstellung irreführende Angaben über das veräußerte Finanzinstrument (Aktie bzw. Schuldtitel).[121] Vielmehr vertraut er regelmäßig seiner Einschätzung, sich mit dem leerverkauften Finanzinstrument auf Grund von dessen Überbewertung zum Erfüllungszeitpunkt, bzw. auf Grund des als Folge des Leerverkaufes gesunkenen Börsenkurses, zu günstigeren Konditionen eindecken zu können. In

116 Schäfer/Hamann-*Schäfer*, Kapitalmarktgesetze Band I, § 20a Rn. 29; *Möller*, WM 2002, 209, 312; *Eichelberger*, WM 2003, 2121, 2125; *Fleischer*, in: Fuchs (Hrsg.), WpHG, § 20a Rn. 16 jeweils m.w.N.

117 *Sorgenfrei*, in: Park (Hrsg.) Kapitalmarktstrafrecht, T.3, Kap. 4 Rn. 80; *Vogel*, in: Assmann/Schneider, § 20a Rn. 60, Schwark/Zimmer-*Schwark*, KMRK, § 20a WpHG Rn. 15; *Mock/Stoll/Eufinger*, in: KK-WpHG, § 20a Rn. 161 jeweils m.w.N.

118 Entwurf eines Gesetzes zur Verbesserung des Anlegerschutzes (AnSVG), BT-Drucks. 15/3174, S. 37; vergleiche auch: *Vogel*, in: Assmann/Schneider, § 20a Rn. 62; *Schröder*, HdB. Kapitalmarktstrafrecht, Rn. 391; *Bisson/Kunz*, BKR 2005, 186, 187 ff.; *Knaut/Käsler*, WM 2006, 1041, 1042; *Weber*, NJW 2004, 3674, 3675.

119 *Sorgenfrei*, in: Park (Hrsg.), Kapitalmarktstrafrecht, T.3, Kap. 4 Rn. 80; Schäfer/Hamann-*Schäfer*, Kapitalmarktgesetze Band I, § 20a Rn. 29, *Buck-Heeb*, Kapitalmarktrecht, § 5 Rn. 273; *Eichelberger*, WM 2003, 2121, 2125.

120 *Vogel*, in: Assmann/Schneider, § 20a Rn. 65 m.w.N.

121 Vgl. *Trüg*, NJW 2009, 3202, 3205; *Schröder*, HdB. Kapitalmarktstrafrecht, Rn. 501; so auch: *Hellmann/Beckemper*, Wirtschaftsstrafrecht, Rn.97; *Schröder*, Aktienhandel und Strafrecht, S. 75 f.; *Worms*, in: Assmann/Schütze, HdB. Kapitalanlagerecht, § 9 Rn. 132; *Trüg*, FS Mehle, 637, 655; *Wittig*, Wirtschaftsstrafrecht, § 30 Rn. 58.

Einzelfällen war in der Praxis allerdings zu beobachten, dass Leerverkäufer ihrer Einschätzung sinkender Aktienkurse durch die Verbreitung negativer Gerüchte über das leerverkaufte Finanzinstrument Nachdruck verliehen.[122] Mithin stellt sich die Frage, ob auch das Streuen bloßer Gerüchte dem Verbotstatbestand des § 20a Abs.1 Nr.1 WpHG unterfällt.

aa) Das Streuen von Gerüchten als unrichtige bzw. irreführende Angabe

Nach der Regierungserklärung zum vierten Finanzmarktförderungsgesetzes fällt das Ausstreuen von Gerüchten in Form „unverbürgte(r) Nachrichten" nicht unter den Begriff der Angaben im Sinne des § 20a Abs. 1 Nr. 1 WpHG.[123] Dementsprechend verlangen die Bafin[124] sowie große Teile der Literatur,[125] dass Umstände im Sinne der Nr. 1 des Marktmanipulationsverbotes gemäß § 20a WpHG stets „nachprüfbar" sein und einen „tatsächlichen Kern" bzw. „Tatsachenkern" enthalten müssen. Das hierfür häufig angeführte Argument, nicht tatsachenbasierte Werturteile oder Prognosen könnten jedenfalls nicht ohne Verstoß gegen das strafrechtliche Analogieverbot als „unrichtig" bezeichnet werden, hat mit Einführung des Tatbestandsmerkmals der „irreführenden Angaben" in die Verbotsvorschrift des § 20a WpHG jedoch deutlich an Überzeugungskraft verloren.[126] Zudem muss zwischen dem kapitalmarktrechtlichen Verbotstatbestand des § 20a WpHG und dessen strafbewehrter Durchsetzung im Rahmen der §§ 38 und 39 WpHG differenziert werden.

---

122 *Zimmer/Beisken*, WM 2010, 485, 487 m.w.N.; so hält auch insbesondere der ehemalige CDO von Lehmann Brothers Inc. mit negativen Gerüchten „unterlegte" Leerverkäufe verantwortlich für den Zusammenbruch der Investmentbank, vgl. United States House of Representatives, Statement of Richard S. Fuld Jr. (...), 6.10.2008, S. 9 ff. abrufbar unter http:// online.wsj.com/ public/ resources/documents/fuldtestimony20081006.pdf; vgl. auch: Der Leerverkäufer als Bösewicht: Alles Wichtige über Leerverkäufe, in: FAZ vom 13. August 2011, Nr. 187, S. 20.

123 Entwurf eines Gesetzes zur weiteren Fortentwicklung des Finanzplatzes Deutschland (Viertes Finanzmarktförderungsgesetz), BT-Drucks. 14/8017 S. 90.

124 Emittentenleitfaden der Bundesanstalt für Finanzdienstleistungen 2009 S. 108; abrufbar unter: http:// www. bafin.de/ SharedDocs/ Downloads/ DE/ Leitfaden/ WA/ dl_090520_ emittentenleitfaden_ 2009.pdf?__blob=publicationFile.

125 *Vogel*, in: Assmann/Schneider, § 20a Rn. 70; Schäfer/Hamann-*Schäfer*, Kapitalmarktgesetze Band I, § 20a Rn. 29; *Fleischer*, in: Fuchs (Hrsg.) WpHG, § 20a Rn. 16; *Möller*, WM 2002, 209, 312; *Eichelberger*, WM 2003, 2121, 2125.

126 *Vogel*, in: Assmann/Schneider, WpHG, § 20a Rn. 70; *Mock/Stoll/Eufinger*, in: KK-WpHG, § 20a Rn. 156.

Auch die in § 20a Abs. 1 S. 1 Nr. 1 WpHG verwendete Begrifflichkeit der „Angaben", in terminologischer Abgrenzung zu dem Beweis zugänglichen „Tatsachen", ließe sich für eine Einbeziehung der Gerüchte unter die in Rede stehende Verbotsalternative anführen.[127] Letztendlich ist der Schutzzweck des Marktmanipulationsverbotes „die Gewährleistung der Zuverlässigkeit und Wahrheit der Preisbildung an den organisierten Märkten"[128] jedenfalls auch durch das gezielte Streuen von Gerüchten gefährdet.

Im Ergebnis streiten die angeführten Argumente dafür, das Streuen von Gerüchten jedenfalls dem Grunde nach dem Marktmanipulationsverbot des § 20a WpHG zu unterstellen. Allerdings folgt daraus nicht notwendig die Qualifizierung von Gerüchten als Angaben im Sinne des § 20a Abs. 1 S. 1 Nr. 1 WpHG, so dass dem Willen des Gesetzgebers Folge geleistet und das Streuen von Gerüchten unter die Verbotsalternative des § 20a Abs. 1 S. 1 Nr. 3 WpHG gefasst werden sollte.

Fraglich erscheint allerdings, ob ein Leerverkäufer durch einen „ordnungsgemäßen" Leerverkauf bereits in konkludenter Weise unrichtige oder irreführende Angaben bezüglich der Bewertung eines Finanzinstrumentes macht.

bb) Die konkludente Abgabe unrichtiger oder irreführender Angaben

Wie dargelegt, stellt § 20a Abs. 1 S. 1 Nr. 1 WpHG an die Form der Abgabe unrichtiger oder irreführender Angaben im Sinne der Verbotsvorschrift keine besonderen Anforderungen. Allerdings können Angaben über bewertungserhebliche Umstände lediglich solche sein, die nach der allgemeinen Verkehrsauffassung etwas aussagen oder erklären.[129] Mithin setzt der Tatbestand der Kurs- und Marktpreismanipulation – wie auch der Subventionsbetrug im Sinne des § 264 Abs. 1 Nr. 1 StGB – als so genanntes „Äußerungsdelikt" zumindest eine konkludente Gedankenerklärung voraus, lässt eine solche für die Begehung der Tatbestandsalternative aber auch vollends genügen.[130]

---

127 *Mock/Stoll/Eufinger*, in: KK-WpHG, § 20a Rn. 156; *Vogel*, in: Assmann/Schneider, WpHG, § 20a Rn. 70; *Eichelberger*, Das Verbot der Marktmanipulation, S. 240.

128 Begr. RegE. 4. FMFG, BT. Drucks. 14/8017, S. 176, 249; Begr. RegE 2. WiKG, BT-Drucks. 10/318, S. 45; ebenso: *Mock/Stoll/Eufinger*, in: KK-WpHG, § 20a Rn. 15; *Altenhain*, BB 2002, 1874, 1875; *Möller*, WM 2002, 309, 313; Schwark/Zimmer-*Schwark*, KMRK, § 20a WpHG Rn. 7.

129 *Arlt*, Der strafrechtliche Anlegerschutz vor Kursmanipulation S. 146; *Fleischer*, in: Fuchs (Hrsg.), WpHG, § 20a Rn. 18; *Mock/Stoll/Eufinger*, in: KK-WpHG, § 20a Rn. 158 m.w.N.

130 *Arlt*, Der strafrechtliche Anlegerschutz vor Kursmanipulation S. 146 u. S. 157.

Demnach gilt es im Folgenden zu untersuchen, ob bei einem Leerverkauf zumindest vom Vorliegen einer konkludenten Abgabe unrichtiger oder irreführender Angaben im Sinne des § 20a Abs. 1 S. 1 Nr. 1 WpHG ausgegangen werden muss. Als solche könnte möglicherweise die mit einem Leerverkauf einhergehende konkludente Erklärung zu qualifizieren sein, zum Veräußerungszeitpunkt bereits Eigentümer der veräußerten Wertpapiere zu sein bzw. als dinglich berechtigter Verkäufer zu handeln.

(1) Die Eigentümerstellung

Insoweit schiede eine konkludente Abgabe unrichtiger oder irreführender Angaben für den Fall des gedeckten Leerverkaufes, in welchem der Leerverkäufer nach Abschluss der Wertpapierleihe bereits Eigentümer der veräußerten Wertpapiere ist, aus.

Demgegenüber kann zur Bestimmung des Erklärungswertes eines ungedeckten Leerverkaufes auf Grund der Parallelen zwischen dem Betrugstatbestand des § 263 StGB und dem Tatbestand der Kurs- und Marktpreismanipulation des § 20a WpHG auf die Grundsätze zur Ermittlung des Erklärungswertes bei einer konkludenten Täuschung zurückgegriffen werden.[131] Danach enthält das Eingehen einer vertraglichen Verpflichtung grundsätzlich die konkludente Erklärung der „Erfüllungswilligkeit", der „Erfüllungsfähigkeit" sowie die schlüssige Behauptung der „Verfügungsbefugnis".[132] So gebe der Verkäufer eines Wertpapiers konkludent zu verstehen, zur Übertragung des Eigentums imstande bzw. dinglich berechtigt zu sein.[133] Zum Zeitpunkt des Kaufvertragsschlusses ist der Leerverkäufer eines ungedeckten Leerverkaufes aber zur sofortigen Eigentumsübertragung außerstande, da es ihm an der dinglichen Berechtigung bezüglich der veräußerten Wertpapiere mangelt.

Nach Auffassung der Rechtsprechung ist es jedoch entscheidend, ob nach der Verkehrsanschauung dem Täterverhalten aus Sicht des objektiven Empfängerhorizontes ein gewisser Erklärungswert entnommen werden kann.[134] Als Folge des im deutschen Zivilrecht vorherrschenden Abstraktionsprinzips ist der Verkauf von Waren ohne dingliche Berechtigung im Rahmen wirtschaftlicher

---

131 *Arlt*, Der strafrechtliche Anlegerschutz vor Kursmanipulation S. 158.

132 *Cramer/Perron*, in: Schönke/Schröder, § 263 Rn. 16/16a und 16b; Mü/Ko StGB/*Hefendehl*, § 263 Rn. 127; NK-*Kindhäuser*, § 263 Rn. 73 f.; *Kindkäuser*, in: Kindhäuser/Neumann/Paeffgen, Strafgesetzbuch, Band III, § 263 Rn. 125 f. jeweils m.w.N.

133 *Cramer/Perron*, in: Schönke/Schröder, § 263 Rn. 16a; *Kindkäuser*, in: Kindhäuser/Neumann/Paeffgen, Strafgesetzbuch, Band III, § 263 Rn. 126.

134 BGH, Urteil vom 19.12.1979 = BGHSt 29, 165, 167.

Geschäftsbeziehungen allerdings gängige Praxis. So verkaufen Groß- und Zwischenhändler täglich Gegenstände, über die sie noch nicht verfügen, beispielsweise da diese noch gefördert oder produziert werden müssen.[135] Hierbei ist es aus Käufersicht allein entscheidend, dass der Verkäufer einer Ware zum Erfüllungszeitpunkt zur Übertragung des Eigentums in der Lage ist. Da der Leerverkäufer über den späteren Erwerb der Wertpapiere seine Leistung tatsächlich auch erbringen kann, liegt insofern keine Täuschung vor.[136] Mit dem Abschluss des Kaufvertrages erklärt der Leerverkäufer folglich nicht, bereits zum Zeitpunkt des Kaufvertragsschlusses Eigentümer der veräußerten Wertpapiere zu sein, da eine solche Erklärung über den Inhalt seiner vertraglichen Verpflichtung hinausginge.[137]

Demzufolge kann dem schuldrechtlichen Verpflichtungsgeschäft im Falle eines regulären Leerverkaufes aus Sicht des objektiven Empfängerhorizontes kein dahingehender Erklärungswert beigemessen werden, der Verkäufer sei bereits dinglich zur Verfügung über die veräußerten Wertpapiere berechtigt. Dieses Ergebnis entspricht auch dem „Grundsatz der Einheitlichkeit der Rechtsordnung", welchem es zuwiderliefe, ein in Folge des Abstraktionsprinzips wirksames Rechtsgeschäft einem (kapitalmarkt)strafrechtlichen Verbot zu unterstellen.

Folglich ist im klassischen Fall des Leerverkaufes im reinen Abschluss des Kaufvertrages auch keine konkludente Täuschung über die dingliche Berechtigung des Verkäufers zu erblicken.

(2) Die Motivation des Leerverkäufers

Ferner ist auch darin keine konkludente Täuschung zu sehen, dass der Leerverkäufer auf fallende Kurse des veräußerten Finanzinstruments hofft, da ein Verkäufer eines Finanzinstrumentes weder ausdrücklich noch konkludent einen bestimmten Zweck oder bestimmtes Motiv seines Vertragsschlusses mit erklärt.[138]

Des Weiteren liegt auch darin keine konkludente Täuschung begründet, dass der Leerverkäufer bereits durch den Umstand des Verkaufes auf die weitere Entwicklung des Börsenpreises Einfluss nehmen kann.[139]

---

135 *Schröder*, HdB. Kapitalmarktstrafrecht, Rn. 499; Schröder, Aktienhandel und Strafrecht, S. 76.

136 *Zieschang*, in: Park (Hrsg.), Kapitalmarktstrafrecht, T3, Kap. 1, Rn. 132; *Schröder*, HdB. Kapitalmarktstrafrecht, Rn. 499; *Trüg*, in: FS Mehle, S. 652.

137 *Zieschang*, in: Park (Hrsg.), Kapitalmarktstrafrecht, T3, Kap. 1, Rn.; *Schröder*, Aktienhandel und Strafrecht, S. 76 und ebenfalls *Hellmann/Beckemper*, Wirtschaftsstrafrecht, Rn. 97.

138 *Trüg*, NJW 2009, 2302, 3204; *Trüg*, in: FS Mehle, S. 655.

139 *Trüg*, NJW 2009, 3202, 3204; *Schröder*, Hdb. Kapitalmarktstrafrecht, Rn. 626.

(3) Die Erfüllungsabsicht
Lediglich in Fällen des so genannten „abusive naked short selling", in welchen Leerverkäufer Wertpapierverkäufe ohne tatsächliche Erfüllungsabsicht tätigen, um den Markt (scheinbar) mit Aktien zu fluten und hierdurch den Aktienkurs eines Unternehmens negativ zu beeinflussen,[140] täuscht der Leerverkäufer konkludent über seine Erfüllungswilligkeit. Demnach ist im Falle des „abusive naked short selling" von einer konkludenten Abgabe unrichtiger Angaben auszugehen.

cc) Zwischenergebnis
Im Regelfall des gedeckten sowie des ungedeckten Leerverkaufes macht der Leerverkäufer keinerlei ausdrückliche oder konkludente falsche bzw. irreführende Angaben über das veräußerte Finanzinstrument. Lediglich in der Vornahme von Leerverkäufen ohne tatsächliche Erfüllungsabsicht liegt eine konkludente Abgabe unrichtiger Angaben begründet, so dass das so genannte „abusive naked short selling" grundsätzlich der Verbotsalternative des § 20a Abs. 1 S. 1 Nr. 1 WpHG unterfällt. Hierzu müsste es sich bei der Täuschung des Leerverkäufers über dessen Erfüllungswilligkeit allerdings um eine Angabe über bewertungserhebliche Umstände im Sinne des § 20a Abs. 1 S. 1 Nr. 1 WpHG handeln.

b) Bewertungserhebliche Umstände
Seit März 2005 findet sich in der auf Grundlage des § 20a Abs. 5 S. 1 Nr. 1 WpHG erlassenen „Verordnung zur Konkretisierung des Verbotes der Marktmanipulation" (MaKonV) in § 2 Abs. 1 eine Legaldefinition der für die Bewertung eines Finanzinstruments erheblichen Umstände im Sinne des § 20a Abs. 1 S. 1 Nr. 1 WpHG. Hiernach ist die Bewertungserheblichkeit von Umständen nach § 2 Abs. 1 S. 1 MaKonV davon abhängig, ob ein verständiger Anleger diese bei seiner Anlageentscheidung berücksichtigen würde.

Unabhängig von der in der einschlägigen Literatur stark umstrittenen Auslegung einer vernünftigen Anlageentscheidung eines „verständigen Anlegers"[141] lässt sich die Erfüllungswilligkeit eines Leerverkäufers allerdings nicht als Umstand qualifizieren, welcher für die Bewertung eines Finanzinstruments im Sinne des § 20a Abs. 1 S. 1 Nr. 1 WpHG erheblich ist.

So unterfällt die Erfüllungswilligkeit des Leerverkäufers bei genauerer Untersuchung schon nicht dem Wortlaut des § 20a Abs. 1 S. 1 Nr. 1 WpHG, da diese

140 Vgl. *Trüg*, NJW 2009 3202, 3204; *Trüg*, in: FS Mehle, S. 656 m.w.N.

141 Vgl. *Mock/Stoll/Eufinger*, in: KK-WpHG, § 20a Anh.I-§ 2 MaKonV Rn. 8 ff.; *Fleischer*, in: Fuchs (Hrsg), WpHG, § 20a Rn. 26; *Sorgenfrei*, in: Park (Hrsg.), Kapitalmarktstrafrecht, T3, Kap. 4 Rn. 85 ff. jeweils m.w.N.

sich nicht auf die Bewertung des veräußerten Finanzinstruments als solchem bezieht, sondern sich vielmehr auf die Bewertung eines einzelnen Geschäftsabschlusses auswirkt. Diese Auslegung wird auch durch die Konkretisierung des § 2 Abs. 2 bis Abs. 4 MaKonV bestätigt, welcher beispielhaft bewertungserhebliche Umstände im Sinne des § 20a Abs. 1 S. 1 Nr. 1 WpHG aufführt. Danach unterfallen gemäß § 2 Abs. 1 MaKonV publizitätspflichtige Insiderinformationen gemäß § 15 Abs. 1 S. 1 WpHG sowie nach dem WpÜG zu veröffentliche Entscheidungen zur Abgabe eines Übernahmeangebotes (§10 WpÜG) und Pflichtangebote nach § 35 WpÜG regelmäßig der Begrifflichkeit der bewertungserheblichen Umstände im Sinne des § 20a WpHG. Auch bei den durch die Regelbeispiele des § 2 Abs. 2 MaKonV näher konkretisierten Umständen handelt es sich der Sache nach ausschließlich um Emittenten betreffende, unternehmensbezogene Vorgänge.[142] Gleiches gilt auch für die in Abs. 4 des § 2 MaKonV dargelegten Beispiele für eine mögliche Bewertungserheblichkeit im Sinne des Absatzes 1. Folglich erscheint auch danach die Einordnung der Erfüllungsabsicht, welche keinen direkten Bezug zum Emittenten des Wertpapiers aufweist, unter das Merkmal der „bewertungserheblichen Umstände" verfehlt.

Letztendlich ergibt sich dieses Verständnis auch aus der Schutzrichtung des § 20a WpHG, welcher wie festgestellt als „Schutz der Zuverlässigkeit und Wahrheit der Preisbildung an Börsen und Märkten" zu qualifizieren ist. Zwar wird insbesondere das „abusive naked short selling" durch die gezielte Suggestion eines erheblichen Überangebotes zur negativen Kursbeeinflussung eines Wertpapiers verwendet,[143] jedoch ergibt sich dieses Kursbeeinflussungspotential nicht aus einer Täuschung über die Erfüllungswilligkeit, sondern vielmehr ausschließlich aus dem erhöhten Angebot der am Markt angebotenen Wertpapiere. So sinkt der Kurs eines Wertpapiers auch im Falle des „abusive naked short selling" nicht auf Grund der konkludent erklärten Erfüllungswilligkeit, sondern vielmehr ausschließlich durch das in Folge der Leerverkäufe erheblich erhöhte Angebot der leerverkauften Wertpapiere am Markt.

Demnach unterfällt auch der Leerverkauf von Wertpapieren ohne tatsächliche Erfüllungsabsicht nicht dem Verbotstatbestand des § 20a Abs. 1 S. 1 Nr. 1 WpHG, sondern muss wohl vielmehr der Verbotsalternative des § 20a Abs. 1 S. 1 Nr. 2 WpHG zugeordnet werden.

---

142 *Sorgenfrei*, in: Park (Hrsg.), Kapitalmarktstrafrecht, T3, Kap.4. Rn. 94; *Mock/Stoll/Eufinger*, in: KK-WpHG, § 20a Anh.I-§ 2 MaKonV Rn. 4 ff.; Schwark/Zimmer-*Schwark*, WpHG, § 20a Rn. 20.

143 *Trüg*, NJW 2009, 3202, 3204.

c) Das Verschweigen bewertungserheblicher Umstände entgegen bestehender Rechtsvorschriften

Tatbestandsmäßig im Sinne des § 20a Abs. 1 S. 1 Nr. 1 Alt. 2 WpHG ist weiterhin das Verschweigen bewertungserheblicher Umstände entgegen bestehender Rechtsvorschriften. Eine herausragende praktische Bedeutung kommt in diesem Zusammenhang insbesondere den kapitalmarktrechtlichen Publizitätspflichten, wie der Ad-hoc-Publizitätspflicht aus § 15 WpHG, der Pflicht zur Offenlegung von Directors` Dealings gemäß § 15a WpHG, den übernahmerechtlichen Mitteilungspflichten der §§ 37w, 37x WpHG sowie der Prospektpublizität nach § 3 WpHG zu.[144] Von entscheidender Bedeutung sind weiterhin die bilanzrechtlichen Publizitätspflichten der §§ 325 ff. i.V.m. §§ 246 ff. HGB sowie die Handelsregisterpublizitätspflichten, namentlich die Pflicht zur Stellung des Insolvenzantrages gemäß § 92 Abs. 2 AktG.[145]

Zwar kann das Verschweigen dieser publizitätspflichtigen Informationen auf Grund ihrer erheblichen Kursrelevanz einen ersichtlichen Anreiz zur Vornahme von Leerverkäufen bieten, sofern diese auf Grund ihrer negativen Aussage den Kursrückgang der Aktie eines bestimmten Emittenten nahe legen. Allerdings kommt der Untersuchung eines solchen Vorgehens im Rahmen des § 20a WpHG allenfalls eine untergeordnete Bedeutung zu, da eine solche Marktpraxis in aller Regel bereits dem an späterer Stelle noch darzustellenden Verbot von Insidergeschäften gemäß § 14 WpHG unterfällt. Da dieser Problemkreis allerdings nicht in unmittelbarem Zusammenhang mit der Vornahme von Leerverkäufen steht, sondern vielmehr dem allgemeinen Insiderrecht unterfällt, soll dieser im Rahmen der vorliegenden Arbeit keiner ausführlichen Behandlung zugeführt werden.

d) Zwischenergebnis

Die Durchführung von Leerverkäufen wird demnach von der Verbotsalternative des § 20a Abs. 1 Nr. 1 WpHG nicht erfasst.

Möglicherweise könnte die Vornahme von Leerverkäufen aber dem Verbot der Marktpreismanipulation nach § 20a Abs. 1 S. 1 Nr. 2 WpHG unterfallen.

---

144 *Fleischer*, in: Fuchs (Hrsg.), WpHG, § 20a Rn. 38; *Mock/Stoll/Eufinger*, in: KK-WpHG, § 20a Rn. 173 ff. jeweils m.w.N.; vgl hierzu auch die Konkretisierung in § 2 MaKonV.

145 *Fleischer*, in: Fuchs (Hrsg.), WpHG Kommentar § 20a Rn. 38; *Mock /Stoll/Eufinger*, in: KK-WpHG, § 20a Rn. 173 ff.; *Sorgenfrei*, in: Park (Hrsg.), Kapitalmarktstrafrecht, T3, Kap. 4 Rn. 118 jeweils m.w.N.

3. *Der Verbotstatbestand des § 20a Abs. 1 S. 1 Nr. 2 WpHG*

§ 20a Abs. 1 S. 1 Nr. 2 WpHG verbietet es, „Geschäfte vorzunehmen oder Kauf- oder Verkaufsaufträge zu erteilen, die geeignet sind, falsche oder irreführende Signale für das Angebot, die Nachfrage oder den Börsen- oder Marktpreis von Finanzinstrumenten zu geben oder ein künstliches Preisniveau herbeizuführen". Die durch Umsetzung gemeinschaftsrechtlicher Vorgaben (vgl. Art. 1 Nr. 2 lit. a EU-Marktmissbrauchsrichtlinie) mit dem Anlegerschutzverbesserungsgesetz aus dem bisherigen Auffangtatbestand der „sonstigen Täuschungen" ausgegliederte Tatbestandsalternative der Nr. 2 erfasst nunmehr ausdrücklich auch die durch tatsächliche Handelsaktivitäten verursachte Marktmanipulation.[146] Zunächst gilt es danach zu untersuchen, ob ein Leerverkäufer Geschäfte im Sinne der Verbotsvorschrift vornimmt bzw. Kauf- oder Verkaufsaufträge erteilt.

a) Vornahme von Geschäften, Erteilen von Kauf- oder Verkaufsaufträgen

Von § 20a Abs. 1 S. 1 Nr. 2 WpHG werden danach nicht nur tatsächlich zustande gekommene „effektive" Geschäfte über Finanzinstrumente, sondern bereits die Beeinflussung der Orderlage durch Erteilung von diesbezüglichen Kauf- oder Verkaufsaufträgen erfasst.[147] Für die Vornahme von Geschäften ist es weiterhin unerheblich, ob es sich um Eigen- oder Fremdgeschäfte handelt, ob diese in eigenem oder fremdem Namen oder für eigene oder fremde Rechnung getätigt werden.[148] Des Weiteren stellt auch die Wirksamkeit des vorgenommenen Geschäfts keine zwingende Bedingung für eine Anwendbarkeit der Verbotsalternative des § 20a Abs. 1 S. 1 Nr. 2 WpHG dar.[149]

Demzufolge fällt die Durchführung von Leerverkäufen (in Form tatsächlich zu erfüllender „effektiver Geschäfte") zweifelsfrei unter den Begriff der Vornahme von Geschäften im Sinne des § 20a Abs. 1 S. 1 Nr. 2 WpHG.

---

146 Vgl. *Sorgenfrei*, in: Park (Hrsg.), Kapitalmarktstrafrecht, T 3, Kap. 4 Rn. 127 und 130; vgl. den Entwurf eines Gesetzes zur weiteren Fortentwicklung des Finanzplatzes Deutschland (Viertes Finanzmarktförderungsgesetz), BT-Drucks. 14/8017, S. 89; *Vogel*, in: Assmann/Schneider, § 20a Rn. 140.

147 *Sorgenfrei*, in: Park (Hrsg.), Kapitalmarktstrafrecht, T 3, Kap. 4 Rn. 132; *Mock /Stoll/ Eufinger*, in: KK-WpHG, § 20a Rn. 188.

148 Vergleiche *Vogel*, in: Assmann/Schneider, § 20a Rn. 147; *Mock /Stoll/Eufinger*, in: KK-WpHG, § 20a Rn. 187; *Fleischer*, in: Fuchs (Hrsg.), WpHG, § 20a Rn. 45 jeweils m.w.N.

149 *Sorgenfrei*, in: Park (Hrsg.), Kapitalmarktstrafrecht, T 3, Kap.4 Rn. 133; *Fleischer*, in: Fuchs (Hrsg.), WpHG, § 20a Rn. 44; *Mock /Stoll/Eufinger*, in: KK-WpHG § 20a Rn. 189.

b) Eignung als falsches oder irreführendes Signal, künstliches Preisniveau

Danach unterfallen Leerverkäufe dem Marktmanipulationsverbot des § 20a Abs. 1 S. 1 Nr. 2 WpHG sofern diese geeignet sind, falsche oder irreführende Signale für das Angebot, die Nachfrage oder den Börsen- oder Marktpreis von Finanzinstrumenten zu geben oder ein künstliches Preisniveau herbeizuführen.

Ein Signal für das Angebot, die Nachfrage bzw. den Preis liegt vor, wenn das Geschäft bzw. der Auftrag geeignet ist, das Angebots- bzw. Nachfrageverhalten auf dem Markt bzw. den Preis zu beeinflussen, wobei es nicht darauf ankommt, ob das Angebot oder die Nachfrage verstärkt oder abgeschwächt wird oder aber gleich bleibt.[150] Ein Signal in diesem Sinne ist wiederum falsch, sofern es nicht mit der tatsächlichen Marktsituation hinsichtlich des jeweiligen Finanzinstruments übereinstimmt; es ist irreführend, wenn es geeignet ist, bei einem verständigen Anleger eine Fehlvorstellung über die tatsächliche Marktsituation hervorzurufen.[151] Zu den wahren wirtschaftlichen Verhältnissen in diesem Sinne zählen insbesondere das marktgerechte Angebot, die marktgerechte Nachfrage sowie die Marktliquidität und auch der marktgerechte Preis.[152] Ein Preisniveau im Sinne des § 20a Abs. 1 S. 1 Nr. 2 WpHG muss als künstlich qualifiziert werden, soweit sich dieses nicht mehr als Ergebnis eines unbeeinflussten Marktprozesses darstellt.[153] Im Folgenden soll nun erörtert werden, inwieweit von Leerverkäufen falsche bzw. irreführende Signale über die tatsächliche Marktlage ausgehen, bzw. ein künstliches Preisniveau erzeugt wird.

aa) Die Eigentumsstellung als irreführendes Signal i.S.d. § 20a Abs. 1 S. 1 Nr. 2 WpHG

Zunächst könnte von einem ungedeckten Leerverkauf das falsche Signal ausgehen, der Leerverkäufer sei zum Veräußerungszeitpunkt bereits Eigentümer der veräußerten Finanzinstrumente. Wie festgestellt, ging vor der Einführung des § 30h WpHG von einem regulären Leerverkauf jedoch kein dahingehendes Signal aus.[154]

---

150 *Vogel*, in: Assmann/Schneider, § 20a Rn. 150.

151 *Fleischer*, in: Fuchs (Hrsg.), WpHG, § 20a Rn. 47; *Mock /Stoll/Eufinger*, in: KK -WpHG, § 20a Rn. 191 mit weiteren Nachweisen; Schwark/Zimmer-*Schwark*, KMRK, § 20a WpHG Rn. 38.

152 *Vogel*, in: Assmann/Schneider, § 20a Rn. 150.

153 *Fleischer*, in: Fuchs (Hrsg.), WpHG, § 20a Rn. 48; *Mock /Stoll/Eufinger*, in: KK-WpHG, § 20a Rn. 194; *Vogel*, in: Assmann/Schneider, WpHG, § 20a Rn. 151.

154 Vgl. hierzu bereits S. 49 f.

bb) Die Bewertung als irreführendes Signal i.S.d. § 20a Abs. 1 S. 1 Nr. 2 WpHG

Ferner könnte von einem Leerverkauf (unabhängig davon, ob gedeckt oder ungedeckt) das irreführende Signal ausgehen, das veräußerte Finanzinstrument sei überbewertet. Jedoch kann nicht jedem größeren Verkauf von Vermögenswerten das Signal beigemessen werden, diese seien überbewertet und mit dem Verkauf erfolge eine Korrektur.[155] So werden Verkäufe auf Grund der verschiedensten Motive vorgenommen, etwa um benötigte Liquidität zu generieren.[156] Folglich lässt sich einem Leerverkauf nicht notwendigerweise das Signal entnehmen, das veräußerte Finanzinstrument sei überbewertet.

cc) Das Überangebot als irreführendes Signal i.S.d. § 20a Abs. 1 S. 1 Nr. 2 WpHG

Von in großem Umfang vorgenommenen Leerverkäufen geht jedoch das Signal aus, bezüglich des veräußerten Finanzinstruments bestehe am Markt ein erhebliches Überangebot. Fraglich ist allerdings, ob dieses Signal als falsch oder zumindest als irreführend zu qualifizieren ist.

Dem könnte entgegenstehen, dass es sich bei Leerverkäufen auf Grund der ordnungsgemäßen Durchführung der Geschäftsabschlüsse um „wirtschaftlich relevante Dispositionen" handelt. Demnach ließe sich vertreten, dass das von Leerverkäufen ausgehende Signal weder als falsch, noch als irreführend angesehen werden könne, da das signalisierte Überangebot an dem fraglichen Börsentag tatsächlich bestehe.[157] Leerverkäufe unterschieden sich insoweit nicht von „normalen" Verkäufen und seien daher nicht geeignet, andere Marktteilnehmer über die wahren wirtschaftlichen Verhältnisse in die Irre zu führen.[158]

Dennoch ist es unbestritten, dass in großem Ausmaß vorgenommene Leerverkäufe Markttrends auslösen können, welche sich massiv auf die Bewertung eines

---

155 *Maile*, Der Straftatbestand der Kurs- und Marktpreismanipulation, S. 178; *Altenhain*, BB 2002, 1874, 1877.

156 *Zimmer*, in: Leible/Lehmann, Hedgefonds und Private Equity, S. 130; *Maile*, Der Straftatbestand der Kurs- und Marktpreismanipulation, S. 178.

157 *Maile*, Der Straftatbestand der Kurs- und Marktpreismanipulation, S. 182; *Hellmann/Beckemper*, Wirtschaftsstrafrecht, Rn. 97; so zur Markmanipulation durch rechtlich wirksame Transaktionen im Allgemeinen auch *Arlt*, Der strafrechtliche Anlegerschutz, S. 315.

158 *Maile*, Der Straftatbestand der Kurs- und Marktpreismanipulation, S. 182; so im Ergebnis auch *Vogel*, in: Assmann/Scheider, § 20a Rn. 151d und vor § 20a Rn. 36.

Finanzinstruments auswirken.[159] Beispielsweise können durch Leerverkäufe sich selbst erfüllende Prophezeiungen ausgelöst werden, sofern mehrere potente Leerverkäufer zeitgleich großvolumige Leerverkäufe tätigen, das hiervon ausgehende Signal von anderen Marktteilnehmern aufgegriffen wird, die Refinanzierungsmöglichkeiten des betroffenen Emittenten abgeschnitten werden und dieser in eine Krise gerät, welche den ursprünglichen Preisverfall (nachträglich) rechtfertigt.[160] Zudem ist es anerkannt, dass auch der verständige Anleger im Sinne des § 20a WpHG seine Investitionsentscheidung unter Berücksichtigung vorherrschender Markttrends tätigt, welche unzweifelhaft durch Leerverkäufe ausgelöst oder jedenfalls in ihrer Intensität verstärkt werden können.[161]

Somit erscheint es zu kurz gegriffen, Leerverkäufen allein auf Grund ihres „wirtschaftlich relevanten Charakters", d.h. auf Grund der realen Durchführung der Geschäftsabschlüsse, die Eignung zur Täuschung eines verständigen Anlegers abzusprechen.[162] So wären nach diesem Verständnis Leerverkäufe entgegen der Gesetzesbegründung aus dem Anwendungsbereich der Verbotsvorschrift des § 20a WpHG ausgenommen, obgleich diese vom Gesetzgeber ausdrücklich als mögliche Marktmanipulation durch den Abschluss „effektiver Geschäfte" bezeichnet werden.[163] Insbesondere ließe sich argumentieren, durch die von Leerverkäufen ausgelösten Markttrends werde ein Preisniveau verursacht, welches nicht die „tatsächlichen Marktgegebenheiten" widerspiegelt. Danach liefen Leerverkäufe der von § 20a WpHG geschützten „Wahrheit der Marktpreisbildung" zuwider und könnten damit dem Verbot der Marktmanipulation des § 20a Abs. 1 S. 1 Nr. 2 WpHG unterfallen.

Allerdings lässt sich die Problematik dieser Argumentation wiederum daran verdeutlichen, dass Preise auf funktionsfähigen Märkten per Definition durch Angebot und Nachfrage gebildet werden, so dass sich vertreten ließe, dass es weder „wahre" Preise, noch „wahre" Signale über diese gebe.[164]

---

159 *Schröder*, Aktienhandel und Strafrecht, S. 75f.; *Maile*, Der Straftatbestand der Kurs- und Marktpreismanipulation, S. 171 f.; *Vogel*, in: Assmann/Schneider, § 20a Rn. 151c.

160 *Vogel*, in: Assmann/Schneider, § 20a Rn. 151c.

161 Vgl. zur strittigen Auslegung der Begrifflichkeit des verständigen Anlegers: *Park*, NStZ 2007, 369, 373.

162 So aber *Maile*, Der Straftatbestand der Kurs- und Marktpreismanipulation, S. 179 m.w.N.

163 Vgl. den Entwurf eines Gesetzes zur weiteren Fortentwicklung des Finanzplatzes Deutschland (Viertes Finanzmarktförderungsgesetz), BT-Drucks. 14/8017, S. 89.

164 So *Vogel*, in: Assmann/Schneider, § 20a Rn. 150; *Sorgenfrei*, in: Park (Hrsg.), Kapitalmarktstrafrecht, T 3, Kap. 4 Rn. 138.

Zwar ist dieser Annahme insoweit beizupflichten, als Börsenpreise grundsätzlich den „objektiven“ Wert eines Handelsobjekts ausdrücken, doch ist dies im Falle manipulierter Kurse nicht mehr zutreffend.[165] So ließe sich in der Praxis zwischen einem manipulierten und dem „wahren Marktpreis“ differenzieren, indem man diejenigen Order aus der Marktpreisfeststellung herausrechnet, welche lediglich auf Grund der Marktmanipulation (Leerverkäufe) getätigt worden sind.[166] Allerdings würde auch dies letztendlich voraussetzen, dass die durch Leerverkäufe in erheblichem Umfang beeinflussten Kurse überhaupt als manipuliert anzusehen wären.

Diese Tatsache gebietet es wiederum, zur Konkretisierung der Verbotsalternative des § 20a Abs. 1 S. 1 Nr. 2 WpHG auf § 3 MaKonV zurückzugreifen.

(1) § 3 Abs. 1 MaKonV

Zur Konkretisierung des Verbotstatbestandes des § 20a Abs. 1 S. 1 Nr. 1 WpHG legt § 3 Abs. 1 MaKonV Anzeichen für das Vorliegen falscher oder irreführender Signale bzw. die Herbeiführung eines künstlichen Preisniveaus in Form von Anhaltspunkten, Faktoren oder Richtlinienvorgaben fest.[167] Diesen ist grundsätzlich gemein, dass sie eine erhebliche Preisänderung infolge der jeweiligen Geschäfte bzw. Aufträge voraussetzen.[168] Demgegenüber finden sich in § 3 Abs. 2 MaKonV zwingende Beispiele für „irreführende Signale“, bei deren Vorliegen der Verbotstatbestand des § 20a Abs. 1 S. 1 Nr. 2 WpHG als erfüllt gilt.[169] Jedoch enthält § 3 Abs. 2 MaKonV keine abschließende Regelung irreführender Signale im Sinne des § 20a WpHG („insbesondere auch“).[170] Zu beachten ist ferner, dass im Rahmen der Vorschrift des § 3 MaKonV nicht zwischen den verschiedenen Tatbestandsmerkmalen des § 20a Abs. 1 S. 1 Nr. 2 WpHG differenziert wird, sondern einheitliche „Anzeichen“ für das Vorliegen falscher oder irreführender Signale bzw. das Vorliegen eines künstlichen Preisniveaus dargelegt werden. Im

---

165 *Schröder*, HdB. Kapitalmarktstrafrecht, Rn. 634.

166 Vgl. *Schröder*, HdB. Kapitalmarktsrafrecht, Rn. 635.

167 Begr. BMF MaKonV, BR-Drucks. 18/05, S. 13; *Moch/Stoll/Eufinger*, in: KK-WpHG, § 20a Anh.I-§ 3 MaKonV Rn. 4 f.; *Fleischer*, in: Fuchs (Hrsg.), WpHG, § 20a Rn. 49 ff.

168 *Vogel*, in: Assmann/Schneider, § 20a Rn. 155; Vergleiche auch *Flothen*, Marktmanipulation und Kurspflege, S. 47 f.

169 *Diversy*, in: G/J/W, Wirtschafts- und Steuerstrafrecht, Kz. 820 Rn. 154; *Fleischer*, in: Fuchs (Hrsg.), WpHG, § 20a Rn. 49 ff.; Schwark/Zimmer-*Schwark*, KMRK, § 20a WpHG, Rn. 39.

170 *Vogel*, in: Assmann/Schneider, § 20a Rn. 164; Schwark/Zimmer-*Schwark*, KMRK, § 20a WpHG, Rn. 39; *Sogenfrei*, in: Park (Hrsg.), Kapitalmarktstrafrecht, T 3, Kap. 4 Rn. 153.

Folgenden bietet es sich danach an, zunächst die zwingenden Regelbeispiele des § 3 Abs. 2 MaKonV auf deren Anwendbarkeit bezüglich der Vornahme von Leerverkäufen zu untersuchen.

(1.1.) Die zwingenden Regelbeispiele des § 3 Abs. 2 Nr. 1 und Nr. 2 MaKonV

Nach § 3 Abs. 2 Nr. 1 MaKonV werden irreführende Signale im Sinne des § 20a Abs. 1 S. 1 Nr. 2 WpHG insbesondere durch „Geschäfte oder einzelne Kauf- oder Verkaufsaufträge gegeben, die geeignet sind, über Angebot oder Nachfrage bei einem Finanzinstrument im Zeitpunkt der Feststellung eines bestimmten Börsen- oder Marktpreises, der als Referenzpreis für ein bestimmtes Finanzinstrument oder andere Produckte dient, zu täuschen (…) “. Demgegenüber werden von der Nr. 2 des § 3 Abs. 2 MaKonV Geschäfte erfasst, „die zu im Wesentlichen gleichen Stückzahlen und Preisen von verschiedenen Parteien, die sich abgesprochen haben, erteilt werden (…)“.

Zunächst ist festzuhalten, dass die Vornahme von Leerverkäufen in größerem Ausmaß durchaus geeignet ist, auf Angebot bzw. Nachfrage im Zeitpunkt der Feststellung eines bestimmten Referenzpreises Einfluss zu nehmen. Zudem ließe sich der Einfluss von Leerverkäufen auf dem Marktpreis auch durch die Absprache verschiedener Parteien über Stückzahlen und Preise leer zu verkaufender Finanzinstrumente verstärken. Allerdings stehen diese Regelbeispiele in keinerlei speziellem Zusammenhang zu den charakteristischen Eigenschaften von Leerverkäufen, sondern beschreiben Manipulationsmöglichkeiten, welche sich durch die verschiedensten Finanzinstrumente verwirklichen lassen.

Folglich sind Leerverkäufe im Allgemeinen nicht unter die Regelbeispiele des § 3 Abs. 2 Nr. 1-2 WpHG zu fassen, sofern durch diese im Einzelfall nicht die beschriebenen Manipulationshandlungen verwirklicht werden.

(1.2.) Das zwingende Regelbeispiel des § 3 Abs. 2 Nr. 3 MaKonV

Leerverkäufe könnten demgegenüber aber vom Regelbeispiel des § 3 Abs. 2 Nr. 3 MaKonV erfasst sein, nach welchem irreführende Signale jedenfalls von solchen Geschäften ausgehen, welche „den unzutreffenden Eindruck wirtschaftlich begründeter Umsätze erwecken“.

Danach sind grundsätzlich auch effektive Geschäfte zur Täuschung über die tatsächliche Geschäftslage geeignet, sofern durch diese der Eindruck erweckt werde, die Kursbewegung eines Vermögenswertes sei auf Grund von legitimen wirtschaftlich motivierten Umsätzen zustande gekommen.[171] Das ist nach Ansicht

171 Vergleiche *Sorgenfrei*, in: Park (Hrsg.), Kapitalmarktstrafrecht, T 3, Kap. 4 Rn. 159; *Vogel*, in: Assmann/Schneider, § 20a Rn. 167; Schwark/Zimmer-*Schwark*, KMRK,

des Verordnungsgebers dann der Fall, wenn durch den Geschäftsabschluss keine Investmentidee umgesetzt wird, sondern vielmehr das Marktverhalten anderer Marktteilnehmer beeinflusst werden kann und soll.[172] Danach liege die Täuschung der Marktteilnehmer darin, dass für diese die Absicht nicht erkennbar sei, mit der Transaktion den Preis zu beeinflussen, und damit der zustande gekommene Preis verzerrt sei.[173] Unklarheit besteht in diesem Zusammenhang allerdings bezüglich der Frage, in welchen Fällen von einer in legitimer Weise wirtschaftlich begründeten Motivation des Verkäufers eines Finanzinstruments ausgegangen werden kann.[174]

Für eine legitime Motivation des Leerverkäufers in diesem Sinne könnte zunächst § 4 Abs. 1 der Geschäftsbedingungen der Frankfurter Wertpapierbörse ins Feld geführt werden, welcher durch die Einräumung einer zweitägigen Erfüllungsfrist die Vornahme von (ungedeckten) Leerverkäufen grundsätzlich (erst) ermöglicht.[175] Werden wie bei der Vornahme von Leerverkäufen die formalen Handelsregeln eingehalten, welchen grundsätzlich keinerlei Täuschungswert zukommt,[176] so spricht dies gegen eine Einordnung der Transaktion als Marktmanipulation im Sinne des § 20a WpHG. Jedoch kann der formal ordnungsgemäßen Durchführung der Geschäftsabschlüsse keine entscheidende Bedeutung für eine legitime Motivation des Leerverkäufers beigemessen werden, da dies einerseits der durch den Gesetzgeber vorgesehenen Möglichkeit der Marktmanipulation durch effektive Geschäfte zuwider liefe (s.o.) und andererseits offensichtlich auch Marktmanipulationshandlungen unter das Verbot des § 20a WpHG fallen, welche sich durch eine formal ordnungsgemäße Geschäftsabwicklung auszeichnen.[177]

---

§ 20a WpHG, Rn. 53; *Mock/Stoll/Eufinger*, in: KK-WpHG, § 20a Anh.I-§ 3 MaKonV Rn. 31 ff.; *Schröder*, HdB. Kapitalmarktstrafrecht, Rn. 493f.; *Ziouvas*, ZGR 2003, 113, 134f.; a.A. *Arlt*, Der strafrechtliche Anlegerschutz vor Kursmanipulation, S. 320 ff.

172 *Sorgenfrei*, in: Park (Hrsg.), Kapitalmarktstrafrecht, T 3, Kap. 4 Rn. 159; BR-Drucks. 639/03 S. 12.

173 *Vogel*, in: Assmann/Schneider, § 20a Rn. 167; *Sorgenfrei*, in: Park (Hrsg.), Kapitalmarktstrafrecht, T3, Kap. 4 Rn. 159; BR-Drucks. 639/03 S. 12.

174 *Mock/Stoll/Eufinger*, in: KK-WpHG, § 20a Anh.I-§ 3 MaKonV Rn. 33; *Sorgenfrei*, in: Park (Hrsg.), Kapitalmarktstrafrecht, T 3, Kap. 4 Rn. 159; *Pfüller/Anders*, WM 2003, 2445, 2449 f.

175 Vgl. § 4 Abs.1 Geschäftsbedingungen der FWB, abrufbar unter http://deutscheboerse.com/dbg/dispatch/de/binary/dbg_nav/metanavigation/30_Regulations?object_id=84XHQF782NSGDDE.

176 *Sorgenfrei*, in: Park (Hrsg.), Kapitalmarktstrafrecht, T 3, Kap. 4 Rn. 159; *Altenhain* BB 2001, 1874, 1877f.

177 So etwa der Verkauf von Wertpapieren bei vorheriger Verbreitung wahrheitswidriger positiver Tatsachen über das veräußerte Wertpapier, deren Abwicklung gleichfalls den formalen Handelsregeln entspricht.

Demzufolge vertreten Teile der Literatur die Ansicht, im Falle der formal ordnungsgemäßen Geschäftsabwicklung könne allein die Preisbeeinflussungsabsicht als innere Tatsache den Anknüpfungspunkt der Täuschung bilden.[178] Allerdings steht diese Auslegungsvariante in Widerspruch zum Willen des Gesetzgebers, welcher durch Umsetzung des Anlegerschutzverbesserungsgesetzes in die Vorschrift des § 20a WpHG das bis dahin erforderliche subjektive Absichtsmerkmal bei der Täuschungshandlung zugunsten der bloßen objektiven Eignung der Täuschungshandlung zur Marktpreiseinwirkung ersetzte.[179]

Zudem muss dem Umstand Rechnung getragen werden, dass effektive Geschäfte nach Ansicht des Gesetzgebers nur ausnahmsweise unter das Verbot der Marktmanipulation des § 20a WpHG gefasst werden sollen[180] und Leerverkäufe nicht grundsätzlich zur Manipulation der Marktpreisbildung eingesetzt werden, sondern durchaus zur Verfolgung wirtschaftlich begründeter Zielsetzungen geeignet sind (Arbitrage, Hedging von Risiken).

Den entscheidenden Anknüpfungspunkt für die Auslegung der Verbotsvorschrift muss daher der Schutzzweck der Norm bilden, als dessen geschütztes Rechtsgut, wie festgestellt, „die Zuverlässigkeit und Wahrheit der Preisbildung“[181] zu qualifizieren ist. Danach wird durch § 20a WpHG das Vertrauen geschützt, dass andere Marktteilnehmer den Preisbildungsprozess nicht zu ihren Gunsten beeinflussen, um hierdurch die Kursentwicklung zu steuern.[182]

Insoweit bleibt festzuhalten, dass lediglich in erheblichem Umfang vorgenommene Leerverkäufe dazu geeignet sind, die Kursentwicklung eines Finanzinstruments derart zu beeinflussen, dass von einer „Steuerung der Kursentwicklung“ ausgegangen werden kann. In großem Ausmaß vorgenommene Leerverkäufe unterfallen folglich grundsätzlich, und zwar unabhängig von der Absicht des Leerverkäufers, hierdurch den Börsenkurs eines bestimmten Finanzinstruments

---

178 *Sorgenfrei*, in: Park (Hrsg.), Kapitalmarktstrafrecht, T 3, Kap.4 Rn. 159 m.w.N.; und auch *Mock/Stoll/Eufinger*, in: KK-WpHG, § 20a Anh. I- § 3 MaKonV Rn. 33.

179 Entwurf eines Gesetzes zur Verbesserung des Anlegerschutzes (Anlegerschutzverbesserungsgesetz - AnSVG) BT-Drucks. 15/3174, S. 27; vergleiche zu dieser Problematik *Zimmer*, in: Laible/Lehmann, Hedgefonfs und Private Equity, S. 130 f.

180 *Sorgenfrei*, in: Park (Hrsg.), Kapitalmarktstrafrecht, Teil 3, Kap. 4 Rn. 159 m.N.

181 Vgl. *Sorgenfrei*, in: Park (Hrsg.), Kapitalmarktstrafrecht, T 3, Kap. 4 Rn. 52 f.

182 So lässt sich eine allgemeine Abgrenzung zulässiger Spekulation von unzulässiger Marktmanipulation danach vornehmen, ob ein Investor die Tatsache einer Preisänderung lediglich ausnutzt (Spekulation), oder aber eine Preisänderung vielmehr selber herbeiführt (Manipulation); vgl. *Mock/Stoll/Eufinger*, in: KK-WpHG, § 20a Rn. 13.

zu manipulieren, dem Marktmanipulationsverbot des § 20a Abs. 1 S. 1 Nr. 2 WpHG. Sorgt ein Leerverkäufer demnach durch Wertpapierverkäufe in erheblichem Umfang im Wege einer „self fulfilling prophecy" für einen sinkenden Wertpapierkurs, dessen Ursprung in keinerlei wirtschaftlich begründeten Tatsachen gründet, so ist ein solches Marktverhalten gemäß § 20a WpHG verboten.[183]

Demgegenüber werden Leerverkäufe zum Zwecke des Hedgings von Risiken bzw. zur Arbitrage, welche sich letztendlich auf wirtschaftlich begründete Tatsachen zurückführen lassen, nicht vom Marktmanipulationsverbot des § 20a WpHG erfasst.

Bezüglich der zum Zwecke der Spekulation vorgenommenen Leerverkäufe gebietet § 20a Abs. 1 S. 1 Nr. 2 WpHG in Verbindung mit den für einschlägig befundenen Vorschriften der MaKonV wiederum eine differenzierte Betrachtung. Danach ist die Leerverkaufsspekulation gegen einen als überbewertet eingestuften Emittenten solange zulässig, wie sich konkrete Anhaltspunkte für die (Über)Bewertung eines Finanzinstruments finden lassen und sich der Umfang der Leerverkäufe in objektiv nachprüfbarer Weise in einem angemessenen Verhältnis zu dem Ausmaß der Überbewertung verhält.

Diese Auslegung des § 20a WpHG steht ihrerseits wiederum im Einklang mit dem Willen des Gesetz- und Verordnungsgebers, welcher durch Einführung der §§ 30h f. WpHG bzw. der EU-Leerverkaufsverordnung die Einschätzung zum Ausdruck brachte, Leerverkäufe grundsätzlich nicht unter das Verbot der Marktpreismanipulation des § 20a WpHG zu fassen.

Wie im nachfolgenden Kapitel über die ökonomische Analyse des Leerverkaufes aufzuzeigen sein wird, reguliert § 20a WpHG damit einige aus volkswirtschaftlicher Sicht negative Auswirkungen der Vornahme von Leerverkäufen, während ökonomisch sinnvolle Einsatzmöglichkeiten des Leerverkaufes nicht beschränkt werden.

(1.3.) Der Leerverkauf als Anzeichen nach § 3 Abs. 1 Nr. 1 c und Nr. 1b MaKonV

Letztendlich wird das gefundene Ergebnis auch durch die Vorschrift des § 3 Abs. 1 Nr. 1 c der MaKonV bestätigt, nach welcher Anzeichen für falsche oder

183 *Mock/Stoll/Eufinger*, in: KK-WpHG, § 20a Anh. I-§ 3 MaKonV Rn. 9; Schwark/Zimmer-*Schwark*, KMRK, § 20a WpHG Rn. 38; vgl. auch Committee oft the European Securities Regulators Level 3- first set of guidance and information on the common operation of the Direktive (CESR/04-505b) S. 13 (Ziffer 4.13 lit.d)) abrufbar unter: http://www.esma.europa.eu/system/files/04_505b.pdf; a. A. *Vogel*, in: Assmann/Schneider, § 20a Rn. 156d; *Schröder*, HdB. Kapitalmarktstrafrecht, Rn. 501.

irreführende Signale insbesondere auf Finanzinstrumente bezogene Geschäfte sind, „mit denen innerhalb kurzer Zeit Positionen umgekehrt werden und die am Markt einen bedeutenden Anteil am Tagesgeschäftsvolumen dieser Finanzinstrumente ausmachen und die mit einer erheblichen Preisänderung im Zusammenhang stehen können". Unstreitig handelt es sich bei Leerverkäufen in erheblichem Umfang um Geschäfte, welche einen bedeutenden Anteil am Tagesgeschäftsvolumen ausmachen können und mit erheblichen Preisänderungen in Zusammenhang stehen.[184] Des Weiteren kehren Leerverkäufer ihre „Positionen" auch innerhalb eines kurzen Zeitraumes um, indem sie zunächst Finanzinstrumente leer verkaufen, um hierdurch deren Preis zu drücken, um sie anschließend zu einem geringeren Preis am Markt (zurück) zu erwerben.[185]

(2) Zwischenergebnis

In erheblichem Umfang vorgenommene Leerverkäufe, welche sich nicht in objektiv nachprüfbarer Weise durch wirtschaftlich begründete Tatsachen rechtfertigen, unterfallen somit dem Marktmanipulationsverbot des § 20a Abs. 1 S. 1 Nr. 2 WpHG. Sie sind geeignet, irreführende Signale für die Nachfrage und den hierdurch beeinflussten Börsen- bzw. Marktpreis im Sinne des § 20a Abs. 1 S. 1 Nr. 1 WpHG, § 3 Abs. 2 Nr. 3, Abs. 1 Nr. 1c MaKonV zu geben.

Allerdings könnten auch in erheblichem Umfang durchgeführte Leerverkäufe auf Grundlage der Ausnahmeregelungen des § 20a Abs. 2 bzw. Abs. 3 WpHG dem Anwendungsbereich des Marktmanipulationsverbotes entzogen sein.

4. Die Schutzbereichsausnahmen des § 20a Abs. 2 und Abs. 3 WpHG

So finden sich in § 20a Abs. 2 und in § 20a Abs. 3 WpHG Ausnahmen vom Tatbestand des Marktmanipulationsverbotes des § 20a Abs. 1 WpHG.

a) Der Tatbestandsausschluss des § 20a Abs. 2 WpHG

Bei der Marktmanipulation durch Geschäfte und Aufträge im Sinne des § 20a Abs. 1 S. 1 Nr. 2 WpHG ist – wie auch im Rahmen der Anwendung des Marktmanipulationsverbotes auf die Vornahme von Leerverkäufen deutlich wurde – die Grenze zwischen legalem Marktverhalten und illegalem, manipulativem

---

184 Vergleiche hierzu nur die Börsenkursentwicklung der VW-Aktie, welche durch die Vornahme von Leerverkäufen den Volkswagenkonzern zeitweise zum wertvollsten Unternehmen der Welt aufsteigen ließ; vergleiche *Vogel*, in: Assmann/Schneider, § 20a Rn. 151c.

185 *Schröder*, Aktienhandel und Strafrecht, S. 76; *Tyrolt/Bingel*, WM 2010, 1419, 1419.

Verhalten besonders schwierig zu ziehen.[186] Aus diesem Grunde hat der deutsche Gesetzgeber im Rahmen der Umsetzung europäischer Vorgaben durch § 20a Abs. 2 WpHG eine Einschränkung des Marktmanipulationsverbotes vorgenommen, nach welcher „das Verbot des Absatzes 1 Satz 1 Nr. 2 (...) nicht (gilt), wenn die Handlung mit der zulässigen Marktpraxis auf dem betreffenden organisierten Markt oder in dem betreffenden Freiverkehr vereinbar ist und der Handelnde hierfür legitime Gründe hat" (§ 20a Abs. 2 S. 1 WpHG). Als zulässige Marktpraxis in diesem Sinne definiert § 20a Abs. 2 S. 2 WpHG wiederum „solche Gepflogenheiten, die auf dem jeweiligen Markt nach vernünftigem Ermessen erwartet werden können und von der Bundesanstalt als zulässige Marktpraxis im Sinne dieser Vorschrift anerkannt werden". Allerdings gibt es in der Bundesrepublik derzeit keine von der Bundesanstalt als zulässig anerkannten Marktpraktiken im Sinne des § 20a Abs. 2 WpHG, §§ 7-10 MaKonV.[187] Jedoch stellt § 20a Abs. 2 S. 3 WpHG klar, dass „eine Marktpraxis (...) nicht bereits deshalb unzulässig (ist), weil sie zuvor nicht ausdrücklich anerkannt wurde". Somit könnten Leerverkäufe durchaus als Gepflogenheiten zu qualifizieren sein, die auf dem Markt nach vernünftigem Ermessen erwartet werden können.

Außerdem verlangt § 20a Abs. 2 S. 1 WpHG jedoch, dass der im Einklang mit der zulässigen Marktpraxis Handelnde hierfür legitime Gründe hat. Nach Einschätzung des Gesetzgebers des Anlegerschutzverbesserungsgesetzes ist ein Handeln aus legitimen Gründen allein dann zu verneinen, wenn der Handelnde in betrügerischer oder manipulativer Absicht handelt.[188] Allerdings würde ein solches Verständnis wiederum das aus dem geltenden Recht verbannte Erfordernis der Preisbeeinflussungsabsicht sowie das dem Marktmanipulationsverbot fremde Erfordernis einer Betrugsabsicht einführen.[189]

Legitim im Sinne des Tatbestandsausschlusses des § 20a Abs. 2 WpHG sind daher richtigerweise ausschließlich Gründe, welche kapitalmarktrechtlich anzuerkennen sind und nicht gegen die anerkannten Prinzipien, Strukturen, Mechanismen, Funktionsbedingungen und die Integrität der jeweiligen Märkte

---

186 *Vogel*, in: Assmann/Schneider, § 20a Rn. 142; vgl. auch *Sorgenfrei*, in: Park (Hrsg.), Kapitalmarktstrafrecht, T 3, Kap. 4 Rn. 129

187 *Vogel*, in: Assmann/Schneider, § 20a Rn. 203.

188 Entwurf eines Gesetzes zur Verbesserung des Anlegerschutzes (Anlegerschutzverbesserungsgesetz – AnSVG), BT-Drucks. 15/3174 S. 37.

189 *Vogel*, in: Assmann/Schneider, § 20a Rn. 179; *Bisson/Kunz*, BKR 2005, 186, 188; *Schröder*, HdB. Kapitalmarktstrafrecht, Rn. 529.

verstoßen.[190] Im Ergebnis unterfallen demnach auch nach § 20a Abs. 2 WpHG letztendlich nur diejenigen Leerverkäufe nicht dem Marktmanipulationverbot des § 20a Abs. 1 S. 1 Nr. 2 WpHG, welche am Fundamentalwert des jeweiligen Emittenten ausgerichtet sind und sich somit in ökonomisch nachprüfbarer Weise rechtfertigen lassen.

Bemerkenswert erscheint in diesem Zusammenhang jedoch die Tatsache, dass der europäische Gesetzgeber mit der dem § 20a Abs. 2 WpHG zugrundeliegenden Regelung des Art. 1 Nr. 2a Marktmissbrauchsrichtlinie eine Beweislastumkehr in dem Sinne vornimmt, dass der Handelnde nachzuweisen hat, dass er legitime Gründe für die Vornahme der Geschäftsschlüsse im Sinne des § 20a Abs. 1 Nr. 2 WpHG hatte und diese nicht gegen die zulässige Marktpraxis auf dem geregelten Markt verstoßen.[191]

Letztendlich sind in erheblichem Umfang vorgenommene Leerverkäufe danach ausschließlich dann vom Tatbestandsausschluss des § 20a Abs. 2 WpHG erfasst, wenn der Leerverkäufer nachweist, dass diese mit der zulässigen Marktpraxis auf dem betreffenden Markt vereinbar sind und er legitime Gründe für deren Vornahme angeben kann.[192]

b) Die „Safe Harbours“ gemäß § 20a Abs. 3 WpHG

Allerdings stellen gemäß § 20a Abs. 3 S. 1 WpHG „der Handel mit eigenen Aktien im Rahmen von Rückkaufprogrammen sowie Maßnahmen zur Stabilisierung des Preises von Finanzinstrumenten (...) in keinem Fall einen Verstoß gegen das Verbot des Abs. 1 S. 1 dar“, so dass zu diesem Zwecke vorgenommene Leerverkäufe, auch wenn diese ein großes Volumen ausmachen, nicht vom Marktmanipulationsverbot des § 20a Abs. 1 WpHG erfasst werden.[193]

Seit der Streichung des Absichtselements aus dem Tatbestand des Marktmanipulationsverbotes im Rahmen der Umsetzung des Anlegerschutzverbesserungsgesetzes stellt sich allerdings die Frage nach den subjektiven Voraussetzungen des § 20a WpHG.

---

190 *Vogel*, in: Assmann/Schneider, § 20a Rn. 179.

191 *Mock/Stoll/Eufinger*, KK-WpHG, § 20a Rn. 218; *Fleischer*, in: Fuchs (Hrsg.), WpHG, § 20a Rn. 77; *Vogel*, in: Assmann/Schneider, § 20a Rn. 168.

192 Eine solche Beweislastumkehr erscheint insbesondere aus kapitalmarktrechtlicher Perspektive verfassungsrechtlich unbedenklich und vor dem Hintergrund des EGMR zu widerlegbaren Beweisvermutungen im Strafrecht auch kapitalmarktstrafrechtlich zulässig; vergleiche *Fleischer*, in: Fuchs (Hrsg.), WpHG, § 20a Rn. 77 m.w.N.

193 Vergleiche hierzu etwa *Vogel*, in: Assmann/Schneider, § 20a Rn. 239 ff.

5. Vorsatz

Dem Wortlaut des § 20a Abs. 1 S. 1 Nr. 2 WpHG lässt sich nicht eindeutig entnehmen, welche subjektiven Anforderungen an eine Tatbestandsverwirklichung zu stellen sind. Ein subjektives Element in der Form eines (einfachen) Vorsatzerfordernisses ist jedoch zweifelsfrei angeordnet, soweit die Vorschrift von Straftat- bzw. Ordnungswidrigkeitentatbeständen der §§ 38 Abs. 2 und 39 Abs. 1 Nr. 1 und 2, Abs. 2 Nr. 11 WpHG in Bezug genommen wird (§§ 15 StGB, 10 OWiG).[194]

Daneben besteht allerdings ein eigenständiges kapitalmarktrechtliches Vorsatzerfordernis, welches sich insbesondere aus Sinn und Zweck der Verbotsvorschrift herleiten lässt.[195] So ist der Bereich der fahrlässigen Kursbeeinflussung ebenso uferlos wie nicht sanktionsbedürftig und jeder Manipulation zwangsläufig ein gewisses voluntatives Element immanent.[196] Mithin muss ein Leerverkäufer bezüglich der Verwirklichung des objektiven Tatbestandes des Marktmanipulationsverbotes zumindest bedingt vorsätzlich handeln.[197] Danach muss ein Leerverkäufer diejenigen Umstände gekannt und gebilligt haben, aus denen ein verständiger Dritter die Eignung der Transaktionen zur irreführenden Signalgebung ableiten würde, wobei sich sein bedingter Vorsatz auf sämtliche objektive Kriterien der MaKonV beziehen muss, welche zur Herleitung der Tatbestandsmäßigkeit des § 20a Abs. 1 S. 1 Nr. 2 WpHG herangezogen werden.[198] Allerdings kann insoweit auch bei § 20a WpHG auf die in der strafrechtlichen Dogmatik anerkannte „Parallelwertung in der Laiensphäre“ zurückgegriffen werden.[199]

---

194 *Fleischer*, in: Fuchs (Hrsg.), WpHG, § 20a Rn. 73; *Buck/Heeb*, Rn. 288 f.; *Mock/Stoll/Eufinger*, in: KK-WpHG, § 20a Rn. 211; Schäfer/Hamann-*Schäfer*, KMG, § 20a WpHG Rn. 38 f.; *Schröder*, HdB. Kapitalmarktstrafrecht, Rn. 598; *Vogel*, in: Assmann/Schneider, § 20a WpHG Rn. 152, *Worms*, in: Assmann/Schütze, HdB. Kapitalanlagerecht, § 9 Rn. 148.

195 *Mock/Stoll/Eufinger*, in: KK-WpHG, § 20a Rn. 212; *Eichelberger*, Das Verbot der Marktmanipulation, S. 320, *Vogel*, in: Assmann/Schneider, § 20a Rn. 2, 152; Schwark/Zimmer-*Schwark*, KMRK, § 20a Rn. WpHG 98.

196 *Mock/Stoll/Eufinger*, in: KK-WpHG, § 20a Rn. 212 m.w.N.; *Fleischer*, in: Fuchs (Hrsg.), WpHG, § 20a Rn. 73.

197 Schwark/Zimmer-*Schwark*, KMRK, § 20a WpHG Rn. 98; *Sorgenfrei*, in: Parkt (Hrsg.), Kapitalmarktstrafrecht, T 3, Kap.4 Rn. 274; *Fleischer*, in: Fuchs (Hrsg.), WpHG, § 20a Rn. 74; *Vogel*, in: Assmann/Schneider, § 20a Rn. 152, 121 u. 169; *Schröder*, HdB. Kapitalmarktstrafrecht, Rn. 598.

198 *Mock/Stoll/Eufinger*, in: KK-WpHG, § 20a Rn. 215; *Sorgenfrei*, in: Park (Hrsg.), Kapitalmarktstrafrecht, T 3, Kap. 4 Rn. 273, 276.

199 Schwark/Zimmer-*Schwark*, KMRK, § 20a WpHG Rn. 98; *Vogel*, in: Assmann/Schneider, WpHG, § 20a Rn,. 127.

6. *Ergebnis*

Sowohl gedeckte als auch ungedeckte Leerverkäufe unterfallen grundsätzlich nicht dem Marktmanipulationsverbot des § 20a Abs. 1 S. 1 Nr. 2 WpHG.

Bei der Vornahme von in objektiv nachprüfbarer Weise wirtschaftlich unbegründeten Leerverkäufen in erheblichem Ausmaß, welche eine zumindest bedingt vorsätzliche Einwirkung auf die Marktpreisbildung darstellen, sind diese jedoch vom Verbot der Marktpreismanipulation gemäß § 20a Abs. 1 S. 1 Nr. 2 WpHG erfasst.

II. Das Verbot von Insidergeschäften nach § 14 Abs. 1 Nr. 1 WpHG

Die Untersuchung spezialgesetzlicher Regelungen von Leerverkäufen im Kapitalmarktrecht führt weiter zum Insiderhandelsverbot des § 14 WpHG. Als Insidergeschäft in diesem Sinne wird insbesondere der Kauf oder Verkauf von Insiderpapieren unter Verwendung einer Insiderinformation im Sinne der Legaldefinition des § 13 Abs. 1 S. 1 WpHG verstanden (§ 14 Abs. 1 S. 1 Nr. 1 WpHG).

1. *Die Insiderinformation als Anreiz des Leerverkäufers*

Zweifelsohne können Insiderinformationen, welche den Kurs eines bestimmten Finanzinstruments negativ zu beeinflussen geeignet sind, einen erheblichen Anreiz zur Vornahme von Leerverkäufen bieten, um sich im Falle des öffentlichen Bekanntwerdens der Information zu signifikant gesunkenen Preisen mit dem entsprechenden Finanzinstrument einzudecken. Danach ist ein Verstoß gegen das Insiderhandelsverbot des § 14 WpHG grundsätzlich durch die Vornahme von Leerverkäufen in jedweder Erscheinungsform möglich.[200]

Allerdings ergibt sich danach eine mögliche Verletzung des § 14 WpHG keineswegs aus der grundsätzlichen Konzeption des Leerverkaufes. Folglich ist das Vorliegen eines Insidergeschäftes im Sinne des § 14 WpHG gesondert von der Frage der kapitalmarktrechtlichen Behandlung von Leerverkäufen zu ermitteln und demzufolge nicht Gegenstand der vorliegenden Arbeit. Jedoch soll im Folgenden untersucht werden, ob Leerverkäufe möglicherweise bereits auf Grund ihrer wirtschaftlichen Durchführungsweise dem Verbot von Insidergeschäften nach § 14 Abs. 1 Nr. 1 WpHG unterfallen.

2. *Der Leerverkauf als Insidergeschäft i.S.d. § 14 Abs. 1 Nr. 1 WpHG*

Nach § 14 Abs. 1 Nr. 1 WpHG ist es „verboten, unter Verwendung einer Insiderinformation Insiderpapiere für eigene oder fremde Rechnung (…) zu erwerben

---

200 Vgl. *Trüg*, NJW 2009, 3202, 3205 f.

oder zu veräußern". Demzufolge stellt sich die Frage, ob der Vornahme von Leerverkäufen möglicherweise grundsätzlich die Verwendung einer Insidertatsache immanent ist.

Als Insiderinformation im Sinne des Insiderhandelsverbotes qualifiziert § 13 Abs. 1 S. 1 WpHG eine „konkrete Information über nicht öffentlich bekannte Umstände, die sich auf einen oder mehrere Emittenten von Insiderpapieren oder auf die Insiderpapiere selbst beziehen und geeignet sind, im Falle ihres öffentlichen Bekanntwerdens den Börsen- oder Marktpreis der Insiderpapiere erheblich zu beeinflussen".

a) Die Eigentumslage als Insiderinformation

Zunächst könnte es sich bei der Eigentumslage an den (leer) verkauften Wertpapieren um eine Insiderinformation im Sinne der § 13 Abs. 1 S. 1 WpHG handeln. Bei dieser handelt es sich um einen nicht öffentlich bekannten Umstand, welcher auf Grund der notwendigen Eindeckung des Leerverkäufers bei Glattstellung der „short position" geeignet ist, im Falle ihres öffentlichen Bekanntwerdens den Börsen- oder Marktpreis des veräußerten Finanzinstruments erheblich zu beeinflussen.[201] Allerdings könnte es für eine Qualifizierung der Eigentumsstellung des Leerverkäufers als Insiderinformation im Sinne der Verbotsvorschrift an deren Drittbezug mangeln.

So ist die Eigentumslage an den von einem Leerverkäufer veräußerten Finanzinstrumenten und die mit dieser einhergehenden Notwendigkeit der späteren Eindeckung durch Eingehung der „short position" herbeigeführt und bezieht sich ausschließlich auf das Verhältnis zwischen Wertpapier und (Leer)Verkäufer.

b) Der Drittbezug der Insiderinformation

Der BGH[202] sowie Teile der Literatur[203] setzen für das Vorliegen einer Insiderinformation jedoch einen Drittbezug dieser Information voraus. Danach soll es

---

201 Dramatisches Beispiel ist wiederum das Allzeithoch der Stammaktie der Volkswagen AG am Dienstag, dem 29.10.2008 (intraday 1005), das darauf beruhte, dass vor allem amerikanische Hedgefonds weit mehr Aktien leerverkauft hatten, als im free float verfügbar waren. Dies wurde insbesondere nach der Veröffentlichung der Porsche Holding S.E. am Sonntag, dem 26.10.2008 deutlich, bereits über 42,6 % der Aktien und zusätzlich über 31,5% cash gesettelter Optionen auf Aktien zu verfügen; vgl. u. a. *Vogel*, in: Assmann/Schneider, § 20a Rn. 151c.

202 BGH, Urteil vom 6.11.2003, BGHSt 48, 373-386 = BB 2004, 11, 12 f.

203 *Pawlik*, in: KK-WpHG, § 13 Rn. 13; *Assmann*, in: Assmann/Schneider, § 13 Rn. 10; *Hilgendorf*, in Park (Hrsg.), Kapitalmarktstrafrecht, T 3, Kap. 3 Rn. 83; *Schäfer*, in: Hamann/Schäfer, KMR, § 13 WpHG Rn. 20; *Sethe* ZBB 2006, 243, 247 f.;

im Rahmen einer richtlinienkonformen Auslegung des § 13 WpHG ausscheiden, „selbst geschaffene Tatsachen als Insidertatsachen" im Sinne der Vorschrift einzustufen, da eine Information regelmäßig einen Drittbezug aufweise.[204] So sei eine Verwendung des Begriffs der Information in dem Sinne, dass sich eine Person über einen von ihr selbst geschaffenen Umstand informiere, dem Sprachgebrauch fremd.[205] Hiernach resultiert der einem Leerverkäufer zukommende Informationsvorsprung jedoch auf der Kenntnis der eigenen Anlagestrategie und nicht auf der Kenntniserlangung von einer „(Insider-)Information".

Demgegenüber wird unter Verweis auf die den Verbotsvorschriften der §§ 13, 14 WpHG zugrunde liegende Insiderrichtlinie[206] vertreten, selbstgeschaffene Tatsachen könnten grundsätzlich sehr wohl eine Insiderinformation im Sinne des § 13 Abs. 1 WpHG sein.[207] So lasse sich den Erwägungsgründen der Richtlinie die Feststellung entnehmen, dass dem Erwerb oder der Veräußerung von Wertpapieren stets eine entsprechende Entscheidung der Person vorausgehen müsse, diese Geschäfte zu tätigen. Daher stelle die Tatsache dieses Erwerbes oder dieser Veräußerung nicht als solches eine Verwendung einer Insiderinformation dar.

Aus dieser Erwägung folge jedoch im Umkehrschluss, dass selbst geschaffene Umstände sehr wohl Insiderinformationen im Sinne des Insiderhandelsverbotes darstellen können. Jedoch mangele es bei der Nutzung dieser Informationen an einer „Verwendung" im Sinne der Verbotsvorschrift.[208]

Auch der EuGH hatte sich unlängst mit der umstrittenen Frage zu beschäftigen, inwieweit eine Person bezüglich der von ihr selbst erzeugten Umstände als Insider im Sinne des Insiderhandelsverbotes zu qualifizieren ist.[209] In dem der sogenannten Georgakis-Entscheidung zugrunde liegenden Sachverhalt hatten

---

Eichelberger, WM 2003, 2121, 2122 f.; *Lenebach*, EWIR 2004, 307, 307 f.; *Vogel*, NStZ 2004, 252, 254; im Ergebnis auch: *Langenbucher*, Aktien und Kapitalmarktrecht, § 15 Rn. 39-40.

204 BGH, Urteil vom 6.11.2003, BGHSt 48, 373-386 = BB 2004, 11, 12.

205 BGH, Urteil vom 6.11.2003, BGHSt 48, 373-386 = BB 2004, 11, 12.

206 Richtlinie 2003/6/EG Des Europäischen Parlaments und des Rates vom 28 Januar 2003 über Insider Geschäfte und Marktmanipulation.

207 *Arlt*, Der strafrechtliche Schutz vor Kursmanipulation, S. 225 f.; im Ergebnis auch *Altenhain*, in: KK-WpHG, § 38 Rn. 45; *Mennicke/Jakovou*, in: Fuchs (Hrsg.), WpHG, § 13 Rn. 58.

208 So im Ergebnis auch *Mennicke/Jakovou*, in: Fuchs (Hrsg.), WpHG, § 13 Rn. 58 unter Bezugnahme auf die Regierungsbegründung zum WpHG: Begr. Reg.E 2 FFG, BT-Drucks. 12/ 6679, S. 47; *Altenhain*, in: KK-WpHG, § 38 Rn. 45.

209 EuGH, Urteil vom 10.05.2007-Rs C-391/04 = EuGH ZiP 2007, 1207, 1209 Rn. 33.

sich mehrere Personen darauf verständigt, den Kurs eines Wertpapiers durch abgestimmte Geschäftsabschlüsse künstlich zu erhöhen. Diesbezüglich kam der EuGH zu dem Ergebnis, die Kenntnis von dieser Entscheidung stelle auch für diejenigen Personen eine Insiderinformation dar, welche an der Entscheidungsfindung beteiligt waren.[210] Letztendlich sah jedoch auch der EuGH in der vorliegenden Konstellation keine Verletzung des Insiderhandelsverbotes verwirklicht. Durch die Kenntnis aller Vertragspartner von derselben Information seien diese gleichgestellt, so dass kein Mitglied dieser Gruppe einen Vorteil gegenüber den Anderen hätte ziehen können. Somit stellen die innerhalb dieser Gruppe auf der Grundlage einer Insiderinformation vorgenommenen Geschäfte keine Ausnutzung einer Insider-Information dar.[211]

Allerdings bedeutet auch die Georgakis-Entscheidung keine grundsätzliche Abkehr vom Erfordernis der Drittwirkung einer Information, da diese insofern eine Sonderkonstellation behandelt, als im Falle einer gemeinschaftlich getroffenen Entscheidung nicht von einer mangelnden Drittwirkung ausgegangen werden kann.[212]

Letztendlich gilt es danach, die insiderrechtliche Bedeutung von Leerverkäufen bzw. des Erfordernisses der Drittwirkung einer „Information" anhand einer Auslegung des Tatbestandsmerkmals der „konkreten Information" im Sinne des § 13 Abs. 1 S. 1 WpHG zu bestimmen. Insoweit ließe sich die Begrifflichkeit der „Information" als in natürlicher oder künstlicher Weise kodierte Tatsache definieren.[213]

Dem BGH ist insoweit beizupflichten, als die Entscheidung bereits nach dem allgemeinen Sprachgebrauch jedenfalls für den Entscheidungsträger keine Information darstellt. Demgegenüber erscheint es aber fraglich, ob diese Annahme auch für „außenstehende" Personen Geltung beanspruchen kann.

Im Ergebnis kann die Klärung dieser Frage vorliegend jedoch dahinstehen, da ein in Kenntnis der eigenen Anlagestrategie handelnder Leerverkäufer jedenfalls

---

210 EuGH, Urteil vom 10.05.2007-Rs C-391/04 = ZiP 2007, 1207, 1209 Rn. 33.

211 EuGH, Urteil vom 10. Mai 2007-Rs C-391/04 = ZiP 2007, 1207, 1209 Rn. 39; wobei diese Auslegung wohl der Tatsache Rechnung trägt, dass die in Rede stehenden (Insider)Geschäfte lediglich innerhalb der (Insider) Gruppierung vorgenommen wurden.

212 Schwark/Zimmer-*Schwark/Kruse*, KMRK, § 13 WpHG Rn. 16b; *Hilgendorf*, in: Park (Hrsg.), Kapitalmarktstrafrecht, T 3, Kap. 3 Rn. 83; a. A. *Assmann*, in: Assmann/ Schneider, § 13 Rn. 10.

213 *Hilgendorf*, in: Park (Hrsg.), Kapitalmarktstrafrecht, T 3, Kap. 3 T1 Rn. 56 ff.

keine Insiderinformation im Sinne des Insiderhandelsverbotes verwendet;[214] die eigene Anlagestrategie ist jedenfalls aus der Perspektive des Handelnden nicht als Insiderinformation im Sinne des § 13 Abs. 1 S. 1 WpHG zu qualifizieren. Die Durchführung von Leerverkäufen ist mithin grundsätzlich nicht vom Insiderhandelsverbot des § 14 Abs. 1 Nr. 1 WpHG erfasst.

c) Zwischenergebnis

Zusammenfassend bleibt danach festzuhalten, dass Insiderinformationen einen starken Anreiz zu Leerverkäufen bieten können, jedenfalls sofern diese geeignet sind, den Börsenkurs eines Finanzinstrumentes negativ zu beeinflussen.

Allein die Nutzung der Auswirkungen der eigenen Anlagestrategie begründet dagegen für sich genommen keinen Verstoß gegen das Insiderhandelsverbot des § 14 Abs. 1 Nr. 1 WpHG.

III. Die Verbote von Leerverkäufen nach dem Investmentgesetz (InvG)

Ein ausdrückliches Verbot der Vornahme von Leerverkäufen ließ sich allerdings bereits vor Inkrafttreten der §§ 30h f. WpHG und den Artikeln 12 f. der Verordnung (EU) Nr. 236/2012 den §§ 59 und 113 Abs. 1 S. 3 des Investmentgesetzes (InvG) entnehmen. Daher gilt es im Folgenden die Reichweite dieser Leerverkaufsverbote durch Bestimmung des Anwendungsbereiches des InvG zu ermitteln, um anschließend eine Untersuchung der einschlägigen Verbotstatbestände vorzunehmen.

1. Anwendungsbereich des InvG

Im Rahmen der Bestimmung des Anwendungsbereiches der investmentrechtlichen Vorschriften ist zwischen dem sachlichen und örtlichen Anwendungsbereich des Investmentgesetzes zu differenzieren.

a) Örtlicher Anwendungsbereich

Insoweit bleibt zunächst festzuhalten, dass sich der örtliche Anwendungsbereich des Investmentgesetzes nach dem sogenannten Territorialprinzip grundsätzlich auf das Gebiet der Bundesrepublik Deutschland beschränkt.[215]

---

214 *Altenhain*, in: KK-WpHG, § 38 Rn. 45; *Schröder*, HdB. Kapitalmarktstrafrecht, Rn.149; *derselbe*, in: Aktienhandel und Strafrecht, S. 141; *Weber*, NJW 2000, 562, 562 ff.

215 Was auch durch die Vorschrift des § 1 S. 1 Nr. 1 InvG zum Ausdruck kommt.

b) Sachlicher Anwendungsbereich

Der sachliche Anwendungsbereich des InvG bemisst sich wiederum im Wesentlichen nach dessen § 1, nach welchem das Investmentgesetz lediglich auf inländische Investmentvermögen Anwendung findet, welche in Form von Investmentfonds im Sinne des § 2 Abs. 1 InvG oder Investmentaktiengesellschaften im Sinne des § 2 Abs. 5 InvG gebildet werden. Danach regelt das InvG nicht sämtliche Formen kollektiver Geldanlagen, sondern nur solche, die explizit in den Anwendungsbereich des Gesetzes einbezogen sind.[216] Allerdings besteht in Deutschland kein dahingehender investmentrechtlicher Typenzwang, dass die kollektive Vermögensanlage ausschließlich im Rechtskleid der Fondstypen des Investmentgesetzes erlaubt wäre.[217] Vielmehr unterliegen ausschließlich diejenigen Anlageformen den Vorgaben des Investmentgesetzes, welche in der Rechtsform der Kapitalanlagegesellschaft bzw. der Investmentaktiengesellschaft organisiert sind.[218] Demzufolge kann das nationale Investmentrecht für inländische Fondmanager als ein Angebot verstanden werden, sich für die kollektive Vermögensverwaltung der Rechtsformen des Investmentgesetzes zu bedienen.[219] Allerdings führt eine kollektive Vermögensverwaltung außerhalb der durch das InvG vorgesehenen Organisationsform neben dem Verbot der Firmierung als Kapitalanlagegesellschaft bzw. Investmentgesellschaft gemäß § 3 InvG insbesondere auch zum Verlust des steuerrechtlichen Privilegs der Gleichstellung der Investmentanlage mit der Direktanlage nach dem Investmentsteuergesetz.[220]

2. Das Leerverkaufsverbot des § 59 InvG

Nach § 59 InvG darf die Kapitalanlagegesellschaft für gemeinschaftliche Rechnung der Anleger keine Wertpapiere im Sinne des § 48 InvG verkaufen, welche im Zeitpunkt des Geschäftsabschlusses nicht zum Sondervermögen der Gesellschaft gehören.[221]

---

216 *Fock,* ZBB 2004, 365, 366.

217 *Fock,* ZBB 2004, 365, 366; so auch *Graef,* Aufsicht über Hedgefonds im deutschen und amerikanischen Recht, S. 8; *Köndgen,* in: Berger/Steck/Lübbehüsen, InvG, § 1 Rn. 8 f.

218 *Köndgen,* in: Berger/Steck/Lübbehüsen, InvG, § 1 Rn. 8 f.; *Graef,* Aufsicht über Hedgefonds im deutschen und amerikanischen Recht, S. 106 f.; *Fock,* ZBB 2004, 365, 366.

219 *Fock,* ZBB 2004, 365, 366.

220 *Köndgen,* in: Berger/Steck/Lübbehüsen, InvG, § 1 Rn. 8; *Graef,* Aufsicht über Hedgefonds im deutschen und amerikanischen Recht, S. 107; *Fock,* ZBB 2004, 365, 366.

221 Anstelle des Eigentums hat die Aufsicht für die Zwecke des Wertpapierrechts, entsprechend der Leerverkaufsbeschränkungen der Verordnung (EU) Nr. 236/2012,

Maßgeblicher Anknüpfungspunkt für die Bestimmung des Anwendungsbereiches des Leerverkaufsverbotes nach § 59 InvG muss mithin die Definition der Kapitalanlagegesellschaft bilden. Neben dem durch § 9 Abs. 1 InvG bestimmten zulässigen Geschäftsbereich ergibt sich diese Definition allerdings erst im Wege einer Gesamtsicht der Regelungen der §§ 6-10 InvG über Rechtsform, Organisation und Konstruktion, Kapitalausstattung und Staatsaufsicht sowie der Vorschriften über die Ausgestaltung des Sondervermögens (insbes. §§ 30 f. InvG).[222]

Daher soll dem Tatbestand des § 59 InvG im Folgenden anhand einer negativen Abgrenzung derjenigen kollektiven Anlageformen, welche gerade nicht dem investmentrechtlichen Leerverkaufsverbot unterfallen, eine Kontur verliehen werden.

In Anbetracht ihrer in erheblichem Ausmaß auf Leerverkäufe ausgerichteten Handelsstrategien sind an dieser Stelle zunächst die in §§ 112 ff. InvG geregelten Hedgefonds zu nennen, welche seit der Umsetzung des InvestmModG im 4. Kapitel des Investmentgesetzes als sogenannte „Sondervermögen mit zusätzlichen Risiken" bezeichnet sind.[223] So sind Hedgefonds im Sinne des Investmentgesetzes nicht nur vom Anwendungsbereich des § 59 InvG ausgenommen, sondern müssen nach § 112 Abs. 1 Nr. 1 und Nr. 2 InvG in ihren Vertragsbedingungen die Steigerung ihres Investitionsgrades durch Kreditaufnahme bzw. Einsatz von Derivaten (Leverage) oder den Verkauf von im Zeitpunkt des Geschäftsabschlusses nicht zum Sondervermögen gehörenden Vermögensgegenständen (Leerverkauf) gerade vorsehen.

Des Weiteren fallen auch solche kollektiven Investmentformen nicht unter den Tatbestand des § 59 InvG, welche nicht in die durch § 2 Abs. 4 vorgesehenen Vermögensgegenstände nach dem durch § 1 Abs. 1 S. 2 InvG vorgegebenen Prinzip der Risikomischung investieren. Dies gilt auch für solche Anlageformen, welche entgegen der Vorgabe des § 6 Abs. 1 S. 2 InvG nicht in der Rechtsform der Aktiengesellschaft bzw. Gesellschaft mit beschränkter Haftung betrieben werden. Außerdem sind auch ausschließlich solche Investmentfonds vom Tatbestand des § 59 InvG erfasst, deren Anlegern grundsätzlich das Recht zur Rückgabe der erworbenen Anteile zusteht (vgl. § 2 Abs. 2 InvG). Danach ist der Anwendungsbereich des § 59 InvG auf die sogenannten offenen Investmentfonds beschränkt, so

---

auch einen schuld- bzw. sachenrechtlich unbedingt durchsetzbaren Anspruch genügen lassen; vgl. *Haisch/Helios*, Rechtshandbuch Finanzinstrumente, § 13 Rn. 18.

222 *Köndgen*, in: Berger/Steck/Lübbehüsen, InvG,§ 2 Rn. 44

223 *Köndgen/Schmies*, WM Sonderbeil. Nr. 1 zu Heft 11/2004, S. 14; *Graef*, Aufsicht über Hedgefonds im deutschen und amerikanischen Recht, S. 105; Gesetzesentwurf zum Investmentmodernisicrungsgesetz v. 19.09.2003, BT-Drucks. 15/1553, S. 65.

dass geschlossene Investmentfonds, bei denen die Anteilsrückgabe grundsätzlich nicht vorgesehen ist, bei der Vornahme von Leerverkäufen nicht beschränkt sind. Letztlich sind an dieser Stelle noch die im Ausland betriebenen kollektiven Vermögensanlagen zu nennen, welche auf Grund einer großzügigeren gesetzlichen Regulierung und einer geringeren steuerlichen Belastung in sogenannten „offshore Standorten" einen Großteil der kollektiven Anlageformen bilden.[224]

3. *Das Leerverkaufsverbot des § 113 Abs. 1 S. 3 InvG*

Des Weiteren dürfen auch für „Dach-Sondervermögen mit zusätzlichen Risiken" („Dach-Hedgefonds") Leerverkäufe gemäß § 113 Abs. 1 S. 3 InvG nicht vorgenommen werden.[225] Da Dach-Hedgefonds nach § 113 Abs. 1 und 2 InvG jedoch im Wesentlichen zur Investition in Single-Hedgefonds („Zielfonds") nach Maßgabe des § 112 InvG verpflichtet sind, stellt sich die Frage, ob das Leerverkaufsverbot des § 113 Abs. 1 S. 3 InvG auch eine Anlage in Leerverkäufe vornehmende Zielfonds erfasst.

Auf Grund der Formulierung des § 113 Abs. 1 S. 3 InvG, welcher es nicht den Dach-Hedgefonds untersagt Leerverkäufe vorzunehmen, sondern feststellt, dass „Leerverkäufe (...) für Dach-Sondervermögen mit zusätzlichen Risiken nicht durchgeführt werden" dürfen, läge eine solche Auslegung des Verbotstatbestandes zunächst nahe. Allerdings ließe sich dem in systematischer Hinsicht entgegenhalten, dass § 113 Abs. 1 S. 2 Alt. 1 InvG als Zielfonds gerade solche im Sinne des § 112 InvG bestimmt, welchen die Vornahme von Leerverkäufen zweifelsfrei gestattet ist. Zudem lässt sich eine solche Beschränkung der Investitionsentscheidung von Dach-Hedgefonds auch nicht durch eine auf Grund der öffentlichen Vertriebsfähigkeit strengeren Regulierung stützen,[226] da durch die Beschränkung des Anlagevolumens durch § 113 Abs. 4 S. 1 InvG (lediglich 20 % darf in einen Zielfonds investiert werden) eine hinreichende Risikodiversifikation gewährleistet ist.[227] Folglich ist die Beteiligung von Dach-Hedgefonds an in Leerverkäufe investierende Single-Hedgefonds nicht vom Leerverkaufsverbot des § 113 Abs. 1 S. 3 InvG erfasst. Danach verbietet § 113 Abs. 1 S. 3 des

---

224 *Graef*, Aufsicht über Hedgefonds im deutschen und amerikanischen Recht, S. 41 m.w.N.

225 Vergleiche hierzu *Pütz/Schmies*, BKR 2004, 51, 54.

226 Vergleiche hierzu auch *Ohler*, in: Leible/Lehmann (Hrsg.), Hedgefonds und Private Equity, S. 146.

227 *Gringel* in: Berger/Steck/Lübbehüsen, InvG, §113 Rn. 2; *Köndgen/Schmies*, WM-Sonderbeil. Nr. 1 zu Heft 11/2004, S. 15.

Investmentgesetzes also lediglich die unmittelbar von Dach-Hedgefonds durchgeführten Leerverkäufe.[228]

4. *Das Leerverkaufsverbot des § 136 Abs. 1 Nr. 5g InvG*

Daneben enthält auch noch § 136 Abs. 1 Nr. 5g InvG eine Leerverkaufsbeschränkung für ausländische Investmentanteile, welche dem Anwendungsbereich des Investmentgesetzes grundsätzlich entzogen sind. Danach ist der öffentliche Vertrieb ausländischer Investmentanteile (die keine EG-Investmentanteile sind) nur zulässig, wenn „keine Geschäfte zu Lasten des Investmentvermögens vorgenommen werden, die den Verkauf nicht zum Investmentvermögen gehörender Vermögensgegenstände zum Inhalt" haben. Danach folgt aus § 136 Abs. 1 Nr. 5g InvG jedenfalls auch für diejenigen ausländischen Investmentvermögen ein Leerverkaufsverbot, welche im Geltungsbereich des Investmentgesetzes öffentlich vertrieben werden, so dass sich hieraus für ausländische Investmentvermögen dem Grunde nach ein Gleichlauf mit den für nationale Investmentvermögen geltenden investmentrechtlichen Leerverkaufsbeschränkungen ergibt.

5. *Zwischenergebnis*

Zusammenfassend bleibt festzuhalten, dass sowohl Kapitalanlagegesellschaften im Sinne des § 6 InvG, als auch den sogenannten Dach-Hedgefonds im Sinne des § 113 InvG die Vornahme von Leerverkäufen nach den §§ 59 und 113 Abs. 1 S. 3 des Investmentgesetzes verboten ist. Demgegenüber sind Leerverkäufe auf Ebene der Single-Hedgefonds nach § 112 Abs. 1 S. 2 Nr. 2 InvG ausdrücklich als legitime Handelsstrategie vorgesehen. Hierdurch wird allerdings auch Dach-Hedgefonds die (mittelbare) Investition in Leerverkäufe ermöglicht.

Zudem erstreckt sich der Anwendungsbereich der investmentrechtlichen Leerverkaufsverbote lediglich auf diejenigen kollektiven Vermögensanlageformen, welche nach Maßgabe des Investmentgesetzes konzipiert sind. Letztendlich beanspruchen die investmentrechtlichen Leerverkaufsverbote danach allein für diejenigen kollektiven Anlageformen Geltung, welche bereit sind, sich auf Grund der steuerrechtlichen Begünstigung durch den „Eintritt" in den Anwendungsbereich des Investmentsteuergesetzes den durch das Investmentgesetz vorgegebenen Anlagerestriktionen zu „unterwerfen".

228 So im Ergebnis auch: *Köndgen/Schmies*, WM- Sonderbeil. Nr.1 zu Heft 11/2004, S. 16; *von Livonius*, WM Sonderbeil. Nr. 2 zu Heft 2/2004, S. 67.

Zudem bestimmt § 136 Abs. 1 Nr. 5g InvG ein Leerverkaufsverbot ausländischer Investmentvermögen, welche im Sinne des Investmentgesetzes konzipiert sind und in der Bundesrepublik Deutschland zum öffentlichen Vertrieb zugelassen werden sollen.

IV. Die Verleitung zur Börsenspekulation gemäß § 26 Abs. 1 BörsG

Des Weiteren könnte die Durchführung von Leerverkäufen unabhängig von einer weitergehenden gezielten Leerverkaufsregulierung auch dem Verbot zur Verleitung zu Börsenspekulationsgeschäften gemäß § 26 BörsG unterfallen. Nach diesem ist es „verboten, gewerbsmäßig andere unter Ausnutzung ihrer Unerfahrenheit in Börsenspekulationsgeschäften zu solchen Geschäften (…) zu verleiten". Hierzu müsste es sich bei Leerverkäufen jedoch zunächst um Börsenspekulationsgeschäfte im Sinne der Vorschrift handeln.

1. Der Leerverkauf als Börsenspekulationsgeschäft

Nach der nicht abschließenden Legaldefinition des § 26 Abs. 2 Nr. 1 BörsG handelt es sich insbesondere bei „An- oder Verkaufsgeschäften mit aufgeschobener Lieferzeit (…)" um Börsentermingeschäfte im Sinne der Verbotsvorschrift.[229] Das charakteristische eines Börsentermingeschäftes ist danach, dass der Handelnde bei Abschluss des Geschäftes darauf abzielt, aus der Differenz zwischen dem zum Vertragsschluss geltenden und dem zur Lieferzeit vorherrschenden Marktpreis einen Gewinn zu generieren und dadurch eine (zumindest abstrakte) Vermögensgefährdung eingeht.[230]

Insoweit ist allerdings wiederum zu berücksichtigen, dass es sich bei einem Leerverkauf aus rechtstechnischer Sicht nicht um einen Verkauf von Finanzinstrumenten mit aufgeschobener Lieferfrist handelt. Sowohl gedeckte als auch ungedeckte Leerverkäufe sind, wie festgestellt, grundsätzlich innerhalb der durch die Geschäftsbedingungen der jeweiligen Wertpapierbörse bestimmten Lieferfristen zu erfüllen.[231]

Lediglich eine wirtschaftliche Betrachtungsweise des Leerverkaufes legt eine Qualifizierung dieser Handelsstrategie als Börsenspekulationsgeschäft nahe. So lässt sich zur Konkretisierung der typischen Gefahrenlage von Börsentermingeschäften

---

229 Vergleiche *Schröder*, HdB. Kapitalmarktstrafrecht, Rn. 799; *Park*, in: Park (Hrsg.), Kapitalmarktstrafrecht, T 3, Kap. 4 Rn. 324.

230 *Trüg*, NJW 2009, 3202, 3206; vgl. auch: *Groß*, Kapitalmarktrecht, § 26 Rn. 2; Schwark/Zimmer-*Schwark*, KMRK, § 26 BörsG Rn. 2 f.

231 Vergleiche hierzu im Einzelnen S. 38 f.

auf § 37d WpHG a.F. zurückgreifen.[232] Danach lässt sich das typische Risiko eines Börsenspekulationsgeschäfts insbesondere damit umschreiben, dass das Verlustrisiko der Geschäftsabschlüsse nicht bestimmbar ist und über geleistete Sicherheiten hinausgehen kann. Desweiteren ist für ein Börsenspekulationsgeschäft charakteristisch, dass Geschäfte, mit denen die Risiken aus eingegangenen Finanztermingeschäften ausgeschlossen oder eingeschränkt werden sollen, möglicherweise nicht oder nur zu einem verlustbringenden Preis getätigt werden können, bzw. sich das Verlustrisiko erhöht, wenn zur Erfüllung der Geschäftsabschlüsse ein Kredit in Anspruch genommen wird.

Zur endgültigen Subsumtion des Leerverkaufes unter den Begriff des Börsenspekulationsgeschäftes erscheint es jedoch sachdienlich, zwischen einer Verleitung zum Kauf leerverkaufter Finanzinstrumente und der Verleitung zum Leerverkauf von Finanzinstrumenten zu differenzieren.

a) Beurteilung aus Sicht des Käufers

Demzufolge wären Leerverkäufe vom Verbot des § 26 BörsG erfasst, sofern bereits der Kauf eines leer verkauften Finanzinstruments ein Börsenspekulationsgeschäft im Sinne der Verbotsvorschrift darstellt.

Eine solche Qualifizierung könnte sich daraus ergeben, dass die Vermögensinteressen der Käufer leer verkaufter Finanzinstrumente regelmäßig dadurch gefährdet sind, dass die Leerverkäufer zur Lieferung nicht willens oder außerstande sind. Allerdings birgt jeder Geschäftsabschluss die grundsätzliche Gefahr der Nichterfüllung, welcher grundsätzlich durch die Anwendung der schadensersatzrechtlichen Regelungen hinreichend Rechnung getragen werden kann. Danach unterscheidet sich der Kauf leerverkaufter Finanzinstrumente aus Käufersicht dem Grunde nach nicht von einer herkömmlichen Finanztransaktion. Insbesondere mangelt es dem „Leerkauf" von Finanzinstrumenten auch an dem von § 26 BörsG geforderten „Spekulationscharakter". Mithin kann die Verbotsvorschrift des § 26 BörsG auf einen Kauf leerverkaufter Finanzinstrumente keine Anwendung finden.

b) Beurteilung aus Sicht des Verkäufers

Danach bleibt aber zu untersuchen, ob sich ein Leerverkauf aus Sicht des Verkäufers als Börsenspekulationsgeschäft im Sinne des § 26 BörsG darstellt.

Insoweit gilt es zu beachten, dass einem Leerverkauf ein aus theoretischer Hinsicht unbegrenztes Verlustrisiko immanent ist, da ein Kursanstieg des leer

---

232 *Schröder*, HdB. Kapitalmarktstrafrecht, Rn. 806 f.

verkauften Finanzinstruments grundsätzlich in unbegrenzter Höhe möglich ist.[233] Zudem besteht auch im Falle einer vorzeitigen Glattstellung der Leerverkaufsposition (bzw. bei vorzeitigem Abschluss einer Call-Option)[234] im Falle einer Verknappung der am Markt erhältlichen Aktien die Gefahr, sich nicht oder lediglich zu einem verlustbringenden Preis gegen ein immenses Verlustrisiko absichern zu können (Nachschussrisiko).[235] Dieses Verlustrisiko lässt sich bei gedeckten Leerverkäufen durch den gezielten Einsatz von Fremdkapital, im Falle ungedeckter Leerverkäufe selbst ohne den Einsatz von Eigen- und Fremdkapital um ein Vielfaches steigern („Leverage"). Zudem kann sowohl gedeckten als auch ungedeckten Leerverkäufen auf Grund ihrer Gewinnträchtigkeit bei fallenden Kursen der die Verbotsvorschrift des § 26 BörsG charakterisierende spekulative Charakter innewohnen.[236]

Allerdings darf bei der Einordnung des Leerverkaufes nicht unberücksichtigt bleiben, dass Leerverkäufe neben der Verfolgung hochspekulativer Handelsstrategien auch die Möglichkeit von Arbitragegeschäften oder die Absicherung („Hedging") von Risiken ermöglichen. Danach muss es bei der Qualifizierung des Leerverkaufes als Börsenspekulationsgeschäft im Sinne des § 26 BörsG letztendlich auf den mit dem Leerverkauf verfolgten Zweck ankommen.[237] So lässt sich das durch Leerverkäufe angestrebte Hedgen von Risiken nicht als Börsenspekulation im Sinne der Verbotsvorschrift einordnen, da es einer solchen Handelsstrategie zweifelsohne an dem für ein Börsenspekulationsgeschäft im Sinne des § 26 BörsG charakteristischen Spekulationscharakter mangelt, obgleich auch mit einer solchen Handelsstrategie immense Risiken eingegangen werden können.[238] Andererseits ist bereits vor dem Hintergrund des mit § 26 BörsG

---

233 *Schäfer*, in: Assmann/Schütze, HdB. Kapitalanlagerecht, § 19 Rn. 26.

234 Welche dem Inhaber (Käufer) gegen Zahlung der Optionsprämie das Recht einräumt, einen vereinbarten Geschäftsgegenstand (Basisobjekt) zum Basispreis zu einem bestimmten Termin oder in einem bestimmten Zeitraum zu kaufen, vgl. Gabler Wirtschaftslexikon, abrufbar unter: http:// wirtschaftslexikon. gabler. de/ Definition/ call. html.

235 *Park*, in: Park (Hrsg.), Kapitalmarktstrafrecht, T 3, Kap. 4 Rn. 333.

236 *Trüg*, NJW 2009, 3202, 3206; vgl. auch *Schröder*, HdB Kapitalmarktstrafrecht, Rn. 808; im Ergebnis ebenso *Park*, in: Park (Hrsg.), Kapitalmarktstrafrecht, T 3, Kap. 4 Rn. 333.

237 Schwark/Zimmer-*Schwark*, KMRK, § 26 BörsG Rn. 3; *Schröder*, HdB Kapitalmarktstrafrecht, Rn. 812; *Park*, in: Park (Hrsg.), Kapitalmarktstrafrecht, T 3, Kap. 4 Rn. 327.

238 So hätte sich ein Anleger durch Absicherung eines Investments in Aktien der Automobilbranche durch Leerverkäufe von Aktien des Volkswagen Konzerns vor dem

verfolgten Vermögensschutzes der in Börsenspekulationsgeschäften unerfahrenen Personen[239] eine Qualifizierung des Leerverkaufes in Spekulationsabsicht als Börsenspekulationsgeschäft unumgänglich.

Folglich ist im Fall des aus spekulativen Motiven betriebenen Leerverkaufes vom Vorliegen eines Börsenspekulationsgeschäftes im Sinne des § 26 BörsG auszugehen.

2. *Das Verleiten zum Leerverkauf*

Des Weiteren werden vom Verbot des § 26 BörsG ausschließlich diejenigen Fälle erfasst, in welchen eine in Börsenspekulationsgeschäften unerfahrene Person zur Vornahme von Leerverkäufen verleitet wird. Ein solches Verleiten im Sinne des § 26 BörsG setzt wiederum eine erfolgreiche Willensbeeinflussung des Verleiteten im Sinne einer kausalen Einwirkung voraus.[240] Teilweise wird für das Verleiten darüber hinaus auch noch ein Element der Unlauterkeit gefordert.[241] Allerdings ist ein solches Unlauterkeitserfordernis unter Berücksichtigung des Schutzzwecks der Verbotsvorschrift, den umfassenden Schutz börsenunkundiger unerfahrener Anleger vor der Verwicklung in Börsenspekulationgeschäfte sicherzustellen, im Ergebnis abzulehnen.[242]

Danach ist es gemäß § 26 BörsG verboten, eine in Börsenspekulationsgeschäften unerfahrene Person, etwa im Wege einer gewerbsmäßig betriebenen Anlageberatung (durch einen unabhängigen Anlageberater oder ein den Kunden betreuendes Kreditinstitut), zur Spekulation mit Leerverkäufen anzuhalten. Allerdings werden in der Praxis in aller Regel weder unabhängige Anlageberater noch mit dem Kunden in geschäftlichem Kontakt stehende Kreditinstitute einem Anleger zur Spekulation mit Leerverkäufen raten.[243]

---

komentenhaftem Anstieg des Börsenkurses der Aktie, auch im Wege des Hedgings, einem enormen finanziellen Risiko ausgesetzt.

239 *Park*, in: Park (Hrsg.), Kapitalmarktstrafrecht, T 3, Kap. 4 Rn. 318; Schwark/Zimmer-*Schwark*, KMRK, § 26 BörsG Rn. 1.

240 *Groß*, Kapitalmarktrecht, § 26 Rn. 3; *Park*, in: Park (Hrsg.), Kapitalmarktstrafrecht, T 3, Kap. 4 Rn. 350. *Schröder*, HdB Kapitalmarktstrafrecht, Rn. 846; *Nack*, in: Müller -Gugenberg/Bienecke, Wirtschaftsstrafrecht, § 68 Rn. 6; *Schröder*, Aktienhandel und Strafrecht, S. 100 f.

241 Schwark/Zimmer-*Schwark*, KMRK, § 26 BörsG Rn. 4; *Bröker* wistra 1993, 161, 164.

242 So auch: *Park*, in: Park (Hrsg.), Kapitalmarktstrafrecht, T 3, Kap. 4 Rn. 350.

243 Sofern einige Kreditinstitute ihren Kunden die Durchführung von Leerverkäufen gegen Sicherheitsleistung ermöglichen, werden sie diese Anlagestrategie jedoch nicht dem in Börsenspekulationsgeschäften unerfahrenen Anleger anraten; so auch

Vielmehr wird die durch Leerverkäufe verfolgte „marktneutrale Anlagestrategie“ in der kapitalmarktrechtlichen Praxis überwiegend von institutionellen Anlegern, insbesondere von sogenannten „Single-Hedgefonds“, genutzt.

3. *Die Beteiligung am Leerverkauf*

Weiter stellt sich die Frage, ob auch eine Beteiligung bösrenspekulationsunkundiger Anleger an mit Leerverkäufen spekulierenden kollektiven Anlageformen in Form einer Beteiligung an Börsenspekulationsgeschäften dem Verbot des § 26 BörsG unterfällt.

In diesem Zusammenhang ist neben einer Beteiligung an sogenannten Sammelkonten/Investmentclubs vor allem eine Investition in mit Leerverkäufen spekulierenden Fonds von Bedeutung (welche nicht bereits den investmentrechtlichen Leerverkaufsverboten unterliegen).

a) Sammelkonto/Investmentclub als unmittelbare oder mittelbare Beteiligung

Ein Fall der unmittelbaren oder mittelbaren Beteiligung an Börsenspekulationsgeschäften könnte zunächst vorliegen, soweit sich ein Anleger über ein Sammelkonto bzw. die Mitgliedschaft an einem sogenannten „Investmentclub“ an Börsenspekulationsgeschäften beteiligt. Dabei zahlt der Anleger einen Betrag auf ein Sammelkonto, welches nunmehr als Grundlage für den Abschluss von Börsenspekulationsgeschäften dient.[244] Dieser Zusammenschluss mehrerer Personen zum Zwecke der gemeinsamen Geldanlage dürfte rechtlich in aller Regel als (Außen-) GbR im Sinne der §§ 705 ff. BGB einzuordnen sein.[245]

Folglich ist eine Beteiligung an einem solchen Sammelkonto/Investmentclub, unter Berücksichtigung der nach neuerer Rechtsprechung dem § 128 HGB zu entnehmenden unbeschränkten Haftung aller Gesellschafter einer GbR, auch als Beteiligung an den auf Grundlage des Sammelkontos vorgenommenen Börsenspekulationsgeschäften einzustufen. Dies wird insbesondere daran deutlich, dass sich die Haftung der in ein solches Sammelkonto bzw. einen solchen Investmentclub investierenden Anleger nicht auf die Verluste in Höhe des eigenen Spekulationsvolumens beschränkt, sondern sich dem Grunde nach auf die

---

Schröder, HdB. Kapitalmarktstrafrecht, Rn. 499; *Park*, in: Park (Hrsg.), Kapitalmarktstrafrecht, T 3, Kap. 4 Rn. 333.

244 *Schröder*, HdB. Kapitalmarktstrafrecht, Rn. 837.

245 *Köndgen*, in: Berger/Steck/Lübbehüsen, InvG, § 1 Rn.16.

gesamten Spekulationsverluste des Sammelkontos/Investmentclubs erstrecken kann.[246]

Soweit alle an einem Sammelkonto beteiligten Anleger auch unmittelbar an den jeweiligen Geschäftsabschlüssen beteiligt sind, ist danach von einer unmittelbaren Beteiligung an einem Börsenspekulationsgeschäft auszugehen. Schließt demgegenüber der Pool-Manager in eigenem Namen und für Rechnung der Anleger die Börsenspekulationsgeschäfte ab, liegt eine mittelbare Beteiligung vor.[247]

Somit unterfallen auch die im Rahmen der Verwaltung eines Sammelkontos/Investmentclubs vorgenommenen Leerverkäufe dem Verbot der Verleitung zur Börsenspekulation gemäß § 26 BörsG, sofern an einem in der Rechtsform einer GbR betriebenen Sammelkonto/Investmentclub auch in Börsenspekulationsgeschäften unerfahrene Anleger beteiligt sind.

b) Der Fonds als mittelbare Beteiligung

Des Weiteren könnte aber auch der Erwerb von Fondsanteilen als mittelbare Beteiligung an Börsenspekulationsgeschäften unter § 26 BörsG fallen.[248] Dies setzt jedoch voraus, dass das Fondsmanagement für und auf Rechnung des Fonds Leerverkäufe zu Spekulationszwecken vornimmt.[249] Allerdings ist der Anwendungsbereich des § 26 Abs. 2 BörsG bezüglich der Vornahme von Leerverkäufen durch Investmentfonds auf diejenigen Fonds beschränkt, welche nicht bereits den investmentrechtlichen Leerverkaufsverboten der §§ 59, 113 Abs. 1 S. 3, 136 Abs. 1 Nr. 5g InvG unterfallen.

In Anbetracht des Verbreitungsgrades von Leerverkäufen innerhalb der Anlagestruktur kollektiver Vermögensanlagen kann hierfür jedoch nicht die vereinzelte Vornahme von Börsenspekulationsgeschäften im Sinne des § 26 Abs. 2 BörsG für ausreichend befunden werden.[250] Das entscheidende Kriterium für die Anwendbarkeit des § 26 Abs. 2 BörsG müssen vielmehr das Anlageziel und der Anlageschwerpunkt des Fonds bilden.[251]

---

246 Vergleiche, *Schmidt*, in: Mü/Ko HGB, § 128 Rn. 4; Baumbach/Hopt-*Hopt*, HGB, § 128 Rn. 1; Ebenroth/Boujong/Joost/Strohm-*Hillmann*, HGB, §128 Rn. 5 jeweils m.w.N.

247 *Schröder*, HdB. Kapitalmarktstrafrecht, Rn. 837; *Park*, in: Park (Hrsg.), Kapitalmarktstrafrecht, T 3, Kap. 4 Rn. 340 m.w.N.

248 *Park*, in: Park (Hrsg.), Kapitalmarktstrafrecht, T 3, Kap. 4 Rn. 340; *Schröder*, HdB. Kapitalmarktstrafrecht, Rn. 838; *Hagemann*, Grauer Kapitalmarkt, S. 398.

249 Vgl. *Schröder*, HdB. Kapitalmarktstrafrecht, Rn. 838; OLG München, Urteil vom 25.2.2003 - 25 U 4581/02 = ZIP 2003, 755 ff.

250 *Schröder*, HdB Kapitalmarktstrafrecht, Rn. 838.

251 *Schröder*, HdB Kapitalmarktstrafrecht, Rn. 838.

Die Vornahme von Leerverkäufen durch kollektive Vermögensanlageformen könnte danach der Verbotsvorschrift des § 26 Abs. 2 BörsG unterfallen, soweit diese als Anlageziel und Anlageschwerpunkt die Spekulation in Form von Leerverkäufen verfolgen. Im Folgenden soll daher die Anwendbarkeit des § 26 BörsG auf den Vertrieb sogenannter „Single-Hedgefonds“, „Dach-Hedgefonds“ sowie sonstiger kollektiver Anlageformen untersucht werden.

aa) Single-Hedgefonds

Bei der Beurteilung der Leerverkaufsspekulation von Single-Hedgefonds im Sinne des § 112 InvG ist zunächst zu berücksichtigen, dass deren öffentlicher Vertrieb nach § 112 Abs. 2 S. 1 InvG untersagt ist. Danach ist eine Investition in Single-Hedgefonds neben institutionellen Anlegern auf solche Anleger beschränkt, welche auf Grund einer gezielten Auswahl nach individuellen Gesichtspunkten (Kapitalausstattung, Erfahrung usw.) als Investoren in Betracht kommen.[252] Demzufolge muss für die im „gezielten“ Vertrieb veräußerten Single -Hedgefondsanteile wohl schon eine Vermutung dafür streiten, dass es bei diesen bereits an einer von der Verbotsvorschrift des § 26 BörsG geforderten Verleitung börsenspekulationsunkundiger Anleger mangelt.

Überdies ist jedoch entscheidend, dass die den Bestimmungen des Investmentgesetzes unterworfenen Single-Hedgefonds gemäß §§ 2, 6 InvG in der Wahl ihrer Rechtsform auf die Aktiengesellschaft bzw. Gesellschaft mit beschränkter Haftung beschränkt sind. Somit ist das Haftungsrisiko der Anleger dieser Gesellschaftsformen auf 100 % des investierten Kapitals beschränkt und wird auch durch den Einsatz von Fremdkapital nicht erhöht. Folglich unterfällt die Investition in einen Single-Hedgefonds schon nicht der Definition des Börsenspekulationsgeschäftes.

Letztendlich ist der Vertrieb von Single-Hedgefondsanteilen demnach nicht vom Schutzzweck der Verbotsvorschrift des § 26 BörsG erfasst.

bb) Dach-Hedgefonds

Demgegenüber unterliegt der Vertrieb der sogenannten Dach-Hedgefonds, welchen es nach dem InvG ausschließlich über eine Beteiligung an Single-Hedgefonds möglich ist, sich an der Durchführung von Leerverkäufen zu beteiligen, keinerlei Beschränkungen. So investieren neben institutionellen Anlegern auch regelmäßig in Börsenspekulationsgeschäften unerfahrene Kleinanleger in Dach-Hedgefonds im Sinne des § 113 InvG.

---

252 *Kugel/Lochmann*, BKR 2006, 41, 41 f.; *Lang*, WM 2004, 53, 58f.; *Gringel*, in: Berger/Steck/Lübbehüsen, InvG, § 112 Rn. 28.

Im Rahmen der Qualifizierung einer Investition in einen Dach-Hedgefonds als mittelbare Beteiligung an einem Börsenspekulationsgeschäft im Sinne des § 26 BörsG ist zunächst zu berücksichtigen, dass jedem Anleger die mit einer Investition einhergehenden Risiken im Wege eines Verkaufsprospektes zu verdeutlichen sind (§§ 117, 42 InvG).

Des Weiteren ist eine solche Investition in Dach-Hedgefonds aber auf Grund des Rechtsformerfordernisses aus §§ 2, 6 InvG nach vorhergehend vertretener Ansicht schon nicht als Börsenspekulationsgeschäft im Sinne der Verbotsvorschrift zu qualifizieren, da mit dieser ausschließlich ein bestimmbares Verlustrisiko eingegangen wird, welches durch den Einsatz von Fremdkapital nicht erhöht wird.

Diese Einschätzung lässt sich im Falle einer Investition in einen Dach-Hedgefonds auch darauf stützen, dass im Rahmen der durch § 113 Abs. 4 InvG vorgegebenen Investitionsbeschränkungen für diese Anlageform eine hinreichende Risikodiversifikation erreicht wird, welche letztendlich auch zur Rechtfertigung der öffentlichen Vertriebsfähigkeit herangezogen wird.[253]

Auch eine Investition in einen Dach-Hedgefonds ist danach nicht als Beteiligung an einem Börsenspekulationsgeschäft zu qualifizieren.

cc) Sonstige kollektive Anlageformen

Des Weiteren stellt sich auch für Beteiligungen an investmentrechtlich nicht erfassten kollektiven Anlageformen die Frage nach dem Anwendungsbereich des § 26 BörsG. Insofern ist auch diesbezüglich in konsequenter Fortführung der vorangegangenen Argumentation anhand der Rechtsform der kollektiven Vermögensanlage zu differenzieren.

Folgt aus dieser eine lediglich auf das Anlagevolumen beschränkte Haftung der Anleger, so ist mangels Vorliegens eines Börsenspekulationsgeschäftes nicht von der Eröffnung des Anwendungsbereiches des § 26 BörsG auszugehen. Demgegenüber gebietet der Schutzzweck des § 26 BörsG eine Anwendung der Verbotsvorschrift auf diejenigen Anlageformen, deren Haftungsverfassung eine unbeschränkte Haftung der Anleger begründet.

4. *Die Ausnutzung der Unerfahrenheit in Börsenspekulationgeschäften*

Die Verleitung zum Leerverkauf ist jedoch des Weiteren nur in denjenigen Fällen vom Tatbestand des § 26 BörsG erfasst, in welchen ein Anleger „unter

---

253 Vgl. *Lang* WM 2004, 53, 58 f.; *Gringel*, in: Berger/Steck/Lübbehüsen, InvG, § 113 Rn. 19 ff.

Ausnutzung seiner Unerfahrenheit in Börsenspekulationsgeschäften" zu den Geschäftsabschlüssen verleitet wird.

a) Unerfahrenheit in Börsenspekulationsgeschäften

Insoweit vertreten sowohl Rechtsprechung als auch Literatur eine extensive Auslegung des Tatbestandsmerkmals der Unerfahrenheit. Unerfahren im Sinne des Tatbestandes ist danach eine zum Abschluss eines Börsenspekulationsgeschäftes verleitete Person bereits dann, wenn sie infolge fehlender Einsicht die Tragweite des konkreten Spekulationsgeschäfts in seiner ganzen Bedeutung nicht verlässlich überblicken kann, wobei es stets die Verhältnisse des Einzelfalls zu berücksichtigen gilt.[254] Dabei bejaht die Rechtsprechung das Merkmal der Unerfahrenheit nach umstrittener Ansicht selbst dann, wenn der Verleitete durch gleichartige Geschäftsabschlüsse bereits spürbare Vermögenseinbußen erlitten hat.[255]

So ist wohl zumindest im Rahmen einer Verleitung eines „durchschnittlichen Privatanlegers" zum Leerverkauf in aller Regel von dessen Unerfahrenheit im Sinne des § 26 BörsG auszugehen.

b) Ausnutzung der Unerfahrenheit

Für das von § 26 BörsG geforderte Ausnutzen der Unerfahrenheit genügt es zudem, wenn der Täter die Unerfahrenheit „in seinen Dienst stellt und dazu ausnutzt, um das Opfer verleiten zu können".[256] Danach werden ausschließlich solche Börsenspekulationsgeschäfte vom Tatbestand des § 26 BörsG erfasst, in welchen die Unerfahrenheit der verleiteten Anleger nicht durch eine hinreichende Aufklärung kompensiert ist.[257] Allerdings setzt die Tatbestandsstruktur der Verbotsvorschrift eine dahingehend kausale Verknüpfung voraus, dass die Unerfahrenheit zumindest mit ursächlich für die Vornahme des

---

254 *Park*, in: Park (Hrsg.), Kapitalmarktstrafrecht, T 3, Kap. 4 Rn. 341; *Schröder*, Aktienhandel und Strafrecht, S. 102, Schwark/Zimmer-*Schwark*, KMRK, § 26 BörsG Rn. 6.

255 Vergleiche hierzu: *Park*, in: Park (Hrsg.), Kapitalmarktstrafrecht, T 3, Kap. 4 Rn. 343, mit zahlreichen weiteren Nachweisen.

256 *Park*, in: Park (Hrsg.), Kapitalmarktstrafrecht, T 3, Kap. 4 Rn. 347; *Schröder*, HdB Kapitalmarktstrafrecht, Rn. 851, jeweils mit weiteren Nachweisen; ähnlich auch: Schwark/Zimmer-*Schwark*, KMRK, § 26 BörsG Rn. 6.

257 *Park*, in: Park (Hrsg.), Kapitalmarktstrafrecht, T 3, Kap. 4 Rn. 347; *Kümpel*, WM 1989, 1485, 1494.

Börsenspekulationsgeschäftes war.[258] Ein darüber hinausgehendes Missbrauchserfordernis ist seit der Tatbestandsänderung von „Ausbeuten“ in „Ausnutzen“ nicht mehr zu fordern.[259]

5. *Die Gewerbsmäßigkeit*

Zudem unterfällt die Verleitung zum Leerverkauf nur dann der Verbotsvorschrift des § 26 BörsG, soweit der Verleitende gewerbsmäßig, also in der Absicht, sich durch wiederholte tatbestandsmäßige Handlungen eine fortlaufende Einnahmequelle von einiger Dauer und einigem Umfang zu verschaffen, handelt.[260]

6. *Zwischenergebnis*

Zusammenfassend ist zunächst festzuhalten, dass lediglich im Falle einer Verleitung des Verkäufers zum Leerverkauf aus spekulativen Motiven der Anwendungsbereich des § 26 BörsG durch das Vorliegen eines Börsenspekulationsgeschäftes eröffnet ist. Somit ist die auf die Vornahme von Leerverkäufen gerichtete Verleitung eines Anlegers im Sinne einer kausalen Willensbeeinflussung verboten, sofern eine gewerbsmäßig handelnde Person hierzu die Tatsache ausnutzt, dass der Verleitete die Tragweite des konkreten Geschäftsabschlusses nicht erfasst.

Bezüglich der praxisrelevanten Frage, ob auch eine Investition in Leerverkäufe vornehmende kollektive Vermögensanlageformen als Beteiligung an Börsenspekulationsgeschäften der Verbotsvorschrift des § 26 Abs. 1 Alt. 3 BörsG unterfallen, ist in konsequenter Auslegung des Tatbestandsmerkmals „Börsenspekulationsgeschäft“ nach der jeweiligen Rechtsform der Vermögensanlage zu differenzieren. So erstreckt sich der Tatbestand des § 26 BörsG ausschließlich auf Anlageformen, deren Haftungsverfassung eine unbeschränkte Haftung der Anleger vorsieht. Folglich sind insbesondere die in der Wahl ihrer Rechtsform nach

---

258 *Park*, in: Park (Hrsg.), Kapitalmarktstrafrecht, T 3, Kap. 4 Rn. 350 f.; Schwark/Zimmer-*Schwark*, KMRK, § 26 BörsG Rn. 6 m.w.N.

259 Schwark/Zimmer-*Schwark*, KMRK, § 26 BörsG Rn. 6; *Park* in: Park (Hrsg.) Kapitalmarktstrafrecht, T 3, Kap. 4 Rn. 350; BT-Drucks. 10/318 S. 48; Schwark/Zimmer-*Schwark*, KMRK, § 26 BörsG Rn. 6; a. A. wohl *Schröder*, HdB. Kapitalmarktstrafrecht, Rn. 851, m.w.N.

260 *Schröder*, HdB. Kapitalmarktstrafrecht, Rn. 854; *Worms*, in: Assmann/Schütze, HdB Kapitalanlagerecht, § 9 Rn. 33; Schwark/Zimmer-*Schwark*, KMRK, § 26 BörsG Rn. 5 m.w.N.

dem InvG beschränken Dach- bzw. Single-Hedgefonds bezüglich der Investition in Leerverkäufe nicht von der Verbotsvorschrift des § 26 BörsG tangiert.

V. Ergebnis

Zusammenfassend ist festzuhalten, dass die Durchführung von Leerverkäufen bereits vor Inkrafttreten ihrer gezielten Regulierung im Rahmen der §§ 30h f. WpHG bzw. der EU-Leerverkaufsverordnung Nr. 236/2012 einer Reihe von kapitalmarktrechtlichen Einschränkungen unterlag.

Neben den investmentrechtlichen Leerverkaufsbeschränkungen, welche auf Grund der Ausgestaltung des Investmentgesetzes nicht als zwingende Leerverkaufsverbote anzusehen sind, und dem durch § 26 BörsG gewährleisteten Schutz der „Kleinanleger" vor einer Verwicklung in Leerverkäufe, gebührt insbesondere dem Marktmanipulationsverbot des § 20a WpHG eine besondere Beachtung. So war und ist es nach § 20a WpHG untersagt, durch die wirtschaftlich unbegründete Vornahme von Leerverkäufen in erheblichem Ausmaß eine Beeinflussung der Börsenpreise vorzunehmen.

Letztendlich drängt sich nach Untersuchung der Rechtslage vor Einführung des Abschnittes 5b in das Wertpapierhandelsgesetz sowie des EU-Leerverkaufsverbots- und Transparenzregimes im Rahmen der Verordnung (EU) Nr. 236/2012 die Frage nach dem Erfordernis einer weitergehenden Leerverkaufsregulierung auf. Vor Erörterung eines über die bestehende kapitalmarktrechtliche Regelung von Leerverkäufen hinausgehenden Erfordernisses einer weitergehenden Leerverkaufsregulierung erfolgt allerdings zunächst eine Darstellung der strafrechtlichen Relevanz von Leerverkäufen.

B. Die strafrechtliche Ahndung des Leerverkaufes

Im Rahmen der Möglichkeiten einer strafrechtlichen Sanktionierung des Leerverkaufes soll im Folgenden zwischen den Bestimmungen des Kernstrafrechts sowie den speziellen kapitalmarktstrafrechtlichen Bestimmungen differenziert werden.

I. Das Kernstrafrecht

So könnte sich ein Anleger durch die Vornahme von Leerverkäufen des Betruges gemäß § 263 StGB, bzw. des Kapitalanlagebetruges nach § 264a StGB schuldig machen.

1. § 263 StGB

Eine Betrugsstrafbarkeit würde allerdings eine Täuschungshandlung des Leerverkäufers sowie einen Irrtum, eine Vermögensverfügung und einen

Vermögensschaden des getäuschten Anlegers voraussetzen. Als Opfer eines möglichen Betruges kommen wiederum sowohl der Käufer eines leerverkauften Finanzinstruments als auch der Verkäufer eines Finanzinstrumentes (bei Glattstellung der Leerverkaufsposition) in Betracht. Danach gilt es im Folgenden zwischen einer möglichen Betrugshandlung des Leerverkäufers am Leerkäufer, bzw. am späteren Verkäufer der Finanzinstrumente bei Glattstellung der Leerverkaufsposition zu unterscheiden.

a) Der Leerkauf

Zunächst ist demnach der eigentliche Leerverkauf auf eine mögliche betrugsrelevante Täuschungshandlung hin zu überprüfen.

aa) Täuschungshandlung

Eine Täuschungshandlung im Sinne des Betrugstatbestandes des § 263 StGB besteht nach dem Wortlaut des Gesetzes in der Vorspiegelung falscher oder in der Entstellung oder Unterdrückung wahrer Tatsachen.[261] Insoweit ist allgemein anerkannt, dass eine Täuschung außer durch ausdrückliche Erklärungen auch mittels konkludent zum Ausdruck gebrachter Erklärungen erfolgen kann.[262]

Folglich ist zu untersuchen, ob einem Leerverkauf möglicherweise grundsätzlich eine in strafrechtlicher Hinsicht bedeutsame Täuschung des Leerkäufers immanent ist. Als solche kommen neben einer Täuschung über die Eigentumslage an den veräußerten Finanzinstrumenten bzw. über die Erfüllungswilligkeit des Leerverkäufers in Anbetracht der „Hoyzer-Rechtsprechung“[263] insbesondere auch eine konkludente Täuschung über die vorsätzliche Manipulation des Vertragsgegenstandes in Betracht.

(1) Die Eigentumslage

Zunächst könnte im Abschluss des Kaufvertrages bereits eine konkludente Täuschung über die Eigentumslage an den leerverkauften Finanzinstrumenten zu erblicken sein. Allerdings wurde bereits im Rahmen der Prüfung des Marktmanipulationsverbotes nach § 20a WpHG dargelegt, dass weder dem gedeckten noch ungedeckten Leerverkauf die konkludente Erklärung immanent ist, bereits

---

261 Vergleiche auch *Cramer/Perron*, in: Schönke/Schröder, StGB, § 263 Rn. 6.

262 *Fischer*, StGB, § 263 Rn. 21 ff. m.w.N.

263 BGH, Urteil vom 15.12.2006, BGHSt 51, 165; vergleiche hierzu auch *Saliger/Rönnau/Kirch-Heim*, NstZ 2007, 362, 362 ff.;*Trüg/Habetha*, JZ 2007, 878, 878 ff.

zum Zeitpunkt des Vertragsschlusses Eigentümer der veräußerten Finanzinstrumente zu sein.[264]

Demzufolge scheidet jedenfalls eine konkludente Täuschung über die Eigentumslage an den veräußerten Finanzinstrumenten als betrugsrelevante Täuschungshandlung aus.

(2) Die Erfüllungswilligkeit

Demgegenüber täuscht der Leerverkäufer im Falle des „abusive naked short selling", bei welchem er Leerverkäufe tätigt, ohne hierbei die Absicht zu haben, seiner vertraglichen Verpflichtung zur Übereignung der veräußerten Wertpapiere nachzukommen, über seine Erfüllungswilligkeit und begeht hierdurch eine konkludente Täuschung im Sinne des § 263 StGB.[265]

(3) Manipulation des Vertragsgegenstandes

Fraglich erscheint aber, ob auch die Vornahme von Leerverkäufen in großem Ausmaß zur gezielten Kursbeeinflussung auf Grund gezielter Manipulation des Vertragsgegenstandes (Börsenkurs des Wertpapiers) als konkludente Täuschung der Leerkäufer zu qualifizieren ist. So muss der Inhalt der konkludenten Kommunikation nach der Rechtsprechung des BGH zum „Sportwettbetrug durch Spielmanipulation" in aller Regel unter Bezugnahme der Verkehrsanschauung und der rechtlichen Rahmenbedingungen des Vertragsschlusses bestimmt werden, wobei neben der konkreten Situation die typische Pflichten- und Risikoverteilung des jeweiligen Geschäftstyps die entscheidenden Auslegungskriterien bilden.[266]

Zwar reicht nach Einschätzung des BGH die allgemeine Erwartung, der andere werde sich redlich verhalten, für die Annahme entsprechender konkludenter Erklärungen nicht aus.[267] Abgesehen davon, dass die Vertragspartner aber ein Minimum an Redlichkeit im Rechtsverkehr voraussetzen dürfen, sei die Erwartung, dass keine vorsätzliche sittenwidrige Manipulation des Vertragsgegenstandes durch einen Vertragspartner in Rede stehe, unverzichtbare Grundlage jeden Rechtsverkehrs und deshalb zugleich miterklärter Inhalt entsprechender rechtsgeschäftlicher Erklärungen.[268] Dem Angebot auf Abschluss eines Vertrages sei demnach in aller Regel die konkludente Erklärung zu entnehmen, dass der

---

264 Vgl. hierzu bereits S. 49 f.

265 *Trüg* NJW 2009, 3202, 3204; vgl. auch oben S. 51.

266 BGH, Urteil vom 15.12.2006, BGHSt 51, 165-180 Rn. 20f.

267 BGH, Urteil vom 15.12.2006, BGHSt 51, 165-180 Rn. 22.

268 BGH, Urteil vom 15.12.2006, BGHSt 51, 165-180 Rn. 22.

in Bezug genommene Vertragsgegenstand nicht vorsätzlich zum eigenen Vorteil manipuliert wird.[269]

Demzufolge könnte dem Vertragsschluss des Leerverkaufes eine die Strafbarkeit im Sinne des § 263 StGB begründende konkludente Erklärung immanent sein, den Vertragsgegenstand (Aktie bzw. Schuldtitel) nicht vorsätzlich zum eigenen Vorteil manipulieren zu wollen.

Hiergegen wird allerdings eingewandt, eine solche Auffassung sei zu weitgehend.[270] So könne Wertpapiergeschäften nach der Verkehrsanschauung kein dahingehender Erklärungswert beigemessen werden, die Geschäfte beruhten ausschließlich auf anerkennenswerten Motiven. Zudem habe nach der Risikoverteilung des Börsenspekulationsgeschäftes am anonymen Kapitalmarkt jeder Anleger für sich selber Sorge zu tragen, indem er sich vor Benachteiligung schütze. Des Weiteren berechtige die allgemeine Erwartung, dass sich der Normadressat rechtskonform verhalte, nicht die Annahme, jeder Normadressat erkläre auch konkludent, die entsprechende Norm zu beachten.

Dieser Auffassung ist jedoch entgegenzuhalten, dass nach neuerer Rechtsprechung des BGH einem Vertragsschluss jedenfalls ein dahingehender Erklärungswert zukommt, den Vertragsgegenstand nicht entgegen bestehender gesetzlicher Bestimmungen (§ 20a WpHG) manipulieren zu wollen. Außerdem ist zwar die Annahme zutreffend, jeder Vertragspartner eines Börsenspekulationsgeschäftes habe sein eigenes Spekulationsrisiko zu tragen. Doch verwirklicht sich in einem durch manipulative Leerverkäufe verursachten Verlust eines Anlegers nicht dessen allgemeines Spekulationsrisiko, sondern vielmehr die Manipulation des Leerverkäufers. Insbesondere unter Berücksichtigung der Unmöglichkeit, sich gegen eine solche Manipulation abzusichern, kann es einem Vertragspartner aber nicht zugemutet werden, auch dieses Manipulationsrisiko zu tragen.

Folgerichtig ist auch im Falle einer Manipulation des Börsenkurses durch Leerverkäufe im Sinne des § 20a WpHG von einer konkludenten Täuschung der Leerkäufer gemäß § 263 StGB auszugehen.

bb) Irrtum

Zudem gehen die Käufer leer verkaufter Wertpapiere, jedenfalls in Form des sog. „sachgedanklichen Mitbewusstseins", davon aus, dass das Spekulationsrisiko des

---

269 BGH, Urteil vom 15.12.2006, BGHSt 51, 165-180 Rn. 22.

270 Vgl. hierzu entsprechend: *Arlt,* Der strafrechtliche Anlegerschutz vor Kursmanipulation, S. 315 mit weiteren Nachweisen zur Begründung des Ausschlusses der „effektiven Geschäfte" aus dem Tatbestand des § 20a WpHG.

Aktienkaufes nicht zu ihren Ungunsten manipuliert wird.[271] So würden Leerkäufer, in Kenntnis einer beabsichtigten Manipulation des Wertpapierkurses, sicherlich von einem etwaigen Vertragsschluss Abstand nehmen. Folglich ist im Falle eines zur Börsenkursmanipulation eingesetzten Leerverkaufes auch von einem Irrtum des Vertragspartners auszugehen.

cc) Vermögensverfügung

Des Weiteren ist auch bereits im Abschluss des Kaufvertrages mit dem Leerverkäufer eine betrugsrelevante Vermögensverfügung zu erblicken.

dd) Vermögensschaden

Fraglich erscheint demgegenüber allerdings das Vorliegen eines kausal auf der Vermögensverfügung beruhenden stoffgleichen Vermögensschadens. Zunächst scheint ein Vermögensschaden des Käufers leer verkaufter Finanzinstrumente bereits dadurch ausgeschlossen, dass dieser die in Rede stehenden Wertpapiere zu dem zum Vertragsschluss vorherrschenden Börsenkurs erwirbt. Danach erscheint der „Gesamtgeldwert" des Leerverkäufers aber durch die Vornahme der Vermögensverfügung nicht geschmälert.[272]

Allerdings könnte ein Vermögensschaden des Leerkäufers darin begründet liegen, dass dessen Gewinnchancen durch den auf Grund der Leerverkäufe manipulierten Börsenkurs wesentlich verschlechtert sind und dieser bei Leerverkäufen in erheblichem Umfang mit einem deutlichen Kursrückgang zu rechnen hat (Vermögensgefährdung).[273]

Letztendlich ist das Vorliegen eines Vermögensschadens jedoch auf Grund der mangelnden Stoffgleichheit[274] zwischen dem Vermögensschaden des Leerkäufers sowie dem Vorteil des Leerverkäufers abzulehnen.

So beruht der Gewinn des Leerverkäufers dem Grunde nach nicht auf dem Verkauf von Wertpapieren zum Börsenkurs, sondern wird vielmehr im Wege der durch die Kursmanipulation herbeigeführten günstigen Eindeckungsmöglichkeit (bei Glattstellung) generiert.

---

271 Vgl. BGH, Urteil vom 15.12.2006, BGHSt 51, 165-180 Rn. 28; zur Kategorie des sachgedanklichen Mitbewusstseins allgemein, *Fischer*, StGB, § 263 Rn. 57 ff.

272 Vergleiche *Cramer/Perron*, in: Schönke/Schröder, StGB, § 263 Rn. 99; *Fischer*, StGB, § 263 Rn. 111.

273 Vergleiche wiederum *Fischer*, StGB, § 263 Rn. 159 ff.

274 Vgl. zum Erfordernis der Stoffgleichheit, *Fischer*, StGB, § 263 Rn. 187 ff.

Mithin scheidet ein Betrug des Leerverkäufers zulasten des Leerkäufers nach § 263 StGB aus. Dies gilt auch für Leerverkäufe, die unter Verstoß gegen das Marktmanipulationsverbot des § 20a WpHG vorgenommenen worden sind.

b) Die Glattstellung der Leerverkaufsposition

Allerdings könnte sich der Leerverkäufer bei Glattstellung der Leerverkaufsposition des Betruges nach § 263 StGB schuldig machen. Freilich setzt auch dies eine Täuschung des Verkäufers, einen Irrtum, eine Vermögensverfügung sowie einen Vermögensschaden des Verkäufers der Wertpapiere bei Glattstellung voraussetzen.

aa) Täuschung

Auch bei Glattstellung der Leerverkaufsposition täuscht der Leerverkäufer in konkludenter Weise über die Nichtvornahme einer vorsätzlichen Manipulation des Vertragsgegenstandes, indem er die nicht manipulierte Entwicklung des Börsen- bzw. Marktpreises „vorspiegelt".

bb) Irrtum

Ein Irrtum des Verkäufers über die mangelnde Manipulation des Börsenkurses der veräußerten Wertpapiere im Wege des „sachgedanklichen Mitbewusstseins" ist ebenfalls anzunehmen.

cc) Vermögensverfügung

Mit der Glattstellung der Leerverkaufsposition verfügt der Verkäufer von Wertpapieren mit Abschluss des Kaufvertrages auch über sein Vermögen.

dd) Vermögensschaden

Der betrugsrelevante Vermögensschaden des Verkäufers der Wertpapiere könnte in dem bei Vertragsschluss auf Grund der Manipulation unterbewerteten Börsenkurses liegen, welcher sich in einem (unangemessen) niedrigen Kaufpreis widerspiegelt. Somit ließe sich der Vermögensschaden des Verkäufers auf die Differenz zwischen dem tatsächlich angemessenen sowie dem durch die Kursmanipulation künstlich herbeigeführten Börsenkurs beziffern.[275] Entsprechend

---

275 Vgl. *Schröder*, HdB. Kapitalmarktsrafrecht, Rn. 635 und die Ausführungen auf S. 46 f.; Zur Problematik der Berechnung eines solchen Kursdifferenzschadens sowie der in diesem Rahmen anzuwendenden Beweiserleichterung des § 287 ZPO vgl. die umfängliche Darstellung bei *Jungmichel*, Haftung und Schadenskompensation bei Verstößen gegen Ad-hoc-Publizitätspflichten, S. 169 ff. u. 300 ff.

der Ermächtigung des § 24 Abs. 2 BörsG wäre dieser sodann nach den Bestimmungen der einschlägigen Börsenordnungen (etwa § 78 ff. FBörsO) auf der Grundlage eines von der Kursmanipulation bereinigten Börsenkurses zu ermitteln.[276] Dieser Schaden deckt sich auch mit dem durch den Leerverkauf generierten Gewinn, so dass auch von einer Stoffgleichheit zwischen Vermögensschaden und Vermögensvorteil auszugehen ist.

Problematischer ist demgegenüber allerdings die Feststellung der Kausalität zwischen der vom Käufer getätigten Vermögensverfügung und dem eingetretenen Vermögensschaden. Letztendlich hängt das Vorliegen eines kausalen Vermögensschadens danach von der Frage ab, ob der Vermögensschaden des Verkäufers bereits auf dem durch die Leerverkäufe manipulierten Börsenkurs beruht oder vielmehr aus dem Verkauf der Wertpapiere unter deren tatsächlichem Wert herrührt.

Diesbezüglich ließe sich aus einer theoretischen Perspektive vertreten, dass ein Schaden des Verkäufers auf Grund der „Fehlbewertung" des Wertpapierkurses erst mit dem Verkauf der Papiere unter deren tatsächlichem Wert zustande komme. Durch die Manipulation verfälsche sich danach lediglich die Bewertung eines Finanzinstruments, dessen „wahrer Wert" hingegen unverändert bliebe.

Dem steht aus einer der Realität der Finanzmärkte zugewandten Sicht jedoch entgegen, dass der Wert eines Finanzinstruments sich uneingeschränkt aus dessen Börsenkurs ergibt. So wird es einem Inhaber eines Wertpapiers unmöglich sein, einen über dem Börsenwert befindlichen „wahren Wert" für den Verkauf eines Finanzinstruments zu verlangen. Für eine allein am Börsenkurs orientierte Schadensfeststellung spricht zudem, dass allen Inhabern der leerverkauften Aktien ein summenmäßig gleicher Schaden entsteht, unabhängig davon, ob diese ihre Aktien bei Glattstellung an den Leerverkäufer oder einen anderen Investor verkaufen. Überdies deckt sich eine solche Auslegung des Schadensbegriffs aber auch mit der Gesetzessystematik des WpHG, dessen Vorschriften der §§ 38, 39 WpHG einen Verstoß gegen das Marktmanipulationsverbot des § 20a WpHG nur unter engen Voraussetzungen strafrechtlich flankieren.

c) Zwischenergebnis

Mangels eines stoffgleichen – bzw. kausal auf einer Vermögensverfügung beruhenden – Vermögensschadens macht sich ein Leerverkäufer weder bei der Durchführung von Leerverkäufen in großem Ausmaß, noch bei deren Glattstellung des Betruges gemäß § 263 StGB schuldig.

---

276 *Schröder*, HdB. Kapitalmarkstrafrecht, Rn. 632 ff.

2. § 264a StGB

Des Weiteren könnte die Durchführung von Leerverkäufen in erheblichem Ausmaß allerdings vom Tatbestand des Kapitalanlagebetruges gemäß § 264a StGB erfasst sein. Hiernach ist es strafbewehrt, „im Zusammenhang mit dem Vertrieb von Wertpapieren (…) in Prospekten oder in Darstellungen oder Übersichten über den Vermögensgegenstand (…) gegenüber einem größeren Kreis von Personen unrichtige vorteilhafte Angaben“ zu machen oder zu verschweigen.

Allerdings erstreckt sich der Anwendungsbereich der Strafvorschrift lediglich auf den „Erst-Vertrieb“ der in § 264a Abs. 1 Nr. 1 StGB genannten Kapitalanlagen.[277] Demnach unterfallen die grundsätzlich am Sekundärmarkt getätigten Leerverkäufe schon danach nicht dem Regelungsgehalt der Verbotsvorschrift.

Überdies machen Leerverkäufer jedoch in aller Regel auch keinerlei Angaben in Prospekten, Darstellungen oder Übersichten, welche an größere Personenkreise im Sinne der Strafvorschrift gerichtet sind.

Die Durchführung von Leerverkäufen wird mithin auch nicht von der Strafvorschrift des Kapitalanlagebetruges nach § 263 StGB erfasst.

II. Das Kapitalmarktstrafrecht

Sowohl das Verbot der Markmanipulation gemäß § 20a Abs. 1 S. 1 Nr. 2 WpHG, als auch das Insiderhandelsverbot des § 14 Abs. 1 Nr. 1 WpHG werden durch § 38 Abs. 2 Nr. 1 i.V.m. § 39 Abs. 1 Nr. 1 WpHG bzw. § 38 Abs. 1 Nr. 1 WpHG strafrechtlich flankiert. Darüber hinaus erhebt auch § 49 BörsG das Verbot der Verleitung zu Börsenspekulationsgeschäften zu einer strafbewehrten Vorschrift.

1. § 38 Abs. 2 Nr. 1 i.V.m. § 20a Abs. 1 S. 1 Nr. 2 WpHG

Zunächst könnte sich ein Leerverkäufer danach wegen Verstoßes gegen das Marktmanipulationsverbot einer Bestrafung nach § 38 Abs. 2 i. V. m. § 20a Abs. 1 Nr. 2 WpHG ausgesetzt sehen.

Allerdings bestehen an der Vereinbarkeit der Strafnorm des § 38 Abs. 2 i. V. m. § 20a Abs. 1 Nr. 2 WpHG mit der Verfassung, als auch an der Vereinbarkeit mit dem Europarecht, erhebliche Zweifel.[278]

---

277 *Schröder*, HdB. Kapitalmarktstrafrecht, Rn. 36.

278 Eine ausführliche Auseinandersetzung mit den europa- und verfassungsrechtlichen Anforderungen an das Marktmanipulationsverbot des § 20a WpHG findet sich bei: *Streinz/Ohler*, WM 2004, 1309, 1309 ff.

a) Die Frage der Verfassungsmäßigkeit des § 38 Abs. 2 i.V.m. § 20a Abs. 1 Nr. 2 WpHG

Als strafbewehrte Norm unterliegt die Vorschrift des § 38 Abs. 2 i.V.m. § 20a Abs. 1 Nr. 2 WpHG den strengeren Anforderungen des Art. 103 Abs. 2 GG. Hiernach ist der Gesetzgeber verpflichtet, die Voraussetzungen der Strafbarkeit so genau zu umschreiben, dass Tragweite und Anwendungsbereich der sanktionierenden Tatbestände schon aus dem Gesetz selbst zu erkennen sind und sich durch Auslegung ermitteln und konkretisieren lassen.[279] So soll jedermann sein Verhalten auf die Rechtslage eigenverantwortlich einrichten können und sich keinen unvorhersehbaren staatlichen Repressionen ausgesetzt sehen.[280]

Im Ergebnis soll auch die Frage der Verfassungsmäßigkeit des § 38 Abs. 2 i.V.m. § 20a Abs. 1 Nr. 2 WpHG keiner abschließenden Lösung zugeführt werden. Allerdings stellen die Einordnungsschwierigkeiten der Durchführung von Leerverkäufen unter die Verbotsvorschrift des § 20a WpHG ein Indiz für einen Verstoß gegen das Bestimmtheitsgebot des Art. 103 Abs. 2 GG dar.[281]

b) Die Frage der Europarechtswidrigkeit des § 38 Abs. 2 i.V.m. § 20a Abs. 1 Nr. 2 WpHG

Unionsverfassungsrechtliche Bedenken gegen die Ausgestaltung des Marktmanipulationsverbotes des § 20a WpHG als straf- bzw. bußgeldbewehrte Vorschrift ergeben sich insbesondere aus Art. 7 EMRK und Art. 49 der Charta der Grundrechte der europäischen Union, die ein der Norm des Art. 103 Abs. 2 GG entsprechendes Bestimmtheitsgebot auf der europäischen Ebene statuieren.[282]

Des Weiteren könnte sich aus der Vernachlässigung der durch Art. 18 Abs. 2 RL 2003/6/EG angeordneten Bezugnahme auf die Richtlinie in den Vorschriften des § 20a WpHG sowie der KuMaKV ein Umsetzungsmangel ergeben.[283] Auch könnte eine Europarechtswidrigkeit aus der im Wesentlichen vollumfänglichen

---

279 BVerfGE vom 11.11.1986, BVerfGE 73, 206, 234 = NJW 1987, 43 = NStZ 1987, 222; BVerfGE 10.01.1995, BVerfGE 92, 1, 12 = NJW 1995, 1141 = NstZ 1995, 275; vgl. auch Nolte, in: Dreier, GG, Art. 103 Rn. 97 ff.

280 BVerfGE 64, 369, 393f.; 85, 69, 72 f.

281 Zur Frage der Verfassungsmäßigkeit des § 38 Abs. 2 i. V. m. § 20a Abs. 1 Nr. 2 WpHG: *Sorgenfrei*, in: Park (Hrsg.), Kapitalmarktstrafrecht, T 3, Kap. 4 Rn. 61 ff.; *Moosmayer*, wistra 2002, 161, 167 ff.; *Park*, BB 2003, 1513, 1517; *Ziouvas*, ZGR 2003, 113, 146; *Vogel*, in: Assmann/Schneider, Vor § 20a Rn. 26 ff.; *Streinz/Ohler*, WM 2004, 1309, 1309 ff.

282 *Mock/Stoll/Eufinger*, in: KK-WpHG, § 20a Rn. 100 m.w.N.

283 *Streinz/Ohler* WM 2004, 1309, 1312.

Wiederholung der Durchführungsverordnung der Kommission durch die MaKonV herrühren.[284]

Allerdings soll auch die Europarechtswidrigkeit des § 20a WpHG nicht zum Gegenstand der vorliegenden Arbeit gemacht werden.

c) Zwischenergebnis

Jedenfalls bezüglich ihrer hinreichenden Bestimmtheit in ihrer Funktion als Strafnorm bestehen an der Regelung des § 38 Abs. 2 i. V. m. § 20a Abs. 1 Nr. 2 WpHG auf Grund eines möglichen Verstoßes gegen Art. 103 Abs. 2 GG Zweifel an der Geeignetheit der Vorschriften zur Begründung einer Strafbarkeit des Leerverkaufes. Diese Zweifel gebieten jedenfalls eine restriktive Auslegung des § 38 Abs. 2 i. V. m. § 20a Abs. 1 Nr. 2 WpHG,[285] in Folge derer eine strafrechtliche Ahndung des Leerverkaufes ausscheidet.

Allerdings bleibt hiervon die Wirksamkeit des allgemeinen Marktmanipulationsverbotes des § 20a WpHG unberührt. So scheitert eine Anwendbarkeit des Art. 103 Abs. 2 GG bereits auf Grund des mangelnden strafrechtlichen Charakters der Verbotsvorschrift. Zudem verstößt die Norm des § 20a WpHG für sich genommen auch nicht gegen das aus dem Rechtsstaatsprinzip des Art. 20 Abs. 3 GG herzuleitende allgemeine Bestimmtheitserfordernis, dessen Anforderungen sich nach der Intensität der grundrechtseingriffe, die auf Grund der zu überprüfenden Norm zu erwarten sind, bemessen.[286]

2. § 38 Abs. 1 Nr. 1 i.V.m. § 14 Abs. 1 Nr. 1 WpHG

Darüber hinaus mangelt es für eine Strafbarkeit des Leerverkäufers nach § 38 Abs. 1 Nr. 1 i.V.m. § 14 Abs. 1 Nr. 1 WpHG bereits an einem Verstoß gegen das kapitalmarktrechtliche Insiderhandelsverbot.

3. § 49 i.V.m. § 26 Abs. 1 BörsG

Wer hingegen eine in Börsenspekulationsgeschäften unerfahrene Person in gewerbsmäßiger Absicht zur Vornahme von Leerverkäufen oder zu einer Beteiligung an solchen Geschäften verleitet, macht sich der Verleitung zur Börsenspekulation gemäß §§ 49, 26 BörsG schuldig und ist mit einer Freiheitsstrafe von bis zu drei Jahren oder mit Geldstrafe zu bestrafen.

---

284 *Streinz/Ohler* WM 2004, 1309, 1314.

285 *Sorgenfrei*, in: Park (Hrsg.), Kapitalmarktstrafrecht, T 3, Kap. 4 Rn. 62 m.w.N.

286 *Streinz/Ohler*, WM 2004, 1309, 1314; *Papier/Möller*, AöR 122 (1997), 177, 187.

4. Zwischenergebnis

Auch dem Kapitalmarktstrafrecht lässt sich danach grundsätzlich keine Strafbarkeit des Leerverkäufers entnehmen.

Im Folgenden soll nun untersucht werden, inwieweit ein aufsichtsrechtliches Vorgehen bzw. eine aufsichtsrechtliche Unterbindung der Vornahme von Leerverkäufen bereits vor der Schaffung entsprechender Eingriffsbefugnisse der Aufsichtsbehörden im Rahmen der nach § 4a WpHG a.F. bzw. Art. 18 ff. der Verordnung 236/2012[287] bereitstehenden Eingriffsbefugnisse zulässig war.

C. Die aufsichtsrechtliche Unterbindung des Leerverkaufes

Den Gegenstand des nachfolgenden Abschnitts bildet demnach die Untersuchung, ob eine aufsichtsrechtliche Unterbindung von Leerverkäufen bereits vor Umsetzung des „Gesetzes zur Vorbeugung gegen missbräuchliche Wertpapier- und Derivatgeschäfte“ bzw. der „Verordnung (EU) Nr. 236/2012 des Europäischen Parlaments und des Rates vom 14. März 2012 über Leerverkäufe und bestimmte Aspekte von Credit Default Swaps“ möglich war. Hierzu sind insbesondere die von der BaFin zum 19.09.2008 erlassenen, und zum 21.09.2008 ergänzten Allgemeinverfügungen kritisch zu würdign, welche ein generelles Verbot des Leerverkaufes von 11 Aktien börsennotireter Unternehmen des Finanzsektors zum Gegenstand hatten.

Anschließend soll eine kurze Darstellung der Möglichkeiten aufsichtsrechtlichen Vorgehens bei Verstößen gegen das Marktmanipulationsverbot des § 20a WpHG erfolgen.

I. Das aufsichtsrechtliche Verbot des Leerverkaufes

Die BaFin stützte das Verbot von Leerverkäufen in Form der in Rede stehenden Allgemeinverfügungen ursprünglich insbesondere auf die Gefahr, dass bei der bestehenden Lage der Kapitalmärkte mit hoher Volatilität ein Einwirken auf die Aktienkurse bestimmter marktrelevanter Unternehmen der Finanz- und Versicherungsbranche zu exzessiven Preisbewegungen führen könne, welche die Stabilität des Finanzsystems gefährden und zu erheblichen Nachteilen für den gesamten Finanzmarkt führen könne.[288] Das zunächst bis Ende 2008

---

287 Zur Darstellung der aktuellen Eingriffsbefugnisse der ESMA bzw. der BaFin vgl. S. 177 ff.

288 Vergleiche die Allgemeinverfügungen der BaFin vom 19. und 21.09.2008, abrufbar unter: http:// www. bafin. de/ DE/ DatenDokumente/ Dokumentlisten/ ListeVerfuegungen/ liste_ verfuegungen_ node. html.

befristete Verbot ungedeckter Leerverkäufe wurde sodann schrittweise bis zum 31.01.2010 verlängert. Begründet wurde dies mit dem Argument, dass trotz einer Entspannung auf den internationalen Finanzmärkten Liquiditätsengpässe der betreffenden Unternehmen durch ungedeckte Leerverkäufe erheblich verschärft werden könnten, da ein durch Leerverkäufe ausgelöster Wertverfall die Kapitalaufnahme der Unternehmen erheblich erschweren könne. Zudem sollte das Verbot einer Manipulation der betroffenen Werte entgegenwirken und dadurch zu einer fairen Preisbildung an den inländischen Märkten beitragen[289]

Allerdings erscheint die Rechtmäßigkeit der von der BaFin erlassenen Allgemeinverfügung insbesondere im Hinblick auf das Erfordernis einer tauglichen Ermächtigungsgrundlage für das Verbot ungedeckter Leerverkäufe zweifelhaft.

1. Ermächtigungsgrundlage

Die BaFin stützte ihre Verbotsverfügung auf § 4 Abs. 1 S. 2 und S. 3 WpHG.[290] Nach Satz 2 der Vorschrift ist die BaFin dazu verpflichtet, „im Rahmen der ihr zugewiesenen Aufgaben Missständen entgegenzuwirken, welche die ordnungsgemäße Durchführung des Handels mit Finanzinstrumenten (...) beeinträchtigen oder erhebliche Nachteile für den Finanzmarkt bewirken können". § 4 Abs. 1 S. 3 ermächtigt die BaFin weiterhin, „Anordnungen zu treffen, die geeignet und erforderlich sind, diese Missstände zu beseitigen oder zu verhindern".

Den entscheidenden Anknüpfungspunkt der durch § 4 Abs. 1 S. 2 und 3 WpHG normierten Generalbefugnis der BaFin muss danach der unbestimmte Rechtsbegriff des „Missstandes" bilden, welcher den stetig im Wandel befindlichen wirtschaftlichen Determinanten des Kapitalmarktes geschuldet ist.[291] Insoweit sind Verstöße gegen zwingende Vorschriften des Wertpapierhandelsgesetzes nach höchstrichterlicher Rechtsprechung stets als Missstände im Sinne des § 4 Abs. 1 S. 2 WpHG zu qualifizieren.[292]

---

289 Allgemeinverfügung der BaFin vom 29.05.2009, S. 1 abrufbar unter: http://www.bafin.de/DE/DatenDokumente/Dokumentlisten/ListeVerfuegungen/liste_verfuegungen_node.html; BaFin Jahresbericht 2008, S. 148; abrufbar unter: http:// www. bafin. de / SharedDocs /Downloads /DE /Jahresbericht /dl_ jb_2008.pdf;jsessionid=3910AB718069C54C0CD96270005A6D91.1_cid372?__blob=publicationFile&v=7.

290 *Zimmer/Beisken,* WM 2010, 488, 489.

291 *Griesberts,* in: KK-WpHG, § 4 Rn. 20.

292 BVerwG, Urteil vom 24.04.2002, BVerwGE 116, 198-216 = WM 2002, 1919, 1921 = ZIP 2002, 1569-1575 = DB 2002, 1933-1936 = DVBl 2002, 1285-1291 = BB 2002, 1985-1988.

Erheblicher Streit besteht aber hinsichtlich der Frage, ob § 4 WpHG als Missstände lediglich Verstöße gegen konkret formulierte Regelungssachverhalte des WpHG erfasst (Prinzip der begrenzten Generalbefugnis),[293] oder ob sich die Befugnis zum Einschreiten der BaFin vielmehr auch auf solche Sachverhalte erstreckt, welche „im Wertpapierhandel oder bei der Erbringung von (Wertpapier) Dienstleistungen entstehen können".[294]

Insoweit wird vertreten, eine extensive Auslegung des Missstandsbegriffs lasse sich dem durch § 1 Abs. 1 S. 1 WpHG statuierten Anwendungsbereich des WpHG entnehmen, welcher sich auf den börslichen und außerbörslichen Handel mit Finanzinstrumenten erstrecke.[295] Somit werde der Missstandsbegriff auch auf Sachverhalte des Wertpapierhandels oder der Erbringung von Dienstleistungen ausgedehnt, welche über die kodifizierten Regelungssachverhalte des WpHG hinausgehen.[296]

Allerdings lässt sich bereits der Wortlaut des § 4 Abs. 1 S. 2 WpHG gegen eine solch extensive Auslegung anführen, nach welchem die BaFin lediglich „im Rahmen der ihr zugewiesenen Aufgaben Missständen entgegenzuwirken (hat), welche die ordnungsgemäße Durchführung des Handels mit Finanzinstrumenten beeinträchtigen oder erhebliche Nachteile für den Finanzmarkt bewirken können". Bereits danach kommt ein Einschreiten der BaFin allerdings nur dann in Betracht, wenn ein Verhalten oder Umstand den in den Abschnitten 3 bis 13 des WpHG kodifizierten Zielen zuwiderläuft.[297]

Der Versuch, eine extensive Auslegung des § 4 Abs. 1 WpHG unter Bezugnahme des § 1 Abs. 1 S. 1 WpHG zu rechtfertigen, scheitert richtigerweise bereits daran, dass dieser keinen eigenen Regelungsgehalt aufweist und neben der Klarstellung, dass sich das WpHG gleichermaßen auf den börslichen wie auf den außerbörslichen Handel mit Finanzinstrumenten erstreckt, keinerlei nähere Anwendungsvoraussetzungen statuiert.[298]

Die Entscheidung der Frage, ob § 4 Abs. 1 WpHG als Ermächtigungsgrundlage für ein allgemeines Verbot von Leerverkäufen in Betracht kommt, hat zu

---

293 *Zimmer/Beisken,* WM 2010, 485, 489 f.; Schwark/Zimmer-*Zetsche*, KMRK, § 4 WpHG Rn. 21; *Schlette/Bouchon*, in: Fuchs (Hrsg.), WpHG § 4 Rn. 24; *Wehowski*, in: Erbs/Kohlhaas, Strafrechtliche Nebengesetze, Teil W 57 a § 4 WpHG Rn. 2.

294 *Drömel*, in: Assmann/Schneider, § 4 Rn. 17; wohl auch: *Giesberts*, in: KK-WpHG, § 4 Rn. 24 f., jeweils m.w.N.

295 *Dreylinger/Drömel*, in: Assman/Schneider, § 4 Rn. 17.

296 *Dreylinger/Drömel*, in: Assman/Schneider, § 4 Rn. 17.

297 Vgl. *Zimmer/Beisken*, WM 2010, 485, 490.

298 *Zimmer/Beisken,* WM 2010, 485, 490.

berücksichtigen, dass im Rahmen des Gesetzgebungsverfahrens zum „Vierten Finanzmarktförderungsgesetz“[299] eine Befugnis der BaFin zum Verbot von Leerverkäufen durch Einführung eines § 4a WpHG vollumfänglich erörtert wurde.[300] Letztendlich entschied man sich jedoch, insbesondere aus Sorge um eine Verminderung der Attraktivität und Wettbewerbstauglichkeit des „Finanzplatzes Deutschland“, gegen eine solche Ermächtigungsgrundlage.[301] Zwar wurde § 4 Abs. 1 S. 2 und 3 WpHG erst durch das Anlegerschutzverbesserungsgesetz[302] seine gegenwärtige Gestalt verliehen, jedoch wurde in diesem Rahmen eine Befugnis der BaFin zum Verbot von Leerverkäufen nicht problematisiert, sondern die Vorschrift weitestgehend in ihrer ursprünglichen Fassung beibehalten.[303]

Des Weiteren wurden durch Umsetzung des „Gesetzes zur Vorbeugung gegen missbräuchliche Wertpapier- und Derivatgeschäfte“ in § 4a WpHG bzw. im 5. Kapitel der EU-Leerverkaufsverordnung Eingriffsbefugnisse der BaFin bzw. der „zuständigen Behörden“ geschaffen, welche es der Bundesanstalt ermöglicht(e), den Handel mit einzelnen oder mehreren Finanzinstrumenten vorübergehend zu untersagen (§ 4a Abs. 1 S. 2 Nr. 1 WpHG a.F. bzw. Art. 20 Abs. 1 i.V.m. Art. 20 Abs. 2 lit. a VO). Hätte sich also eine Ermächtigung der BaFin zum Verbot des Handels mit bestimmten Finanzinstrumenten, wie etwa Leerverkäufen, bereits aus § 4 Abs. 1 S. 2 und 3 WpHG ergeben, so wäre die Einführung des § 4a WpHG a.F. und des Artikels 20 der Verordnung im Wesentlichen überflüssig gewesen, und der Gesetz- bzw. Verordnungsgeber hätte wohl zur Vermeidung unnötiger Irritationen von der Schaffung dieser Befugnisnormen abgesehen.[304]

---

299 Gesetz zur weiteren Fortentwicklung des Finanzplatzes Deutschland (Viertes Finanzmarktförderungsgesetz) vom 21.06.2002, BGBl. I, S. 2010.

300 Vgl. hierzu: Beschlussempfehlung des Finanzausschusses vom 20.03.2002, BT-Druchs. 14/8600, S. 10; Bericht des Finanzausschusses vom 21.03.2002, BT-Drucks. 14/8601, S. 9; Plenarprotokoll 14/228 des Deutschen Bundestages vom 22.03.2002, S. 22657; Empfehlung des Wirtschaftsausschusses vom 15.04.2004, BR-Drucks. 257/1/02, S. 1 f.; Anrufung des Vermittlungsausschusses vom 2.5.2002, BR-Drucks. 257/02, S. 1 f.; Beschlussempfehlung des Vermittlungsausschusses vom 15.5.2002, BT-Drucks. 14/9096, S. 2.

301 Plenarprotokoll 14/237 des Deutschen Bundestages vom 17.5.2002, S. 23656; Plenarprotokoll 776 des Deutschen Bundestages vom 31.5.2002, S. 265; Beschluss des Deutschen Bundestages vom 17.05.2002; BR-Drucks. 434/02, S. 2; Unterrichtung durch den Bundesrat vom 2.5.2002, BT-Drucks. 14/8958, S. 1.

302 Gesetz zur Verbesserung des Anlegerschutzes (Anlegerschutzverbesserungsgesetz-AnSVG) vom 28.10.2004, BGBl. I, S. 2630.

303 *Zimmer/Beisken*, WM 2010, 485, 490.

304 Vergleiche insoweit auch *Zimmer/Beisken*, WM 2010, 485, 491.

2. *Zwischenergebnis*

Ein generelles aufsichtsrechtliches Vorgehen gegen die Vornahme von Leerverkäufen war demnach trotz (potentiell) erheblicher Gefahren für die Stabilität des Finanzmarktes vor Umsetzung des Gesetzes zur Vorbeugung gegen missbräuchliche Wertpapier- und Derivatgeschäfte im WpHG mangels tauglicher Ermächtigungsgrundlage nicht rechtmäßig.

Allerdings erscheint dieses Ergebnis aus zweierlei Gesichtspunkten von minderer praktischer Relevanz. So gilt es zunächst zu berücksichtigen, dass die (befristete) Allgemeinverfügung der BaFin im Sinne des § 35 S. 2 VwVfG sich bereits im Sinne des § 43 Abs. 2 Alt. 4 VwVfG durch Zeitablauf erledigt hat, jedoch bis zum Zeitpunkt ihrer Erledigung trotz unterstellter Rechtswidrigkeit Wirksamkeit beanspruchen konnte (§§ 43 Abs. 3, 44 VwVfG).[305] Ferner sind auch grundsätzlich denkbare staatshaftungsrechtliche Ansprüche geschädigter Anleger mangels Drittbezuges einer möglichen Amtspflichtverletzung gemäß §§ 839 BGB in Verbindung mit Art 34 GG, insbesondere auf Grund der Regelung des § 4 Abs. 4 FinDaG, ausgeschlossen.[306]

II. Die Sanktionierung manipulativer Leerverkäufe

Eine aufsichtsrechtliche Sanktionierung der unter Verstoß gegen das Marktmanipulationsverbot des § 20a WpHG agierenden Leerverkäufer war jedoch bereits vor Umsetzung des Gesetzes gegen missbräuchliche Wertpapier- und Derivategeschäfte möglich. So konnte die Vornahme manipulativer Leerverkäufe gemäß § 22 Abs. 2 BörsG mit Verweis, einem Ordnungsgeld bis zweihundertfünfzigtausend Euro oder mit einem Börsenausschluss des Leerverkäufers von bis zu 30 Handelstagen belegt werden.

D. Zivilrechtliche Einordnung des Leerverkaufes

Zum Abschluss des vorstehenden Kapitals soll im Folgenden eine zivilrechtliche Einordnung des Leerverkaufes erfolgen. Insoweit gilt es, den Leerverkauf

305 Da vom Vorliegen eines Nichtigkeitsgrundes im Sinne des § 44 VwVfG nicht ausgegangen werden kann, vergleiche *Kopp/Ramsauer*, VwVfG, § 44 Rn. 7 ff., *Sachs*, in: Stelkens/Bonk/Sachs, VwvfG, § 44 Rn. 97 ff.

306 So nimmt die BaFin ihre Aufgaben und Befugnisse gemäß § 4 Abs. 4 FinDAG ausschließlich im öffentlichen Interesse wahr, vgl. Schwark/Zimmer-*Zetsche*, KMRK, § 4 WpHG Rn. 11; *Benighaus*, Staatshaftung für fehlerhafte Aufsicht im Bereich des Kapitalmarkts, abrufbar unter: http://edoc.hu-berlin.de/dissertationen /benighaus-daniel-2009-05-26/PDF/benighaus.pdf.

zunächst einem Vertragstyp des BGB zuzuordnen. Sodann erfolgt eine Untersuchung der Wirksamkeit und Durchsetzbarkeit der beim Leerverkauf geschlossenen Verträge, bevor abschließend eine Einordnung des Leerverkaufes in das bürgerlich-rechtliche Haftungssystem unternommen werden soll.

I. Der Leerverkauf als Kaufvertrag i.S.d § 433 BGB

Aus zivilrechtlicher Sicht handelt es sich bei Leerverkäufen, sowohl aus Verkäufer- als auch aus Käufersicht, um ganz gewöhnliche Kaufverträge im Sinne des § 433 BGB.[307] Insoweit steht es der Wirksamkeit dieser Kaufverträge auf Grund des im nationalen Zivilrecht vorherrschenden „Trennungsprinzips“ und der mit diesem einhergehenden Trennung zwischen Verpflichtungs- und Verfügungsgeschäft nicht entgegen, dass es dem Leerverkäufer eines ungedeckten Leerverkaufes noch am Eigentum bezüglich der veräußerten Wertpapiere mangelt, bzw. er sich dieser bei Vornahme eines gedeckten Leerverkaufes lediglich durch Abschluss einer „Wertpapierleihe“ bemächtigt. So ist es der deutschen Rechtsordnung keinesfalls fremd, Gegenstände zu verkaufen, über welche man im Zeitpunkt des Verkaufes noch keine Verfügungsgewalt hat, welche es noch nicht gibt oder welche zunächst noch gefördert oder produziert werden müssen.[308]

Terminologisch ist im Rahmen der Beurteilung gedeckter Leerverkäufe jedoch die Begrifflichkeit der „Wertpapierleihe“ irreführend, da dieser kein entgeltfreies Rechtsgeschäft zugrundeliegt[309] und der Leerverkäufer nach Ablauf der „Leihfrist“ auch nicht zur Rückgabe der geliehene Sache (§ 604 BGB), sondern lediglich zur Rückerstattung von Sachen gleicher Art und Güte verpflichtet ist.

Folglich beschafft sich der Verkäufer eines gedeckten Leerverkaufes die zu veräußernden Wertpapiere in rechtstechnischer Sicht nicht im Wege einer Leihe, sondern durch Abschluss eines Sachdarlehensvertrages im Sinne des § 607 BGB.[310]

II. Mögliche Unwirksamkeitsgründe

Der Wirksamkeit der im Rahmen des Leerverkaufes abgeschlossenen Kaufverträge könnte es jedoch auf Grund eines Verstoßes gegen ein gesetzliches Verbot

307 *Laurer*, ZfgK, 2008, 38, 39.

308 *Schröder*, HdB. Kapitalmarktstrafrecht, Rn. 499.

309 *Schröder*, HdB. Kapitalmarktstrafrecht, Rn. 500; vergleiche auch *Vogel*, in: Assmann/Scheider, § 20a Rn. 151b.

310 *Schröder*, HdB. Kapitalmarktstrafrecht, Rn. 500; vergleiche auch *Vogel*, in: Assmann/Scheider, § 20a Rn. 151b.

im Sinne des § 134 BGB bzw. einer möglichen Sittenwidrigkeit nach § 138 BGB mangeln.

1. Unwirksamkeit wegen Gesetzesverstoßes nach § 134 BGB

Als mögliche Verbotsgesetze im Sinne des § 134 BGB kommen dabei die Vorschriften der §§ 20a WpHG, 26 BörsG sowie der §§ 59 und 113 InvG in Betracht. Allerdings bleibt festzuhalten, dass diese die Vornahme von Leerverkäufen lediglich in begründeten Einzelfällen untersagen und demnach jedenfalls keine grundsätzliche Unwirksamkeit der Kaufvertragsschlüsse bewirken können.

a) Unwirksamkeit gemäß § 134 BGB i. V. m. § 20a WpHG

Danach könnte sich eine Unwirksamkeit von nicht in legitimer Weise wirtschaftlich begründeten und in erheblichem Umfang vorgenommenen Leerverkäufen, welche nach vorangehend vertretener Auffassung dem Marktmanipulationsverbot des § 20a WpHG unterfallen, gemäß § 134 BGB in Verbindung mit § 20a WpHG ergeben.

Allerdings soll die Nichtigkeit eines Vertrages gemäß § 134 BGB grundsätzlich nur aus einem beidseitigen Verstoß gegen das Verbot der Kurs- und Marktpreismanipulation des § 20a WpHG folgen.[311] Dem ist insoweit zuzustimmen, als ein einseitiger Gesetzesverstoß nach ständiger Rechtsprechung lediglich in solchen Fällen eine Nichtigkeit des Rechtsgeschäfts herbeiführt, in welchen es mit dem Verbotsgesetz unvereinbar wäre, die rechtsgeschäftliche Regelung bestehen zu lassen.[312] Letztendlich kann die Feststellung eines einseitigen Gesetzesverstoßes jedoch nicht die abschließende Qualifizierung einer Norm als Verbotsgesetz im Sinne des § 134 BGB anhand ihres Gesetzeszwecks ersetzen.[313]

Allerdings erfordert auch die Durchsetzung des mit § 20a WpHG verfolgten Gesetzeszwecks nicht notwendigerweise eine Nichtigkeitsfolge nach § 134 BGB. So bezieht sich dieser im Wesentlichen auf die Zuverlässigkeit und Wahrheit der Preisbildung bezüglich der an der Börse gehandelten Finanzinstrumente. Diese werden bei der Vornahme von Leerverkäufen in erheblichem Umfang jedoch unabhängig von der zivilrechtlichen Wirksamkeit der vorgenommenen

---

311 *Mock/Stoll/Eufinger*, in: KK-WpHG, § 20a Rn. 461; *Dehlinger/Zimmermann*, in: Fuchs (Hrsg.), WpHG, § 20a Rn.155, *Vogel*, in: Assmann/Schneider, § 20a Rn. 32.

312 BGH, Urteil vom 16.04.1996 - XI ZR 138/95 = NJW 1996, 1812-1814; weitere Nachweise bei *Looschelders*, in: NK-BGB, § 134 Rn. 56.

313 *Armbrüster*, in: MüKo-BGB, § 134 Rn. 47 ff.; *Looschelders*, in: NK-BGB, § 134 Rn. 56 ff.

Kaufvertragsabschlüsse beeinträchtigt. Zwar verfolgt § 20a WpHG entgegen der neuesten Rechtsprechung des BGH auch den Schutz des einzelnen Anlegers.[314] Im folgenden Abschnitt wird jedoch aufzuzeigen sein, dass sich dieser Schutz bei Wirksamkeit der in Rede stehenden Vertragsschlüsse insbesondere aus den Vorschriften der einzelnen Börsenordnungen zur Zwangsregulierung sowie den deliktrechtlichen Vorschriften der §§ 823 ff. BGB ergibt.

Ein Verstoß gegen das Marktmanipulationsverbot des § 20a WpHG führt folglich nicht zur Nichtigkeit der im Rahmen des Leerverkaufes abgeschlossenen Kaufverträge nach § 134 BGB in Verbindung mit § 20a WpHG.

b) Unwirksamkeit gemäß § 134 BGB i.V.m. § 26 BörsG

Auch ein mit der Vornahme von Leerverkäufen einhergehender Verstoß gegen das Verbot der Verleitung zu Börsenspekulationsgeschäften nach § 26 BörsG ist nicht geeignet, die Nichtigkeitsfolge des § 134 BGB herbeizuführen. So stellt in diesem Zusammenhang nicht der Kaufvertragsschluss als solcher einen Verstoß gegen § 26 BörsG dar, sondern vielmehr die „unlautere" Einflussnahme auf die Entscheidung zum Abschluss des Leerverkaufes (das Zustandekommen). Letztendlich verstoßen im Falle eines solchen Leerverkaufes jedoch weder der zum Leerverkauf verleitete Anleger, noch dessen Vertragspartner (welcher in aller Regel in Unkenntnis der Qualität des Geschäftsschlusses als Börsenspekulationsgeschäft handeln wird) gegen das Verbot des § 26 Abs. 1 BörsG. Rechtsfolgen sollte ein Verstoß gegen das Verbot des § 26 Abs. 1 BörsG demnach lediglich im Verhältnis des verleiteten Anlegers zu derjenigen Person entfalten, durch welche dieser zur Vornahme eines Leerverkaufes verleitet wurde.

Daher verstößt aber auch der mit einem Verstoß gegen § 26 Abs. 1 BörsG einhergehende Leerverkauf als solcher nicht gegen ein gesetzliches Verbot im Sinne des § 134 BGB.

c) Unwirksamkeit gemäß § 134 BGB i.V.m. § 59 bzw. § 113 InvG

Des Weiteren hat auch ein Verstoß gegen die investmentrechtlichen Leerverkaufsverbote der §§ 59, 113 Abs. 1 S. 3 InvG keine Nichtigkeit gemäß § 134 BGB zur Folge (§ 59 S. 2 InvG).[315] Dies ist insoweit konsequent, als die Leerverkaufsbeschränkungen im Wesentlichen das Verhältnis zwischen Anlagegesellschaft und Anleger betreffen und demzufolge ein Verstoß gegen diese

314 Vgl. hierzu die ausführliche Auseinandersetzung mit dieser Problematik im Rahmen der Erörterung der Schutzgesetzqualität S. 110 ff.

315 Vergleiche auch: *Brünner*, in: Berger/Steck/Lübbehüsen, InvG, § 59 Rn. 4; *Patzner/Döser*, in: Patzner/Döser/Kempf, Investmentrecht, § 59 InvG Rn. 2.

Rechtsvorschriften zivilrechtliche Rechtsfolgen auch lediglich in diesem Verhältnis auslösen sollte.[316]

2. Unwirksamkeit wegen Sittenwidrigkeit nach § 138 BGB

Grundsätzlich stellt ein Leerverkauf auch kein sittenwidriges Rechtsgeschäft im Sinne des § 138 BGB dar. So müsste die Vornahme von Leerverkäufen hierzu in Folge des Inhalts oder aufgrund des Gesamtcharakters des Rechtsgeschäftes gegen das Anstandsgefühl aller billig und gerecht Denkenden verstoßen.[317] Insbesondere in Anbetracht der vielgestaltigen Einsatzmöglichkeiten von Leerverkäufen sowie deren grundsätzlicher Zulässigkeit ist „der Leerverkauf" jedoch im Ergebnis nicht als sittenwidriges Rechtsgeschäft im Sinne des § 138 BGB zu qualifizieren.

Sofern jedoch Leerverkaufskonstellationen in Einzelfällen dem Tatbestand des § 138 BGB unterfallen, ist dies jedenfalls nicht den Charakteristiken des Leerverkaufes geschuldet und damit nicht Gegenstand der vorliegenden Arbeit.[318]

3. Zwischenergebnis

Der zivilrechtlichen Wirksamkeit der beim Leerverkauf geschlossenen Vertragsschlüsse standen mithin die einschlägigen kapitalmarktrechtlichen Bestimmungen vor Inkrafttreten der gezielten Leerverkaufsregulierung im Rahmen der §§ 30h f. WpHG a.F. sowie der EU-Leerverkaufsverordnung nicht entgegen.

III. Die vertragliche Haftung des Leerverkäufers

Insbesondere im Hinblick auf die mit Einführung der §§ 30h f. WpHG a.F. beabsichtigte und auch im Rahmen der Verordnung (EU) Nr. 236/2012 verfolgte[319] Verbesserung der Erfüllungsdisziplin soll nun eine Untersuchung der vertraglichen Haftung des Leerverkäufers erfolgen. Diesbezüglich stellt sich zunächst die Frage nach der Anwendbarkeit des bürgerlich rechtlichen Leistungsstörungsrechts der §§ 275 ff. BGB.

1. Die Anwendbarkeit des Leistungsstörungsrechts

Der Anwendbarkeit der §§ 275 ff. BGB könnten die §§ 5 ff. der „Bedingungen für Geschäfte an der Frankfurter Wertpapierbörse" entgegenstehen, welche

316 *Brünner*, in: Berger/Steck/Lübbehüsen, InvG, § 59 Rn. 4

317 Vergleiche: *Armbrüster*, in: MüKo-BGB, § 138 Rn. 14 m.w.N.

318 Vergleiche: Schwark/Zimmer-*Schwark*, KMRK, § 26 BörsG Rn. 8.

319 Erwägungsgrund 18 der EU-Leerverkaufsverordnung.

ihrerseits eine ausführliche Regelung für den Fall verschiedener Leistungsstörungen vorsehen und exemplarisch zur Prüfung des Verhältnisses der einzelnen Börsenordnungen zu den Bestimmungen des Bürgerlichen Gesetzbuches herangezogen werden sollen.[320] Danach stellt sich die Frage nach dem Konkurrenzverhältnis zwischen dem allgemeinen Leistungsstörungsrecht der §§ 275 ff. BGB und der börsenrechtlichen Zwangsregulierung der §§ 5 ff. der Geschäftsbedingungen der Frankfurter Wertpapierbörse.

Zunächst besteht kein Zweifel daran, dass auf Wertpapiergeschäfte grundsätzlich die allgemeinen Regeln des Bürgerlichen Gesetzbuches Anwendung finden.[321] Im Ausgangspunkt muss dies mithin auch für die Behandlung von Leistungsstörungen gelten.[322] Ob und in welchem Umfang das allgemeine Leistungsstörungsrecht allerdings von den Geschäftsbedingungen der einzelnen Wertpapierbörsen (Usancen)[323] verdrängt wird, scheint bislang weder in Rechtsprechung noch Schrifttum abschließend entschieden.[324] So hat sich etwa das Schiedsgericht der Frankfurter Wertpapierbörse in einer nicht veröffentlichen Entscheidung für einen generellen Vorrang der Börsenusancen ausgesprochen,[325] welcher in seiner Allgemeinheit einer genaueren rechtlichen Überprüfung allerdings nicht standhält.[326]

Letztendlich bemisst sich die Anwendbarkeit des allgemeinen Leistungsstörungsrechts anhand der Rechtsnatur dieser Geschäftsbedingungen der Börse(n).

a) Die Rechtsnatur der Geschäftsbedingungen der Wertpapierbörsen

Wie im Folgenden aufzuzeigen sein wird, könnte es sich bei diesen Börsengeschäftsbedingungen um materielles Gesetzesrecht in der Form einer Satzung

---

320 Bedingungen für Geschäfte an der Frankfurter Wertpapierbörse (Stand 2.7.2012), abrufbar unter: http:// deutscheboerse. com/ dbg/ dispatch/ de/ binary/ gdb_ navigation/ info_center? object_id=84XHQF782N SGDDE.

321 *Fleckner*, WM 2009, 2064, 2070; *Einsele*, Bank- und Kapitalmarktrecht, § 8 Rn. 53; *Ekkenga*, in: Claussen, Bank- und Börsenrecht, § 6 Rn. 271, *Hadding*, in: Festschr. Schwark, S. 697, 700.

322 *Fleckner*, WM 2009, 2064, 2070; *Einsele*, Bank- und Kapitalmarktrecht, § 8 Rn. 53; *Ekkenga*, in: Clausen, Bank- und Börsenrecht, Rn. 271.

323 Vergleiche zur Begrifflichkeit der Usance *Schmidt*, in: MüKo HGB, § 346 Rn. 19.

324 *Fleckner*, WM 2009, 2064, 2070 m.w.N.

325 *Fleckner*, WM 2009, 2064, 2064; Schiedsspruch des Börsenschiedsgerichts der Frankfurter Wertpapierbörse vom 17.04.2008, vgl. *Hadding*, in: Festschr. Schwark, S. 697 ff.

326 Hierzu ausführlich, *Fleckner*, WM 2009, 2064, 2064 ff.

bzw. um als Allgemeine Geschäftsbedingungen ausgestaltete privatrechtliche Regelungen handeln.

aa) Die Börsengeschäftsbedingungen als Satzung

Nach § 12 Abs. 1 S. 2 Nr. 1 Var. 2 BörsG werden die Börsengeschäftsbedingungen seit dem 01.11.2007 vom Börsenrat der einzelnen Wertpapierbörsen als Satzungen erlassen.[327] Allerdings werden die Börsen der einzelnen Bundesländer auf Grund der Ermächtigung des § 4 BörsG von der zuständigen Landesbehörde (Börsenaufsichtsbehörde) als Anstalten des öffentlichen Rechts der genehmigenden Länder errichtet (Art. 83 GG).[328] Demzufolge sind die Börsengeschäftsbedingungen, und zwar unabhängig von der bundesgesetzlichen Ermächtigung des § 4 BörsG, als Rechtsvorschriften im Range von Landesrecht zu qualifizieren.[329] Danach könnte es dem Börsenrat gemäß Art. 72 Abs. 1, 74 Abs. 1 Nr. 1 Var. 1, 72 Abs. 3 GG jedoch versperrt sein, in den Geschäftsbedingungen der Börsen von Bestimmungen des Bürgerlichen Gesetzbuches abweichende Regelungen zu treffen.[330] Die vom Börsenrat als Satzungen erlassenen Geschäftsbedingungen der Wertpapierbörse könnten daher wegen Verstoßes gegen die Kompetenzordnung des Grundgesetzes nichtig und als solche zur Verdrängung des allgemeinen Leistungsstörungsrechts der §§ 275 ff. BGB ungeeignet sein.[331]

Allerdings würde ein solcher Verstoß gegen die Kompetenzordnung der Verfassung die Anwendbarkeit der Art. 70 ff. des GG auf den Erlass von Satzungen voraussetzen. Doch beinhaltet der Begriff der Gesetzgebung der Art. 70 bis 75 des GG nach absolut überwiegender Auffassung nur den Erlass förmlicher Gesetze,[332] so dass die Kompetenzordnung der Art. 70 ff. GG auf den Erlass der Börsengeschäftsbedingungen keine Anwendung findet.[333]

Überdies ließe sich eine Wahrung der Kompetenzordnung der Art. 70 ff. des GG bei unterstellter Anwendbarkeit jedoch auch durch eine Zuordnung der als Satzungen erlassenen Geschäftsbedingungen der Wertpapierbörsen zur Regelungsmaterie des Bank- und Börsenwesens und damit zu dem Kompetenztitel des Art. 74 Abs. 1 Nr. 11 Alt. 5 GG begründen. Danach könnten die

327 Schwark/Zimmer-*Schwark*, KMRK, § 12 BörsG Rn. 19.

328 *Hammen*, WM 2007, 1297, 1301 m.w.N.

329 *Hammen*, WM 2007, 1297, 1301.

330 *Hammen*, WM 2007, 1297, 1302.

331 So *Fleckner*, WM 2009, 2064, 2070 f.

332 Vgl. *Sannwald*, in: Schmidt-Bleibtreu/Hofmann/Hopfauf, GG-Kommentar, Art. 70 Rn. 11; *Pieroth*, in: Jarass/Pieroth, GG, Art. 70 Rn. 4 jeweils m.w.N.

333 Anderer Ansicht ist lediglich *Kunig*, in. Ders., GG-Kommentar, Bd. 2, Art. 70 Rn. 15.

Börsengeschäftsbedingungen als spezifische bank- bzw. börsenrechtliche Regelung im Sinne des Art. 74 Abs. 1 Nr. 11 Alt. 5 GG, auch im Falle einer unterstellten Anwendbarkeit der Kompetenzordnung des Art. 70 ff. GG, zur Verdrängung des allgemeinen Leistungsstörungsrechts der §§ 275 ff. BGB geeignet sein.

Allerdings könnte sich die Nichtigkeit der als Satzung erlassenen Börsengeschäftsbedingungen ferner aus der derogatorisch wirkenden Normenhierarchie ergeben, nach welcher eine Norm im Falle einer Kollision mit höherrangigem Recht als ipso jure nichtig anzusehen ist.[334] So könnte sich die Nichtigkeit der Börsengeschäftsbedingungen in Form von materiellem Satzungsrecht aus einer Kollision mit den formell gesetzlichen Bestimmungen des Bürgerlichen Gesetzbuches ergeben.

Die Verfassungsmäßigkeit der als Satzung erlassenen Börsengeschäftsbedingungen könnte allerdings im Ergebnis dahinstehen, sofern diese auch im Falle ihrer verfassungsrechtlichen Nichtigkeit als Allgemeine Geschäftsbedingungen im Sinne der §§ 305 ff. BGB oder als Handelsbräuche nach § 346 HGB privatrechtliche Geltung beanspruchen können.

bb) Die Börsengeschäftsbedingungen als AGB oder Handelsbrauch

Zunächst könnten die Börsengeschäftsbedingungen im Falle ihrer verfassungsrechtlichen Nichtigkeit auch weiterhin als privatrechtliche Geschäftsbedingungen zu qualifizieren sein, deren Wirksamkeit von einer Einbeziehung in die jeweiligen Vertäge abhängt.[335] Alternativ könnten sie aber auch ganz oder zum Teil als ein auf die Börsenteilnehmer beschränkter Handelsbrauch im Sinne des § 346 HGB zu qualifizieren sein, welcher auch ohne die Kenntnis der Handelsteilnehmer Geltung beansprucht.[336]

Ob die von allen Handelsteilnehmern auf Grund ihres Erlasses durch den Börsenrat gemeinsam verwendeten Börsengeschäftsbedingungen, bei denen Käufer- und Verkäuferstellung in ein und derselben Person wechseln, allgemeine Geschäftsbedingungen im Sinne der §§ 305 ff. BGB darstellen oder vielmehr Vertragsbedingungen andere Art bilden, soll im Ergebnis dahinstehen.[337] Jedenfalls wird aber durch die Börsengeschäftsbedingungen keine der Vertragsparteien

---

334 Vgl. *Sannwald*, in: Schmidt-Bleibtreu/Hofmann/Hopfauf, GG-Kommentar, Vorb. v. Art. 70 Rn. 38.

335 *Hammen*, WM 2007, 1297, 1304.

336 *Hopt*, in: Baumbach/Hopt, HGB, § 16 Rn. 4 BörsG; Kümpel/Wittig-*Oulds* 14.192; in diesem Sinne wohl *Hadding*, in: Festschr. Schwark, S. 697, 701; dagegen allerdings *Bachmann*, WM 2001, 1793, 1796 mit weiteren Nachweisen.

337 Vgl. zu dieser Problematik: Schwark/Zimmer-*Schwark*, KMRK, § 12 BörsG Rn. 19 m.w.N.

unangemessen benachteiligt, da diese als Nutzer einer Selbstverwaltungseinrichtung über ihre Vertreter im Börsenrat Einfluss auf den Inhalt der Geschäftsbedingungen nehmen können.[338]

Demzufolge werden die Börsengeschäftsbedingungen auch im Falle ihrer verfassungsrechtlichen Nichtigkeit in Form von Allgemeinen Geschäftsbedingungen im Sinne der §§ 305 ff. bzw. als Handelsbräuche im Sinne des § 346 HGB Bestanteil aller an den Börsen abgeschlossenen Verträge.

b) Rechtsfolgen

Demzufolge sind die Börsengeschäftsbedingungen danach als börsenrechtliche Satzung im Sinne des Art. 74 Abs. 1 Nr. 11 Alt. 5 GG oder jedenfalls als vertragliche Regelungen dem Grunde nach dazu geeignet, das dispositive allgemeine Leistungsstörungsrecht des Bürgerlichen Gesetzbuches zu verdrängen.[339] Allerdings kann dies nur für diejenigen Fälle zutreffen, in welchen die Geschäftsbedingungen der Wertpapierbörse eine von den Bestimmungen des allgemeinen Leistungsstörungsrechts abweichende Regelung vorsehen.[340]

So finden sich in § 6 der Geschäftsbedingungen der Frankfurter Wertpapierbörse[341] Regelungen bezüglich der subjektiven Unmöglichkeit im Sinne des § 275 Abs. 1 Alt. 1 BGB (§ 6 Abs. 2 Var. 2), der Leistungsverweigerung nach § 275 Abs. 2 und 3 BGB (§ 6 Abs. 2 Var.1) sowie des Verzuges gemäß des § 286 BGB (§ 6 Abs. 1). Denknotwendigerweise findet sich in den Vorschriften der §§ 6 und 7 der Geschäftsbedingungen der FWB allerdings keine Regelung bezüglich der objektiven Unmöglichkeit im Sinne des § 275 Abs. 1 Alt. 2 BGB, deren Regulierung im Handelsmodell der „Fortlaufenden Auktion“ nach § 7 Abs. 1 Geschäftsbedingungen der FWB jedoch auch nicht durchführbar ist.[342]

Des Weiteren enthält § 7 Abs. 1 Nr. 2 der Geschäftsbedingungen der FWB für die in § 6 Geschäftsbedingungen der FWB normierten Leistungsstörungen auch eine den §§ 280, 283 BGB entsprechende Regelung.

---

338 Hammen, WM 2007, 1297, 1298; jedenfalls soll eine Überprüfung der einzelnen Börsengeschäftsbedingungen anhand der §§ 305 ff. BGB jedoch nicht zum Gegenstand der vorliegenden Arbeit gemacht werden.

339 Hierzu exemplarisch *Löwisch/Caspers*, in: Staudinger BGB, Vorbem. zu §§ 275-278 Rn.17; vergleiche auch *Hadding*, in: Festschr. Schwark, S. 697, 702 ff.

340 *Fleckner*, WM 2009, 2064, 2071 ff.

341 Welche auf Grund ihrer überragenden Relevanz im Hinblick auf die Bedeutung des Börsenplatzes Frankfurt als Maßstab der weiteren Prüfung herangezogen werden sollen.

342 Vgl. zur Auslegung des § 6 Abs. 2 Var. 3 Geschäftsbedingungen der FWB den § 14 Abs. 1 Geschäftsbedingungen der FWB, woran verdeutlicht ist, dass auch diese nicht den Fall der objektiven Unmöglichkeit zu erfassen sucht.

Zudem findet sich in § 14 Abs. 1 der Geschäftsbedingungen der FWB eine die §§ 434, 435 BGB ergänzende Regelung, an welche wiederum gemäß §§ 14 Abs. 2 Var. 1, 14 Abs. 2 Var. 2 und § 14 Abs. 2 Nr. 2 i.V.m. § 7 Abs. 2 Nr. 2 Geschäftsbedingungen der FWB eine den §§ 437 Nr. 1, 437 Nr. 2 bzw. § 437 Nr. 3 BGB entsprechende Rechtsfolge geknüpft ist.

2. Zwischenergebnis

Zusammenfassend bleibt danach festzuhalten, dass die Geschäftsbedingungen der Frankfurter Wertpapierbörse das auf die Börsengeschäfte anwendbare Leistungsstörungsrecht des Bürgerlichen Gesetzbuches wesentlich modifizieren. Allerdings kann dies insoweit keine vollständige Verdrängung des allgemeinen Leistungsstörungsrechts der §§ 275 ff. BGB zur Folge haben, als die Geschäftsbedingungen der FWB keine abschließende Regelung des Leistungsstörungsrecht vorsehen.

Die rechtliche Behandlung von im Zusammenhang mit der Vornahme von Leerverkäufen auftretenden Leistungsstörungen wird sich mithin im Wesentlichen nach den Geschäftsbedingungen der Wertpapierbörsen richten.

IV. Die deliktische Haftung des Leerverkäufers

Im Rahmen der Darstellung einer möglichen deliktischen Haftung des Leerverkäufers soll im Folgenden zwischen Ansprüchen durch den Leerverkauf geschädigter Anleger sowie Ansprüchen der durch Leerverkäufe geschädigten Emittenten differenziert werden.

1. Deliktische Ansprüche geschädigter Anleger

Als Anspruchsgrundlagen geschädigter Anleger kommen neben möglichen Ansprüchen aus vorsätzlicher sittenwidriger Schädigung gemäß § 826 BGB insbesondere Schadensersatzansprüche wegen einer Schutzgesetzverletzung nach § 823 Abs. 2 BGB in Betracht. Im Rahmen möglicher Ansprüche aus § 823 Abs. 2 BGB, dessen Betrachtung auf Grund der geringeren Haftungsanforderungen dem nachfolgenden Abschnitt vorangestellt werden soll, lässt sich wiederum zwischen § 823 Abs. 2 i.V.m. § 20a WpHG sowie § 823 Abs. 2 BGB i.V.m. § 26 Abs. 1 BörsG differenzieren.

a) Anspruch aus § 823 Abs. 2 i.V.m. § 20a Abs. 1 S. 1 Nr. 2 WpHG

Besonders im Hinblick auf das Eingreifen des Marktmanipulationsverbotes des § 20 a Abs. 1 S. 1 Nr. 2 WpHG bei der Durchführung von manipulativen Leerverkäufen scheint insbesondere die Eigenschaft des § 20 a WpHG als Schutzgesetz im Sinne des § 823 Abs. 2 BGB von besonderer praktischer Relevanz.

aa) Schutzgesetzqualität des § 20a WpHG

In einer unlängst ergangenen Entscheidung verneinte der BGH[343] in Übereinstimmung mit einem Großteil des Schrifttums[344] allerdings die Schutzgesetzeigenschaft des § 20a WpHG. Hierzu führte der BGH aus, in Ermangelung einer dem § 15 Abs. 6 WpHG entsprechenden Ausschlussklausel ließen sich aus dem Wortlaut des § 20a WpHG keinerlei Rückschlüsse auf die Reichweite des vom Gesetzgeber beabsichtigten Schutzes ziehen, so dass es einer konkreten Einzelnormbetrachtung bedürfe.[345]

Insoweit fände sich zwar im allgemeinen Teil des Gesetzesentwurfes zum 4. Finanzmarktförderungsgesetz der Passus, Ziel des Gesetzes sei (auch) die Stärkung des Anlegerschutzes, jedoch werde im gleichen Atemzug betont, eine Überregulierung des Anlegerschutzes sei zur Verhinderung der Einschränkung der Wettbewerbsfähigkeit (des Finanzplatzes der Bundesrepublik Deutschland) zu vermeiden.[346] Zudem werde bei der Begründung der konkreten Norm selbst entweder nur auf die aufsichtsrechtliche Komponente der Änderung hingewiesen oder allein die durch § 20a WpHG bezweckte Funktionsfähigkeit der Wertpapiermärkte betont.[347] Da der sachliche Schutzbereich der Vorschrift mit der Zuverlässigkeit und Wahrheit der Preisbildung an Märkten und Börsen umschrieben werde, sprächen die Materialien eher gegen einen intendierten Individualschutz.[348] Dies korrespondiere mit der durch das AnSVG umgesetzten Richtlinie 2003/6/EG des Europäischen Parlaments und des Rates vom

---

343 BGH, Urteil vom 13.12.2011 - XI ZR 51/10, BGHZ 192, 90 = DB 2012, 450-457 = WM 2012, 303-311 = ZIP 2012, 318-326 = BB 2012, 530-537 = MDR 2012, 295-296.

344 *Vogel*, in: Assmann/Schneider, § 20a Rn. 31.; *Möllers*, in: Derleder/Knops/Bamberger, HdB. zum deutschen und europäischen Bankrecht, § 69 Rn. 37; *Fleischer*, in: Fuchs (Hrsg.), WpHG, § 20a Rn. 154; *Maier-Reimer/Paschos*, in: Habersack/Mülbert/Schlitt, HdB. der Kapitalmarktinformationen, § 29 Rn.160; *Eichelberger*, Das Verbot der Marktmanipulation (§ 20a), S. 363 ff.; Schwark/Zimmer-*Schwark*, KMRK, § 20a Rn. 7; *Barnet*, WM 2002, 1473, 1477 ff.; *Maier-Reimer/Webering*, WM 2002, 1857, 1864; *Rützel*, AG 2003, 69, 79; *Holzborn/Foelsch*, NJW 2003, 932, 938; *Spindler*, WM 2004, 2089, 2090 f.; *Edelmann*, BB 2004, 2031, 2032.

345 BGH, Urteil vom 13.12.2011 - XI ZR 51/10 = DB 2012, 450-457 Rn. 23.

346 BGH, Urteil vom 13.12.2011 - XI ZR 51/10 = DB 2012, 450-457 Rn. 24; BT-Drucks. 14/8017 S. 1, 62, entsprechend zum Anlegerschutzverbesserungsgesetz BT-Drucks. 15/ 3174 S. 1, 26.

347 BGH, Urteil vom 13.12.2011 - XI ZR 51/10 51/10 = DB 2012, 450-457 Rn. 24; BT-Drucks. 14/8017, S. 64; BT-Drucks. 14/8017, S. 89, 99.

348 BGH, Urteil vom 13.12.2011 - XI ZR 51/10 = DB 2012, 450-457 Rn. 24; BT-Drucks. 14/8017, S. 89, 98.

28. Januar 2003 über Insider-Geschäfte und Marktmanipulation, in deren Erwägungsgründen ebenfalls hauptsächlich auf den Schutz der Marktintegrität abgestellt werde.[349]

Dieses Ergebnis werde aber auch durch die Entstehungsgeschichte des § 20a WpHG bestätigt, welcher nach dem Willen des Gesetzgebers die bisherige Regelung des § 88 BörsG a.F. ablösen sollte.[350] Jener wäre jedoch nach übereinstimmender Ansicht des Bundesverfassungsgerichts[351] und des Bundesgerichtshofs[352] keine Schutzgesetzeigenschaft zugekommen.[353] Begründet wurde dieses mit der ansonsten drohenden Aushöhlung des § 15 Abs. 6 WpHG a.F. Dieser würde umgangen, käme man über die Einstufung des § 20a WpHG als Schutzgesetz im Sinne des § 823 Abs. 2 BGB zu einer Haftung (des Insiders), welche vom Gesetzgeber gerade nicht beabsichtigt sei. Vor diesem Hintergrund sei die Tatsache, dass der Gesetzgeber anders als bei § 15 WpHG[354] den fehlenden Schutzgesetzcharakter in der Gesetzesbegründung zu § 20a WpHG nicht klargestellt habe, als Versehen einzustufen.[355]

Der Gesetzgeber habe sich in systematischer Hinsicht gegen eine allgemeine deliktische Haftung für Vermögensschäden und für eine Anknüpfung an die Verletzung besonders aufgeführter Rechtsgüter entschieden. Die im deliktischen Haftungssystem auf § 826 BGB beschränkte Gewährleistung eines Vermögensschutzes dürfe daher nicht durch eine ausufernde Anerkennung von Schutzgesetzen unterlaufen werden.[356]

Nach der Senatsrechtsprechung komme den in erster Linie aufsichtsrechtlichen Regeln des WpHG folglich keine eigenständige schadensersatzrechtliche Bedeutung zu.[357] Berücksichtige man ferner, dass seit Einführung der §§ 37b, 37c WpHG autonome Anspruchsgrundlagen in Fällen der Verletzung von

---

349 BGH, Urteil vom 13.12.2011 - XI ZR 51/10 = DB 2012, 450-457 Rn. 24; Marktmissbrauch; ABl. 2003, EG Nr. L 96/03 S. 16.

350 BGH, Urteil vom 13.12.2011 - XI ZR 51/10 = DB 2012, 450-457 Rn. 24; BT-Drucks. 14/8017, S. 64, 89.

351 Beschluss vom 24.09.2002-2 BvR 742/02 = WM 2002, 2207, 2209.

352 Urteil vom 19.07.2004- II ZR 218/03, BGHZ 160, 134, 139f.= WM 2004, 1731.

353 BGH, Urteil vom 13.12.2011 - XI ZR 51/10 Rn. 25.

354 BT-Drucks. 14/8017 S. 87.

355 BGH, Urteil vom 13.12.2011 - XI ZR 51/10 = DB 2012, 450-457 Rn. 25; *Fleischer*, NJW 2002, 2977, 2979.

356 BGH, Urteil vom 13.12.2011 - XI ZR 51/10 = DB 2012, 450-457 Rn. 26 m.w.N.

357 BGH, Urteil vom 13.12.2011 - XI ZR 51/10 = DB 2012, 450-457 Rn. 25; vgl auch die Senatsurteile vom 19.12.2006 = BGHZ 170, 226 = WM 2007, 487 Rn. 18 und 19 und vom 19.02.2008 = BHGZ 175, 276 = WM 2008, 825 Rn. 16.

Veröffentlichungspflichten existieren, die gezielt nur für den Bereich der Ad-Hoc-Mitteilungen geschaffen worden seien, könne auch nicht mehr argumentiert werden, der gesetzgeberisch mitbeabsichtigte Anlegerschutz lasse sich effektiv nur durch eine (weitere) deliktische Haftung verwirklichen.[358]

Im Ergebnis ist dem BGH allerdings nicht zuzustimmen. Zwar ist eine Norm nach ständiger Rechtsprechung des Bundesgerichtshofes nur dann als Schutzgesetz im Sinne des § 823 Abs. 2 BGB zu qualifizieren, „wenn sie nach Zweck und Inhalt zumindest auch dazu dienen soll, den Einzelnen oder einzelne Personenkreise gegen die Verletzung eines bestimmten Rechtsguts zu schützen".[359] Richtigerweise kommt es hierfür „nicht auf die Wirkung, sondern auf Inhalt und Zweck des Gesetzes sowie darauf an, ob der Gesetzgeber bei Erlass des Gesetzes gerade einen Rechtsschutz, wie er wegen der behaupteten Verletzung in Anspruch genommen wird, zu Gunsten von Einzelpersonen oder bestimmten Personenkreisen gewollt oder doch mit gewollt hat".[360] Insoweit ist es aber ausreichend, dass eine Norm auch das in Frage stehende Interesse eines Einzelnen schützen soll, mag sie auch in erster Linie das Interesse der Allgemeinheit im Auge haben.[361]

Andererseits ist zuzugeben, dass der Anwendungsbereich des § 823 Abs. 2 BGB nicht ausufern darf und daher ein durch Befolgung der Norm als „Reflex" objektiv erreichter Individualschutz für die Annahme einer Schutzgesetzqualität einer Norm nicht ausreichend ist, sondern dieser vielmehr im Aufgabenbereich der Norm liegen muss.[362] Letztendlich muss daher „die Schaffung eines individuellen Schadensersatzanspruchs sinnvoll und im Lichte des haftungsrechtlichen Gesamtsystems tragbar erscheinen, wobei in umfassender Würdigung des gesamten Regelungszusammenhangs, in den die Norm gestellt ist, geprüft werden muss, ob es in der Tendenz des Gesetzgebers liegen konnte, an die Verletzung des geschützten Interesses die deliktische Einstandspflicht mit allen damit zugunsten des Geschädigten eingreifenden Beweiserleichterungen zu knüpfen.[363]

Misst man § 20a WpHG an diesen Maßstäben, so ist dem Marktmanipulationsverbot des § 20a WpHG, entgegen der Rechtsauffassung des BGH, sehr wohl eine Schutzgesetzqualität im Sinne des § 823 Abs. 2 BGB zuzusprechen.

---

358 Hierzu auch BGH, Urteil vom 22.06.2010, BGHZ 186, 58 Rn. 29.

359 BGH, Urteil vom 18.11.2003 - VI ZR 385/02 = NJW 2004, 356, 357, Urteil vom 22.06.2010 – VI ZR 212/09 = NZG 2010, 1071, 1072 und Urteil vom 13.12.2011 - XI ZR 51/10 = DB 2012, 450-457 Rn. 21.

360 BGH, Urteil vom 13.12.2011 - XI ZR 51/10 = DB 2012, 450-457 Rn. 21.

361 BGH, Urteil vom 13.12.2011 - XI ZR 51/10 = DB 2012, 450-457 Rn. 21.

362 BGH, Urteil vom 13.12.2011 - XI ZR 51/10 = DB 2012, 450-457 Rn. 21 m.w.N.

363 BGH, Urteil vom 13.12.2011 - XI ZR 51/10 = DB 2012, 450-457 Rn. 21 m.w.N.

Zwar lassen sich aus dem Wortlaut des § 20a WpHG keine eindeutigen Schlüsse auf das vom Gesetzgeber beabsichtigte Schutzniveau ziehen.[364] Doch ließe sich die Abwesenheit einer dem § 15 Abs. 6 WpHG entsprechenden Ausschlussklausel aus rein systematischer Sicht durchaus für eine Schutzgesetzqualität des § 20a WpHG ins Feld führen.

Des Weiteren streiten entgegen der Auffassung des BGH wohl auch die Gesetzesmaterialien zum 4. Finanzmarktförderungsgesetz (4. FFG)[365] sowie des Anlegerschutzverbesserungsgesetzes (AnSVG)[366] für eine Qualifizierung des § 20a WpHG als Schutzgesetz im Sinne des § 823 Abs. 2 BGB.

So erkennt zwar auch der BGH die durch Umsetzung des 4. FFG und des AnSVG intendierte Stärkung des Anlegerschutzes,[367] stellt jedoch verstärkt darauf ab, dass nach der Gesetzesbegründung „eine Überregulierung des Anlegerschutzes (...) zur Verhinderung der Einschränkung der Wettbewerbsfähigkeit zu vermeiden" sei.[368] Zudem werde bei der Begründung der Norm entweder ausschließlich auf die aufsichtsrechtliche Komponente der Norm hingewiesen, allein die durch § 20a WpHG bezweckte Funktionsfähigkeit der Wertpapiermärkte betont oder der sachliche Schutzbereich der Verbotsvorschrift mit der Zuverlässigkeit und Wahrheit der Preisbildung an Börsen und Märkten umschrieben.[369]

Letztendlich setzt eine Qualifizierung einer Norm als Schutzgesetz im Sinne des § 20a WpHG aber nicht voraus, dass ein mit dieser intendierter Individualschutz den Schwerpunkt der Norm bildet.[370] Dass das Marktmanipulationsverbot jedoch zumindest auch zum Schutze der Anleger vor unrechtmäßiger Manipulation der Börsenkurse bestimmt ist, legt bereits die Formulierung des Gesetzgebers nahe: „Die zunehmende Nutzung der Aktie durch weite Bevölkerungsteile, die in Zukunft durch den Aufbau der privaten Altersvorsorge noch zunehmen dürfte sowie Übersteigerung und Manipulation an den Märkten, mache(n) es

364 BGH, Urteil vom 13.12.2011 - XI ZR 51/10 = DB 2012, 450-457 Rn. 23.

365 BT-Drucks. 14/8017.

366 BT-Drucks. 15/3174.

367 BGH, Urteil vom 13.12.2011 - XI ZR 51/10 = DB 2012, 450-457 Rn. 24; vergleiche hierzu auch *Leisch*, ZIP 2004, 1573, 1578.

368 BGH, Urteil vom 13.12.2011 - XI ZR 51/10 = DB 2012, 450-457 Rn. 24; BT-Drucks. 14/8017, S. 62.

369 Vergleiche BT-Drucks. 14/8017, S. 62 f. und S. 98; zum Schutzzweck der Verbotsvorschrift auch: *Houache*, in: Habersack/Mülbert/Schlitt (Hrsg.), HdB. der Kapitalmarktinformation, § 27 Rn. 7; sowie *Teigelack*, Finanzanalysen und Behavioral Finance, S. 49.

370 Vgl. insoweit auch die Darstellung des BGH: BGH, Urteil vom 13.12.2011 - XI ZR 51/10 = DB 2012, 450-457 Rn. 21.

erforderlich zu überprüfen, ob der Anlegerschutz im deutschen Kapitalmarktrecht ausreichend verankert“ ist.[371] So habe „die Phase der starken Ausschläge der Aktienkurse (...) Schwächen des rechtlichen Rahmens des Wertpapiermarktes und die Notwendigkeit zur Stärkung des Anlegerschutzes aufgezeigt. (Das) Vertrauen in die Integrität und Funktionsfähigkeit des Finanzmarktes (sei) aber ein bedeutsamer Faktor der Standortqualität und Voraussetzung für eine günstige Kapitalaufnahme der Unternehmen“.[372]

Danach besteht jedoch auch aus Sicht des Gesetzgebers wohl keine durch Überregulierung des Anlegerschutzes begründete Gefahr für die Wettbewerbsfähigkeit des Finanzplatzes Deutschland, wie sie vom BGH angeführt wird. Vielmehr legt auch die Gesetzesbegründung des 4. FFG die Annahme nahe, ein wirksamer Anlegerschutz fördere den Funktionenschutz, oder sei sogar dessen Bedingung.

Auch unter Bezugnahme auf die Entstehungsgeschichte des § 20a WpHG, dessen Vorgängernorm des § 88 BörsG a.F. (wie festgestellt) sowohl vom BVerfG als auch vom BGH die Schutzgesetzeigenschaft, insbesondere unter Berufung auf den Schutzbereich des § 264a StGB sowie den Ausschlusstatbestand des § 15 Abs. 6 a.F.[373] WpHG abgesprochen wurde, lässt sich ein Ausschluss der Schutzgesetzqualität des § 20a WpHG nicht rechtfertigen.

So erfasst der Straftatbestand des Kapitalanlagebetruges nach § 264a StGB, dem unzweifelhaft die Schutzgesetzeigenschaft im Sinne des § 264a StGB zuzusprechen ist, lediglich einen Bruchteil der dem Anwendungsbereich des Marktmanipulationsverbotes des § 20a WpHG unterfallenden Verhaltensweisen.[374] Folglich erscheint eine dahingehende Argumentation unangemessen, ein wirksamer Anlegerschutz lasse sich bereits über die Vorschrift des § 264a StGB herleiten, welche auch gerade zu diesem Zwecke in das Strafgesetzbuch eingefügt worden sei.[375]

Zudem steht eine Anerkennung der Schutzgesetzqualität des § 20a WpHG auch nicht in Widerspruch zur Haftungsausschlussklausel des § 15 Abs. 6 WpHG, nach welcher ein Emittent von Wertpapieren wegen Verstoßes gegen die

---

371 BT-Drucks. 14/8017, S. 62.

372 BT-Drucks. 14/8017, S. 62.

373 Vergleiche zur Widersprüchlichkeit der Heranziehung des § 15 Abs. 6 WpHG a.F. gegen eine Schutzgesetzqualität des § 20a WpHG *Fuchs/Dühn*, BKR 2002, 1063, 1066.

374 Vgl. hierzu im Einzelnen bereits S. 93.

375 BVerfG, Beschluss vom 24.09.2002= WM 2002, 2207, 2209; unter Bezug auf BT-Drucks. 10/318, S. 45.

Veröffentlichungspflichten des § 15 Abs. 1 bis 4 WpHG nur unter Voraussetzung der §§ 37b und 37c WpHG zum Schadensersatz verpflichtet ist.

Auch diesbezüglich lässt sich wiederum auf den von § 15 WpHG stark abweichenden Schutzbereich des § 20a WpHG abstellen. So erstreckt sich der Anwendungsbereich des § 20a WpHG im Wesentlichen auf Manipulationen durch die Verbreitung unrichtiger oder irreführender Angaben, während § 15 WpHG vornehmlich die Veröffentlichungspflicht „wahrer“ Informationen regelt. Des Weiteren kommen als Normadressaten des § 15 WpHG lediglich Emittenten von Wertpapieren in Betracht, wo hingegen sich das Marktmanipulationsverbot des § 20a WpHG grundsätzlich an jedermann richtet.[376]

Des Weiteren lässt sich die Schutzgesetzqualität des § 20a WpHG auch nicht mit der Einführung der §§ 37b und 37c WpHG in Frage stellen. So wird von der Haftungsnorm des § 37c WpHG zwar auch die Veröffentlichung von unwahren Insiderinformationen erfasst, doch hat diese wiederum von einem Emittenten auszugehen und vermag damit keinen hinreichend effektiven Anlegerschutz zu gewährleisten.

Zudem wird durch eine Anerkennung des § 20a WpHG als Schutzgesetz im Sinne des § 823 Abs. 2 BGB auch das Erfordernis einer grob fahrlässigen Unkenntnis gemäß § 37c Abs. 2 WpHG nicht unterlaufen, da eine Verletzung des Marktmanipulationsverbotes nach richtiger Ansicht zumindest einen bedingten Vorsatz bezüglich einer objektiv verursachten Manipulation voraussetzt.[377] Vielmehr ließe sich die Einführung der zweifelsfrei anlegerschützenden Vorschriften der §§ 37b, 37c WpHG aber möglicherweise gerade gegen eine rein aufsichtsrechtliche Funktion der Vorschriften des Wertpapierhandelsgesetzes ins Feld führen.[378]

Zwar ist dem BGH darin zuzustimmen, dass sich der Gesetzgeber in systematischer Hinsicht gegen eine allgemeine deliktische Haftung für Vermögensschäden und für eine Anknüpfung an die Verletzung besonders aufgeführter Rechtsgüter entschieden hat und die auf § 826 BGB beschränkte Gewährleistung eines Vermögensschutzes daher nicht durch eine uferlose Anerkennung von Schutzgesetzen unterlaufen werden darf.[379]

---

376 *Versteegen*, in: KK-WpHG, § 15 Rn. 59; vergleiche im übrigen auch die Ausführungen auf S. 31.

377 Vgl. S. 66 f.

378 Ein solcher Gedanke findet sich bei *Schneider*, Kapitalmarktrechtlicher Anlegerschutz und Internationales Privatrecht, S. 151.

379 BGH, Urteil vom 13.12.2011 - XI ZR 51/10 = DB 2012, 450-457 Rn. 26 m.w.N.

Ob dies allerdings die allgemeine Annahme rechtfertigt, den in erster Linie aufsichtsrechtlichen Vorschriften des Wertpapierhandelsgesetzes komme keine eigenständige schadensrechtliche Bedeutung zu,[380] erscheint sowohl vor dem Hintergrund eines effektiven Schutzes der Funktion des Wertpapiermarktes als auch der Gewährleistung eines angemessenen Anlegerschutzes zweifelhaft.

So setzt die Ablehnung des individuellen Anlegerschutzes via Haftungsrecht entweder die Unvereinbarkeit des individuellen Anlegerschutzes mit dem Funktionenschutz des Wertpapiermarktes voraus oder stellt jedenfalls in Abrede, dass der Individualschutz vom teleologischen Gehalt der Verbotsnorm des § 20a WpHG noch mit umfasst ist.[381]

Bei manipulativen Eingriffen in die Kursentwicklung besteht allerdings kein Anlass, die Möglichkeit der individuellen Schadensregulierung auszuschließen, da der Schutz des Marktes vor Fehlentwicklungen stets auch dem einzelnen Anleger zum Vorteil gereicht, der Schutz einzelner Anleger vor Marktmanipulation jedoch zugleich zum Schutz der Funktionsfähigkeit des Marktes geeignet ist.[382] Insoweit lässt sich neben der Ausgleichs- und Kompensationsfunktion des Haftungsrechts sowie einem wünschenswerten Steuerungseffekt auch auf eine gewisse Kontrollfunktion eines privatrechtlichen Haftungsanspruchs abstellen. Dabei ginge mit einer privatrechtlichen Kompensation fremdverschuldeter Vermögensschäden neben einer erhöhten Anlagebereitschaft sowie einem Anreiz der Anleger zur Überwachung der übrigen Marktteilnehmer insbesondere auch eine disziplinierende Wirkung auf das generelle Marktverhalten aus.[383]

Damit erscheint es ebefalls unangemessen, lediglich von einer haftungsrechtlich unbeachtlichen „Reflexwirkung" des § 20a WpHG auszugehen, da eine solche These unterstellt, dass die Verhaltensnorm befolgt wird, während eine Haftungsfolge ausschließlich an ein vorwerfbares Fehlverhalten anknüpft.[384] Letztendlich wird sich nicht seriös bestimmen lassen, ob ein wirksamer Funktionenschutz einen effektiven Anlegerschutz bewirkt, oder sich Funktionenschutz als Folge bzw. Reflex eines wirksamen Individualschutzes darstellt; vielmehr

---

380 BGH, Urteil vom 13.12.2011 - XI ZR 51/10 = DB 2012, 450-457 Rn. 26.

381 *Ekkenga*, ZIP 2004, 781, 784.

382 *Ekkenga*, ZIP 2004, 781, 785.

383 *Ekkenga*, ZIP 2004, 781, 785; sodass letztlich von einer Nutzbarmachung der privat initiierten Zivilklagen zur Stärkung der staatlichen Finanzaufsicht ausgegangen werden könnte; in diesem Sinne: *Leufgen*, Kollektiver Rechtsschutz zugunsten geschädigter Kapitalanleger, S. 41.

384 *Ekkenga*, ZIP 2004, 781, 785

scheinen sich Funktionen- und Anlegerschutz gegenseitig zu bedingen.[385] So verkennt eine kategorische Trennung zwischen einem abstrakt verstandenen Markt und individuellen Anlegern im Ergebnis, dass sich der Kapitalmarkt als solcher gerade erst aus der Gesamtheit der individuellen Kapitalanleger und ihren einzelnen Anlageentscheidungen konstituiert.[386]

Folglich bezweckt § 20a WpHG neben dem Funktionenschutz des Wertpapiermarktes nach seinem teleologischen Gehalt den Schutz des einzelnen Anlegers und ist damit richtigerweise als Verbotsgesetz im Sinne des § 823 Abs. 2 BGB zu qualifizieren.

Dieses Ergebnis korrespondiert auch mit der durch das AnSVG umgesetzten Richtlinie 2003/6/EG des europäischen Parlaments und des Rates über Insidergeschäfte und Marktmanipulation vom 28. Januar 2003, in deren Erwägungsgründen zwar hauptsächlich auf den Schutz der Marktintegrität abgestellt wird,[387] jedoch auch „die Notwendigkeit, den Anlegern (...) ein Maß an Information und Schutz anzubieten, das auf ihre Gegebenheiten zugeschnitten ist" Erwähnung findet.[388] Auch ein angemessener Anlegerschutz in diesem Sinne ist jedoch gerade über § 823 Abs. 2 BGB i. V. m. § 20a WpHG zu erreichen.

§ 20a WpHG ist mithin richtigerweise als Schutzgesetz im Sinne des § 823 Abs. 2 BGB zu qualifizieren.

bb) Kausaler Schaden

Des Weiteren entstehen den Vertragspartnern bei manipulativen Leerverkäufen auch kausal verursachte Vermögensschäden, deren Höhe sich auf die Differenz zwischen den manipulierten Verkaufspreisen sowie den angemessenen Wertpapierpreisen beziffern lässt (Kursdifferenzschäden).[389]

---

385 Vergleiche: *Scholz*, Selbst- und Fremdregulierung von Wertpapierbörsen, S. 56 m.w.N. sowie *Fuchs/Dühn*, BKR 2002, 1063, 1064.

386 *Fuchs/Dühn*, BKR 2002, 1063, 1065 m.w.N.

387 So die Argumentation des BGH gegen eine Schutzgesetzqualität des § 20a WpHG, BGH, Urteil vom 13.12.2011 - XI ZR 51/10 Rn. 24 m.w.N.

388 Richtlinie 2003/6/EG des Europäischen Parlamentes und des Rates vom 28. Januar 2003 über Insider-Geschäfte und Marktmanipulation, Erwägungsgrund 43, Spiegelstrich 2.

389 Zur Problematik der Berechnung eines solchen Kursdifferenzschadens sowie der in diesem Rahmen anzuwendenden Beweiserleichterung des § 287 ZPO vergleiche die umfängliche Darstellung bei *Jungmichel*, Haftung und Schadenskompensation bei Verstößen gegen Ad-hoc-Publizitätspflichten, S. 169 ff. u. 300 ff.

cc) Rechtswidrigkeit und Verschulden

Zudem ist die Rechtswidrigkeit der Kursmanipulation durch Leerverkäufe durch die Verletzung des § 20a Abs. 1 S. 1 Nr. 2 WpHG indiziert[390] und dem Verschuldenserfordernis des § 823 Abs. 2 S. 2 BGB durch die Erfüllung des subjektiven Tatbestandes des Marktmanipulationsverbotes genüge getan.[391]

dd) Zwischenergebnis

Im Falle der durch die Durchführung von Leerverkäufen verursachten Marktmanipulation steht den hierdurch geschädigten Anlegern ein Schadensersatzanspruch aus § 823 Abs. 2 BGB i. V. m. § 20a Abs. 1 S. 1 Nr. 2 WpHG gegen den manipulierenden Leerverkäufer zu.

b) Anspruch aus § 823 Abs. 2 BGB i.V.m. § 26 Abs. 1 BörsG

Sofern Anleger im Sinne des § 26 Abs. 1 BörsG zu Leerverkäufen verleitet werden, steht diesen überdies ein Anspruch aus § 823 Abs. 2 BGB i.V.m. § 26 Abs. 1 BörsG gegen den Leerverkäufer zu, welcher unstreitig als Schutzgesetz im deliktsrechtlichen Sinne zu qualifizieren ist.[392]

c) Anspruch aus § 826

Des Weiteren stehen den durch Leerverkäufe in erheblichem und manipulativem Umfang geschädigten Anlegern auch Ersatzansprüche aus vorsätzlicher sittenwidriger Schädigung nach § 826 BGB zu.

So stellt die Schädigung der Leerkäufer für den Leerverkäufer einen notwendigen Zwischenschritt dar, um durch eine Eindeckung unter „Realwert“ einen entsprechenden Gewinn generieren zu können. Damit ist der von § 826 BGB geforderte Schädigungsvorsatz, welcher sich bereits in einem bedingten Schädigungsvorsatz manifestieren kann, dem Leerverkäufer zweifelsohne zuzusprechen.[393]

Zudem verstößt eine durch Leerverkäufe in erheblichem Umfang verursachte Schädigung auch dem „Anstandsgefühl aller billig und gerecht Denkenden“ und ist danach als sittenwidrig im Sinne der höchstrichterlichen Rechtsprechung zu

---

390 Vergleiche exemplarisch *Sprau*, in: Palandt, BGB § 823 Rn. 59.

391 Vgl. zum Erfordernis der vorsätzlichen Verwirklichung des Marktmanipulationsverbotes oben, S. 66.

392 Schwark/Zimmer-*Schwark*, KMRK, § 26 BörsG Rn. 8 m.w.N.

393 Vgl. hierzu *Sprau*, in: Parlandt, BGB § 826 Rn. 10 f.

qualifizieren.[394] Zwar werden sich die Vorstellungen „der Bürger" über das angemessene Verhalten in einer pluralistischen Gesellschaft im Hinblick auf komplexe wirtschaftliche Zusammenhänge nur schwer feststellen lassen.[395] Allerdings dürfte eine vorsätzliche Schädigung der Anlegerschaft durch eine Manipulation des Börsenkurses unter Verstoß gegen § 20a Abs. 1 S. 1 Nr. 2 WpHG wohl dem Anstandsgefühl jeglicher „gerecht" denkenden Bürger widerstreben.

Insoweit deckt sich dieses Ergebnis auch mit einem in der Literatur vertretenen funktionalen Verständnis der Sittenwidrigkeit im Sinne des § 826 BGB, nach welchem die Konkretisierung des Merkmals der Sittenwidrigkeit mit Blick auf die Funktion des § 826 BGB zu erfolgen hat und diejenigen Vermögensschäden, die legalerweise und ohne Auslösung einer Haftungsfolge zugefügt werden dürfen, von denjenigen zu trennen sind, deren Vermeidung geboten ist und für deren Verursachung der Schädiger einzustehen hat.[396] Hiernach ist ein im Sinne des § 826 BGB zugefügter sittenwidriger Vermögensschaden insbesondere durch das Erfordernis eines über den privaten Schaden hinausgehenden „sozialen- bzw. gesellschaftlichen Schadens" gekennzeichnet, bei dessen Vorliegen nicht nur Einbußen im Privatvermögen des Geschädigten feststellbar sind, sondern sich darüber hinaus volkswirtschaftliche Verluste im Sinne von Ressourcenschäden realisieren.[397] Ein solcher gesellschaftlicher Schaden geht mit der manipulativen Vornahme von Leerverkäufen letztendlich in zweifacher Hinsicht einher, da diese die effektive Ressourcenallokation auf dem Kapitalmarkt schädigen, indem sie einerseits volkswirtschaftlich unerwünschte Fehlallokationen bewirken[398] und andererseits das Vertrauen der Investoren und Emittenten in die Funktionsfähigkeit des Kapitalmarktes untergraben.[399]

Mithin steht einem Leerkäufer gegen den Leerverkäufer ein Schadensersatzanspruch aus § 826 BGB in Höhe der Differenz zwischen dem tatsächlich erzielten Verkaufspreis und dem auf Grund der Manipulation erzeugten Verkaufspreis zu.

---

394 Vgl. RGZ 48, 114, 124; 56, 271, 279; 72, 175, 176; 73, 107, 113; 155, 257, 277; BGHZ 10, 228, 232=NJW 1953, 1665; BGH VersR 1956, 641.

395 *Wagner*, in: MüKO § 826 Rn. 9 mit weiteren Nachweisen; *Oechsler*, in: Staudinger, § 826 Rn. 26, 29.

396 *Wagner*, in: Mü/KO, BGB, § 826 Rn. 11.

397 *Wagner*, in: MüKO, BGB, § 826 Rn. 13.

398 Hierzu ausführlich im nächsten Kapitel dieser Arbeit, S. 143.

399 Vergleich hierzu auch *Wagner*, in: MüKO BGB, § 826 Rn. 14,

2. *Ansprüche geschädigter Emittenten*

Als mögliche Ansprüche der durch Leerverkäufe geschädigten Unternehmen kommen neben einem Anspruch aus § 823 Abs. 1 BGB wegen Verletzung des Rechts am eingerichteten und ausgeübten Gewerbebetrieb wiederum Ansprüche aus § 823 Abs. 2 i.V.m. § 20a Abs. 1 S. 1 Nr. 2 WpHG, sowie 826 BGB in Betracht.

a) Anspruch aus § 823 Abs. 1 BGB

Ein Anspruch aus § 823 Abs. 1 BGB von durch Leerverkäufe geschädigten Unternehmen setzt allerdings einen „betriebsbezogenen Eingriff" in Form einer unmittelbaren Beeinträchtigung des Betriebs als solchen, bzw. eine Bedrohung seiner Grundlagen voraus und muss sich danach nach objektiven Maßstäben spezifisch gegen den betrieblichen Organismus oder die unternehmerische Entscheidungsfreiheit richten.[400] Folglich ist der Anwendungsbereich des § 823 Abs. 1 BGB wegen Verletzung der Rechtes am eingerichteten und ausgeübten Gewerbebetrieb allerdings nur in denjenigen Fällen eröffnet, in denen es die Leerverkäufer auf eine gezielte Schädigung eines Emittenten von Wertpapieren abgesehen haben.

Sodann werden sich jedoch im Rahmen der bei Rahmenrechten erforderlichen Rechtswidrigkeit anhand einer umfassenden Einzelfallabwägung sowie bei der Feststellung des Verschuldens keine Probleme ergeben.

Ist ein Emittent danach durch den gezielten Einsatz von Leerverkäufen in Liquiditätsschwierigkeiten geraten, so hat ihm der hierfür verantwortliche Leerverkäufer den hieraus resultierenden Schaden auf Grund unmöglicher Naturalrestitution (§ 249 Abs. 1 BGB) gemäß § 251 Abs. 1 Alt. 1 BGB zu ersetzen.

b) Anspruch aus § 823 Abs. 2 BGB i.V.m. § 20a Abs. 1 S. 1 Nr. 2 WpHG

Letztendlich bezweckt das Marktmanipulationsverbot des § 20a WpHG als Schutzgesetz im Sinne des § 823 Abs. 2 BGB neben der Funktionsfähigkeit des Wertpapiermarktes auch den Schutz der einzelnen Emittenten. So besteht der Hauptzweck der Schaffung und Erhaltung effizienter und funktionsfähiger Kapitalmärkte gerade in der Möglichkeit der Emittenten, sich am Markt mit Kapital einzudecken („Allokationsfunktion").[401]

---

400 *Sprau*, in: Palandt, BGB, § 823 Rn. 128; PWW/*Schaub* § 823 Rn. 86 jeweils m.w.N.

401 *Lenebach*, Kapitalmarktrecht und kapitalmarktrechtsrelevantes Gesellschaftsrecht, Rn. 1.72f.; Kümpel/Wittig-*Oulds*, Bank- und Kapitalmarktrecht, Rn. 14.168;

c) Anspruch aus § 826 BGB

Zudem wird regelmäßig auch den durch manipulative Leerverkäufe geschädigten Unternehmen ein Anspruch aus § 826 BGB wegen vorsätzlicher sittenwidriger Schädigung auf Ausgleich der durch die Marktmanipulation erlittenen Schäden zustehen. So wird ein Leerverkäufer in aller Regel zumindest bedingt vorsätzlich den sittenwidrigen Erfolg in Kauf nehmen, durch die finanzielle Schädigung eines Emittenten dessen Aktienkurs in besonderem Maße zu schwächen, um dies bei Eindeckung mit den Wertpapieren zum eigenen Vorteil zu nutzen.

3. *Zwischenergebnis*

Danach standen bereits vor der Einführung der Leerverkaufsregulierung durch die §§ 30h f. WpHG a.F., welche durch die Verordnung (EU) Nr. 236/2012 abgelöst wurde, den unter Verstoß gegen das Marktmanipulationsverbot des § 20a WpHG durch Leerverkäufe geschädigten Anlegern und Emittenten Schadensersatzansprüche nach dem Deliktsrecht des Bürgerlichen Gesetzbuches zu. So lassen sich Schadensersatzansprüche durch Leerverkäufe geschädigter Anleger neben § 823 Abs. 2 BGB i.V.m. § 26 Abs. 1 BörsG insbesondere aus § 823 Abs. 2 BGB i.V.m. § 20a Abs. 1 S. 1 Nr. 2 WpHG sowie § 826 BGB herleiten.

Im Falle einer gezielten Schädigung eines Unternehmens durch die Vornahme manipulativer Leerverkäufe ließe sich ein Schadensersatzanspruch eines Emittenten wegen Verletzung des Rechtes am eingerichteten und ausgeübten Gewerbebetrieb überdies auf § 823 Abs. 1 BGB stützen.

E. Ergebnis

Durch die Untersuchung der rechtlichen Rahmenbedingungen von Leerverkäufen vor Inkrafttreten der §§ 30h f. WpHG a.F. und der EU-Leerverkaufsverordnung konnte aufgezeigt werden, dass Leerverkäufe bereits vor ihrer gezielten Regulierung einer ausdifferenzierten Regulierung unterlagen.

So ergab sich der Schutz der Funktionsfähigkeit des Wertpapiermarktes sowie ein Schutz der Anleger vor Verfälschung dieses Marktes durch die Vornahme manipulativer Leerverkäufe richtigerweise bereits vor Inkrafttreten der wertpapierhandelsrechtlichen bzw. europäischen Leerverkaufsregulierung aus einer

---

Findeisen/Tönnigsen, WM 2011, 1405, 1406; *Findeisen*, Regulierung und Rechtsfolgen von Interessenkonflikten in der Aktienanalyse, 2007, S. 30 m.w.N.

konsequenten Anwendung des kapitalmarktrechtlichen Marktmanipulationsverbotes des § 20a Abs. 1 S. 1 Nr. 2 WpHG.

Aus kapitalmarktrechtlicher Sicht gewährleisteten die investmentrechtlichen Leerverkaufsverbote der §§ 59, 113 Abs. 1 S. 3 und des § 135 S. 2 InvG sowie das Verbot zur Verleitung zu Börsenspekulationsgeschäften gemäß § 26 Abs. 1 BörsG darüber hinaus auch einen angemessenen Schutz der Anleger vor den Risiken der Beteiligung an hochspekulativen Leerverkäufen.

Zwar kommt die Untersuchung zu dem Ergebnis, dass die Vornahme von Leerverkäufen grundsätzlich weder von den strafrechtlichen Bestimmungen des Kernstrafrechts der §§ 263, 264a StGB noch von der kapitalmarktstrafrechtlichen Regelung des § 38 Abs. 2 i.V.m. § 20a Abs. 1 S. 1 Nr. 2 WpHG erfasst wird.

Allerdings ermöglichte eine manipulative Vornahme von Leerverkäufen ein aufsichtsrechtliches Vorgehen der BaFin gemäß § 4 WpHG. Demgegenüber stellt § 4 WpHG aber keine taugliche Ermächtigungsgrundlage zur vollständigen Unterbindung von Leerverkäufen durch die von der BaFin gewählten Form der Allgemeinverfügung dar.

Durch die zivilrechtliche Einordnung des Leerverkaufes konnte letztendlich dargelegt werden, dass es sich bei Leerverkäufen grundsätzlich um ganz gewöhnliche Kaufverträge handelt, deren Wirksamkeit insbesondere dem im nationalen Zivilrecht vorherrschenden „Trennungsprinzip“ geschuldet ist. Besonderheiten ergaben sich insoweit jedoch bezüglich der Vorschriften des allgemeinen Leistungsstörungsrechts der §§ 275 ff. BGB, welche im Wesentlichen durch die Bestimmungen zur „Zwangsregulierung“ der Geschäftsbedingungen der einzelnen Wertpapierbörsen verdrängt werden.

Wesentliche Beachtung gebührt weiterhin der Behandlung manipulativer Leerverkäufe nach den deliktsrechtlichen Vorschriften der §§ 823 ff. BGB. So standen sowohl den durch manipulative Leerverkäufe geschädigten Anlegern als auch Emittenten Schadensersatzansprüche gegen die verantwortlichen Leerverkäufer aus § 823 Abs. 2 i.V.m. § 20a Abs. 1 S. 1 Nr. 1 WpHG und 826 BGB zu. Diese wurden im Falle der gezielten Schädigung von Emittenten noch gemäß § 823 Abs. 1 (Verletzung des eingerichteten und ausgeübten Gewerbebetrieb) bzw. bei Verleitung von Anlegern zur Vornahmen von Leerverkäufen gemäß § 823 Abs. 2 i.V.m. § 26 Abs. 2 BörsG, ergänzt.

Mithin lässt sich festhalten, dass sich insbesondere in der Kombination kapitalmarktrechtlicher Bestimmungen mit den deliktischen Haftungsregeln auch vor der gezielten Leerverkaufsregulierung durch das Wertpapierhandelsgesetz sowie die EU-Leerverkaufsverordnung eine umfangreiche und ausgewogene Regulierung von Leerverkäufen fand. Danach erscheint jedoch, insbesondere vor dem Hintergrund des Verbotes manipulativer Leerverkäufe durch § 20a WpHG sowie der Bestimmungen zur Zwangsregulierung in den einschlägigen Börsenordnungen, die Frage nach dem Erfordernis einer weitergehenden Regulierung von Leerverkäufen zur Sicherung der Funktionsfähigkeit des Wertpapiermarktes und Verbesserung der Erfüllungsdisziplin zumindest zweifelshaft.[402]

Im nachfolgenden Kapitel soll daher eine rechtsökonomische Analyse einer weitergehenden Leerverkaufsregulierung, unter besonderer Berücksichtigung der Regelungsziele des Kapitalmarktrechts, erfolgen. Auf dieser Grundlage ist sodann eine angemessene Reichweite für eine über den voranstehend dargestellten Rechtsstand hinausgehende, gezielte Leerverkaufsregulierung zu bestimmen. Durch die rechtsökonomische Bestimmung eines solchen Regulierungsrahmens kann insbesondere der Gefahr begegnet werden, dass die weitgehend unabhängig voneinander vorangetriebene sektorspezifisch angelegte Kapitalmarktregulierung den Blick auf das Finanzsystem als Ganzes nicht aus den Augen verliert.[403] Im Rahmen des 5. Kapitels der vorliegenden Arbeit wird die Verordnung (EU) Nr. 236/2012 sodann auch an den im 3. Kapitel der Arbeit gewonnenen Erkenntnissen zu messen sein.

---

402 So sind auch nach Ansicht von Frank Hering, welcher für die Großkanzlei Allen & Overy den Bereich des internationalen Kapitalmarktrechts für Deutschland verantwortet, die zur Kapitalmarktregulierung diskutierten Vorschläge häufig durch politischen Aktionismus und nicht durch eine rationale Abwägung des Für und Wider geprägt; vgl. Allen & Overy hält Kreditfluss durch Regulierung für gefährdet, in: FAZ vom 4.12.2012, Nr. 283, S. 22.

403 Vgl. Kann Regulierung zu mehr Finanzstabilität beitragen?, in: FAZ vom 15. November 2012, Nr. 267, S. V2.

3. Kapitel Das Verhältnis einer Leerverkaufsregulierung zu den Regelungszielen des Kapitalmarktrechts

Als Ausgangspunkt der ökonomischen Bewertung einer weitergehenden Leerverkaufsregulierung muss die aus volkswirtschaftlicher Sicht entscheidende „allokative Funktion" des Kapitalmarktes dienen,[404] aus welcher auch die zwei vorrangigen Regelungsziele des Kapitalmarktrechts (Funktionsschutz und Anlegerschutz) abzuleiten sind.

A. Die Allokation als zentrale Funktion des Kapitalmarktes

Die hauptsächliche Funktion des Kapitalmarktes besteht in der Umschichtung der Ersparnisse privater Haushalte in das für unternehmerische Investitionen benötigte Kapital, um die knappen verfügbaren Ressourcen dorthin zu leiten, wo der dringendste Bedarf an Investitionsmitteln die höchste Rendite bei ausreichender Sicherheit der Anlage verspricht.[405] Zielsetzung jeder kapitalmarktrechtlichen Regelung sollte danach die Steigerung der Allokationseffizienz (allocational efficiency) des Kapitalmarktes sein, um zu gewährleisten, dass jegliches Anlagekapital durch die Marktpreise zu seinen besten Einsatzmöglichkeiten gelenkt wird.[406] So wird durch die Steigerung der Allokationseffizienz sichergestellt, dass das zur Verfügung stehende Kapital effizient unter denjenigen Firmen verteilt wird, welche sich auf dem Primärmarkt um das Geld von Investoren bemühen.[407]

Dies setzt jedoch voraus, dass dem Preis einer Aktie insoweit eine Richtigkeitsgewähr zukommt, als dass sich eine berechenbare Beziehung zwischen dem

---

404 *Findeisen/Tönnigsen*, WM 2011, 1405, 1406; *Möller*, Kapitalmarktausicht, S. 103 f.; *Seiler/Kniehase*, in: Schimanski/Bunte/Lwowski, Bankrechts-HdB., Band II, Vor § 104 Rn. 87 m.w.N.

405 Kümpel/Wittig-*Oulds*, Bank- und Kapitalmarktrecht, Rn. 14.168; *Seiler/Kniehase*, in: Schimanski/Bunte/Lwowski, Bankrechts-HdB., Band II, Vor § 104 Rn. 87; *Findeisen/Tönnigsen*, WM 2011, 1405, 1406; ausführlich auch *Günther*, Bad Banks, S. 36 ff.

406 *Klöhn*, Kapitalmarkt, Spekulation und Behavioral Finance, S. 60.

407 *Klöhn*, Kapitalmarkt, Spekulation und Behavioral Finance, S. 64; vergleiche auch *Walla*, die Konzeption der Kapitalmarktaufsicht in Deutschland, S. 38 m.w.N.

Kurs einer Aktie, dem Fundamentalwert des Unternehmens und dessen künftig zu erwartenden Erträgen herstellen lässt.[408]

Jedoch ermöglichen nur effiziente Kapitalmärkte eine effiziente Kapitalallokation, weshalb im Folgenden eine kurze Darstellung der Effizienzkriterien des Kapitalmarktes erfolgen soll.

B. Die Effizienzkriterien des Kapitalmarktes

Als wesentliche Effizienzkriterien des Kapitalmarktes werden nachfolgend die „fundamentale Effizienz", die „informationelle Effizienz" sowie die „Liquidität" als bedeutende Voraussetzung einer effizienten Kapitalallokation erläutert.

I. Die fundamentale Effizienz

Zunächst bedarf es zu einer effizienten Kapitalversorgung der Volkswirtschaft der fundamentalen Effizienz des Kapitalmarktes, nach welcher die Marktpreise der gehandelten Instrumente möglichst ihren Fundamentalwert widerspiegeln sollten („fundamentale Effizienz").[409]

So führt beispielsweise eine Über- bzw. Unterbewertung im Falle einer Fehlbewertung von Aktien eines Unternehmens zu einer volkswirtschaftlich unerwünschten Fehlallokation, indem diesem die Eigenkapitalaufnahme im Wege der Kapitalerhöhung sowie die Fremdfinanzierung durch Kredite oder Anleihen unverhältnismäßig erleichtert bzw. erschwert wird.

Die fundamentale Effizienz ist mithin unabdingbare Voraussetzung einer effizienten Kapitalallokation in Form einer Verteilung des am Kapitalmarkt generierten Kapitals zu seinen effizientesten Einsatzmöglichkeiten.

II. Die informationelle Effizienz

Aufgrund der Tatsache, dass Anlageentscheidungen in aller Regel auf der Erlangung von Informationen basieren, setzen sowohl die fundamentale Effizienz als auch die allokative Effizient jedoch ein hohes Maß an informationeller Effizienz voraus.[410] Nach dieser haben sich weitestmöglich alle kursrelevanten Informationen (strenge Informationseffizienz) oder jedenfalls alle öffentlich bekannten kursrelevanten Informationen (halbstrenge Informationseffizienz) in dem Kurs

408 *Langenbucher*, Aktien- und Kapitalmarktrecht, § 1 Rn. 29.
409 *Klöhn*, Kapitalmarkt, Spekulation und Behavioral Finance, S. 60.
410 Vergleiche hierzu *Bräutigam*, Effizienzprobleme an Finanzmärkten, S. 261.

eines am Kapitalmarkt gehandelten Produktes widerzuspiegeln.[411] So können nur informationseffizient gebildete Preise bzw. Kurse ihrem Fundamentalwert entsprechen und sind danach geeignet, eine optimale Allokation der Ressourcen innerhalb einer Gesamtwirtschaft zu gewährleisten.[412]

Demnach sollte jedoch grundsätzlich jeder Anleger den Anreiz haben, nach Informationen zu suchen, um die gehandelten Instrumente rational anhand ihres „wahren inneren Wertes" (Fundamentalwertes) bewerten zu können.[413] Hierbei stellt gerade die Konkurrenz zwischen informierten Spekulanten sicher, dass kursrelevante Informationen entdeckt werden und sich Preise schnell an geänderte Fundamentalwerte anpassen.[414]

III. Die Liquidität

Eine wichtige Voraussetzung eines effizienten Kapitalmarktes ist weiterhin die Liquidität eines Marktes, welche unter anderem für die Aufnahme des Emissionsvolumens bei der Beschaffung von Kapital durch Unternehmen auf dem Primärmarkt und für die Handlungsmöglichkeiten von Investoren auf dem Sekundärmarkt, eine entscheidende Bedeutung hat.[415]

Von einem (perfekt) liquiden Markt ist auszugehen, soweit Händler grundsätzlich handeln können wann immer sie möchten, ohne dass hiervon wesentliche Effekte auf den Preis der gehandelten Instrumente ausgehen.[416] So senkt eine erhöhte Liquidität eines Marktes alle mit dem Handel verbundenen Transaktionskosten der Marktteilnehmer, indem sich überbewertete Instrumente schneller wieder abstoßen lassen bzw. sich unterbewertete Instrumente schneller zurückkaufen lassen.[417] Hierdurch sinkt sodann der Preis, welchen schlecht

---

411 Vergleich zur Informationseffizienz des Kapitalmarktes: *Langenbucher*, Aktien- und Kapitalmarktrecht, § 1 Rn. 26 ff.; sowie Hüffer/Schmidt-*Aßmann/Weber*, Anteilseigentum, Unternehmenswert und Börsenkurs, S. 154 ff. und *Möller*, Kapitalmarktausicht, S. 96 m.w.N.

412 *Bräutigam*, Effizienzprobleme an Finanzmärkten, S. 261.

413 *Klöhn*, Kapitalmarkt, Spekulation und Behavioral Finance, S. 62.

414 *Klöhn*, Kapitalmarkt, Spekulation und Behavioral Finance, S. 63; *Slomka*, Effizienzkriterien und Börsensysteme, S. 90.

415 *Abee*, Die Neubestimmung des öffentlichen und privaten Intereses auf Kapitalmärkten, S. 39 f.

416 *Klöhn*, Kapitalmarkt, Spekulation und Behavioral Finance, S. 68; *Slomka*, Effizienzkriterien und Börsensysteme, S. 84; *Möller*, Kapitalmarktausicht, S. 97 f. m.w.N.

417 *Mittermeier*, ZBB 2010, 139, 141; *Klöhn*, Kapitalmarkt, Spekulation und Behavioral Finance, S. 70; vergleiche auch: *Möller*, Kapitalmarktausicht, S. 98.

informierte Händler für die Handelsmöglichkeiten gegenüber besser informierten Händlern verlangen, da sich ihr Verlustrisiko gegenüber besser informierten Händlern auf mehrere Schultern verteilt.[418]

Des Weiteren bringen liquidere Märkte auch „informativere Preise" hervor,[419] da die Informationssuche mehrerer Händler stärker diversifizierte Informationen gewährleistet und die durchschnittliche Marktmeinung über unerfahrbare Umstände auf Grund des „Gesetzes der großen Zahlen" verlässlicher wird.[420] Daneben verbessert sich durch einen liquiden Kapitalmarkt auch die Möglichkeit der Eigenkapitalaufnahme von Unternehmen auf dem Primärmarkt, da Investoren bessere Abnahmemöglichkeiten auf dem Sekundärmarkt erwarten können; dies trägt letztendlich zum Wachstum der jeweiligen Volkswirtschaft bei.[421]

Im Folgenden soll nun auf die vorrangigen Regelungsziele des Kapitalmarktrechts eingegangen werden, welche denknotwendigerweise unter Berücksichtigung der Funktion des Kapitalmarktes sowie dessen Effizienzkriterien zu bestimmen sind.

C. Die primären Regelungsziele des Kapitalmarktrechts

Als vorrangige kapitalmarktrechtliche Regelungsziele sind insbesondere der Funktionenschutz sowie der Anlegerschutz zu qualifizieren.

I. Der Funktionenschutz

Den entscheidenden Schutzzweck des Kapitalmarktrechts bildet der Schutz der Funktionsfähigkeit des Wertpapiermarktes, welcher sich aus einem öffentlichen Interesse an der Leistungsfähigkeit der kapitalmarktbezogenen Einrichtungen und Ablaufmechanismen ergibt.[422] Dieses öffentliche Interesse resultiert wiederum aus der Abhängigkeit der gesamten Volkswirtschaft vom Funktionieren ihrer Finanz- und Kapitalmärkte, ohne welche die wirtschaftspolitisch erwünschte und volkswirtschaftlich unabdingbare Allokation der Ressourcen nicht zu verwirklichen wäre.[423]

---

418 *Klöhn*, Kapitalmarkt, Spekulation und Behavioral Finance, S. 70.

419 *Findeisen/Tönningsen*, WM 2011, 1506, 1406; *Mittermeier*, ZBB 2010, 139, 141.

420 *Klöhn*, Kapitalmarkt, Spekulation und Behavioral Finance, S. 70 f.

421 *Klöhn*, Kapitalmarkt, Spekulation und Behavioral Finance, S. 71 f.; ähnlich auch *Abee*, Die Neubestimmung des öffentlichen und privaten Interesses auf Kapitalmärkten, S. 39 f.

422 Kümpel/Wittig-*Oulds*, Bank- und Kapitalmarktrecht, Rn. 14.141; *Lenebach*, Kapitalmarktrecht und kapitalmarktrelevantes Gesellschaftsrecht, Rn. 1.67.

423 Kümpel/Wittig-*Oulds*, Bank- und Kapitalmarktrecht, Rn. 14.144; *Lenebach*, Kapitalmarktrecht und kapitalmarktrelevantes Gesellschaftsrecht, Rn. 1.72 ff.

Letztendlich zielt danach der Funktionenschutz als wesentliches kapitalmarktrechtliches Regelungsziel allein auf die Gewährleistung der Allokationsfunktion des Kapitalmarktes ab. Jedoch ist auch der Anlegerschutz als zweites wesentliches Regelungsziel des Kapitalmarktes unter besondere Berücksichtigung der Allokationsfunktion des Kapitalmarktes zu würdigen.

II. Der Anlegerschutz

Als zweite wesentliche Schutzrichtung des Kapitalmarktrechts ist sodann der Anlegerschutz zu nennen, welcher sich wiederum in den Schutz der Individualinteressen des einzelnen Anlegers (Individualschutz) sowie den Schutz des gesamten Anlegerpublikums als Träger des Angebots- und Nachfragepotentials (überindividueller Anlegerschutz) untergliedern lässt.

Letztendlich ist aber auch der überindividuelle Anlegerschutz ein wesentlicher Aspekt des Funktionsschutzes der Kapitalmärkte.[424] So dient dieser im Wesentlichen der Stärkung des Vertrauens der Anlegerschaft in die Funktionsfähigkeit und Effektivität des Kapitalmarktes, um hierdurch eine Erhaltung und Steigerung des Volumens des volkswirtschaftlich benötigten Investitionskapitals sicherzustellen.[425] Ein mangelhaft ausgestalteter überindividueller Anlegerschutz böte insoweit insbesondere die Gefahr einer Abkehr enttäuschter Anleger von den betroffenen Märkten und damit einen Abfluss der für die Funktionsfähigkeit des Kapitalmarktes benötigten Liquidität.[426]

Dagegen dient nach überwiegender Ansicht lediglich ein verhältnismäßig geringer Teil der kapitalmarktrechtlichen Normen auch dem Schutz der Individualinteressen des einzelnen Anlegers.[427] Allerdings erscheint es weder zwingend noch zielführend, dieser starren Unterscheidung zwischen individuellem und

424 Kümpel/Wittig-*Oulds*, Bank- und Kapitalmarktrecht, Rn. 14.141; *Seiler/Kniehase*, in: Schimanski/Bunte/Lwowski, Bankrechts-HdB., Band II, Vor § 104 Rn. 85; *Bartsch*, Effektives Kapitalmarktrecht, S. 20; *Kübler/Assmann*, Gesellschaftsrecht, § 32 II 2, S. 469.

425 Kümpel/Wittig-*Oulds*, Bank- und Kapitalmarktrecht, Rn. 14.141; *Kübler/Assmann*, Gesellschaftsrecht, § 32 II 2, S. 469.

426 Vergleiche Kümpel/Wittig-*Oulds*, Bank- und Kapitalmarktrecht, Rn. 14.141; *Caspari*, ZGR 1994, 530, 533; so auch *Lenebach*, Kapitalmarktrecht und kapitalmarktrelevantes Gesellschaftsrecht, Rn. 1.70 f.; sowie *Möller*, Kapitalmarktausicht, S. 105.

427 Kümpel/Wittig-*Oulds*, Bank- und Kapitalmarktrecht, Rn. 14.141; *Bartsch*, Effektives Kapitalmarktrecht, S. 20; *Kübler/Assmann*, Gesellschaftsrecht, § 32 II 1, S. 468; *Seiler/Kniehase*, in: Schimanski/Bunte/Lwowski, Bankrechts-HdB., Band II, Vor § 104 Rn. 85.

überindividuellem Anlegerschutz zu folgen, was sich insbesondere an der Argumentation zur Schutzgesetzeigenschaft des § 20a WpHG verdeutlichen ließ.[428]

Letztendlich muss jedoch nichtsdestotrotz die Funktionsfähigkeit des Kapitalmarktes als primäres Regelungsziel der Kapitalmarktregulierung angesehen werden.

Im Folgenden soll nun die Durchführung von Leerverkäufen einer ökonomischen Bewertung unter besonderer Berücksichtigung der vorrangigen Funktion des Kapitalmarktes sowie der hieraus abzuleitenden Effizienzkriterien unterzogen werden. Hierbei gilt es, insbesondere das Verhältnis einer Leerverkaufsregulierung zu den Regelungszielen des Kapitalmarktrechts näher zu beleuchten.

D. Die Einordnung von Leerverkäufen

Insoweit ist es unbestritten, dass die Durchführung von Leerverkäufen neben schädlichen Auswirkungen durchaus auch positive Effekte auf die Effektivität eines Kapitalmarktes hat.[429] Mithin ist im Weiteren der ökonomische Nutzen der Vornahme von Leerverkäufen herauszuarbeiten und mit den durch Leerverkäufe begründeten Risiken abzuwägen.

I. Der ökonomische Nutzen von Leerverkäufen

In Anbetracht der Zielsetzung der Kapitalmarktregulierung besteht der ökonomische Nutzen der Durchführung von Leerverkäufen insbesondere in einer Steigerung der Informationseffizienz sowie der Erhöhung der Marktliquidität.

1. Informationsökonomischer Nutzen

Zunächst kann die Vornahme von Leerverkäufen zu einer effizienteren Preisbildung auf den entsprechenden Kapitalmärkten beitragen. So haben durch Leerverkäufe auch Marktteilnehmer die Möglichkeit eine negative Einschätzung bezüglich der Werthaltigkeit eines bestimmten Finanzinstruments abzugeben, welche andernfalls vornehmlich dem Inhaber der entsprechenden Papiere (in Form des Verkaufes) vorbehalten bleibt.[430] Somit gelangen durch die Vornahme von Leerverkäufen Einschätzungen pessimistischer Investoren in den Markt, welche durch Leerverkaufsbeschränkungen gehindert würden, am Markt zu

---

428 Vgl. hierzu oben auf S. 116 f.; in diesem Sinne auch *Park*, NStZ 2007, 369, 370.

429 So etwa Erwägungsgrund 5 der Verordnung (EU) Nr. 236/2012; vgl. auch S. 33 f.

430 Vergleiche hierzu: *Zimmer/Beisken*, WM 2010, 485, 486.

partizipieren,[431] so dass Leerverkäufe wertvolle, wenngleich negative Informationen aufdecken.[432] Auf diese Weise wirken Leerverkäufe im Rahmen einer effektiven Preisbildung als Gegengewicht zu überbewerteten Wertpapierkäufen, indem das durch Leerverkäufe erhöhte Angebot den Kurs überbewerteter Wertpapiere nach unten korrigiert.[433] Letztendlich ist die ordnungsgemäß durchgeführte Vornahme von Leerverkäufen danach grundsätzlich geeignet, der Entstehung von Bewertungsblasen entgegenzuwirken,[434] von welchen erhebliche Gefahren für die Stabilität des Kapitalmarktes ausgehen können.

Des Weiteren bietet die Möglichkeit, in Form von Leerverkäufen von einer Überbewertung eines bestimmten Finanzinstruments profitieren zu können, einen ganz wesentlichen Anreiz, die Kurse bestimmter Wertpapiere überhaupt auf deren Werthaltigkeit zu überprüfen und nach Informationen für eine Überbewertung zu suchen.[435] Denn nur soweit auch einem Nichtaktionär durch die Möglichkeit der Vornahme von Leerverkäufen die Möglichkeit eröffnet wird, durch eine Analyse eines Emittenten bzw. von dessen Marktumfeld einen Gewinn zu erwirtschaften, besteht für diesen überhaupt ein Anreiz, nach Informationen zu suchen.[436]

Dieser Funktion des Leerverkaufes ist vorallem deshalb eine besondere Bedeutung beizumessen, weil die klassische Form der Spekulation durch den Erwerb von Wertpapieren im Wesentlichen einen Anreiz zur Suche nach Indizien für eine Unterbewertung schafft.[437] So stellen *Nitzsch/Kampshoff* fest, dass eine Einschränkung von Leerverkäufen bei divergierenden Investoreneinschätzungen

431 *Nitzsch/Kampshoff*, ZfB 2012, 1159, 1160; *Verannen*, GWR 2010, 337, 337; vergleiche auch *Zimmer*, BB Die erste Seite 2010, Nr. 30; *Gringel*, Die Regulierung von Hedgefonds zwischen Anleger- und Fondsinteressen, S. 40.

432 *Müller*, ifo Schelldienst 13/2010, S. 12, 13.

433 *Zimmer/Beisken*, WM 2010, 485, 486 mit zahlreichen weiteren Nachweisen; *Vogel*, in: Assmann/Schneider, § 20a Rn. 151b; *Mock*, WM 2010, 2248, 2249.

434 *Mittermeier*, ZBB 2010, 139, 141; *Zimmer/Beisken*, WM 2010, 485, 486; *Gringel*, Die Regulierung von Hedgefonds zwischen Anleger- und Fondsinteressen, S. 40; in diesem Sinne auch: *Nitzsch/Kampshoff*, ZfB 2012, 1159, 1160 unter Berufung auf einen wesentlichen Teil der finanzwissenschaftlichen Forschung.

435 *Nitzsch/Kampshoff*, ZfB 2012, 1159, 1161.

436 *Mittermeier*, ZBB 2010, 139, 141; Financial Services Authority (FSA), Discussion Paper 09/1, Short Selling, 2009 S. 10 f., abrufbar unter: http://www.fsa.gov.uk/pubs/discussion/dp09_01.pdf; Schouten, The Case for Mandatory Ownership Disclosure, 2009, S. 19, abrufbar unter: http://ssrn.com/abstract=1327114.

437 Da ein Käufer von Wertpapieren regelmäßig am Auffinden von Finanzinstrumenten interessiert sein wird, deren Wert sich nach dem Kauf positiv entwickelt.

zu einer systematischen Überbewertung von Finanzinstrumenten führt, da optimistische Investoren aufgrund höherer Gewinnerwartungen höhere Preise für ein Finanzinstrument zahlen und demnach der Preis eines Wertpapieres nicht der durchschnittlichen Erwartung aller Marktteilnehmer entspricht.[438] So könne eine Beschränkung von Leerverkäufen sogar soweit führen, dass Investoren einen höheren Preis als ihre eigene Bewertung für ein Wertpapier zu zahlen bereit sind, da sie davon ausgehen, das Finanzinstrument zu einem späteren Zeitpunkt an einen noch optimistischeren Käufer veräußern zu können.[439]

Letztendlich birgt auch dies wiederum die Gefahr einer Überbewertung von Finanztiteln in Form einer Blasenbildung, welche zu einer Entfernung der gehandelten Titel von deren Fundamentalwerten führen und damit, neben einer Gefahr für eine effiziente Ressourcenallokation, zu einer Gefährdung der Funktionsfähigkeit des Kapitalmarktes, beispielsweise in Form von massiven Preisstürzen, führen kann.[440]

Demnach kommt der Vornahme von Leerverkäufen aus zweifacher Hinsicht ein aus kapitalmarktrechtlicher Sicht wünschenswerter informationsökonomischer Nutzen zu: Leerverkäufer überprüfen die am Kapitalmarkt gehandelten Finanzinstrumente auf mögliche Überbewertungen und legen pessimistische Einschätzungen bezüglich der Werthaltigkeit bestimmter Wertpapiere durch ihre Verkaufsorder offen.

2. *Erhöhung der Marktliquidität*

Des Weiteren erhöhen sowohl gedeckte als auch ungedeckte Leerverkäufe die Liquidität des Kapitalmarktes. So führen insbesondere gedeckte Leerverkäufe mittels der hierzu abgeschlossenen Wertpapierdarlehen dem Kapitalmarkt Wertpapiere zu, welche diesem ansonsten nicht zur Verfügung stünden.[441]

Allerdings erhöhen auch ungedeckte Leerverkäufe die Handelsmöglichkeiten der Marktteilnehmer und sind demnach liquiditätsfördernd. Dies lässt sich wiederum daran verdeutlichen, dass jeder Handelsposition eines Leerverkäufers denknotwendigerweise eine Gegenposition eines auf eine positive Wertentwicklung spekulierenden Käufers gegenübersteht. So können Marktteilnehmer bedingt durch die Durchführung von Leerverkäufen beispielsweise auch in

---

438 *Nitzsch/Kampshoff*, ZfB 2012, 1159, 1161 m.N.

439 Vergleiche *Nitzsch/Kampshoff*, ZfB 2012, 1159, 116 m.N.

440 *Nitzsch/Kampshoff*, ZfB 2012, 1159, 1160; insoweit auch *Mittermeier*, ZBB 2012, 139, 141.

441 *Zimmer/Beisken*, WM 2010, 485, 486.

denjenigen Zeiten Wertpapiere erwerben, in welchen kein Inhaber des entsprechenden Papieres zur Veräußerung bereit ist.[442] Somit werden letztendlich sowohl durch den gedeckten als auch den ungedeckten Leerverkauf Angebot und Nachfrage zusammengeführt.

Demnach steigern Leerverkäufe die Handelsvolumina des Kapitalmarktes, indem sie Wertpapiere verkaufen bzw. zur Deckung des Geschäftes kaufen. Damit sorgen sie für eine Verbesserung der Liquidität des Marktes, welche wiederum zu einer Verringerung der sogenannten Geld-Brief-Spanne[443] beiträgt, eine verbesserte Preisbildung ermöglicht und somit eine Steigerung der Allokationseffizienz des Marktes bewirkt.[444]

Des Weiteren wird es Market Makers und Desagnet Sponsors[445] durch den gezielten Einsatz von Leerverkäufen ermöglicht, ein vorübergehendes Ungleichgewicht von Angebot und Nachfrage des Marktes auszugleichen. Insoweit stellt die Vornahme von Leerverkäufen während, durch positive Kursentwicklungen bedingten, lang anhaltenden Kaufphasen ein zentrales Instrument dar, die Funktionsfähigkeit des Marktes aufrecht zu erhalten, ohne einen Bestand der betreffenden Wertpapiere unterhalten zu müssen.[446]

Folglich führt die Vornahme von Leerverkäufen im Wege der Erhöhung der Marktliquidität grundsätzlich zu einer Steigerung der fundamentalen Effizienz und somit zu einer Verbesserung der Allokationseffizienz. Zudem verringern sich in Folge der durch Leerverkäufe erhöhten Marktliquidität auch die Transaktionskosten aller Handelsteilnehmer, und Market Makern wird ein wenig kostenintensiver Ausgleich des Angebot- und Nachfragepotentials ermöglich.

---

442 *Mittermeier*, ZBB 2012, 139, 141.

443 Welche beschreibt, wie weit die verbindlichen Kauf- und Verkaufsangebote voneinander abweichen (in Prozent) und ein verbreitetes Maß zur Bewertung der Geld- und Kapitalmarkteffizienz darstellt, vergleiche: http://www.boerse-frankfurt.de/de/lexikon/g/geld+brief+spanne+756.

444 *Findeisen/Tönningsen*, WM 2011, 1405, 1405 f.

445 Diese sind zum Handel an der Börse zugelassene Unternehmen, welche für bestimmte zugewiesene Wertpapiere oder Devisen bei Bedarf für zusätzliche Liquidität sorgen und verpflichtet sind, verbindliche Verkaufs- und Kaufangebote für die von ihnen betreuten Wertpapiere zu stellen und zu den gestellten Preisen Geschäfte abzuschließen, vgl. *Lenebach*, Kapitalmarktrecht und kapitalmarktrelevantes Gesellschaftsrecht, Rn. 3.103; bzw. Gabler Wirtschaftslexikon, abrufabar unter http:// wirtschaftslexikon. gabler.de/ Definition/ betreuer. html? reference KeywordName = Market+ Maker.

446 *Zimmer/Belsken*, WM 2010, 485, 486.

Allerdings gehen von Leerverkäufen auch Risiken für die Funktionsfähigkeit und Stabilität des Kapitalmarktes bzw. des gesamten Finanzsystems aus, welche es im Folgenden herauszuarbeiten gilt.

II. Die Risiken des Leeverkaufes

Die Risiken der Vornahme von Leerverkäufen bestehen insbesondere in einem erheblichen Preisbeeinflussungspotential sowie in Gefahren für die Stabilität des gesamten Finanzsystems.

1. Preisbeeinflussungspotential

Besonders in großem Umfang vorgenommenen Leerverkäufen wohnt ein erhebliches Preisbeeinflussungspotential inne.

So sorgen massenhaft vorgenommene Leerverkäufe (sogenannte bear raids) bereits auf Grund der Erhöhung des Angebotsvolumens für fallende Kurse des entsprechenden Finanzinstrumentes.[447] Darüber hinaus setzt der Leerverkäufer hierdurch auch ein Signal für die Überbewertung des verkauften Finanzinstruments, welches andere Marktteilnehmer zum Verkauf ihres diesbezüglichen Wertpapierbestandes veranlassen[448] und bis zu einer regelrechten Verkaufspanik führen kann.[449] Zusätzlich werden negative Preisbewegungen dadurch gefördert, dass beispielweise Renten- und Pensionsfonds, Versicherungen oder mit Hilfe von computergestützten Handelssystemen agierende institutionelle Anleger bestimmte Verkaufslimits festlegen. Bei Erreichen eines bestimmten Mindestkurses werden die Wertpapiere veräußert, teilweise ohne den Wertverfall eines bestimmten Finanzinstrumentes vorher umfassend analysiert zu haben.[450]

---

447 Vergleiche exemplarisch *Findeisen/Tönningsen*, WM 2011, 1405, 1406; *Mittermeier*, ZBB 2010, 139, 141; *Tyrolt/Bingel*, BB 2010, 1419, 1420.

448 Aus Sicht der Befürworter von Leerverkäufen setzen Leerverkäufer allerdings keinerlei Trends in diesem Sinne, sondern reagieren lediglich auf politische oder wirtschaftliche Vorgänge. Für das starke Ansteigen der Renditen griechischer Staatsanleihen im Frühjahr 2010 seien beispielsweise keine Leerverkäufe, sondern vielmehr die desaströse politische und wirtschaftliche Lage Griechenlands verantwortlich gewesen, vgl. Der Verkäufer als Bösewicht: Alles Wichtige über Leerverkäufe, in: FAZ vom 13.08.2011, Nr. 187, S. 20.

449 *Zimmer/Beisken*, WM 2010, 485, 487 m.w.N.; *Mittermeier*, ZBB 2010, 139, 141

450 Diese Verkäufe, bei welchen in aller Regel computergestützt (teilweise massenhaft) Verkäufe ausgelöst werden, werden als sogenannte „stop-loss-orders" bezeichnet; vgl. *Zimmer*, in: Leible/Lehmann (Hrsg.), Hedgefonds und Private Equity, S. 128.

Eine besondere Gefahr wird insoweit insbesondere darin gesehen, dass mit Hilfe massiver Leerverkäufe willentlich der Preisverfall eines bestimmten Finanzinstruments herbeigeführt werden kann, ohne dass ein solcher zwing einen Bezug zum Fundamentalwert des betroffenen Unternehmens aufweisen muss.[451] Hierbei spielt unter anderem das gezielte Streuen negativer Gerüchte über das betroffene Unternehmen eine Rolle, um hierdurch den Börsenkurs des Emittenten bewusst nach unten zu treiben und so die zur Deckung der getätigten Leerverkäufe benötigten Aktien besonders preiswert erwerben zu können.[452]

Diesbezüglich konnte allerdings im zweiten Kapitel der vorliegenden Arbeit aufgezeigt werden, dass eine solche Vorgehensweise der Leerverkäufer richtigerweise bereits dem Marktmanipulationsverbot des § 20a Abs. 1 S. 1 Nr. 2 WpHG unterfällt,[453] welches Leerverkäufe lediglich auf der Grundlage einer am Fundamentalwert des betroffenen Unternehmens ausgerichteten wirtschaftlichen Einschätzung zulässt.[454] Problematisch ist insoweit allerdings wiederum die effektive Überwachung und Durchsetzung manipulativer Leerverkäufe, insbesondere da Leerverkäufe auch durch die Aufsichtsbehörden nicht ohne weiteres als solche qualifiziert werden können.[455]

Des Weiteren können in großem Umfang vorgenommene Leerverkäufe jedoch auch zu einem ungerechtfertigten Ansteigen des Kurses eines bestimmten Finanzinstruments führen, wenn am Markt keine ausreichende Anzahl von Wertpapieren verfügbar ist, um zur Deckung getätigter Leerverkäufe verwendet werden zu können (short squeeze).[456] Das prominenteste Beispiel aus der jüngsten Vergangenheit bietet hierfür der extreme Kursanstieg der Volkswagenaktie nach Mitteilung der Porsche AG, über Derivat-Verträge Zugriff auf 75 % der

---

451 *Mittermeier*, ZBB 2010, S. 139, 142 m.w.N.

452 *Mittermeier*, ZBB 2010, S. 139, 142; *Möscher*, ZRP 2009, 129, 131 und auch *Trüg*, NJW 2009, 3202, 3204; *Möllers/Christ/Harrer*, NZG 2010, 1167, 1168; Der Verkäufer als Bösewicht: Alles Wichtige über Leerverkäufe, in: FAZ vom 13. August 2011, Nr. 187, S. 20.

453 Da ein Leerverkäufer im Falle einer unter Bezugnahme auf den Fundamentalwert des jeweiligen Unternehmens ausgerichteten wirtschaftlichen Betrachtungsweise ein Überangebot des betreffenden Wertpapieres suggeriert, welches als irreführendes Signal im Sinne des § 20a Abs. 1 S. 1 Nr. 2 WpHG zu qualifizieren ist.

454 Vergleiche zur Erfassung manipulativer Leerverkäufe durch § 20a Abs. 1 S. 1 Nr. 1 WpHG oben S. 45 f. bzw. 47 f. zum Streuen negativer Gerüchte über ein leerverkauftes Finanzinstrument, S. 34.

455 Vgl. Der Verkäufer als Bösewicht: Alles Wichtige über Leerverkäufe, in: FAZ vom 13. August 2011, Nr. 187, S. 20.

456 *Findeisen/Tönningsen*, WM 2011, 1405, 1406.

Aktien von Volkswagen zu haben, so dass in Anbetracht des (unveräußerlichen) Wertpapierbestandes des Landes Niedersachsen in Höhe von 20 % des Aktienvolumens ausschließlich 5 % der Aktien frei handelbar waren, jedoch Aktien in Höhe von 12-15 % des von Volkswagen ausgegebenen Aktienkapitals leerverkauft worden waren.[457] Daraufhin stieg der Kurs der Volkswagenaktie aufgrund der Eindeckung der Leerverkäufer sowie einer möglicherweise als Folge der Verknappung des Angebotes angeheizten Spekulation auf ein Rekordhoch und Volkswagen wurde zeitweise zum teuersten Unternehmen der Welt.[458]

Darüber hinaus bergen Leerverkäufe die Gefahr, den Preisfindungsprozess bei einer Kapitalerhöhung zu stören. So bemisst sich die Preisfindung bei einer Aktienemission im Rahmen einer Kapitalerhöhung regelmäßig nach einem Börsenkurs zu einem bestimmten Referenzzeitpunkt, von welchem jedoch regelmäßig ein gewisser Abschlag gewährt wird.[459] Daher bieten Kapitalerhöhungen für Investoren, welche die Zuteilung von Aktien des Emittenten in Aussicht haben, einen Anreiz, den Börsenkurs kurz vor Festlegung des Emissionspreises durch Leerverkäufe zu drücken, um im Anschluss die Deckung der Leerverkäufe mittels der mit einem Preisabschlag erworbenen Aktien vorzunehmen.[460] Demzufolge entsprechen die im Rahmen des Verkaufes junger Aktien erzielten Erträge nicht mehr dem unverfälschten Marktpreis, und den jeweiligen Emittenten der Wertpapiere wird die Eigenkapitalaufnahme unangemessen erschwert.[461]

Im Ergebnis können Leerverkäufe den Kursverfall eines Finanzinstruments mithin in doppelter Weise herbeiführen, indem der betreffende Wertpapierkurs nicht allein durch den Verkauf an Wert verliert, sondern auch durch die Beeinflussung der Anlagestrategien andere Marktteilnehmer im Sinne einer „self fulfilling prophecy" unter Druck gesetzt wird.[462] Darüber hinaus birgt die Vornahme von Leerverkäufen, wie festgestellt, aber auch die Gefahr eines

---

457 *Mittermeier*, ZBB 2010, S. 139, 140; Handelsblatt vom 20. 8. 2009, abrufbar unter http:// www. handelsblatt. com/ finanzen/ boerse- inside/ Staatsanwaltschaft-nimmt- wiedeking- ins- visier; 2447307.

458 *Mittermeier*, ZBB 2010, S. 139, 140; vergleiche zudem das Schaubild des Spiegels, abrufbar unter www. spiegel. de/ wirtschaft/ 0,1518, grossbild- 1339465-587037,00. html.

459 *Mittermeier*, ZBB 2010, S. 139, 142; *Grunewald/Wagner/Weber*, Short Selling Regulation after the Financial Crises - First Principels Revisited, 2009, S. 23 f., abrufbar unter http://ssrn.com/abstract=1439652.

460 *Mittermeier*, ZBB 2010, S. 139, 142; *Grunewald/Wagner/Weber*, Short Selling Regulation after the Financial Crises - First Principels Revisited, 2009, S. 23 f., abrufbar unter http://ssrn.com/abstract=1439652.

461 *Mittermeier*, ZBB 2010, 139, 142.

462 *Zimmer/Beisken*, WM 2010, 485, 487.

unangemessenen Kursanstieges, wodurch die Kapitalaufnahme von Emittenten im Wege einer Kapitalerhöhung behindert werden kann.

Von diesen Effekten können letztendlich auch Gefahren für die Stabilität des gesamten Finanzsystems ausgehen.

2. *Gefahr für die Stabilität des Finanzsystems*

Eine Gefahr für die Stabilität des gesamten Finanzsystems kann von der Durchführung von Leerverkäufen insoweit ausgehen, als durch diese der Wertpapierkurs eines „systemrelevanten Unternehmens“[463] der Finanzbranche soweit gedrückt werden kann, dass diesem jegliche Refinanzierungsmöglichkeiten im Wege der Eigenkapitalaufnahme durch eine Kapitalerhöhung, durch eine Fremdkapitalaufnahme in Form der Aufnahme von Darlehen oder durch die Emission von Anleihen unmöglich wird.[464] Dies ist insbesondere in denjenigen Fällen problematisch, in welchen eine Kapitalaufnahme nicht zur Finanzierung einer Expansion, sondern zur Stärkung der Eigenkapitaldecke und zur Sicherstellung der Zahlungsfähigkeit erfolgen soll.[465] So stehen Leerverkäufe in der Kritik, gerade in Zeiten eines allgemeinen Abwärtstrends geeignet zu sein, diesen noch zu verstärken und sich somit krisenverstärkend auszuwirken.[466]

Nicht zuletzt auf Grund der globalen Verflechtung der Finanzmärkte hat ein Zusammenbruch eines solchen systemrelevanten Unternehmens, wie der Zusammenbruch der Investmentbank Lehman Brothers Inc. im September 2008

---

463 Eine ausführliche Auseinandersetzung mit der Begrifflichkeit eines „systemrelevanten Unternehmens“ in diesem Sinne findet sich bei *Günther*, Bad Banks, S. 71 ff.

464 So wurde beispielsweise der Versuch zahlreicher später zusammengebrochener Banken an den Märkten Kapital aufzunehmen, während der Bezugsfrist von Spekulanten (erfolgreich) torpediert; vgl. Verbot von Leerverkäufen läuft ins Leere, in: FAZ vom 16. September 2011, Nr. 216, S. 21.

465 Vergleiche unter anderem *Mittermeier*, ZBB 2010, S. 139, 141; *Findeisen/Tönningsen*, WM 2011, 1405, 1406, *Zimmer/Beisken*, WM 2010, 485, 487; *Tyrolt/Bingel*, BB 2010, 1419, 1420 jeweils m.w.N.

466 *Mittermeier*, ZBB 2010, S. 139, 141; Technical Committee of the International Organisation of Securities Commissions, Regulation of short Selling Consultation Report, March 2009, S. 22 f. abrufbar unter: http:// www. fsa. go. jp/ inter/ ios/ 20090326- 1/03. pdf; U.S. Securities and exchange Comission (SEC), Amendments to Regulation SHO, Release-No 34-59748, S. 10f., abrufbar unter: http://www.sec.gov/rules/proposed/2009/34-59748.pdf.

verdeutlicht, schwerwiegende Folgen für die Stabilität des gesamten weltweiten Finanzsystems.[467]

3. *Gefahren für die Erfüllungsdisziplin*

Darüber hinaus gelten insbesondere ungedeckte Leerverkäufe „als Faktor, durch den das potentielle Risiko steigt, dass Abwicklungen scheitern und Marktvolatilität entsteht".[468] So steigern ungedeckte Leerverkäufe die Gefahr, dass es zu einer erhöhten Anzahl von Nichterfüllungen kommt, da Leerverkäufer teilweise aufgrund rasant steigender Kurse des (leer)verkauften Finanzinstruments nicht mehr in der Lage sind einen Deckungskauf vorzunehmen.[469] Hierdurch droht ein Vertrauensverlust der Anleger in die Zuverlässigkeit des Marktes, welcher als Folge der Abkehr enttäuschter Anleger eine Verringerung der Liquidität des Marktes nach sich ziehen und demnach zu volkswirtschaftlichen Schäden führen kann.[470]

Im zweiten Kapitel der vorliegenden Arbeit konnte allerdings aufgezeigt werden, dass einer durch Leerverkäufe begründeten Gefahr für die Erfüllungsdisziplin auf dem Kapitalmarkt bereits mit Hilfe der einzelnen Börsengeschäftbedingungen, welche als allgemeine Geschäftbedingungen im Sinne des §§ 305 ff. BGB bzw. Satzungen regelmäßig das allgemeinen Leistungsstörungsrechts der §§ 275 ff. BGB verdrängen, in angemessener Weise begegnet wird.[471] So hätte eine Nichterfüllung eines Leerverkäufers, welche in aller Regel in einer subjektiven Unmöglichkeit im Sinne des § 275 Abs. 1 Alt. 1 BGB bzw. einer Leistungsverweigerung auf der Grundlage des § 275 Abs. 2 oder Abs. 3 BGB begründet liegen dürfte, gemäß § 6 Abs. 2 Var. 2 bzw. § 6 Abs. 2 Var. 1 der Geschäftbedingungen der Frankfurter Wertpapierbörse eine Regulierung im Handelsmodell der fortlaufenden Auktion nach § 7 Abs. 1 der Geschäftbedingungen zur Folge, nach welcher jedoch letztlich jeder Käufer in Besitz des angekauften Wertpapieres gelangen dürfte.

---

467 Vergleiche etwa *Findeisen/Tönningsen*, WM 2011, 1405, 1406; *Zimmer/Beisken*, WM 2010 485, 487.

468 Erwägungsgrund 18 der Verordnung (EU) Nr. 236/2012.

469 *Mittermeier*, ZBB 2010, 139, 142; Technical Committee of the International Organisation of Securities Commissions, Regulation of short Selling Consultation Report, March 2009, S. 22 f. abrufbar unter: http://www.fsa.go.jp/inter/ios/20090326-1/03.pdf.

470 *Mittermeier*, ZBB 2010, 139, 141

471 Vergleiche hierzu beispielhaft die Wirkung der allgemeinen Geschäftsbedingungen der Frankfurter Wertpapierbörse im Falle einer gescheiterten Abwicklung eines Aktienerwerbes auf S. 108 f. der vorliegenden Untersuchung.

Somit bergen Leerverkäufe richtigerweise keine besondere Gefahr für das Vertrauen der Anleger in die Funktionsfähigkeit und Effizienz des Kapitalmarktes und führen demnach nicht zu einer Verringerung der Liquidität des betreffenden Marktes.

Voranstehend ließen sich Nutzen und Risiken der Durchführung von Leerverkäufen bestimmen, welche im Folgenden unter besonderer Berücksichtigung der Regelungsziele des Kapitalmarktes gegeneinander abgewogen werden sollen.

III. Die Relation von Gefahren und Nutzen des Leerverkaufes

Zunächst ließ sich feststellen, dass Leerverkäufe einen Anreiz zur Ermittlung und Übermittlung negativer Einschätzungen bezüglich der Werthaltigkeit von Finanzinstrumenten liefern und damit grundsätzlich zur Steigerung der Informationseffizienz eines Kapitalmarktes geeignet sind. Des Weiteren kommt der Vornahme von Leerverkäufen eine liquiditätsfördernde Wirkung zu, indem sie die Handlungsmöglichkeiten der Anleger erweitern und letztendlich zu einer Zusammenführung von Angebot (Leerverkauf) und Nachfrage (zum Kauf eines Wertpapiers) führen.

Allerdings gehen neben diesen die Effizienz des Kapitalmarktes verbessernden und damit volkswirtschaftlich wünschenswerten Effekten der Vornahme von Leerverkäufen auch potentielle Gefahren für die Stabilität des gesamten Finanzsystems aus. So können durch Leerverkäufe beispielsweise systemrelevante Unternehmen des Finanzsektors in ernsthafte Refinanzierungsschwierigkeiten geraten, welche sich auf Grund der engen Verflechtungen innerhalb des Finanzsektors negativ auf die Stabilität des gesamten Finanzsystems auswirken können. Dabei spielen insbesondere von Leerverkäufern gezielt herbeigeführte Preisstürze eines Finanzinstrumentes eine Rolle, welche zwar dem Grunde nach als manipulative Leerverkäufe dem § 20a Abs. 1 S. 1 Nr. 2 WpHG unterfallen, allerdings ohne eine weitergehende Leerverkaufsregulierung nur unzureichend überwacht und geahndet werden können.

Die von Leerverkäufen ausgehenden Gefahren für die Stabilität des Finanzsystems können jedoch auch durch eine strikte Anwendung des Marktmanipulationsverbotes des § 20a WpHG, bei welcher die Vornahme von Leerverkäufen ausschließlich auf Grund einer am Fundamentalwert eines Finanzinstruments ausgerichteten wirtschaftlichen Einschätzung des Leerverkäufers zulässig ist, nicht gänzlich ausgeschlossen werden. So kann auch ein durch eine Überbewertung eines Emittenten motivierter und damit ökonomisch wünschenswerter Leerverkauf eine vorangehend beschriebene Überreaktion des Marktes verursachen.

Allerdings legen zahlreiche wirtschaftswissenschaftliche Studien nahe, dass Leerverkäufe in Krisenzeiten (wohl) keinen signifikanten Einfluss auf die Frequenz extremer Preisstürze haben.[472] So ist sowohl in den USA als auch in Großbritannien (gerade) nach Einführung der Leerverkaufsverbote die Häufigkeit extrem negativer Preisausschläge signifikant gestiegen, was jedoch möglicherweise als Folge der Lehman-Pleite, neuer Informationen über die Kreditkrise und die Unklarheit über mögliche staatliche Eingriffe eingestuft werden kann.[473] Aussagekräftiger könnte allerdings sein, dass in den USA die Häufigkeit negativer Preisausschläge bei Aktien, welche einem Leerverkaufsverbot unterlagen, (lediglich) um 0,5 %-Punkte weniger anstieg als bei Aktien einer vergleichbaren Kontrollgruppe (ohne Leerverkaufsbeschränkung), und nach Aufhebung des Verbotes die Häufigkeit extremer Preisstürze bei der von der Regulierung betroffenen Gruppe stärker zurückging, als bei der Kontrollgruppe, was nach Einschätzung von *Nitzsch/Kampshoff* gegen eine stabilisierende Wirkung der Leerverkaufsverbote spricht.[474] Gegen eine stabilisierende Wirkung der Leerverkaufsbeschränkungen ließe sich zudem anführen, dass auch durch das Leerverkaufsverbot der Aktien zahlreicher europäischer Banken im Jahre 2011 die rasante Talfahrt von deren Kursen nicht gestoppt werden konnte, sich der Abverkauf der Bankaktien vielmehr auch noch nach Verhängung der Verbote beschleunigte.[475]

Weiterhin kann weder der Schutz vor Insolvenzen schlecht wirtschaftender Unternehmen noch Staaten als Schutzzweck des Kapitalmarktrechtes qualifiziert werden. Insoweit gilt es zu berücksichtigen, dass sich die Einschätzung zahlreicher Spekulanten im Nachhinein bestätigte, sich frühzeitig gegen die negative Entwicklung von mit hohen Risiken behafteten Banken und hoch verschuldeten Staaten der Europäischen Währungsunion zu positionieren.[476] So konnten auch die Empörung der Politiker und die seit 2008 immer wieder ausgesprochenen Leerverkaufsverbote nichts daran ändern, dass genau die von den Spekulanten attackierten Banken und Staaten nur durch umfangreiche Hilfsmaßnahmen gerettet werden konnten.[477]

---

472 Vergleiche beispielhaft *Nitzsch/Kampshoff*, ZfB 2012, 1159 ff. m.N.

473 *Nitzsch/Kampshoff*, ZfB 2012, 1159, 1167.

474 *Nitzsch/Kampshoff*, ZfB 2012, 1159, 1167 f.

475 Vgl. Verbot von Leerverkäufen läuft ins Leere, in: FAZ vom 16.09.2011, Nr. 216, S. 21.

476 Vgl. Verbot ungedeckter Leerverkäufe tritt in Kraft, in: FAZ vom 31.10.2012, Nr. 254, S. 17.

477 Verbot ungedeckter Leerverkäufe tritt in Kraft, in: FAZ vom 31.10.2012, Nr. 254, S. 17.

Letztendlich ließe sich der Regelungsauftrag des Gesetz- bzw. Verordnungsgebers danach derart bestimmen, eine Regelung zu schaffen, welche Überreaktionen des Marktes auf in wirtschaftlicher Weise begründete Leerverkäufe verhindert, ohne hierbei die ökonomisch wertvollen Effekte der Vornahme von Leerverkäufen zu gefährden.[478]

Danach gilt es im weiteren Verlauf dieser Arbeit, die durch die Verordnung (EU) Nr. 236/2012 des Europäischen Parlaments und des Rates vom 14. März 2012 über Leerverkäufe und bestimmte Effekte von Credit Default Swaps („EU-Leerverkaufsverordnung") unmittelbar geltenden Leerverkaufsbeschränkungen, welche die Aufhebung der nationalen Leerverkaufsbeschränkungen der §§ 30h und 30i WpHG durch das EU-Leerverkaufs-Ausführungsgesetz[479] zu Folge haben, darzustellen und zu untersuchen, ob diese den vorangehend aufgestellten Anforderungen gerecht werden.V

478 Wobei auch der EU-Leerverkaufsverordnungsgeber seinen Regelungsaufrag in Erwägungsgrund 5 der Verordnung (EU) Nr. 236/2012 genau in diesem Sinne spezifiziert.

479 Entwurf eines Gesetzes zur Ausführung der Verordnung (EU) Nr. 236/2012 des Europäischen Parlaments und des Rates vom 14. März 2012 über Leerverkäufe und bestimmte Aspekte von Credit Default Swaps (EU-Leerverkaufs- Ausführungsgesetz), BT-Drucks. 17/9665.

4. Kapitel Die Verordnung (EU) Nr. 236/2012 des Europäischen Parlaments und des Rates vom 14. März 2012 über Leerverkäufe und bestimmte Aspekte von Credit Default Swaps

Zum 1. November 2012 wurde die erst ab dem 21.07.2012 gültige Regulierung von ungedeckten und gedeckten Leerverkäufen im neu in das Wertpapierhandelsgesetz eingefügten Abschnitt 5b im Wege europäischer Rechtsetzung durch die Verordnung (EU) 236/2012 weitgehend verdrängt und war demzufolge aufzuheben.[480] Allerdings entspricht die europäische Regelung nach Einschätzung des Gesetzgebers des EU-Leerverkaufs-Ausführungsgesetzes, mit Ausnahme der Vorschriften zur Zwangseindeckung, weitgehend der nationalen Vorgängerregelung der §§ 30h und 30i WpHG.[481]

Bereits nach diesen war es „verboten, ungedeckte Leerverkäufe in Aktien, oder Schuldtiteln, die von (…) Mitgliedsstaaten der Europäischen Union (…) ausgegeben wurden, die an einer inländischen Börse im regulierten Markt zugelassen sind, zu tätigen“ (§ 30h WpHG). Des Weiteren statuierte § 30i WpHG für gedeckte Leerverkäufe ein Transparenzsystem, nach welchem „Netto-Leerverkaufspositionen, die eine Höhe von 0,2 Prozent der ausgegebenen Aktien eines Unternehmens (…) erreichen, überschreiten oder unterschreiten (…) durch ihren Inhaber der Bundesanstalt (…) mitzuteilen (bzw.) (…) die eine Höhe von 0,5 Prozent erreichen, überschreiten oder unterschreiten (…) im elektronischen Bundesanzeiger zu veröffentlichen“ waren.

Nachfolgend soll nun eine detaillierte Analyse des Kapitel III „Ungedeckte Leerverkäufe“ und des Kapitel II „Transparenz von Netto-Leerverkaufspositionen“ der Verordnung (EU) Nr. 236/2012 erfolgen, welche im Ergebnis darauf abzielt, eine Beurteilung der Angemessenheit der neuen EU-Leerverkaufsregulierung zu ermöglichen.

480 Entwurf eines Gesetzes zur Ausführung der Verordnung (EU) Nr. 236/2012 des Europäischen Parlaments und des Rates vom 14. März 2012 über Leerverkäufe und bestimmte Aspekte von Credit Default Swaps (EU-Leerverkaufs- Ausführungsgesetz), BT-Drucks. 17/9665, S. 1 f.

481 Entwurf eines Gesetzes zur Ausführung der Verordnung (EU) Nr. 236/2012 des Europäischen Parlaments und des Rates vom 14. März 2012 über Leerverkäufe und bestimmte Aspekte von Credit Default Swaps (EU-Leerverkaufs- Ausführungsgesetz), BT-Drucks. 17/9665.

Hierzu gilt es zunächst, den umfangreichen Normenbestand der EU-Leerverkaufsbeschränkungen zu erörtern und deren Anwendungsbereich und Reichweite zu bestimmen, um in diesem Rahmen die Schwächen der EU -Leerverkaufsverordnung sowohl hinsichtlich ihres Regulierungsumfanges als auch ihrer Ausgestaltung aufzuzeigen.

Neben einer differenzierten Betrachtung des umfangreichen Normenbestandes soll hierbei auch auf die Rechtsfolgen möglicher Verordnungsverstöße und auf das Konkurrenzverhältnis der Verordnung (EU) Nr. 236/2012 zu den im 2. Kapitel dargestellten Beschränkungen von Leerverkäufen eingegangen werden. Zudem wird ein kurzer Vergleich der neuen EU-Leerverkaufsregulierung mit der Vorgängerregelung der §§ 30 h f. WpHG a.F. vorgenommen.

Zunächst gilt es jedoch, den genauen Anwendungsbereich der ab 1. November 2012 unmittelbar geltenden EU-Leerverkaufsverordnung näher zu bestimmen.

A. Anwendungsbereich

Der Anwendungsbereich der Verordnung (EU) Nr. 236/2012 bemisst sich im Wesentlichen nach Art. 1 lit. a bis c VO. Aus Gründen der besseren Übersichtlichkeit soll in der nachfolgenden Darstellung jedoch zwischen dem örtlichen, sachlichen bzw. persönlichen Anwendungsbereich der Verordnung differenziert werden.

I. Örtlicher Anwendungsbereich

Auch bei der Bestimmung des örtlichen Anwendungsbereiches der EU-Leerverkaufsverordnung muss im Ausgangspunkt zwischen dem Geltungsbereich sowie dem Anwendungsbereich der Verordnung unterschieden werden.[482]

So erstreckt sich der Geltungsbereich, also das Gebiet, in welchem die Verordnung (EU) Nr. 236/2012 Gerichte und Behörden bindet, denknotwendigerweise auf den Hoheitsbereich der Europäischen Union.

Demgegenüber ist der Anwendungsbereich, in welchem die Verordnung dem Grunde nach Anwendung findet, nicht auf das Hoheitsgebiet der Europäischen Union beschränkt.[483]

Allerdings ergibt sich dies nicht unmittelbar aus der Regelung des Art. 1 Abs. 1 lit. a der Verordnung, welche lediglich dazu dient, Finanzinstrumente

482 Vgl. hierzu bereits die Bestimmung des Anwendungsbereiches des Marktmanipulationsverbotes des § 20a WpHG, S. 42 ff.

483 Vgl. *Ludewig/Geilfus*, BaFinJournal 10/2012, 9, 10.

in den Anwendungsbereich der Verordnung einzubeziehen, welche außerhalb eines Handelsplatzes (außerbörslich) gehandelt werden (OTC). Vielmehr ergibt sich der grenzüberschreitende Anwendungsbereich der Regelung durch Auslegung der Verordnung:[484] So würde der Schutz des europäischen Finanz- und Kapitalmarktes konterkariert, könnten an einem Handelsplatz der europäischen Union zugelassene Finanzinstrumente außerhalb des europäischen Hoheitsgebietes weiterhin uneingeschränkt leer verkauft werden. Letztendlich ist also die Zulassung eines Finanzinstruments an einem Handelsplatz der Union als sinnvoller inländischer Anknüpfungspunkt („genuine Link“) zu qualifizieren, welcher grundsätzlich auch eine grenzüberschreitende Anwendbarkeit der EU-Leerverkaufsverordnung rechtfertigt.[485]

II. Sachlicher Anwendungsbereich

Der sachliche Schutzbereich der Leerverkaufsverordnung erstreckt sich gemäß Art 1 Abs. 1 der Verordnung auf „Finanzinstrumente im Sinne von Artikel 2 Abs. 1 Buchstabe a VO, die zum Handel an einem Handelsplatz der Union zugelassen sind, auch wenn diese Finanzinstrumente außerhalb eines Handelsplatzes gehandelt werden“ (Art 1 Abs. 1 lit. a.[486] Durch Art. 2 Abs. 1 lit. a wird der Begriff des „Finanzinstrument(s)“ wiederum als Instrument definiert, welches in Anhang I Abschnitt C der Richtlinie 2004/39EG aufgeführt ist, und erstreckt sich damit dem Grunde nach auf nahezu alle erdenklichen Finanzinstrumente.

Des Weiteren sind nach Art. 1 Abs. 1 lit. b der Verordnung auch „Derivate gemäß Anhang I Abschnitt C Nummer 4 bis 10 der Richtlinie 2004/39/EG, die sich auf ein unter Buchstabe a genanntes Finanzinstrument oder den Emittenten eines solchen Finanzinstruments beziehen, einschließlich derartiger derivativer Finanzinstrumente, wenn diese außerhalb eines Handelsplatzes gehandelt werden“, vom Anwendungsbereich der Verordnung umfasst. Ferner findet die Verordnung ausweislich Art 1 Abs. 1 lit. c auch auf „Schuldinstrumente, die von einem Mitgliedsstaat oder von der Union begeben werden, und Derivate gemäß Anhang I Abschnitt C Nummer 4 bis 10 der Richtlinie 2004/39/EG, die mit von einem Mitgliedsstaat oder der Union begebenen Schuldinstrumenten verbunden sind oder sich auf solche beziehen“, Anwendung.

Allerdings kommt Art. 1 Abs. 1 lit. b und c der Verordnung insofern wohl lediglich eine klarstellende Funktion zu, als die aufgeführten Finanzinstrumente

---

484 Vgl. *Vogel*, in: Assmann/Schneider, § 20a Rn. 48 m.N.

485 Hierzu *Ipsen*, Völkerrecht, § 23 Rn. 88 ff.

486 Vgl. hierzu auch *Ludewig/Geilfus*, BaFinJournal 10/2012, 9, 10.

bereits dem Begriff des Finanzinstruments im Sinne des Art 1 Abs. 1 lit. Art 2 Abs. 1 lit. a der Verordnung (EU) Nr. 236/2012 in Verbindung mit Anhang I Abschnitt C der Richtlinie 2004/39 EG unterfallen.

1. Aktien im Sinne des Art. 12 VO 236/2012

Die Beschränkung ungedeckter Leerverkäufe von Aktien nach Art. 12 der Verordnung sowie die Offenlegungspflicht signifikanter Netto-Leerverkaufspositionen gemäß Art. 5 und 6 der Verordnung betreffen somit dem Grunde nach alle an einem Handelsplatz der europäischen Union (im Sinne des Art. 2 Abs.1 lit. l der Verordnung in Verbindung mit Art. 4 Abs.1 Nr.14 bzw. Nr. 15 der Richtlinie 2004/39/EG) zugelassenen Aktien. Nicht emittierte Aktien können ausschließlich dann von den Leerverkaufsbeschränkungen erfasst werden, wenn diese bereits zum Handel an einem Handelsplatz im Sinne der Verordnung zugelassen sind.[487] Nicht von der Verordnung erfasst sind demzufolge Aktien, welche ausschließlich an einem nicht als Börse genehmigten multinationalen Handelssystem gehandelt werden, lediglich im Freiverkehr eines Handelsplatzes im Sinne der Verordnung gehandelt werden, bzw. allein an einem organisierten Markt in einem Drittstaat zugelassen sind.[488] Desweiteren sind nach Art. 16 Abs. 1 der Verordnung auch solche Aktien vom Anwendungsbereich der Leerverkaufsbeschränkungen ausgeschlossen, welche an einem Handelsplatz der Union zugelassen sind, deren Haupthandelsplatz[489] jedoch außerhalb der Union belegen ist.[490]

2. Schuldtitel im Sinne des Art. 13 der VO 236/2012

Die Beschränkung ungedeckter Leerverkäufe von öffentlichen Schuldtiteln nach Art. 13 der Verordnung und die Meldepflicht signifikanter Netto-Leerverkaufspositionen von solchen Schuldtiteln gemäß Art. 7 betreffen alle Schuldinstrumente eines öffentlichen Emittenten, unabhängig davon, in welcher

---

487 *Mülbert/Sajnovits*, ZBB 2012, 266, 269; und zum parallelen Problem bei § 30h WpHG auch: *Mülbert*, in: Assmann/Schneider, § 30h Rn. 17; *Ludewig*, in: Heidel, Aktien und Kapitalmarktrecht, § 30h WpHG Rn. 2.

488 *Mülbert/Sajnovits*, ZBB 2012, 266, 269.

489 Welcher gemäß Art. 2 Abs.1 lit. o bzw. lit. q der Verordnung in Verbindung mit der Verordnung (EG) Nr. 1287/2006 danach zu bestimmen ist, an welchem Handelsplatz der größte Umsatz durch die Aktie generiert wird.

490 *Mülbert/Sajnovits*, ZBB 2012, 266, 269.

Währung diese begeben wurden (Art. 2 Abs. 1 lit. f VO).[491] Ein öffentlicher Emittent im Sinne der Verordnung ist gemäß Art. 2 Abs. 1 lit. d wiederum die Union, ein Mitgliedsstaat, einschließlich eines Ministeriums, einer Agentur oder einer Zweckgesellschaft, ein Gliedstaat des Bundes, eine für mehrere Mitgliedsstaaten tätige Zweckgesellschaft, ein von zwei oder mehr Mitgliedsstaaten gegründetes internationales Finanzinstitut im Sinne von lit. d sowie die Europäische Investitionsbank. Keine öffentlichen Emittenten in diesem Sinne sind demgegenüber jedoch sonstige Gebietskörperschaften, kommunale Körperschaften und halbstaatliche Stellen eines Mitgliedsstaates.[492]

III. Persönlicher Anwendungsbereich

Normadressat des Leerverkaufsverbotes aus Art. 12 Abs. 1 sowie des Melde- und Offenlegungsregimes der Art. 5 und 6 der unmittelbar geltenden Verordnung ist grundsätzlich jedermann. So ergibt sich weder aus dem Normtext, noch aus Sinn und Zweck der Verordnung eine Beschränkung auf juristische oder gar natürliche Personen.[493]

Letztendlich hat die Verordnung (EU) Nr. 236/2012 damit sowohl in örtlicher, sachlicher als auch persönlicher Hinsicht einen denkbar weiten Anwendungsbereich.[494]

Im Folgenden soll nun zunächst untersucht werden, wie dieser durch die Beschränkung ungedeckter Leerverkäufe von Aktien (Art. 12), bzw. der Beschränkung ungedeckter Leerverkäufe von öffentlichen Schuldtiteln (Art. 13) ausgefüllt wird.

B. Die Beschränkung ungedeckter Leerverkäufe nach Kapitel III. der Verordnung (EU) Nr. 236/2012

Laut Art. 12 Abs. 1/ Art. 13 Abs. 1 der Verordnung „kann eine natürliche oder juristische Person (…) eine zum Handel an einem Handelsplatz zugelassene

---

491 *Mülbert/Sajnovits*, ZBB 2012, 266, 269.

492 Vgl. *Mülbert/Sajnovits*, ZBB 2012, 266, 269 sowie Erwägungsgrund 9 der EU-Leerverkaufsverordnung.

493 Vgl. *Ludewig/Geilfus*, BaFinJournal 10/2012, 9, 10.

494 Welcher nach Einschätzung des Verordnungsgebers „so weit wie möglich gefasst sein (sollte), damit ein präventiver Regelungsrahmen für Ausnahmen geschaffen werden kann"; Erwägungsgrund 4 der Verordnung (EU) Nr. 236/2012; insoweit auch *Ludewig/Geilfus*, BaFinJournal 10/2012, 9, 10.

Aktie/ öffentlichen Schuldtitel nur dann leer verkaufen, wenn eine der folgenden Bedingungen erfüllt ist:

a) die natürliche oder juristische Person hat die Aktie/den öffentlichen Schuldtitel geliehen oder hat alternative Vorkehrungen getroffen, die zu gleichen rechtlichen Ergebnissen führen;

b) die natürliche oder juristische Person hat bezüglich der Aktie/des öffentlichen Schuldtitels eine Leihvereinbarung getroffen oder hat einen vertragsrechtlich oder eigentumsrechtlich unbedingt durchsetzbaren Anspruch auf Übertragung des Eigentums an einer entsprechenden Anzahl von Wertpapieren derselben Gattung, so dass das Geschäft bei Fälligkeit abgewickelt werden kann;

c) die natürliche oder juristische Person hat von einem Dritten die Zusage erhalten, dass die Aktie/der öffentliche Schuldtitel lokalisiert wurde/und das dieser Dritte die Maßnahmen gegenüber Dritten ergriffen hat, die dafür notwendig sind, dass die natürliche oder juristische Person berechtigter Weise erwarten kann, dass das Geschäft bei Fälligkeit abgewickelt werden kann (Art. 12 Abs. 1 VO bzw.) /oder kann aus anderen Gründen berechtigterweise erwarten, dass das Geschäft bei Fälligkeit abgewickelt werden kann (Art. 13 Abs. 1 VO)."

Eine genaue Erfassung des Tatbestandes der Leerverkaufsverbote der Art. 12 und 13 erfordert zunächst jedoch eine Auseinandersetzung mit dem Leerverkaufsbegriff der Verordnung 236/2012, welcher sich in Art. 2 Abs. 1 lit. b der Verordnung findet.

I. Der Leerverkauf

Im Sinne der Verordnung (EU) Nr. 236/2012 definiert Art. 2 Abs. 1 lit. b VO den „Leerverkauf im Zusammenhang mit Aktien oder Schuldinstrumenten (als) einen Verkauf von Aktien oder Schuldinstrumenten, die sich im Zeitpunkt des Eingehens der Verkaufsvereinbarung nicht im Eigentum des Verkäufers befinden, einschließlich eines Verkaufs, bei dem der Verkäufer zum Zeitpunkt des Eingehens der Verkaufsvereinbarung die Aktien oder Schuldinstrumente geliehen hat oder eine Vereinbarung getroffen hat, diese zu leihen, um sie bei der Abwicklung zu liefern". Des Weiteren nimmt Art. 2 Abs. 1 lit. b i-iii der Leerverkaufsverordnung Rückkaufvereinbarungen, Übertragungen im Rahmen von Wertpapierleihvereinbarungen sowie Terminkontrakte zu einem bestimmten Kurs zu einem künftigen Zeitpunkt ausdrücklich von der Definition des Leerverkaufes im Sinne der Verordnung aus.

Als Leerverkauf im Sinne der Art. 12 und 13 der Verordnung ist mithin zunächst der Verkauf von Aktien oder Schuldtiteln zu qualifizieren, welche nicht im Eigentum des Verkäufers stehen.

1. *Kein Eigentum des Verkäufers*

Zur Präzisierung der Leerverkaufsdefinition der VO 236/2012 ist zunächst der Eigentumsbegriff des Verordnungsgebers näher zu bestimmen, wobei auf Art. 3 Abs. 1 der Delegierten Verordnung (EU) Nr. 918/2012 (DVO 918/2012)[495] zurückzugreifen ist.[496]

So differenziert Art. 3 Abs. 1 S. 1 DVO 918/2012 zwischen rechtlichem und wirtschaftlichem Eigentum und bestimmt, bei Auseinanderfallen dieser Rechtspositionen „soweit relevant", das für den jeweiligen Leerverkauf der Aktie oder des Schuldtitels geltende Recht für anwendbar. Des Weiteren stellt Art. 3 Abs. 1 S. 2 DVO 918/2012 fest, dass als wirtschaftlicher Eigentümer einer Aktie oder eines Schuldtitels stets der „an letzter Stelle stehende wirtschaftliche Eigentümer betrachtet" werde und bestimmt in S. 3 denjenigen Anleger als wirtschaftlichen Eigentümer, „der das mit dem Erwerb eines Finanzinstruments verbundene wirtschaftliche Risiko trägt".

Mithin sind jedenfalls Verkäufe von Finanzinstrumenten, bei welchen der Verkäufer sowohl als Eigentümer im rechtlichen als auch wirtschaftlichen Sinne des Art. 3 DVO 918/2012 zu bestimmen ist, mangels Qualifizierung eines solchen Verkaufes als Leerverkauf gemäß der Legaldefinition des Artikels 2 Abs. 1 lit. b VO dem Anwendungsbereich der Verordnung (EU) Nr. 236/2012 entzogen.

Allerdings vermag die Präzisierung des Art. 3 DVO 918/2012 dem Ziel des Verordnungsgebers, größere Klarheit und Rechtssicherheit herbeizuführen,[497] aus mehrerlei Hinsicht nicht zu genügen.

Zunächst erscheint bereits die Begrifflichkeit des „Eigentums" in der deutschen Sprachfassung auf Grund der Tatsache, dass eine Börsenzulassung im regulierten Markt nach § 32 BörsO keine Verbriefung voraussetzt, Emissionen des Bundes im elektronischen Schuldbuch verbucht werden und einige

---

495 Delegierte Verordnung (EU) Nr. 918/2012 der Kommission vom 5. Juli 2012 zur Ergänzung der Verordnung (EU) Nr. 236/2012 des Europäischen Parlaments und des Rates über Leerverkäufe und bestimmte Aspekte von Credit Default Swaps im Hinblick auf Begriffsbestimmungen, die Berechnung von Netto-Leerverkaufspositionen, gedeckte Credit Default Swaps auf öffentliche Schuldtitel, Meldeschwellen, Liquiditätsschwellen für die vorübergehende Aufhebung von Beschränkungen, signifikante Wertminderungen bei Finanzinstrumenten und ungünstige Ereignisse.

496 Welche als Auslegungsvorschrift von einer Arbeitsgruppe der ESMA, welche sich aus Vertretern der Aufsichtsbehörden der EU-Mitgliedsländer zusammensetzte, ausgearbeitet worden ist, vgl. *Ludewig/Geilfus*, BaFinJournal 10/2012, 9, 10.

497 Erwägungsgrund 3 der Durchführungsverordnung (EU) Nr. 918/2012.

Mitgliedsstaaten die Verbriefung von Wertpapieren vollständig abgeschafft haben, zu eng.[498] Daher wäre – wie auch schon im Rahmen des Verbotes ungedeckter Leerverkäufe nach § 30h WpHG[499] – ein Abstellen auf die jeweilige „Rechtsinhaberschaft" zutreffend.[500]

Größere Probleme bereitet dagegen der Umgang mit der dem deutschen Kapitalmarktrecht fremden Figur des wirtschaftlichen Eigentums und insbesondere dessen Verhältnis zum Institut des rechtlichen Eigentums. So ist nach Art. 3 Abs. 1 S. 1 DVO 918/2012 der Eigentümer eines im Hoheitsgebiet der Bundesrepublik veräußerten Finanzinstruments bei Auseinanderfallen des wirtschaftlichen und rechtlichen Eigentums grundsätzlich nach den sachenrechtlichen Grundsätzen der §§ 929 ff. BGB zu bestimmen.

Insoweit erscheint eine Ansicht der Literatur wenig nachvollziehbar, im Zweifel setze sich die wirtschaftliche Rechtsinhaberschaft für die Zwecke des Leerverkaufsregimes durch, so dass Art. 3 Abs. 1 DVO 918/2012 ein Primat des wirtschaftlichen Eigentums statuiere, welches sich auch in Art.2 Abs. 1 lit. b der Verordnung 236/2012 wiederfinden lasse.[501] Richtigerweise lässt sich (für den deutschen Rechtsraum) aus Art. 3 Abs. 1 DVO 918/2012 allenfalls ein Primat des rechtlichen Eigentums entnehmen, von welchem Art. 2 Abs. 1 lit. b VO lediglich eine Ausnahme statuiert.

Folglich unterfällt ein im Hoheitsgebiet der Bundesrepublik Deutschland getätigter Verkauf von Aktien oder Schuldinstrumenten durch deren Eigentümer im sachenrechtlichen Sinne dem Grunde nach nicht den Leerverkaufsbeschränkungen der VO 236/2012, es sei denn, dies ergibt sich unmittelbar aus den im Rahmen des Art. 2 Abs. 1 lit. b VO statuierten Ausnahmen (wie beispielsweise für einen Sachdarlehensnehmer).[502]

Weiter stellt sich jedoch die Frage, inwieweit ein Verkauf von Finanzinstrumenten durch deren wirtschaftlichen Eigentümer (etwa einen Sachdarlehensgeber, welcher trotz Aufgabe des rechtlichen Eigentums das Risiko von Kursverlusten trägt und demnach als wirtschaftlicher Eigentümer im Sinne des Art. 3 Abs. 1 S. 3 DVO 918/2012 zu qualifizieren ist), einen Leerverkauf im Sinne der Verordnung (EU) Nr. 236/2012 darstellt.

---

498 *Mülbert/Sajnovits*, ZBB 2012, 266, 270.

499 *Mülbert*, in: Assmann/Schneider, § 30h Rn. 7.

500 *Mülbert/Sajnovits*, ZBB 2012, 266, 270.

501 In diesem Sinne: *Mülbert/Sajnovits*, ZBB 2012, 266, 270.

502 Anderer Ansicht jedenfalls bei Auseinanderfallen des wirtschaftlichen und rechtlichen Eigentums im Sinne der Verordnung sind *Mülbert/Sajnovits*, ZBB 2012, 266, 270.

Hiergegen könnte sprechen, dass Art. 2 Abs. 1 der Verordnung als Eigentum im Sinne der Verordnung rechtliches oder wirtschaftliches Eigentum (legal or beneficial ownership) bezeichnet. Zudem ließe sich auch die Differenzierung zwischen wirtschaftlichem und rechtlichem Eigentum im Rahmen des Artikels 3 DVO 918/2012, deren Intention andernfalls in Frage gestellt werden müsste, für eine Berücksichtigung der wirtschaftlichen Eigentumsposition eines Verkäufers bei der Definition eines Leerverkaufes im Sinne der Verordnung (EU) Nr. 236/2012 heranziehen.

Im Ergebnis ist eine wirtschaftliche Eigentumsposition eines Verkäufers im Rahmen der Bestimmung des Vorliegens eines Leerverkaufes im Sinne des Art. 2 Abs. 1 lit. b Alt. 1 VO (jedenfalls im Rechtsraum der BRD) richtigerweise nicht zu berücksichtigen.

Zwar lässt sich aus Art. 3 der Durchführungsverordnung das Verhältnis zwischen rechtlichem und wirtschaftlichem Eigentum nicht eindeutig bestimmen. Doch ist die Sicherstellung der Erfüllungsfähigkeit des Verkäufers als eines der vorrangigen Ziele des Verordnungsgebers[503] bei Zugrundelegung einer wirtschaftlichen Eigentumsdefinition im Rahmen der Bestimmung der Begrifflichkeit des „Leerverkaufes" im Sinne der Verordnung nicht gesichert. Insoweit lässt sich auch der durch Art. 3 Abs. 2 lit. a bis c DVO 918/2012 und durch die ESMA spezifizierte Ausschluss einzelner wirtschaftlicher Eigentümer von der Leerverkaufsdefinition des Artikels 2 Abs. 1 lit. b VO im Ergebnis nicht auf deren wirtschaftliches Eigentum, sondern vielmehr auf die Erlangung des rechtlichen Eigentums innerhalb der Erfüllungsfrist des vermeintlichen Leerverkaufes zurückführen.[504] Maßgebliche Bedeutung kommt der Definition des wirtschaftlichen Eigentums daher lediglich in denjenigen Fällen zu, in welchen dem jeweils anwendbaren Recht im Sinne des Art. 3 Abs. 1 DVO 918/2012 eine wirtschaftliche Definition des Eigentumsbegriffes zugrundeliegt.[505]

503 Erwägungsgrund 18 der Verordnung (EU) Nr. 236/2012.

504 Vgl. speziell für den Verkauf eines Finanzinstruments durch einen Sachdarlehensgeber Art. 3 Abs. 2 lit. a DVO 918/2012.

505 In diesem Sinne wohl auch die ESMA: „Ownership of shares and debt instruments (...) means legal or beneficial ownership according to the respective civil law or securities law applicable for the relevant sale"; vgl. ESMA's draft technical advice on possible Delegated Acts concerning the regulation on short selling and certain aspects of credit default swaps ((EC) No XX/2012), S. 9 Box 1 abrufbar unter: http://www.esma.europa.eu/system/files/2012-98.pdf

Letztlich sollte damit auch ein im Rechtsraum der Bundesrepublik Deutschland vorgenommener Verkauf von Finanzinstrumenten durch deren wirtschaftlichen Eigentümer im Sinne der Verordnung 236/2012 den dort vorgesehenen Leerverkaufsbeschränkungen unterfallen, sofern sich weder aus dem Verordnungstext noch aus deren Durchführungsverordnung ein Anderes ergibt. Zusammenfassend ist danach festzuhalten, dass sich die Eigentumsdefinition der Verordnung maßgeblich nach der auf den jeweiligen Leerverkauf anwendbaren Rechtsordnung richtet, wobei die Eigentumsfeststellung nach Ansicht des German Banking Industry Commitee unabhängig von dem jeweils (nach internationalem Privatrecht) anwendbaren Kaufrecht getroffen werden sollte („law governing the sale"), sondern vielmehr in Übereinstimmung mit den in der Europäischen Union vorherrschenden Clearing System und Direktive 1998/26/EC bzw. 2001/24/EC und 2002/47/EC nach den rechtlichen Bestimmungen desjenigen Landes, in welchem das jeweilige Wertpapierdepot geführt wird (place of the relevant intermediary approach- PRIMA).[506]

2. *Wertpapierdarlehen*

Ausdrücklich einbezogen in die Leerverkaufsdefinition des Art. 2 Abs. 1 lit. b VO und folglich in den Anwendungsbereich der Verordnung 236/2012 sind demgegenüber Verkäufe, bei welchen sich der Verkäufer die jeweiligen Finanzinstrumente bereits zum „Zeitpunkt des Eingehens der Verkaufsvereinbarung (…) geliehen hat oder eine Vereinbarung getroffen hat diese zu leihen (…)".

Mithin sind im Ergebnis auch diejenigen durch ein Sachdarlehen im Sinne des § 607 BGB „gedeckten Leerverkaufe" als Leerverkäufe im Sinne der Verordnung zu qualifizieren, bei welchen der Verkäufer zum Veräußerungszeitpunkt mindestens eine schuldrechtliche Vereinbarung auf den Abschluss eines Sachdarlehensvertrages getroffen haben muss.[507] Folglich kann (ausnahmsweise) auch ein Verkauf von Wertpapieren, deren rechtliches Eigentum ein Verkäufer im Zuge eines Sachdarlehens erlangt hat, als (gedeckter) Leerverkauf im Sinne der Verordnung zu qualifizieren sein.

---

506 Vgl. die Ausführungen der Deutschen Kreditwirtschaft zum Entwurf technischer Durchführungsstandards der ESMA, abrufbar unter: http:// www. esma. europa. eu/ system/ files/ 12-03-13_ dk_ comments_ esma_ tech_ standards _short_ selling_ clean. pdf.

507 Allerdings wird auch bei der EU-Leerverkaufsverordnung zwischen gedeckten und ungedeckten Leerverkäufen zu differenzieren sein.

3. *Ausnahmen der Leerverkaufsdefinition*

Demgegenüber umfasst die Begriffsbestimmung des Leerverkaufes nach Art. 2 Abs. 1 lit. b der Verordnung (EU) Nr. 236/2012 jedoch nicht:

i) den Verkauf seitens einer der Parteien einer Rückkaufvereinbarung, bei der die eine Partei der anderen ein Wertpapier zu einem festen Kurs verkauft und die andere Partei sich verpflichtet, dieses Wertpapier zu einem späteren Zeitpunkt zu einem ebenfalls festgesetzten Kurs zurückzukaufen;

ii) die Übertragung von Wertpapieren im Rahmen einer Wertpapierleihe-Vereinbarung oder

iii) den Abschluss eines Terminkontrakts oder eines anderen Derivatekontrakts über den Verkauf von Wertpapieren zu einem bestimmten Kurs zu einem künftigen Zeitpunkt.

Zudem finden sich in Art. 3 Abs. 2 DVO 918/2012 drei weitere Konstellationen, auf welche die Anwendung der Begriffsbestimmung „Leerverkauf" des Art. 2 Abs. 1 lit. b der Verordnung ausgeschlossen ist. Hierbei handelt es sich um:

(a) den Verkauf von Finanzinstrumenten, die im Rahmen einer Wertpapierleihe oder eines Repo-Geschäfts übertragen worden sind, sofern die Wertpapiere entweder zurückgegeben werden oder die übertragende Partei die Wertpapiere zurückfordert, so dass das Geschäft bei Fälligkeit abgewickelt werden kann,

(b) den Verkauf eines Finanzinstruments durch eine natürliche oder juristische Person, die das Finanzinstrument vor dem Verkauf erworben, zum Zeitpunkt des Verkaufes aber nicht empfangen hat, sofern das Finanzinstrument zu einem Zeitpunkt geliefert wird, der die fälligkeitsgerechte Abwicklung des Geschäfts gewährleistet,

(c) den Verkauf eines Finanzinstruments durch eine natürliche oder juristische Person, die eine Option oder einen ähnlichen Anspruch auf dieses Finanzinstrument ausgeübt hat, sofern das Finanzinstrument zu einem Zeitpunkt geliefert wird, der die fälligkeitsgerechte Abwicklung des Geschäfts gewährleistet.

Ob diesen Konstellationen wiederum ausschließlich ein deklaratorischer Charakter zukommt, da der jeweilige Verkäufer ohnehin als wirtschaftlicher Eigentümer handelt,[508] oder diese vielmehr als konstitutiv wirkende Ausnahmen zu qualifizieren sind,[509] kann im Ergebnis dahinstehen.

---

508 *Mülbert/Sajnovits*, ZBB 2012, 266, 270.

509 Da im Rechtsraum der Bundesrepublik Deutschland dem rechtlichen Eigentumsbegriff der Vorrang gebührt.

4. *Konzernprivileg*

Weiterhin stellt sich die Frage, ob, wie auch im Rahmen des § 30h WpHG a.F.,[510] eine potentielle Möglichkeit der Saldierung von innerhalb eines Konzerns durch rechtlich selbstständige Personen gehaltenen Long-Positionen mit von anderen rechtlich selbstständigen Personen gehaltenen Short-Positionen der Anwendung der europarechtlichen Leerverkaufsbeschränkungen entgegensteht.

Die Möglichkeit einer Saldierung der gehaltenen Leerverkaufspositionen innerhalb eines Konzerns könnte ausgeschlossen sein, da es der europäischen Regulierung nicht ausschließlich um den Marktfunktionenschutz im Allgemeinen, sondern gleichfalls um die Abwicklung einzelner Geschäftsabschlüsse im Speziellen gehe, welche durch eine potentielle Saldierungsmöglichkeit jedoch nicht gesichert sei.[511]

Dieses Ergebnis wird auch durch eine konsequente Anwendung des Art. 2 Abs. 1 lit. b der Leerverkaufsverordnung gestützt, nach welchem sich gerade der Verkäufer (als eigenständige juristische Person innerhalb eines Konzerns) im Eigentum der veräußerten Wertpapiere befinden muss.

Die Möglichkeit einer Saldierung von innerhalb eines Konzerns gehaltenen Long- bzw. Short-Positionen führt folglich nicht zur mangelnden Anwendbarkeit der Leerverkaufsbeschränkungen der VO 236/1012.

Unter Bezugnahme der voranstehend erarbeiteten Leerverkaufsdefinition soll im Folgenden eine Darstellung der „Beschränkung ungedeckter Leerverkäufe in Aktien" nach Art. 12 sowie der „Beschränkung ungedeckter Leerverkäufe von öffentlichen Schuldtiteln" gemäß Art. 13 der Verordnung 236/2012 erfolgen. Hierzu soll, in Anlehnung an die Vorgängerregelung der §§ 30h f. WpHG a.F., zunächst die Beschränkung ungedeckter Leerverkäufe in Aktien nach Art. 12 der Verordnung zum Gegenstand der nachfolgenden Untersuchung gemacht werden.

5. *Zwischenergebnis*

Zusammenfassend lässt sich festhalten, dass Art. 2 Abs. 1 lit. b VO in Verbindung mit Art. 3 DVO 918/2012 eine hochkomplexe Definition des Leerverkaufes mit zahlreichen Ausnahmebestimmungen kodifiziert, aus welcher sich im Ergebnis jedoch keine abschließende Definition des Leerverkaufes im Sinne der Verordnung (EU) Nr. 236/2012 gewinnen lässt.

---

510 *Ludewig*, in: Heidel, Aktien- und Kapitalmarktrecht, § 30h WpHG Rn. 7 mit weiteren Nachweisen.

511 *Mülbert/Sajnovits*, ZBB 2012, 266, 271.

So wird im Rahmen der Analyse der Artikel 12 und 13 bzw. der Artikel 5 bis 7 der Verordnung aufzuzeigen sein, dass diesen Bestimmungen wiederum „eigenständige" Definitionen des „gedeckten Leerverkaufes" bzw. einer „Netto-Leerverkaufsposition" zu entnehmen sind.

II. Die Beschränkung ungedeckter Leerverkäufe in Aktien nach Art. 12 VO

Nach Art. 12 der Verordnung 236/2012 hat die Wirksamkeit eines Leerverkaufes zur Bedingung, dass sich der Verkäufer die entsprechende Aktie geliehen oder rechtlich gleichwertige Vorkehrungen getroffen hat (lit. a), eine Leihvereinbarung getroffen oder einen unbedingt durchsetzbaren Anspruch auf Übertragung des Eigentums an einer entsprechenden Anzahl von Wertpapieren derselben Gattung hat (lit. b), oder eine Lokalisierungszusage von einem Dritten erhalten hat und danach berechtigterweise von einer fälligkeitsgerechten Abwicklung ausgehen kann (lit. c).[512]

1. Leihe oder rechtlich gleichwertige Vorkehrungen

Zunächst kann eine natürliche oder juristische Person eine dem Anwendungsbereich der Verordnung 236/2012 unterfallende Aktie demnach leer verkaufen, wenn sie sich diese zuvor durch Abschluss eines Sachdarlehensvertrages beschafft („geliehen") hat.

Des Weiteren kann nach Art. 12 Abs. 1 lit. a der Verordnung ein Leerverkauf auch dann durchgeführt werden, wenn der Verkäufer „Vorkehrungen getroffen hat, die zu gleichen rechtlichen Ergebnissen führen". Der „Wertpapierleihe" in diesem Sinne gleichgestellt sind hiernach wohl alle Vertragsformen, welche eine Überlassung von Wertpapieren für einen bestimmten oder unbestimmten Zeitraum mit der Verpflichtung zur Rückgabe einer entsprechenden Anzahl von Wertpapieren begründen.[513] Als solche Geschäfte sind insbesondere Pensionsgeschäfte, Repurchase Agreements sowie Buy and sell back Agreements[514] anzusehen,[515] wobei eine Orientierung an Artikel 5

512 Hierzu *Ludewig/Geilfus*, BaFinJournal 10/2012, 9, 11.

513 *Mülbert/Sajnovits*, ZBB 2012, 266, 271.

514 Bei denen der Eigentümer von Wertpapieren (Pensionsgeber) an einen Anderen (Pensionsnehmer) Wertpapiere bei gleichzeitiger Vereinbarung einer Rückkaufverpflichtung veräußert.

515 *Mülbert/Sajnovits*, ZBB 2012, 266, 271.

der Durchführungsverordnung (EU) Nr. 827/2012 (DVO 827/2012)[516] erfolgen kann.

2. *Leihvereinbarung oder unbedingt durchsetzbarer Anspruch auf Eigentumsübertragung*

Zudem kann eine Aktie gemäß Art. 12 Abs. 1 lit. b auch dann leer verkauft werden, wenn der Verkäufer bezüglich dieser eine „Leihvereinbarung getroffen hat oder einen vertragsrechtlich oder eigentumsrechtlich unbedingt durchsetzbaren Anspruch auf Übertragung des Eigentums an einer entsprechenden Anzahl von Wertpapieren derselben Gattung (hat), so dass das Geschäft bei Fälligkeit abgewickelt werden kann."

Somit ist ein Leerverkauf nach Art. 12 Abs. 1 lit. b der Verordnung bereits dann gestattet, wenn der Verkäufer eine schuldrechtliche Einigung auf den Abschluss eines Sachdarlehens vorweisen kann, welche auf die Übertragung einer entsprechenden Anzahl der veräußerten Wertpapiere gerichtet ist. Als einzige Voraussetzung dieses Sachdarlehensvertrages ist Art. 12 Abs. 1 lit. b VO a.E. die Fälligkeit dieses Vertrages zum Erfüllungszeitpunkt des Leerverkaufes zu entnehmen. Eine genauere Präzisierung der an eine Leihvereinbarung bzw. einen unbedingt durchsetzbaren Anspruch im Sinne des Art. 12 Abs. 1 lit. b der Verordnung zu stellenden Anforderungen findet sich jedoch wiederum in Art. 5 Abs. 1 lit. a bis f der Durchführungsverordnung (EU) Nr. 827/2012.

So präzisiert Art. 5 der Durchführungsverordnung 827/2012 einen unbedingt durchsetzbaren Anspruch im Sinne des Artikels 12 Abs. 1 lit. b der Verordnung als Vereinbarung, Vertrag oder Forderung, welche für die Dauer des Leerverkaufes rechtlich verbindlich ist, die physische Lieferung der betreffenden Aktien oder öffentlichen Schuldtitel nach sich zieht, zumindest die Anzahl an Aktien oder den Betrag an öffentlichen Schuldtiteln abdeckt, die die natürliche oder

516 Durchführungsverordnung (EU) Nr. 827/2012 der Kommission vom 29. Juni 2012 zur Festlegung technischer Durchführungsstandards in Bezug auf die Verfahren für die Offenlegung von Nettopositionen in Aktien gegenüber der Öffentlichkeit, das Format, in dem der Europäischen Wertpapier- und Marktaufsichtsbehörde Informationen zu Netto-Leerverkaufspositionen zu übermitteln sind, die Arten von Vereinbarungen, Zusagen und Maßnahmen, die angemessen gewährleisten, dass Aktien oder öffentliche Schuldtitel für die Abwicklung des Geschäfts verfügbar sind, und die Daten, zu denen die Ermittlung des Haupthandelsplatzes einer Aktie erfolgt, sowie den Zeitraum, auf den sich die betreffende Berechnung bezieht, gemäß der Verordnung (EU) Nr. 236/2012 des Europäischen Parlaments und des Rates über Leerverkäufe und bestimmte Aspekte von Credit Default Swaps.

juristische Person leer verkaufen will, vor oder gleichzeitig mit dem Leerverkauf geschlossen wird und einen Erfüllungszeitpunkt vorsieht, welcher die fälligkeitsgerechte Abwicklung des Leerverkaufes sicherstellt.[517]

Unter Erfüllung der vorgenannten Voraussetzungen kommen nach Art. 5 DVO 827/2012 sodann Ansprüche aus Termin- und Swap-Kontrakten (lit. a), Optionen (lit. b), Rückkaufvereinbarungen (lit. c), ständige Vereinbarungen oder rollierende Fazilitäten über bzw. für eine im Voraus festgelegte Menge genau bezeichneter Aktien oder öffentlicher Schuldtitel (lit. d), Bezugsrechtsvereinbarungen (lit. e) sowie alle sonstigen Ansprüche oder Vereinbarungen in diesem Sinne (lit. f) als unbedingt durchsetzbare Ansprüche im Sinne des Art. 12 Abs. 1 lit. b der Verordnung 236/2012 in Betracht.[518]

Diesen unbedingt durchsetzbaren Anspruch im Sinne des Art. 12 Abs. 1 lit. b der Verordnung hat der Leerverkäufer gemäß Art. 5 Abs. 2 DVO 827/2012 seinem Vertragspartner in Form der Vereinbarung bzw. des Kontraktes nachzuweisen und hierzu auf einem dauerhaften Datenträger zur Verfügung zu stellen.

3. *Lokalisierungszusage durch einen Dritten*

Gemäß Art. 12 Abs. 1 lit. c kann ein Leerverkauf ferner vorgenommen werden, sofern der Verkäufer von einem Dritten die Zusage erhält, dass die entsprechende Aktie lokalisiert wurde, und dieser Dritte Maßnahmen ergriffen hat, bei welchen der Verkäufer berechtigterweise die fälligkeitsgerechte Abwicklung des Geschäfts erwarten kann.

a) Lokalisierungszusage

Eine Konkretisierung der Zusage einer Lokalisierung im Sinne des Art. 12 Abs. 1 lit. c der Verordnung 236/2012 findet sich in Art. 6 der Durchführungsverordnung 827/2012, welche im Rahmen der Absätze 2 bis 4 zwischen Standardlokalisierungszusagen und -maßnahmen, Standardlokalisierungszusagen und -maßnahmen am Tag des Leerverkaufes sowie Zusagen und Maßnahmen in Bezug auf die Problemlosigkeit von Leihe und Ankauf von Aktien, welche die Liquiditätsanforderungen nach Art. 22 der Verordnung (EG) Nr. 1287/2006 erfüllen, differenziert.

Hierdurch sollen aus Sicht des Verordnungsgebers „die Arten von Leihvereinbarungen und anderen durchsetzbaren Ansprüchen gleicher Wirkung sowie die Arten von Zusagen gegenüber Dritten, die angemessen gewährleisten, dass

---

517 Vgl. auch *Ludewig/Geilfus*, BaFinJournal 10/2012, 9, 11.

518 Siehe auch *Ludewig/Geilfus*, BaFinJournal 10/2012, 9, 11.

Aktien oder öffentliche Schuldtitel für die Abwicklung des Geschäfts verfügbar sein werden, aufgelistet und die Kriterien festgelegt (werden), die solche Vereinbarungen und Zusagen erfüllen müssen" um hierdurch „für einen kohärenten und klaren, aber dennoch flexiblen (Rechts-) Rahmen zu sorgen (...)".[519]

aa) Standardlokalisierungszusagen und -maßnahmen

Nach Art. 6 Abs. 2 der Durchführungsverordnung handelt es sich bei Standardlokalisierungszusagen und -maßnahmen um „Zusagen, Bestätigungen und Maßnahmen" im Sinne von Lokalisierungsbestätigungen des Artikels 6 Abs. 2 lit. a und Vormerkungsbestätigungen des Art. 6 Abs. 2 lit. b DVO 827/2012.

Eine Lokalisierungsbestätigung im Sinne des Art. 6 Abs. 2 lit. a wird insoweit wiederum als „eine dem Leerverkauf (...) vorangehende Bestätigung des Dritten, wonach er die Aktien unter Berücksichtigung der Höhe des möglichen Verkaufs und der Marktbedingungen fristgerecht für die Abwicklung zur Verfügung stellen kann, und in der angegeben ist, für welchen Zeitraum die Aktie lokalisiert ist" definiert. Als Vormerkungsbestätigung bestimmt Art. 6 Abs. 2 lit. b DVO 827/2012 „eine dem Leerverkauf vorangehende Bestätigung des Dritten, dass er die angefragte Anzahl von Aktien für diese Person zumindest vorgemerkt hat".

Dem Verordnungsgeber misslingt jedoch bereits im Rahmen des Art. 6 Abs. 2 DVO 827/2012 die angestrebte Bestimmung klarer Rahmenbedingungen für die Auslegung des Art. 12 Abs. 1 lit. c der Verordnung 236/2012.

So drängt sich dem Leser bereits im Rahmen des zweiten Absatzes der Vorschrift die Frage nach dem Verhältnis einer Lokalisierungsbestätigung im Sinne des lit. a und einer Vormerkungsbestätigung nach lit. b auf. Denn während die begriffliche und systematische Differenzierung zwischen Lokalisierungs- und Vormerkungsbestätigungen in lit. a bzw. lit. b der Vorschrift auf eine Bestimmung unterschiedlicher Anforderungen hindeutet, konkretisiert Art. 12 Abs. 2 DVO 827/2012 Standardlokalisierungszusagen und -maßnahmen allgemein als „Zusagen, Bestätigungen und Maßnahmen, die alle folgenden Elemente (also der nachfolgenden lit. a und lit. b) enthalten".

Aus Gründen der besseren Verständlichkeit soll das Verhältnis der einzelnen Buchstaben innerhalb der Absätze zwei bis vier des Art. 6 der Verordnung 827/2012 allerdings erst nach Darstellung der in Rede stehenden Absätze erfolgen.

---

519 Erwägungsgrund 7 der Durchführungsverordnung (EU) Nr. 827/2012.

bb) Standardlokalisierungszusagen und -maßnahmen am Tag des Leerverkaufes

Als Standardlokalisierungsmaßnahmen für Leerverkäufe, welche durch Kauf der Aktie am selben Tag[520] gedeckt werden sollen,[521] bestimmt Art. 6 Abs. 3 der Durchführungsverordnung wiederum darauf gerichtete Bestätigungsersuchen, „dass der Leerverkauf durch Ankäufe am Tag des Leerverkaufes gedeckt sein wird" (lit. a), Lokalisierungsbestätigungen, in welchen der Dritte bestätigt, die entsprechenden Aktien „fristgerecht für die Abwicklung zur Verfügung stellen" zu können (lit. b), Bestätigungen der Problemlosigkeit der Leihe oder des Ankaufes darüber, dass die Aktien „ohne Weiteres in der erforderlichen Menge geliehen oder erworben werden" können (lit. c), eine Zusage des Verkäufers, „den nicht durch Käufe gedeckten Teil des Leerverkaufes zu überwachen" (lit. d), bzw. bei Anweisungen für den Fall fehlender Deckung am Tag des Leerverkaufes, eine Zusage des Verkäufers, das er den Dritten „umgehend anweisen wird, die Aktien zur Deckung des Leerverkaufes und zur Gewährleistung der fristgerechten Abwicklung zu beschaffen" (lit. e).

Auch bezüglich des dritten Absatzes der Durchführungsverordnung 827/2012 stellt sich jedoch wiederum die Frage, ob eine Lokalisierungszusage im Sinne des Art. 12 Abs. 1 lit. c der Verordnung 236/2012 das kumulative Vorliegen der vorangehend aufgeführten Anforderungen voraussetzt, oder diese nicht vielmehr in einem Alternativverhältnis zueinander stehen.[522]

cc) Zusagen und Maßnahmen in Bezug auf liquide Aktien

Als Zusagen und Maßnahmen im Sinne des Art. 12 Abs. 1 Buchstabe c der Verordnung 236/2012 bestimmt Art. 6 Abs. 4 VO 827/2012 bezüglich derjenigen Aktien, welche die Liquiditätsanforderungen nach Art. 22 der Verordnung (EG) Nr. 1287/2006 der Kommission[523] erfüllen, wiederum Lokalisierungsbestätigungen (lit. a), Bestätigungen der Problemlosigkeit der Leihe oder des Ankaufs (lit. b), bzw. Deckungsanweisungen (lit. c).[524]

---

520 Also an demjenigen Tag, an welchem der Leerverkauf getätigt wurde.

521 Vergleiche Erwägungsgrund 19 der Verordnung (EG) Nr. 236/2012.

522 Vergleiche hierzu auch: *Mülbert/Sajnovits*, ZBB 2012, 266, 272; *Ludewig/Geilfus*, BaFinJournal 10/2012, 9, 11.

523 Verordnung (EG) Nr. 1287/2006 der Kommission vom 10. August 2006 zur Durchführung der Richtlinie 2004/39/EG des Europäischen Parlaments und des Rates betreffend die Aufzeichnungspflichten für Wertpapierfirmen, die Meldung von Geschäften, die Markttransparenz, die Zulassung von Finanzinstrumenten zum Handel und bestimmte Begriffe im Sinne dieser Richtlinie; ABL. L 241 vom 2.9.2006, S. 1.

524 Vergleiche zur Bestimmung dieser Begrifflichkeiten wiederum die vorangegangenen Ausführungen, S. 158 ff.

Klärungsbedürftig ist jedoch weiterhin das Verhältnis der einzelnen Buchstaben innerhalb der dargelegten Absätze des Art. 6 der Durchführungsverordnung 827/2012, welches sich weder nach dem Wortlaut noch der Systematik der zu untersuchenden Norm zweifelsfrei bestimmen lässt.[525]

Insoweit setzen *Mülbert/Sajnovits* für eine wirksame Lokalisierungsbestätigung im Sinne des Art. 12 Abs. 1 lit. c der Leerverkaufsverordnung das kumulative Vorliegen aller Merkmale der Buchstaben eines Absatzes des Artikels 6 der Verordnung 827/2012 voraus.[526] Dies widerspricht jedoch sowohl dem Telos der in Rede stehenden Norm als auch der Zielsetzung des Verordnungsgebers.

Ein kumulatives Verhältnis zwischen den einzelnen Buchstaben innerhalb der Absätze des Art. 6 DVO 827/2012 würde nämlich zu einer strengeren Regulierung von Leerverkäufen führen, welche bereits durch Käufe am Tag des Leerverkaufes („am selben Tag") gedeckt werden sollen (Abs. 3) bzw. besonders liquide Aktien betreffen (Abs. 4).

Dies erscheint jedoch unter anderem vor dem Hintergrund der im Rahme der Verordnung (EU) Nr. 236/2012 angestrebten Verbesserung der Erfüllungsdisziplin[527] widersprüchlich. So gehen auch *Ludewig/Geilfus* von „erleichterte(n) Anforderungen" für eine Standardlokalisierungszusage aus, welche ausschließlich eine Deckung am Tag des Leerverkaufes zum Ziel hat.[528]

Eine andere Auslegung steht auch nicht im Einklang mit der Zielsetzung des Verordnungsgebers, welcher in Erwägungsgrund 19 der Verordnung 236/2012 die Liquidität einer Aktie als wesentliches Merkmal zur Festlegung der berechtigten Erwartung einer fälligkeitsgerechten Abwicklung des Leerverkäufers bestimmt.

Mithin ist das Verhältnis der einzelnen Buchstaben innerhalb der Absätze 2-4 des Absatzes 6 der Durchführungsverordnung (EU) Nr. 827/2012 richtigerweise als Alternativverhältnis zu qualifizieren.

dd) Speicherung der Lokalisierungszusage

Zudem müssen auch die im Sinne des Art. 6 Abs. 2 bis 4 vorgenommenen Lokalisierungszusagen des Dritten dem Leerverkäufer auf einem dauerhaften Datenträger zur Verfügung gestellt werden (Art. 6 Abs. 5).

ee) Zwischenergebnis

Im Ergebnis bemessen sich die an eine Lokalisierungszusage im Sinne des Art. 12 Abs.1 lit. c der Leerverkaufsverordnung zu stellenden Anforderungen

525 Vgl. hierzu bereits die Ausführungen auf S. 158.

526 *Mülbert/Sajnovits*, ZBB 2012, 266, 272.

527 Vergleiche hierzu Erwägungsgrund 18 der Verordnung (EU) Nr. 236/2012.

528 *Ludewig/Geilfus*, BaFinJournal 10/2012, 9, 11.

mithin nach Art. 6 Abs. 2-4 der Durchführungsverordnung (EU) Nr. 827/2012, wobei die in den jeweiligen Absätzen aufgeführten Voraussetzungen in einem Alternativverhältnis zueinander stehen.

Weiterhin bleibt jedoch die Konkretisierung der Begrifflichkeit des „Dritten" im Sinne der Verordnung vorzunehmen, von welcher sich in der Verordnung 236/2012 keine Legaldefinition findet.

b) Dritter im Sinne der Verordnung (EU) Nr. 236/2012

Eine Präzisierung der Begrifflichkeit des Dritten im Sinne der Verordnung (EU) Nr. 236/2012 findet sich jedoch in Art. 8 der Durchführungsverordnung (EU) Nr. 827/2012.

Danach kommt als Dritter, welcher eine Zusage im Sinne des Art. 12 Abs. 1 lit. c VO 236/2012, Art. 6 DVO 827/2012 abgibt, gemäß Art. 8 Abs. 1 DVO 827/2012 grundsätzlich eine Wertpapierfirma (lit. a), eine zentrale Gegenpartei (lit. b), ein Wertpapierliefer- und abrechnungssystem im Sinne der Richtlinie 98/26/EG (lit. c), eine Zentralbank (lit. d), eine nationale Schuldenverwaltungsstelle (lit. e), eine Person, die nach dem Unionsrecht von einem Mitglied des Europäischen Finanzaufsichtssystems zugelassen oder registriert werden muss (lit. f) oder eine in einem Drittland niedergelassene zugelassene oder registrierte Person, die von einer Behörde des Drittlands beaufsichtigt wird, wenn dieses Drittland Vertragspartei einer angemessenen Kooperationsvereinbarung ist, die den Informationsaustausch mit der jeweiligen zuständigen Behörde regelt (lit. g), in Betracht.

Allerdings setzt dies wiederum die Erfüllung der in Art. 8 Abs. 2 lit. a bis c aufgestellten Anforderungen voraus. So muss der Dritte im Sinne des Art. 8 Abs. 1 gemäß dem zweiten Absatz der Regelung „an der Verwaltung der Leihe oder des Ankaufs der betreffenden Aktien oder öffentlichen Schuldtitel beteiligt" sein (lit. a), den „Nachweis einer solchen Beteiligung" erbringen (lit. b) und auf Nachfrage nachweisen können, „dass er die Aktien oder öffentlichen Schuldtitel zu den Terminen, die er seinen Gegenparteien zugesagt hat liefern bzw. deren Lieferung abwickeln kann" (li. c).

c) Der Ausnahmetatbestand des Art. 16 VO 236/2012

Allerdings gilt das „Verbot ungedeckter Leerverkäufe in Aktien des Artikels 12 der Verordnung gemäß Art. 16 Abs. 1 VO nicht für diejenigen Aktien eines Unternehmens, „die zwar zum Handel an einem Handelsplatz in der Union zugelassen sind, deren Haupthandelsplatz (als welchen Art. 2 Abs. 1 lit. m der Verordnung einen Handelsplatz definiert, an dem der mit dieser Aktie generierte Gewinn am höchsten ist) sich aber in einem Drittland befindet". Um eine konsequente

Anwendung dieser Ausnahmeregelung zu ermöglichen, hat die ESMA gemäß Art. 16 Abs. 3 der Verordnung „Entwürfe für technische Regulierungsstandards (…) zur Bestimmung des Haupthandelsplatzes einer Aktie“ festzulegen; hierbei sind die in Kapitel 5 der Durchführungsverordnung (EU) Nr. 827/2012 enthaltenen Vorschriften zur Bestimmung des Haupthandelsplatzes für die Zwecke der Ausnahmeregelung des Artikels 16 der Verordnung zu beachten.

4. *Subjektive Anforderungen*

Weiterhin stellt sich die Frage, welche subjektiven Anforderungen im Zuge einer Verwirklichung des Verbotes ungedeckter Leerverkäufe nach Art. 12 der EU-Leerverkaufsverordnung zu fordern sind.

Zunächst lässt sich weder dem Wortlaut des Art. 12 VO noch dessen Konkretisierung im Rahmen des Art. 7 DVO 827/2012 entnehmen, welche subjektiven Voraussetzungen an eine Tatbestandsverwirklichung zu stellen sind. Ein subjektives Element in Form eines (zumindest) gesteigerten Fahrlässigkeitsvorwurfes („Leichtfertigkeit“) ist jedoch ausdrücklich angeordnet, soweit die Vorschrift von den Straf- bzw. Ordnungswidrigkeitentatbestand des § 39 Abs. 2d Nr. 2 in Verbindung mit § 39 Abs. 4 WpHG n.F. in Bezug genommen wird.

Fraglich erscheint dagegen, ob sich dem Artikel 12 der Verordnung (EU) Nr. 236/2012 darüber hinaus auch ein eigenständiges kapitalmarktrechtliches Vorsatzerfordernis entnehmen lässt. Diese Frage ließe sich auf Grund der vergleichbaren Regelungsintention des Leerverkaufsverbotes im Einklang mit der Argumentation zum Marktmanipulationsverbot des § 20a WpHG entscheiden, so dass auch ein Verstoß gegen das Verbot des Artikels 12 VO stets einen eigenständigen (kapitalmarktrechtlichen) Eventualvorsatz voraussetzen würde.[529] Allerdings ist die Tathandlung im Rahmen des Art. 12 der Verordnung tatbestandlich im Gegensatz zu einer Marktmanipulation im Sinne des § 20a WpHG klar umrissen, so dass fahrlässige Verstöße gegen das Verbot ungedeckter Leerverkäufe nur in begrenztem Maße vorstellbar sind und somit ein kapitalmarktrechtliches Vorsatzerfordernis im Rahmen des Art. 12 der Verordnung überflüssig sein könnte.[530] Jedenfalls lässt sich der Schutzzweck des Leerverkaufsverbotes, die Verringerung der von ungedeckten Leerverkäufen ausgehenden Gefahren

529 Vergleiche zu einem Vorsatzerfordernis des Leerverkaufsverbotes gemäß § 30h WpHG a.F. *Mock*, WM 2010, 2248, 2252; zur Begründung des kapitalmarktrechtlichen Vorsatzerfordernis im Rahmen des § 20a WpHG, siehe S. 66.

530 So zur Vorgängerregelung des Art. 12 der Verordnung (EU) Nr. 236/2012 jedenfalls *Mock*, WM 2010, 2248, 2252.

für die Stabilität des Finanzsystems, gegen die Annahme eines allgemeinen kapitalmarktrechtlichen Vorsatzerfordernisses ins Feld führen, da fahrlässig und vorsätzlich durchgeführte Leerverkäufe im Ergebnis ein ähnliches Risikopotential bergen. Zudem sollte berücksichtigt werden, dass sich im gesamten Verordnungstext keinerlei Hinweise auf ein kapitalmarktrechtliches Vorsatzerfordernis finden, was insbesondere in Anbetracht des Detaillierungsgrades des neuen EU-Leerverkaufregimes an einem allgemeinen Vorsatzerfordernis zweifeln lässt. Im Ergebnis ist ein für Art. 12 der Verordnung angeordnetes kapitalmarktrechtliches Vorsatzerfordernis jedenfalls deshalb abzulehnen, weil ein solches in Widerspruch zu § 39 Abs. 2d Nr. 3 WpHG n.F. stünde, welcher bereits einen „leichtfertigen" Verstoß gegen Art. 12 der Verordnung als Ordnungswidrigkeit ahndet.

Letztendlich sind an einen Verstoß gegen das Verbot ungedeckter Leerverkäufe gemäß Art. 12 der Verordnung demnach keinerlei subjektive Voraussetzungen zu knüpfen. Ausschließlich eine ordnungswidrigkeitenrechtliche Sanktionierung eines Verstoßes setzt eine zumindest leichtfertige Verletzung des Verbotstatbestandes voraus.

5. *Zwischenergebnis*

Zusammenfassend lässt sich festhalten, dass das Verbot ungedeckter Leerverkäufe in Aktien gemäß Artikel 12 der Verordnung (EU) Nr. 236/2012 eine komplexe Regelung darstellt, deren Reichweite es unter Berücksichtigung der Durchführungsverordnung (EU) Nr. 827/2012 zu bestimmen gilt.

Aufgrund des hohen Detaillierungsgrades des Art. 12 VO in Verbindung mit der Konkretisierung durch die Durchführungsverordnung 827/2012 muss die Prüfung eines Verordnungsverstoßes im Einzelfall zwar stets anhand des umfangreichen Normenbestandes vorgenommen werden. Im Ergebnis lässt sich anhand einer Gesamtbetrachtung des Leerverkaufsverbotes allerdings feststellen, dass sich eine Differenzierung zwischen unzulässigen ungedeckten Leerverkäufen sowie zulässigen gedeckten Leerverkäufen im Sinne der Verordnung danach vornehmen lässt, ob der Leerverkäufer es in angemessener Weise sichergestellt hat, dass der Leerverkauf bei Fälligkeit auch abgewickelt werden kann.

Letztendlich konkretisiert Art. 12 der Verordnung damit die Bedingungen für die Zulässigkeit einer Vornahme von Leerverkäufen, so dass man im Rahmen der Vorschrift anstatt von einem Verbot ungedeckter Leerverkäufe auch von einer Regulierung von Leerverkäufen sprechen könnte.

Im Folgenden soll nun die dem § 30h WpHG a.F. im Bezug auf die Regulierung ungedeckter Leerverkäufe in öffentlichen Schuldtiteln weitgehend entsprechende Regelung des Art. 13 der Verordnung (EU) Nr. 236/2012 untersucht werden.

III. Beschränkung ungedeckter Leerverkäufe von öffentlichen Schuldtiteln nach Art. 13 VO

Bezüglich der Voraussetzungen, welche Art. 13 der Verordnung 236/2012 an einen Leerverkauf von öffentlichen Schuldtiteln[531] knüpft, kann im Wesentlichen auf die Ausführungen zur Beschränkung ungedeckter Leerverkäufe in Aktien gemäß Art. 12 der Verordnung verwiesen werden.[532] So kann auch ein Leerverkauf öffentlicher Schuldtitel nach Art. 13 Abs. 1 lit. a VO dann vorgenommen werden, wenn sich der Verkäufer die fraglichen Aktien zuvor geliehen oder rechtlich vergleichbare Vorkehrungen getroffen hat,[533] bzw. eine Leihvereinbarung oder einen unbedingt durchsetzbaren Anspruch auf Übertragung einer entsprechenden Anzahl von Wertpapieren derselben Gattung begründet hat (lit. b).[534]

Demgegenüber enthält Art. 13 Abs. 1 lit. c der Verordnung 236/2012 in Verbindung mit dessen Konkretisierung des Art. 7 Verordnung 827/2012 jedoch eine von Art. 12 Abs. 1 lit. c abweichende Bestimmung der Lokalisierungszusage eines Dritten und normiert hierdurch andere Gründe, nach denen ein Leerverkäufer „berechtigterweise erwarten (kann), dass das Geschäft bei Fälligkeit abgewickelt werden kann". Die nachfolgenden Erläuterungen bezüglich des Tatbestandes des Art. 13 der Verordnung 236/2012 sollen sich daher im Wesentlichen auf die von Art. 12 Abs. 1 lit. c abweichende Lokalisierungszusage im Sinne des Art. 13 Abs. 1 lit. c sowie die durch Art. 13 Abs. 2 und 3 der Verordnung vorgesehenen Ausnahmetatbestände beziehen.

1. Die Lokalisierungszusage im Sinne des § 13 Abs. 1 lit. c VO

Als Lokalisierungszusage eines Dritten im Sinne des Art. 13 Abs. 1 lit. c der Verordnung 236/2012 bestimmt Art. 7 Abs. 2 der Verordnung 827/2012 zunächst Standardlokalisierungszusagen, welche einer Zusage im Sinne des Art. 6 Abs. 2 lit. a der Verordnung entsprechen.

Von der Regelung des Art. 6 DVO 827/2012 abweichend bestimmt Art. 7 Abs. 3 DVO 827/2012 als Zusage im Sinne des Art. 13 Abs. 1 lit. c VO jedoch eine „zeitlich befristete Zusage" des Leerverkäufers, dass der Leerverkauf durch Ankäufe am Tag des Leerverkaufes gedeckt sein wird und eine Bestätigung des Dritten, dass der Leerverkäufer unter Berücksichtigung der Marktbedingungen

---

531 Vgl zur Begrifflichkeit des öffentlichen Schuldtitels im Sinne der Verordnung 236/2012 die Darstellung auf S. 146 f.

532 Vgl. *Ludewig/Geilfus*, BaFinJournal 10/2012, 9, 11.

533 Siehe hierzu S. 155 f.

534 Vgl. insoweit die Ausführungen auf den S. 156 f.

und sonstiger am Tag des Leerverkaufes vorliegender Informationen berechtigterweise einen Ankauf der erforderlichen Menge an öffentlichen Schuldtiteln erwarten kann. Ferner qualifiziert Art. 7 Abs. 4 DVO 827/2012 eine „uneingeschränkte Repo-Bestätigung“ als Lokalisierungszusage im Sinne des Art. 13 Abs. 1 lit. c VO 236/2012, nach welcher ein Dritter bestätigt, „aufgrund seiner Beteiligung an einem von der Zentralbank, einer Schuldenverwaltungsstelle oder einem Wertpapierliefer- und Abrechnungssystem organisierten oder betriebenen strukturierten, permanenten System, das uneingeschränkten Zugang zu den betreffenden öffentlichen Schuldtiteln (...) bietet“, berechtigterweise die fälligkeitsgerechte Abwicklung des Leerverkaufes erwarten zu können. Zudem findet sich in Art. 7 Abs. 5 DVO 827/2012 als Konkretisierung einer Zusage in Bezug auf öffentliche Schuldtitel eine „Bestätigung der Problemlosigkeit des Ankaufs“, welche (mit Ausnahme des mangelnden Bezuges zu einer Vormerkungsbestätigung) weitestgehend der Regelung des Art. 6 Abs. 3 lit. c der Verordnung 827/2012 entspricht.

2. Die Ausnahmetatbestände des Art. 13 VO 236/2012

Weiterhin finden sich in Art. 13 Abs. 2 und Abs. 3 der Verordnung Regelungen, in welchen Ausnahmen von der Beschränkung ungedeckter Leerverkäufe von öffentlichen Schuldtiteln des Art. 13 Abs. 1 normiert sind.

So gelten die durch Art. 13 Abs. 1 VO 236/2012 bestimmten Leerverkaufsbeschränkungen nach Art. 13 Abs. 2 nicht, „wenn das Geschäft dazu dienen soll, eine Long-Position in Schuldinstrumenten eines Emittenten abzusichern, deren Kurse eine hohe Korrelation mit den Kursen der betreffenden öffentlichen Schuldtitel aufweisen“.

Hiernach ermöglicht Art. 13 Abs. 2 VO den Leerverkauf von öffentlichen Schuldtiteln im Sinne der Verordnung zum Zwecke des Hedgings von Risiken. Somit wäre beispielsweise ein Leerverkauf griechischer Staatsanleihen zum Zwecke der Absicherung eines Investments in portugiesischen Staatsanleihen zulässig, welche in Anbetracht ihrer Wertabhängigkeit von der weiteren Entwicklung der europäischen Staatsschuldenkrise eine hohe Korrelation zueinander aufweisen.

Eine solche, nach der wirtschaftlichen Intention des Leerverkäufers differenzierende Anwendung der Verordnung (EU) Nr. 236/2012 scheint zwar grundsätzlich sachgerecht, auch wenn durch diese die potentiellen Gefahren der Vornahme ungedeckter Leerverkäufe nicht (in Gänze) ausgeschlossen werden können.

Es ist jedoch kein Grund ersichtlich, warum das Hedgen von Risiken mittels der Vornahme von Leerverkäufen in öffentlichen Schuldtiteln eine zulässige

Marktpraxis im Sinne der Verordnung darstellt, die Vornahme von ungedeckten Leerverkäufen zu Absicherungszwecken demgegenüber jedoch dem Leerverkaufsverbot des Art. 12 VO unterfällt. Die diesbezügliche Differenzierung zwischen ungedeckten Leerverkäufen in Aktien bzw. öffentlichen Schuldtitel erscheint demnach nicht sachgerecht. Außerdem gilt es zu beachten, dass eine ausgewogene Differenzierung bezüglich der Zulässigkeit von Leerverkäufen anhand ihrer wirtschaftlichen Zwecksetzung bereits durch eine konsequente Durchsetzung des § 20a WpHG erreicht werden kann.

Zudem können die aus Art. 13 Abs. 1 resultierenden Beschränkungen von der zuständigen Behörde gemäß Art. 13 Abs. 3 in Verbindung mit Art. 13 Abs. 4 vorübergehend außer Kraft gesetzt werden, sofern ein erheblicher Rückgang des durchschnittlichen Liquiditätsniveaus der betreffenden öffentlichen Schuldtitel zu verzeichnen ist. Auch bezüglich dieser Ausnahmebestimmung mangelt es der Regelung des Art. 12 VO ohne nachvollziehbare Gründe an einem Pendant.

3. *Zwischenergebnis*

Nach ausführlicher Betrachtung des Artikels 13 Abs. 1 der Verordnung (EU) Nr. 236/2012 bleibt festzuhalten, dass sich die Voraussetzungen des Verbotes von ungedeckten Leerverkäufen in Aktien und des Verbotes von ungedeckten Leerverkäufen in öffentlichen Schuldtiteln im Sinne der EU-Leerverkaufsverordnung im Wesentlichen gleichen. Lediglich bezüglich der Abgabe einer Lokalisierungsbestätigung eines Dritten im Sinne der Verordnung ergeben sich im Rahmen des Leerverkaufes öffentlicher Schuldtitel strengere Anforderungen.

Demgegenüber finden sich in Art. 13 Abs. 2 und Abs. 3 der Verordnung Ausnahmetatbestände für Investoren, welche mit Hilfe des Leerverkaufes eines öffentlichen Schuldtitels eine Long-Position in Schuldinstrumenten eines Emittenten absichern (Hedging), bzw. um einem erheblichen Rückgang des durchschnittlichen Liquiditätsniveaus eines öffentlichen Schuldtitels begegnen zu können, bezüglich derer es der Regelung des Art. 12 VO an einem Pendant mangelt. Im Ergebnis darf die Angemessenheit dieser Differenzierung zwischen dem Verbot ungedeckter Leerverkäufe in Aktien bzw. öffentlichen Schuldtiteln allerdings bezweifelt werden.

Daneben statuiert Art. 17 der Verordnung 236/2012 allerdings weitere Ausnahmetatbestände, welche sowohl auf die Beschränkung ungedeckter Leerverkäufe in Aktien gemäß Art. 12, als auch auf die Beschränkung ungedeckter Leerverkäufe von öffentlichen Schuldtiteln nach Art. 13 Anwendung finden.[535]

---

535 Vgl. zu diesem Themenkomplex auch *Mülbert/Sajnovits*, ZBB 2012, 266, 282.

IV. Die Ausnahmetatbestände des Art. 17 VO 236/2012

So gelten Art. 12 und 13 der Verordnung 236/2012 gemäß Art. 17 Abs. 1 der Verordnung nicht für diejenigen Geschäfte, welche aufgrund von Market-Making-Tätigkeiten im Sinne des Art. 2 Abs. 1 lit. k getätigt werden. Hiernach werden Market-Making-Tätigkeiten als Tätigkeiten einer „Wertpapierfirma, eines Kreditinstituts, einer Körperschaft eines Drittlands oder einer lokalen Firma gemäß Art. 2 Abs. 1 Buchstabe l der Richtlinie 2004/39/EG, die Mitglied eines Handelsplatzes oder eines Drittlandmarktes ist, dessen Rechts- und Aufsichtsrahmen von der Kommission gemäß Art. 17 Abs. 2 für gleichwertig erklärt wurde, (definiert), wenn diese in Bezug auf ein an einem Handelsplatz oder außerhalb eines Handelsplatzes gehandeltes Finanzinstrument als Eigenhändler auftreten" und im Rahmen dessen mindestens eine der in Art. 2 Abs. 1 lit. k i-iii aufgeführten Funktionen wahrnehmen.[536] Als Funktionen, welche die vorangehend aufgeführten Market-Maker wahrzunehmen haben, bestimmt Art. 2 Abs. 1 lit. k wiederum das „Stellen fester, zeitgleicher An- und Verkaufskurse vergleichbarer Höhe zu wettbewerbsfähigen Preisen, so dass der Markt regelmäßig und kontinuierlich mit Liquidität versorgt ist" (lit. k i), die „Ausführung von Kundenaufträgen oder Aufträgen, die sich aus einem Handelsauftrag des Kunden ergeben, im Rahmen ihrer normalen Tätigkeiten" (lit. k ii) und die „Absicherung der Positionen, die sich aus den unter den Ziffern i und ii genannten Tätigkeiten ergeben" (lit. k iii).

Weiterhin gelten die Leerverkaufsbeschränkungen der Art. 12 und 13 gemäß Art. 17 Abs. 3 der Verordnung 236/2012 auch nicht „für die Tätigkeiten natürlicher oder juristischer Personen, die infolge einer Vereinbarung mit einem öffentlichen Emittenten als Primärhändler zugelassen sind und als Eigenhändler in Finanzinstrumenten auftreten, die auf dem Primär- oder Sekundärmarkt für öffentliche Schuldtitel gehandelt werden".

Voraussetzung für das Eingreifen der Ausnahmetatbestände des Art. 17 Abs. 1 und 3 ist jedoch gemäß der Absätze 5 und 6, dass die betreffende natürliche oder juristische Person der zuständigen Behörde ihres Herkunftsmitgliedsstaates im Sinne des Art. 2 Abs. 1 lit. i der Verordnung spätestens 30 Kalendertage vor der beabsichtigten Inanspruchnahme ihre Absicht der Inanspruchnahme einer der Ausnahmetatbestände in Schriftform mitteilt. Unter den Voraussetzungen des Art. 17 Abs. 7 ist die zuständige Behörde jedoch zur Untersagung der Inanspruchnahme dieser Ausnahmetatbestände befugt.

---

536 Vergleiche hierzu im Einzelnen *Ludewig/Geilfus*, WM 2013, 1533, 1533 ff.

Ferner schließt Art. 17 Abs. 4 der Verordnung die Geltung der Art. 12 und 13 auch für diejenigen natürlichen oder juristischen Personen aus, „die im Zusammenhang mit der Stabilisierung eines Finanzinstruments nach Kapitel III der Verordnung (EG) Nr. 2273/2003[537] (...) ein Wertpapier leer verkaufen oder eine Netto-Leerverkaufsposition halten".

V. Subjektive Voraussetzungen

Auch bezüglich der subjektiven Voraussetzungen eines Verstoßes gegen das Verbot ungedeckter Leerverkäufe in öffentlichen Schuldtiteln nach Art. 13 der Verordnung kann wiederum auf die Ausführungen zu Art. 12 VO verwiesen werden.[538]

Somit lässt sich auch dem Verbot ungedeckter Leerverkäufe in öffentlichen Schuldtiteln gemäß Art. 13 der EU-Leerverkaufsverordnung kein über das straf- bzw. ordnungswidrigkeitenrechtliche Vorsatzerfordernis hinausgehendes kapitalmarktrechtliches Vorsatzerfordernis entnehmen. Demnach setzt lediglich eine ordnungswidrigkeitenrechtliche Sanktionierung eines Verstoßes gegen Art. 13 der Verordnung gemäß § 39 Abs. 2d Nr. 3 WpHG eine zumindest leichtfertige Verletzung des Verbotstatbestandes voraus.

Nach der Darstellung der Tatbestände der Art. 12 und 13 der Verordnung (EU) Nr. 236/2012 sollen im Folgenden die Rechtsfolgen eines Verstoßes gegen die vorangehend erörterte Regulierung von Leerverkäufen untersucht werden.

VI. Die Rechtsfolgen

Im Rahmen einer Untersuchung der Rechtsfolgen eines Verstoßes gegen die Leerverkaufsregulierung der Art. 12 und 13 der Verordnung (EU) Nr. 236/2012 ist im Weiteren zwischen strafrechtlichen Maßnahmen, zivilrechtlichen Rechtsfolgen sowie aufsichtsrechtlichen Implikationen zu differenzieren.

1. Straf- und ordnungswidrigkeitenrechtliche Sanktionen

Gemäß Art. 41 der EU-Leerverkaufsverordnung legen die Mitgliedsstaaten für Verstöße gegen Regelungen der Verordnung Sanktionen und verwaltungsrechtliche

537 Verordnung (EG) Nr. 2273/2003 der Kommission vom 22. Dezember 2003 zur Durchführung der Richtlinie 2003/6/EG des Europäischen Parlaments und des Rates- Ausnahmeregelungen für Rückkaufprogramme und Kursstabilisierungsmaßnahmen, ABl. L 336 vom 23. 12. 2003, S. 33.

538 Insoweit gelten die Ausführungen auf S. 162 f. entsprechend.

Maßnahmen fest, welche wirksam, verhältnismäßig und abschreckend zu sein haben.[539]

Diesem Regelungsauftrag ist der Gesetzgeber bezüglich der straf- und ordnungswidrigkeitenrechtlichen Sanktionierung von Verordnungsverstößen mit der Regelung der §§ 39 Abs. 2 d Nr. 3 i.V.m. 39 Abs. 4 WpHG n.F. nachgekommen, nach welcher ein vorsätzlicher oder leichtfertiger Verstoß gegen die Leerverkaufsbeschränkungen der Art. 12 und 13 der Verordnung mit einer Geldbuße von bis zu 500. 000 € geahndet wird.[540]

Allerdings könnte die derzeitige Regelung eine Verschärfung erfahren, sofern die ESMA von ihrem in Art. 42 UAbs. 2 verbrieften Recht Gebrauch macht, „zur Gewährleistung eines einheitlichen Ansatzes (der Mitgliedsstaaten) bezüglich der Sanktionen und verwaltungsrechtlichen Maßnahmen" Leitlinien zu erlassen.[541] Die Herbeiführung eines solchen einheitlichen Rechtsrahmens erscheint insoweit insbesondere vor dem Gebot einer Schaffung wirksamer und abschreckender Maßnahmen im Sinne des Art. 42 UAbs. 1 der Verordnung naheliegend, an deren Qualität auch hinsichtlich der durch § 39 Abs. 2 d i.V.m. § 39 Abs. 4 WpHG angeordneten Geldstrafe Zweifel bestehen.

2. *Zivilrechtliche Rechtsfolgen*

Zivilrechtliche Rechtsfolgen für Verstöße gegen die Leerverkaufsbeschränkungen der Art. 12 und 13 der Verordnung (EU) Nr. 236/2012 werden im Rahmen der Verordnung zwar nicht ausdrücklich gefordert,[542] könnten sich jedoch aus allgemeinen Rechtsgrundsätzen des Bürgerlichen Gesetzbuches ergeben. So stellt sich im Folgenden insbesondere die Frage der Verbotsgesetzeigenschaft der Art. 12 und 13 der Verordnung im Sinne des § 134 BGB sowie deren Schutzgesetzqualität im Sinne des § 823 Abs. 2 BGB.

a) Verbotsgesetzeigenschaft im Sinne des § 134 BGB

Zunächst bleibt festzuhalten, dass vom Verbotsgesetzcharakter des § 134 BGB grundsätzlich auch Vorschriften aus dem Recht der Europäischen Union erfasst sind,[543] sofern diese die an ein Verbotsgesetz zu stellenden Voraussetzungen erfüllen. Allerdings wird ein Verstoß gegen die Leerverkaufsbeschränkungen der

---

539 *Mülbert/Sajnovits*, ZBB 2012, 266, 282.

540 *Mülbert/Sajnovits*, ZBB 2012, 266, 282.

541 *Mülbert/Sajnovits*, ZBB 2012, 266, 282.

542 *Mülbert/Sajnovits*, ZBB 2012, 266, 283.

543 *Mülbert/Sajnovits*, ZBB 2012, 266, 282; *Ellenberger*, in: Palandt, § 134 Rn. 3.

Art. 12 und 13 der Verordnung in aller Regel lediglich als „einseitiger Verstoß" zu qualifizieren sein, welcher eine Nichtigkeitsfolge ausschließlich in denjenigen Fällen herbeiführt, in welchen es mit dem Regelungsgehalt der in Rede stehenden Norm unvereinbar wäre, die Wirksamkeit des Rechtsgeschäftes unangetastet zu lassen.[544] Mit einer durch Art. 12 und 13 VO 236/2012 in Verbindung mit § 134 BGB ausgelösten Nichtigkeitsfolge würde die Schutzrichtung der Leerverkaufsverbote jedoch geradezu konterkariert.[545]

So liefe eine Nichtigkeit derjenigen unter Verstoß gegen die Leerverkaufsverordnung zustande gekommenen Geschäftsabschlüsse insbesondere der Zielsetzung des Verordnungsgebers zuwider, „das ordnungsgemäße Funktionieren des Binnenmarktes (…) insbesondere in Bezug auf die Finanzmärkte zu verbessern und ein hohes Maß an Verbraucher- und Anlegerschutz zu gewährleisten".[546] Denn dann müsste jeder Käufer eines Wertpapieres im Sinne der Leerverkaufsbeschränkungen zur Sicherstellung seines vertraglichen Leistungsanspruches Informationen über die dingliche oder schuldrechtliche Deckung seiner Belieferungspflicht einholen, was im anonymen Börsenhandel schlechthin unmöglich wäre und in letzter Konsequenz zu einem Erliegen des Börsenhandels führen könnte.[547]

Zudem würde ein Verbotsgesetzcharakter der Art. 12 und 13 VO 236/2012 den betroffenen Anlegern mögliche Schadensersatzansprüche bei ausbleibender Lieferung nehmen und hierdurch das Risiko erhöhen, „dass Abwicklungen scheitern und Marktvolatilität entsteht", zu dessen Verringerung die eingeführten Leerverkaufsbeschränkungen gerade beitragen sollen.[548]

Der Normzweck der Art. 12 und 13 VO gebiet also gerade nicht die Verbotsgesetzqualität der Leerverkaufsbeschränkungen, so dass diese im Ergebnis nicht als Verbotsgesetze im Sinne des § 134 BGB zu qualifizieren sind.

Allerdings könnten die Leerverkaufsbeschränkungen der Art. 12 und 13 der Verordnung (EU) Nr. 236/2012 Schutzgesetze im Sinne des § 823 Abs. 2 BGB darstellen.

---

544 Vgl. hierzu zur Verbotsgesetzeigenschaft des § 20a WpHG bereits oben, S. 102 f.

545 *Mülbert/Sajnovits*, ZBB 2012, 266, 283.

546 Erwägungsgrund 2 der Verordnung (EU) Nr. 236/2012.

547 *Mülbert/Sajnovits*, ZBB 2012, 266, 282; so auch zum Verbotsgesetzcharakter des § 30 h WpHG a.F. *Mülbert*, in: Assmann/Schneider, § 30 h Rn. 40.

548 Erwägungsgrund 18 der Verordnung (EU) Nr. 236/2012.

b) Schutzgesetzqualität im Sinne des § 823 Abs. 2 BGB

Diesbezüglich bleibt zunächst festzustellen, dass Vorschriften des EU-Sekundärrechts als Schutzgesetze im Sinne der deliktsrechtlichen Haftung des § 823 Abs. 2 BGB in Betracht kommen, sofern diese, wie etwa Verordnungen, unmittelbare Geltung im Verhältnis zum Bürger beanspruchen.[549]

Weiterhin stellt sich jedoch die Frage, ob „der EuGH privatrechtliche Schadensersatzansprüche bei Zuwiderhandlungen nicht nur für möglich, sondern im Interesse einer effektiven Durchsetzung des EG-Rechts (insbesondere im Hinblick auf die Bedeutung des „private enforcement") sogar für geboten (hält), (um...) Verstöße gegen Gemeinschaftsrecht mit Sanktionen zu versehen, die wirksam, verhältnismäßig und abschreckend sind".[550] Sollte eine solche gemeinschaftsrechtskonforme Einschränkung des in § 823 Abs. 2 BGB vorgesehenen „Schutznormkonzeptes" greifen, könnte vorliegend eine Überprüfung der Leerverkaufsbestimmungen der Art. 12 und 13 VO auf deren individualschützenden Charakter unterbleiben und jeder von einem Verordnungsverstoß negativ Betroffene wäre aktivlegitimiert.[551]

aa) Die gemeinschaftsrechtkonforme Auslegung des § 823 Abs. 2 BGB

Allerdings lässt sich eine solche gemeinschaftsrechtkonforme Auslegung des § 823 Abs. 2 BGB keinesfalls auf die von *Wagner*[552] als „stehende Formel" in den einschlägigen Entscheidungen des Gerichtshofs bezeichnete Forderung nach wirksamer, verhältnismäßiger und abschreckender mitgliedsstaatlichen Sanktionierung von Verordnungsverstößen stützen, welche auch in Art. 41 der Verordnung 236/2012 ihren Niederschlag gefunden hat.

So legen die von *Wagner* herangezogenen Entscheidungen[553] eher einen straf- bzw. ordnungswidrigkeitenrechtlichen Bezug des Erfordernisses wirksamer, verhältnismäßiger und abschreckender Sanktionen nahe, welcher auch durch die Verwendung dieser Formel durch den EU-Leerverkaufsverordnungsgeber zur Konkretisierung der mitgliedsstaatlichen „Strafmaßnahmen" (Art. 41 der Verordnung) bestätigt wird. Jedenfalls fordert die Befolgung dieser „Formel" jedoch keine Durchbrechung nationaler Rechtsgrundsätze, solange dem aus dem Prinzip des „effet utile" abzuleitenden Äquivalenzprinzip genüge getan ist und

549 *Wagner*, in: MüKo BGB, § 823 Rn. 336.
550 So *Wagner*, in: MüKo BGB, § 823 Rn. 336 m.w.N.
551 Vgl. hierzu wiederum: *Wagner*, in: MüKo BGB, § 823 Rn. 336.
552 *Wagner*, AcP 206 (2006), 352, 413.
553 *Wagner*, AcP 206 (2006), 352, 412.

an einen Verordnungsverstoß wirksame, verhältnismäßige und abschreckende mitgliedsstaatliche Sanktionen anknüpfen.[554]

Demgegenüber könnte sich das Erfordernis einer gemeinschaftsrechtkonformen Auslegung des § 823 Abs. 2 BGB jedoch aus den wettbewerbsrechtlichen Entscheidungen des EuGH „Courage und Crehan“[555] bzw. „Munoz und Superior Fruiticola“[556] ableiten lassen, in welchen der EuGH unmissverständlich die Bedeutung des private enforcement für eine effektive Durchsetzung wettbewerbsrechtlicher Regelungen hervorhebt.[557] So stellt der EuGH in der Rechtssache „Munoz und Superior Fruiticola“ klar, dass „die volle Wirksamkeit der Regelung (…) voraus (setzt), dass deren Beachtung im Wege des Zivilprozesses durchgesetzt werden kann“ und „eine solche Klagebefugnis (…) die Durchsetzungskraft der gemeinschaftlichen Regelung der Qualitätsnormen“ verstärkt.[558]

Einer solchen gemeinschaftkonformen Auslegung des § 823 Abs. 2 BGB im Rahmen einer zivilrechtlichen Ahndung von Verordnungsverstößen gegen Art. 12 und 13 der Verordnung ließe jedenfalls nicht entgegenhalten, die Einhaltung der Leerverkaufsverbote lasse sich, was die bisherige aufsichtsrechtliche Praxis erwiesen habe, effektiver durch eine aufsichtsrechtliche Überwachung als durch private Schadensersatzklagen erreichen.[559] So lässt sich bereits an der Unmöglichkeit einer Bezifferung des Volumens ungedeckter Leerverkäufe[560] vor Einführung etwaiger Leerverkaufsbeschränkungen die Problematik aufsichtsrechtlichen Vorgehens verdeutlichen.[561] Insbesondere eine zivilrechtliche

---

554 Vgl. hierzu exemplarisch EuGH, Urteil vom 2.10.1991, Rs. C-7/90, Slg. 1991, I-4371, Rn. 11 - „Vandevenne u.a.“; EuGH, Urteil vom 23.01.1997, Rs. C-29/95, Slg. 1997, I-285, Rn. 24 - „Pastoors und Trans-Cap“.

555 EuGH, Urteil vom 20.09.2001, Rs. C-453/99, Slg. 2001, I-6297 - „Courage und Crehan“.

556 EuGH, Urteil vom 17.9.2002 Rs. C-253/00, Slg. 2002, I-7289 - „Munoz und Superior Fruiticola“.

557 Wagner, AcP 206 (2006), 352, 413 ff.

558 EuGH, Urteil vom 17.9.2002 Rs. C-253/00, Slg. 2002, I-7289, Rn. 30 f. - „Munoz und Superior Fruiticola“; ähnlich auch EuGH, Urteil vom 20.09.2001, Rs. C-453/99, Slg. 2001, I-6297, Rn. 26 ff. - „Courage und Crehan“.

559 So aber: *Mülbert/Sajnovits*, ZBB 2012, 266, 284.

560 Allerdings machte der Anteil ungedeckter Leerverkäufe nach Schätzungen einer Studie der Deutschen Bank vor dem Zusammenbruch der Investmentbank Lehman Brothers bis zu 10 Prozent des Umsatzes am amerikanischen Aktienmarkt aus vgl. Der Verkäufer als Bösewicht: Alles Wichtige über Leerverkäufe, in: FAZ vom 13.08.2011, Nr. 187, S. 20.

561 So lässt sich einem am Kapitalmarkt getätigten Geschäft grundsätzlich nicht entnehmen, ob der Verkäufer aus seinem eigenen Bestand, dem Bestand eines Dritten

Schadensersatzhaftung für durch Verordnungsverstöße verursachte Schäden könnte aber wohl eine abschreckende Wirkung entfalten und hierdurch zu einer effektiveren Durchsetzung der Leerverkaufsverbote beitragen.

Letztendlich erscheint es jedenfalls insofern zu weitreichend, dem in Art. 4 Abs. 3 EUV verankerten „Effektivitätsgebot" das Erfordernis einer generellen zivilrechtlichen Haftung für Verordnungsverstöße zu entnehmen, als dem Verordnungsgeber grundsätzlich die Möglichkeit einer „drittschützenden" Ausgestaltung des EU-Sekundärrechts verbleibt und ihm eine darüber hinausgehende Ausgestaltung einer Schadensersatzhaftung im Rahmen des Verordnungstextes obliegt. Im Ergebnis könnte die Reichweite der wettbewerbsrechtlichen Entscheidungen des EuGH für eine gemeinschafstrechtkonforme Auslegung des § 823 Abs. 2 BGB jedoch dahinstehen, käme den Leerverkaufsbeschränkungen der Art. 12 und 13 der Verordnung 236/2012 ein individualschützender Charakter zu.

bb) Der individualschützende Charakter der Art. 12 und 13 der Verordnung 236/2012

Nach ständiger Rechtsprechung des Bundesgerichtshofes wären die Leerverkaufsbeschränkungen der Art. 12 und 13 der Verordnung (EU) Nr. 236/2012 dann als Schutzgesetze im Sinne des § 823 Abs. 2 BGB zu qualifizieren, „wenn sie nach Zweck und Inhalt zumindest auch dazu dienen soll(en), den Einzelnen oder einzelne Personenkreise gegen die Verletzung eines bestimmten Rechtsguts zu schützen".[562] Insoweit ist es jedoch ausreichend, wenn eine Norm auch dem Schutz des Einzelnen zu dienen bestimmt ist, selbst wenn sie vorrangig das Interesse der Allgemeinheit im Auge hat.[563] Letztendlich muss „die Schaffung eines individuellen Schadensersatzanspruchs sinnvoll und im Lichte des haftungsrechtlichen Gesamtsystems tragbar erscheinen, wobei in umfassender Würdigung des gesamten Regelungszusammenhangs, in den die Norm gestellt ist, geprüft werden muss, ob es in der Tendenz des Gesetzgebers liegen konnte, an die Verletzung des geschützten Interesses die deliktische Einstandspflicht mit

---

oder leer verkauft, vgl. Der Verkäufer als Bösewicht: Alles Wichtige über Leerverkäufe, in: FAZ vom 13.08.2011, Nr. 187 S. 20.

562 BGH, Urteil vom 18.11.2003 - VI ZR 385/02 = NJW 2004, 356, 357, Urteil vom 22.06.2010 – VI ZR 212/09 = NZG 2010, 1071, 1072 und Urteil vom 13.12.2011 - XI ZR 51/10 = DB 2012, 450-457 Rn. 21.; vgl. zur Schutzgesetzqualität des § 20a WpHG auch schon S. 110 ff.

563 BGH, Urteil vom 13.12.2011 - XI ZR 51/10 Rn. 21.

allen damit zugunsten des Geschädigten eingreifenden Beweiserleichterungen zu knüpfen".[564]

Im Folgenden ist daher die Schutzgesetzqualität des Art. 12 und 13 VO 236/2012 anhand der von der Rechtsprechung entwickelten Rechtsgrundsätze zu überprüfen.

Hierbei ist zunächst festzustellen, dass sich aus dem Wortlaut der Vorschriften keine eindeutigen Rückschlüsse auf das vom EU-Leerverkaufsverordnungsgeber beabsichtigte Schutzniveau ziehen lassen.

Allerdings könnte eine systematische Einordnung in das „gesamte Regelungsgefüge" der Leerverkaufsbeschränkungen, in dessen Rahmen der Verordnungsgeber in Art. 41 VO ausschließlich ordnungswidrigkeitenrechtliche Sanktionen vorgesehen hat, gegen eine Qualifizierung der Art. 12 und 13 als Schutzgesetze im Sinne der deliktrechtlichen Haftung sprechen.[565] Insoweit ist jedoch zu berücksichtigen, dass es gerade der Charakteristik eines Schutzgesetzes im Sinne des § 823 Abs. 2 BGB entspricht, keine explizit geregelte zivilrechtliche Haftungsfolge auszulösen, sondern dass Vorliegen ausdifferenzierter Haftungsfolgen vielmehr gegen die Schutzgesetzqualität einer Norm ins Feld zu führen wäre.[566] Die Ermangelung einer explizit geregelten Haftungsfolge kann der Schutzgesetzqualität der Leerverkaufsbeschränkungen, ähnlich wie etwa den strafgesetzlichen Vorschriften, danach richtigerweise nicht entgegengehalten werden. Auch das systematische Gesamtgefüge der EU-Leerverkaufsverordnung lässt sich letztendlich also nicht gegen eine Qualifizierung der Art. 12 und 13 der Verordnung 236/2012 als Schutzgesetze im Sinne des § 823 Abs. 2 BGB anführen.

Demgegenüber legen die Erwägungsgründe der EU-Leerverkaufsverordnung sowie das im Rahmen der Rechtsangleichung durch Art. 114 Abs. 3 AEUV geforderte hohe Schutzniveau bezüglich des Verbraucherschutzes einen durch Art. 12 und 13 der Verordnung intendierten Individualschutz nahe.

So bezwecken die Leerverkaufsverbote nicht lediglich umfassenden Marktfunktionenschutz,[567] sondern zielen darüber hinaus auch darauf ab, „ein

---

564 BGH, Urteil vom 13.12.2011 - XI ZR 51/10 Rn. 21 m.w.N.

565 *Mülbert/Sajnovits*, ZBB 2012, 266, 283.

566 So scheint es vielmehr der Charakteristik eines Schutzgesetzes im Sinne des § 823 Abs. 2 BGB geschuldet, gerade keine explizit geregelten zivilrechtlichen Haftungsfolgen auszulösen.

567 Wie dies von *Mülbert/Sajnovits* gegen eine Schutzgesetzqualität der Art. 12 und 13 der Verordnung (EU) Nr. 236/2012 angeführt wird, ZBB 2012, 266, 283.

hohes Maß an Verbraucher- und Anlegerschutz zu gewährleisten".[568] Zwar zielt die Leerverkaufsregulierung der Verordnung (EU) Nr. 236/2012 ausweislich ihres 28. Erwägungsrundes insbesondere darauf ab, „einen ungeordneten Kursverfall eines Finanzinstruments zu verhindern", und hält es für besser einen darüber hinausgehende Verbesserung des Anlegerschutzes im Rahmen der Verordnung 2004/39/EG zu verwirklichen. Allerdings spricht dies nicht dagegen, dass die Verhinderung eines Kursverfalles in diesem Sinne jedenfalls auch zum Schutze der einzelnen Anleger erfolgt.

Darüber hinaus lässt sich wohl auch die Zielsetzung des Verordnungsgebers, durch die Regulierung von Leerverkäufen das potentielle Risiko zu senken, „dass Abwicklungen scheitern und Marktvolatilität entsteht",[569] nicht überzeugend gegen die Schutzgesetzqualität der Art. 12 und 13 der Verordnung anführen.[570] So ließe sich diese Zielsetzung sowohl dem Marktfunktionenschutz als auch dem Anleger- und Verbraucherschutz zuordnen und lässt sich demzufolge schwerlich gegen einen durch den Verordnungsgeber intendierten Individualschutz anführen.

Mithin streitet also neben der durch den Verordnungsgeber beabsichtigten Verbesserung des Verbraucherschutzes auch das durch Art. 114 Abs. 3 AEUV angeordnete hohe Schutzniveau bezüglich des Verbraucherschutzes für einen von der Verordnung zumindest auch intendierten individuellen Anlegerschutz und somit für eine Qualifizierung der Leerverkaufsbeschränkungen als Schutzgesetze im Sinne des § 823 Abs. 2 BGB.

Letztendlich lässt sich auch eine möglicherweise mangelnde Schutzgesetzeigenschaft der §§ 30 h f. WpHG a.F. als Vorgängerregelung der europäischen Leerverkaufsregulierung, welche teilweise auf die Genese der wertpapierhandelsrechtlichen Leerverkaufsregulierung im Rahmen des Anlegerschutz- und Funktionsverbesserungsgesetzes[571] gestützt wird,[572] nicht gegen einen Schutzgesetzcharakter der Artikel 12 und 13 der Verordnung (EU) Nr. 236/2012 anführen. So stellen die Leerverkaufsverbote der Art. 12 und 13 der Verordnung (EU) Nr. 236/2012 keine europarechtliche Umsetzung des § 30h WpHG a. F. dar, sondern sind als europäische Harmonisierung der europäischen

568 Erwägungsgrund 2 der Richtlinie (EU) Nr. 236/2012.
569 Erwägungsgrund 18 der Richtlinie (EU) Nr. 236/2012.
570 So aber *Mülbert/Sajnovits*, ZBB 2012, 266, 283.
571 Entwurf eines Gesetzes zur Stärkung des Anlegerschutzes und Verbesserung der Funktionsfähigkeit des Kapitalmarktes, BT-Drucks. 17/3688.
572 *Mülbert*, in: Assmann/Schneider, § 30h Rn. 41.

Leerverkaufsregulierung zu qualifizieren, infolge derer die nationalen Leerverkaufsbeschränkungen aufzuheben waren.[573]

Im Lichte der Rechtsprechung des BGH zur Schutzgesetzqualität des § 20a WpHG muss jedoch Beachtung finden, dass sich der Gesetzgeber gegen eine allgemeine deliktische Haftung für Vermögensschäden und für eine Anknüpfung an die Verletzung besonders aufgeführter Rechtsgüter entschieden hat, und die auf § 826 BGB beschränkte Gewährleistung eines Vermögensschutzes daher nicht durch eine uferlose Anerkennung von Schutzgesetzen unterlaufen werden darf.[574] Mithin setzt ein über § 823 Abs. 2 BGB hergeleiteter individueller Anlegerschutz voraus, dass ein solcher vom teleologischen Gehalt der Leerverkaufsbeschränkungen der Art. 12 und 13 der Verordnung (EU) Nr. 236/2012 umfasst ist.

Im Ergebnis ist der Individualschutz sowohl vor dem Hintergrund eines effektiven Funktionenschutzes des Wertpapiermarktes als auch eines angemessenen Anleger- und Verbraucherschutzes vom teleologischen Gehalt der Leerverkaufsverbote umfasst.

So ließ sich bereits an den Ausführungen zur Schutzgesetzqualität des § 20a WpHG verdeutlichen, dass ein umfassender Marktfunktionenschutz letztendlich nicht losgelöst von einem individuellen Schutz des einzelnen Anlegers zu erreichen ist, sich effektiver Funktionenschutz und angemessener Anlegerschutz vielmehr gegenseitig bedingen.[575] Da eine effektive Überwachung und Durchsetzung der EU-Leerverkaufsbeschränkungen erheblichen Schwierigkeiten ausgesetzt ist, ließe sich in der Begründung eines teleologisch intendierten Individualschutzes auch auf die voranstehend erörterte Rechtsprechung des Europäischen Gerichtshofes zur haftungsrechtlichen Durchsetzung von Kartellrechtsverstößen zurückgreifen, in deren Rahmen der EuGH die Bedeutung des „private enforcement“ insbesondere für aufsichtsrechtlich unzureichend zu überwachende Verordnungsverstöße hervorhebt.

Weiterhin lässt sich die individuelle Schutzrichtung der Leerverkaufsbeschränkungen jedoch aus dem Ursprung der Leerverkaufsregulierung folgern, in deren Mittelpunkt neben dem Schutz der Funktionsfähigkeit der Wertpapiermärkte

---

573 Vgl. den Entwurf des Gesetzes zur Ausführung der Verordnung (EU) Nr. 236/2012 des Europäischen Parlaments und des Rates vom 14. März 2012 über Leerverkäufe und bestimmte Aspekte von Credit Default Swaps (EU-Leerverkaufs- Ausführungsgesetz), BT-Drucks. 17/9665, S. 1 f und bereits S. 17.

574 BGH, Urteil vom 13.12.2011 - XI ZR 51/10 Rn. 26 m.w.N.

575 Vgl. *Ekkenga*, ZIP 2004, 781, 785 sowie die ausführliche Erörterung dieser Thematik auf S. 118 f.

die Sorge um „systemrelevante Emittenten" der Finanzbranche (wie etwa Bankinstitute und Versicherungen sowie Mitgliedsstaaten der Eurozone) stand. Dass insoweit der Individualschutz vom Telos der Leerverkaufsverbote umfasst ist, wird dabei insbesondere an der Beschränkung ungedeckter Leerverkäufe von öffentlichen Schuldtiteln gemäß Art. 13 der Verordnung deutlich, welcher neben dem Schutz des Marktes für öffentliche Schuldtitel in Anbetracht der Entstehungsgeschichte der Leerverkaufsverbote[576] zweifelsohne auch dem Schutz europäischer Staaten vor deren finanziellem Zusammenbruch zu dienen bestimmt ist. Allerdings setzt ein effektiver Schutz der Emittenten von Finanzinstrumenten im Ergebnis einen haftungsrechtlich flankierten individuellen Anlegerschutz voraus, welcher dazu geeignet ist, das Vertrauen der einzelnen Investoren in den Markt und deren Emittenten zu sichern.[577]

Folglich bezwecken die Leerverkaufsverbote der Art. 12 und 13 der Verordnung neben einem Schutz der Funktionsfähigkeit des Wertpapiermarktes auch den Schutz einzelner Emittenten wie auch deren Anleger und sind demnach richtigerweise als Schutzgesetze im Sinne der deliktischen Haftung des § 823 Abs. 2 BGB zu qualifizieren.

3. *Aufsichtsrechtliche Maßnahmen*

Darüber hinaus ergeben sich aus Kapitel 5 der Verordnung 236/2012 „Eingriffsbefugnisse der zuständigen (nationalen) Behörden und der ESMA", welche ein über die Bestimmungen der Art. 12 und 13 der Verordnung hinausgehendes aufsichtsrechtliches Vorgehen gegen die Vornahme von Leerverkäufen ermöglichen. Diese Eingriffsbefugnisse lassen sich wiederum in solche der BaFin (welche für die Bundesrepublik Deutschland durch § 31 Abs. 1 WpHG n.F. als zuständige Behörde im Sinne des Art. 32 der Verordnung (EU) Nr. 236/2012 benannt wird), sowie solche der European Securities and Markets Authority (ESMA) untergliedern.

a) Maßnahmen der BaFin

Zunächst normiert Art. 20 der Verordnung die Befugnis der BaFin, im Falle „ungünstiger Ereignisse oder Entwicklungen (...), die eine ernstzunehmende Bedrohung für die Finanzstabilität oder das Marktvertrauen (...) darstellen",[578] ein

576 Vgl. hierzu wiederum die Ausführungen im 1. Kapitel der vorliegenden Arbeit., S. 21 ff.

577 Vgl. hierzu wiederum die ausführliche Begründung auf S. 116 f.

578 Eine Konkretisierung der Kriterien und Faktoren, nach welcher sich das Vorliegen ungünstiger Ereignisse oder Entwicklungen bestimmen lässt, findet sich

vollständiges Verbot von Leerverkäufen und anderen Finanzinstrumenten zu verhängen, „welche im Falle einer Kurs- oder Wertminderung eines anderen Finanzinstruments einen finanziellen Vorteil" erzielen. Allerdings wird in Art. 20 Abs. 1 lit. b der Verordnung für eine solche Maßnahme neben deren Erforderlichkeit vorausgesetzt, dass „die Effizienz der Finanzmärkte im Vergleich zum Nutzen der Maßnahme nicht unverhältnismäßig beeinträchtigt wird". Zudem gebietet Art. 25 Abs. 1 der Verordnung die Veröffentlichung jedes Beschlusses zur Verhängung oder Verlängerung einer solchen Maßnahme unter Berücksichtigung der in Art. 25 Abs. 2 aufgestellten Voraussetzungen, während die Gültigkeit der Maßnahme durch Art. 24 der Verordnung auf „höchstens drei Monate ab dem Zeitpunkt der Veröffentlichung der in Art. 25 genannten Bekanntmachung" beschränkt ist.

Des Weiteren ermöglicht Art. 23 der Verordnung eine „befristete Beschränkung des Leerverkaufes von Finanzinstrumenten bei signifikantem Kursverfall", deren Geltung durch Art. 25 Abs. 2 allerdings grundsätzlich auf das Ende des auf den Kursverfall folgenden Handelstages beschränkt ist und die höchstens um zwei weitere Handelstage verlängert werden kann. Ein ein solches Leerverkaufsverbot rechtfertigender Kursverfall ist wiederum nach Maßgabe des Art. 25 Abs. 5 der Verordnung zu bestimmen und beträgt in Anlehnung an Verordnung (EG) Nr. 1287/2006 im Falle liquider Aktien eine Wertminderung um 10 % oder mehr und im Falle illiquider Aktien eine von der Kommission festzulegende Höhe.[579]

in Art. 24 der delegierten Verordnung (EU) Nr. 918/2012 der Kommission vom 5. Juli 2012 zur Ergänzung der Verordnung (EU) Nr. 236/2012 des Europäischen Parlaments und des Rates über Leerverkäufe und bestimmte Aspekte von Credit Default Swaps im Hinblick auf Begriffsbestimmungen, die Berechnung von Netto-Leerverkaufspositionen, gedeckte Credit Default Swaps auf öffentliche Schuldtitel, Meldeschwellen, Liquiditätsschwellen für die vorübergehende Aufhebung von Beschränkungen, signifikante Wertminderungen bei Finanzinstrumenten und ungünstigen Ereignissen.

579 Das Erfordernis einer Wertminderung bei illiquiden Finanzinstrumenten lässt sich wiederum Art. 23 der delegierte Verordnung (EU) Nr. 918/2012 der Kommission vom 5. Juli 2012 zur Ergänzung der Verordnung (EU) Nr. 236/2012 des Europäischen Parlaments und des Rates über Leerverkäufe und bestimmte Aspekte von Credit Default Swaps im Hinblick auf Begriffsbestimmungen, die Berechnung von Netto-Leerverkaufspositionen, gedeckte Credit Default Swaps auf öffentliche Schuldtitel, Meldeschwellen, Liquiditätsschwellen für die vorübergehende Aufhebung von Beschränkungen, signifikante Wertminderungen bei Finanzinstrumenten und ungünstigen Ereignissen entnehmen.

Darüber hinaus werden die zuständigen Behörden der Mitgliedsstaaten[580] „mit allen für die Wahrnehmung ihrer Aufgaben gemäß dieser Verordnung erforderlichen Aufsichts- und Ermittlungsbefugnissen ausgestattet" (Art. 33 Abs. 1 VO). Diese finden sich wiederum in den Buchstaben a) bis f) des Artikels 33 Abs. 2 der Verordnung konkretisiert, nach welchem die BaFin insbesondere dazu befugt ist, „die Einstellung von Praktiken zu verlangen, die gegen die Bestimmungen dieser Verordnung verstoßen" (lit. f).

b) Maßnahmen der ESMA

Nach Art. 27 Abs. 1 der Verordnung (EU) Nr. 236/2012 hat die ESMA bei den zuvor dargelegten Maßnahmen der zuständigen Behörden eine unterstützende und koordinierende Rolle, wobei sie insbesondere die Sicherstellung eines kohärenden Ansatzes der getroffenen Maßnahmen sicherzustellen hat. Insoweit gibt sie gemäß Absatz 2 der Bestimmung innerhalb von 24 Stunden nach Verhängung oder Verlängerung einer Maßnahme auf Grundlage der Art. 18 bis 21 der Verordnung eine Stellungnahme bezüglich der Notwendigkeit einer solchen Maßnahme ab. Werden von einer (nationalen mitgliedsstaatlichen) zuständigen Behörde, entgegen der Stellungnahme der ESMA, Maßnahmen vorgeschlagen oder ergriffen, so liegt es im Ermessen der ESMA, ihrerseits von ihren Eingriffsbefugnissen auf Grundlage des Art. 28 VO Gebrauch zu machen (Art. 27 Abs. 3 VO).

Insoweit gewährleistet Art. 28 Abs. 1 lit. b der Verordnung der ESMA insbesondere das Recht, Leerverkaufsverbote bzw. Beschränkungen anzuordnen, sofern „die ordnungsgemäße Funktionsweise und Integrität der Finanzmärkte oder die Stabilität des gesamten oder eines Teils des Finanzsystems" bedroht ist „und die Auswirkungen grenzübergreifend sind" (Abs. 2 lit. a) und „keine zuständige Behörde Maßnahmen ergriffen hat, um der Bedrohung zu begegnen, oder eine oder mehrere der zuständigen Behörden Maßnahmen ergriffen haben, die der Bedrohung nicht in angemessener Weise gerecht werden" (Abs. 2 lit. b).

Allerdings hat die ESMA hierbei die Voraussetzungen des Art. 28 Abs. 3 der Verordnung zu berücksichtigen und die betreffende zuständige Behörde grundsätzlich spätestens 24 Stunden vor dem Inkrafttreten der Maßnahme zu unterrichten (Abs. 5 und 6) und den Beschluss zur Verhängung oder Verlängerung einer solchen Maßnahme auf ihrer Webseite bekannt zu geben (Abs. 7). Gemäß Art. 28 Abs. 11 der Verordnung erhält eine unter diesen Voraussetzungen

580 Welche gemäß Art. 32 der Verordnung durch die Mitgliedsstaaten zu benennen sind.

zustande gekommene Maßnahme sodann jedoch den Vorrang vor allen etwaigen früheren Maßnahmen einer (nationalen mitgliedsstaatlichen) zuständigen Behörde.

c) Zwischenergebnis

Zusammenfassend lässt sich demnach festhalten, dass Verstöße gegen die Verbote ungedeckter Leerverkäufe nach Artikel 12 und 13 der EU-Leerverkaufsverordnung sowohl straf- bzw. ordnungswidrigkeitenrechtliche als auch zivil- und aufsichtsrechtliche Rechtsfolgen auslösen (können).

So werden Verstöße gegen die Leerverkaufsverbote der Artikel 12 und 13 der Verordnung gemäß § 39 Abs. 2d Nr. 3 i.V.m. § 39 Abs. 4 WpHG n.F. mit eines Geldbuße von bis zu 500.000 € geahndet.

Zivilrechtlich haben Verstöße gegen die Leerverkaufsverbote der Artikel 12 f. der Verordnung zwar nicht die Nichtigkeit der zugrundeliegenden Vertragsschlüsse nach § 134 BGB zur Folge. Allerdings sind die Bestimmungen der Artikel 12 und 13 der Verordnung richtigerweise als Schutzgesetze im Sinne des § 823 Abs. 2 BGB zu qualifizieren und demnach dazu geeignet, sowohl im Verhältnis des Leerverkäufers zu geschädigten Anlegern als auch zu geschädigten Emittenten Schadensersatzansprüche auszulösen.

Weiterhin begründen Kapitel V und VI der Verordnung (EU) Nr. 236/2012 weitreichende Befugnisse für ein aufsichtsrechtliches Einschreiten der Europäischen Wertpapier- und Marktaufsichtbehörde (ESMA) und der Bundesanstalt für Finanzdienstleistungsaufsicht (BaFin), durch welche die nationale Vorgängerregelung des § 4a WpHG abgelöst wurde.

Im Folgenden soll nun das Verhältnis der sich aus Art. 12 und 13 der Verordnung (EU) Nr. 236/2012 ergebenden Leerverkaufsbeschränkungen zu der in Kapitel II der vorliegenden Arbeit dargelegten kapitalmarktrechtlichen Regulierung von Leerverkäufen erörtert werden.

VII. Konkurrenzverhältnis zu kapitalmarktrechtlichen Bestimmungen

Nach dem insbesondere durch den Europäischen Gerichtshof in ständiger Rechtsprechung geprägten Grundsatz vom „Vorrang des Europarechts“[581],

581 EuGH, Urteil vom 05.02.1963, Rs. 26/62, Slg. 1963, 3 - „Van Gend&Loos“; EuGH, Urteil vom 15.07.1964, Rs. 6/64, Slg. 1964, 1141 - “Costa/ENEL”; EuGH, Urteil vom 17.12.1970, Rs. 11/70, Sl. 1970, 1125 - “Internationale Handelsgesellschaft”; EuGH, Urteil vom 09.03.1978, Rs. 106/77, Slg. 1978, 629 - „Simmenthal“.

welcher sich nicht lediglich auf das Recht des AEUV, sondern auch auf das in dessen Rahmen gesetzte Sekundärrecht erstreckt,[582] könnten die allgemeinen kapitalmarktrechtlichen Bestimmungen der §§ 20a, 14 WpHG 59, 113 InvG und 26 BörsG bezüglich ihrer Anwendbarkeit auf die Vornahme von Leerverkäufen verdrängt sein. Allerdings würde der Anwendungsvorrang der Verordnung (EU) Nr. 236/2012 eine Kollision mit den genannten kapitalmarktrechtlichen Bestimmungen voraussetzen,[583] an welcher es jedoch ersichtlich mangelt.

So lässt sich aus den Leerverkaufsverboten der Art. 12 und 13 der Verordnung, welche lediglich die Durchführung bestimmter Leerverkaufskonstellationen untersagen, wohl kaum der Schluss folgern, alle anderen Leerverkaufskonstellationen seien, auch wenn sie unter Verstoß gegen kapitalmarktrechtliche Vorschriften der Mitgliedsstaaten erfolgen, zulässig. Dies lässt sich für die Vorschriften des Investment- und Börsengesetzes bereits an der wesentlich von der Verordnung abweichenden Schutzrichtung der Bestimmungen verdeutlichen, welchen eine der Gefährlichkeit des Leerverkaufes geschuldete Anleger schützende Zielrichtung beizumessen ist. Allerdings lassen sich auch im Einklang mit der Leerverkaufsregulierung der Verordnung 236/2012 Verstöße gegen das Marktmanipulationsverbot des § 20a WpHG sowie das Insiderhandelsverbot des § 14 Abs. 1 S. 1 WpHG begehen, so dass sich auch deren Fortgeltung bezüglich der Durchführung von Leerverkäufen gebietet.

Demzufolge behält die in Kapitel II der Arbeit vorgenommene Untersuchung der „nationalen kapitalmarktrechtlichen Regulierung" von Leerverkäufen auch nach Inkrafttreten der Leerverkaufsverordnung der EU zum 1. November 2012 ihre Gültigkeit. Im Ergebnis wird jedoch die Marktmanipulation im Sinne des § 20a Abs. 1 S. 1 Nr. 2 WpHG im Rahmen eines durch Leerverkäufe in großem Ausmaße vorgespiegelten Überangebotes nach Inkrafttreten der Leerverkaufsverbote der Art. 12 und 13 der Verordnung sowie der nachfolgend noch darzustellenden Melde- und Offenlegungsbestimmungen des Kapitels II der Verordnung faktisch unmöglich, insbesondere da ein durch Leerverkäufe suggeriertes irreführendes Überangebot als Folge der Offenlegungspflicht des Art. 7 der Verordnung (EU)

582 *Oppermann/Classen/Nettesheim*, Europarecht, § 10 Rn. 10 m.w.N.

583 Vgl. *Haltern*, Europarecht, Rn. 931; *Oppermann/Classen/Nettesheim*, Europarecht, § 10 Rn. 4.

Nr. 236/2012 fortan zweifelsfrei der Durchführung von Leerverkäufen zuzuordnen ist.[584]

Nachfolgend soll sodann eine rechtsvergleichende Betrachtung der durch die Art. 12 und 13 der Verordnung 236/2012 vorgenommenen Leerverkaufsregulierung mit dem Leerverkaufsverbot des § 30 h WpHG a.F. vorgenommen werden, welche sich jedoch aus Gründen geringer praktischer Relevanz auf eine Darstellung der wesentlichen Unterschiede beschränken soll.

VIII. Vergleich zu § 30h WpHG a.F.

Ein offenkundiger Unterschied zwischen den „EU-Leerverkaufsverboten" und den vorangegangenen Leerverkaufsverboten des Wertpapierhandelsgesetzes besteht zunächst hinsichtlich des Umfangs, des Detaillierungsgrades, der Komplexität sowie der geringeren Zugänglichkeit der Neuregelung.[585]

Allerdings weicht das umfangreiche Regelungsgefüge der EU-Leerverkaufsverordnung, entgegen der Einschätzung des Gesetzgebers des EU-Leerverkaufs-Ausführungsgesetzes,[586] auch inhaltlich in einigen wesentlichen Punkten von der Regelung der §§ 30h ff. WpHG a.F. ab. So unterscheiden sich die Regelungen insbesondere bezüglich der den Leerverkaufsbeschränkungen zugrundegelegten Definition des Leerverkaufes, durch welche sich Anwendungsbereich und Reichweite der Verbote bestimmen.

Eine divergierende Definition der Begrifflichkeit eines Leerverkaufes resultiert insoweit bereits aus dem, der europäischen Leerverkaufsregulierung durch delegierten Rechtsakt (Art. 3 Abs. 1 DVO 918/2012) zugrundegelegten zweispurigen Eigentumsdefinition, welche in Abweichung zum wertpapierhandelsrechtlichen Leerverkaufsregime sowohl an die Eigentumsposition des Verkäufers im rechtlichen- als auch im wirtschaftlichen Sinne anknüpft (legal/beneficial ownership).[587]

Des Weiteren trifft die Verordnung auch bezüglich des für das Vorliegen eines Leerverkaufes maßgeblichen Beurteilungszeitpunktes eine von den

---

584 Allerdings birgt gerade auch die Offenlegungspflicht des Art. 6 der Verordnung (EU) Nr. 236/2012 die Gefahr erheblicher Kursschwankungen, welchen im Rahmen der Verordnung grundsätzlich gerade entgegengewirkt werden soll.

585 *Mülbert/Sajnovits*, ZBB 2012, 266, 285.

586 Entwurf eines Gesetzes zur Ausführung der Verordnung (EU) Nr. 236/2012 des Europäischen Parlaments und des Rates vom 14. März 2012 über Leerverkäufe und bestimmte Aspekte von Credit Default Swaps (EU-Leerverkaufs-Ausführungsgesetz), BT-Drucks. 17/9665, S. 1.

587 *Mülbert/Sajnovits*, ZBB 2012, 266, 285; vgl. hierzu auch schon S. 148 ff.

Bestimmungen der §§ 30h f. WpHG a.F. abweichende Regelung, wenn sie hierfür den Zeitpunkt des Geschäftsschlusses anstatt das Ende des jeweiligen Handelstages bestimmt und somit auch den nach der wertpapierhandelsrechtlichen Regelung zulässigen „inter-day Leerverkauf“ verbietet.[588] Zu einem gegenüber den § 30h f. WpHG a.F. erweiterten Anwendungsbereich der Art. 12 und 13 der Verordnung 236/2012 dürfte weiterhin die Unzulässigkeit einer innerhalb eines Konzerns gehaltenen Saldierung von Long- und Short-Positionen führen, welche im Rahmen der wertpapierhandelsrechtlichen Leerverkaufsverbote als sogenanntes „Konzernprivileg“ bezeichnet wurde.[589]

Zudem beschränkt sich der Anwendungsbereich des Verbotes ungedeckter Schuldtitel gemäß Art. 13 der Verordnung nunmehr nicht mehr ausschließlich auf Schuldtitel von Mitgliedstaaten der Europäischen Union (vgl. dagegen § 30h Abs. 1 S. 1 Nr. 2 WpHG a.F.), sondern erfasst mit seiner erweiterten Definition des öffentlichen Schuldtitels auch die Schuldtitel anderer Staaten.[590]

Demgegenüber erweitern die Regelungen der Art. 12 und 13 der Verordnung 236/2012 die Möglichkeiten der Deckung eines Leerverkaufes gegenüber § 30h WpHG a.F. allerdings um die „Lokalisierungszusage eines Dritten“ und verringern somit die Anforderungen an eine zulässige Vornahme gedeckter Leerverkäufe.[591]

Zusammenfassend lässt sich danach festhalten, dass für das EU-Leerverkaufsregime ein gegenüber den wertpapierhandelsrechtlichen Leerverkaufsverboten erweiterter Anwendungsbereich besteht, im Gegenzug allerdings die Anforderungen an eine Durchführung gedeckter Leerverkäufe gelockert sind.

Um eine umfassende Bewertung der neuen Leerverkaufsregulierung vornehmen zu können, soll im Folgenden eine Untersuchung des Kapitels II der Verordnung (EU) Nr. 236/2012, „Transparenz von Netto-Leerverkaufspositionen“, erfolgen, welches neben den Leerverkaufsverboten der Art. 12 ff. VO die zweite Säule des EU-Leerverkaufsregimes bildet.

---

588 *Ludewig/Geilfus*, BaFinJournal 10/2012, 9, 10; *Mülbert/Sajnovits*, ZBB 2012, 266, 269 und 271; vgl. auch S. 147 f.

589 *Mülbert/Sajnovits*, ZBB 2012, 266, 271; *Mülbert*, in: Assmann/Schneider, § 30h Rn. 21.

590 *Mülbert/Sajnovits*, ZBB 2012, 266, 273; vgl. auch S. 146 f.

591 Vgl. zu den Voraussetzungen einer solchen Lokalisierungsbestätigung die Darstellung auf den S. 157 ff.

C. Die Transparenz von Netto-Leerverkaufspositionen nach Kapitel II der Verordnung (EU) Nr. 236/2012

Das Transparenzsystem von Netto-Leerverkaufspositionen in Aktien bzw. Öffentlichen Schuldtiteln[592] besteht im Wesentlichen aus der in Art. 5 der Verordnung normierten „Meldung signifikanter Netto-Leerverkaufspositionen in Aktien an die zuständige Behörde", der in Art. 6 VO vorgesehenen „Offenlegung signifikanter Netto-Leerverkaufspositionen in Aktien gegenüber der Öffentlichkeit" sowie der „Meldung signifikanter Netto-Leerverkaufspositionen in öffentlichen Schuldtiteln" an die zuständige Behörde gemäß Art. 7 der Verordnung.

Im Folgenden soll nun zunächst eine kurze Darstellung der einzelnen Melde- bzw. Offenlegungsvorschriften erfolgen.

I. Das Melde- bzw. Offenlegungsregime

Die in Kapitel II der Verordnung 236/2012 geregelte „Transparenz von Netto-Leerverkaufspositionen" besteht bezüglich der Transparenz von Netto-Leerverkaufspositionen in Aktien in einem zweigliedrigen Melde- bzw. Offenlegungsregime, welches in Abhängigkeit des Ausmaßes der gehaltenen Leerverkaufspositionen zwischen einem Meldeerfordernis gegenüber der zuständigen Behörde (Art. 5 VO), einer Offenlegungspflicht gegenüber der Öffentlichkeit (Art. 6 VO) und einer Pflicht zur Meldung signifikanter Netto-Leerverkaufspositionen in öffentlichen Schuldtiteln gegenüber der zuständigen Behörde (Art. 7 VO) differenziert.[593]

1. Die Meldung signifikanter Netto-Leerverkaufspositionen in Aktien nach Art. 5 VO

Gemäß Art. 5 der Verordnung (EU) Nr. 236/2012 melden „natürliche oder juristische Personen, die eine Netto-Leerverkaufsposition im ausgegebenen Aktienkapital eines Unternehmens, dessen Aktien an einem Handelsplatz zugelassen sind, halten", diese „gemäß Art. 9 der jeweils zuständigen Behörde, wenn die Position eine in Absatz 2 des vorliegenden Artikels genannte Meldeschwelle erreicht oder unterschreitet". Nach Art. 5 Abs. 2 der Verordnung liegen die maßgeblichen

---

592 Auf welches sich die vorliegenden Arbeit auf Grund der thematischen Eingrenzung auf die Regulierung von Leerverkäufen beschränkt und demnach die in Art. 8 der Verordnung normierte Meldung ungedeckter Positionen in Credit Default Swaps auf öffentliche Schuldtitel außer Betracht lässt.

593 Vgl. *Ludewig/Geilfus*, BaFinJournal 10/2012, 9, 11f.

Meldeschwellen wiederum bei 0,2 % und danach jeweils in Intervallen von 0,1 % des ausgegebenen Aktienkapitals des betreffenden Unternehmens.

Folglich hat ein Inhaber einer Netto-Leerverkaufsposition im ausgegebenen Aktienkapital eines Unternehmens eine Meldung an die zuständige Behörde gemäß Art. 5 VO bei Erreichen, Über- oder Unterschreiten des Schwellenwertes von 0,2 % und oberhalb dieser Schwelle bei Veränderungen in 0,1 % Intervallen vorzunehmen.[594]

2. *Die Offenlegung signifikanter Netto-Leerverkaufspositionen in Aktien nach Art. 6 VO*

Weiterhin legen nach Art. 6 Abs. 1 der Verordnung „natürliche oder juristische Personen, die eine Netto-Leerverkaufsposition im ausgegebenen Aktienkapital eines Unternehmens, dessen Aktien an einem Handelsplatz zugelassen sind, halten (...) die Einzelheiten dieser Position im Einklang mit Art. 9 offen, wenn sie eine in Absatz 2 des vorliegenden Artikels genannte Offenlegungsschwelle erreicht oder unterschreitet." Diese Offenlegungsschwelle liegt gemäß Art. 6 Abs. 2 VO „bei einem Prozentsatz von 0,5 % und danach jeweils in Intervallen von 0,1 % des ausgegebenen Aktienkapitals des betreffenden Unternehmens".

Halter von Netto-Leerverkaufspositionen in Aktien haben diese demnach auch gegenüber der Öffentlichkeit offenzulegen, wenn ihre Leerverkaufsposition die Offenlegungsschwelle von 0,5 % des ausgegebene Aktienkapitals des betreffenden Unternehmens erreicht, überschreitet oder unterschreitet, bzw. oberhalb dieses Schwellenwertes eine Veränderung in Intervallen von 0,1 % zu verzeichnen ist.[595]

3. *Die Meldung signifikanter Netto-Leerverkaufspositionen in öffentlichen Schuldtiteln nach Art. 7 VO*

Im Gegensatz zu den Melde- und Offenlegungspflichten von Netto-Leerverkaufspositionen in Aktien ist das Transparenzsystem der EU-Leerverkaufsverordnung bezüglich der in öffentlichen Schuldtiteln gehaltenen Netto-Leerverkaufspositionen auf eine Meldung gegenüber der zuständigen Behörde gemäß Art. 7 der Verordnung beschränkt. Hiernach sind Netto-Leerverkaufspositionen in öffentlichen Schuldtiteln der zuständigen Behörde zu melden, sofern die von der Kommission in Bezug auf jeden öffentlichen

---

594 Vergleiche *Mülbert/Sajnovits*, ZBB 2012, 266, 280; *Ludewig/Geilfus*, BaFinJournal 10/2012, 9, 12.

595 Hierzu *Mülbert/Sajnovits*, ZBB 2012, 266, 281.

Emittenten gesondert festgelegten Schwellenwerte (Art. 7 Abs. 2 und 3 VO) erreicht oder unterschritten werden. Bei der Festlegung dieser Schwellenwerte hat die Kommission nach Art. 7 Abs. 3 der Verordnung sicherzustellen, dass minimale Netto-Leerverkaufspositionen keine Meldung erfordern (lit. a), der ausstehende Gesamtbetrag der ausgegebenen Schuldtitel Berücksichtigung findet (lit. b) und die Liquidität jedes Marktes für öffentliche Schuldtitel berücksichtigt wird (lit. c).

Leerverkäufe in deutschen Staatsanleihen müssen hiernach erst ab einem Volumen von 0,5 % im mit der Kapitalbindungsdauer gewichteten Emissionsvolumen von 5840 Milliarden Euro und demnach erst ab einem Umfang von 29 Milliarden Euro an die zuständige Aufsichtsbehörde[596]gemeldet werden.[597]

4. *Subjektives Element*

Auch bezüglich der an eine Verletzung der Art. 5 bis 7 der Verordnung (EU) Nr. 236/2012 zu stellenden subjektiven Voraussetzungen kann auf die Ausführungen zu Art. 12 der Verordnung verwiesen werden. Demzufolge begründen auch die Art. 5 bis 7 der Verordnung kein eigenständiges kapitalmarktrechtliches Vorsatzerfordernis und setzen lediglich im Rahmen einer ordnungswidrigkeitenrechtlichen Saktionierung von Verordnungsverstößen gemäß § 39 Abs. 2d Nr. 1 und Nr. 2 WpHG n.F. eine zumindest leichtfertige Verletzung der Transparenzpflichten voraus.

Als Anknüpfungspunkt des durch die EU-Leerverkaufsverordnung statuierten Transparenzsystems der Art. 5 bis 7 VO 236/2012 ist allerdings das Halten einer Netto-Leerverkaufsposition zu qualifizieren, welches es im Folgenden näher zu beleuchten gilt.

II. Die Netto- Leerverkaufsposition

Eine Netto-Leerverkaufsposition im Sinne der Verordnung in dem von einer Aktiengesellschaft ausgegebenen Aktienkapital (Art. 2 Abs. 1 lit. h VO) bzw. in den von einem öffentlichen Emittenten ausgegebenen öffentlichen Schuldtiteln (Art. 2 Abs. 1 lit. g VO) ergibt sich gemäß Art. 3 Abs. 4 bzw. Art. 3 Abs. 5 der Verordnung durch Saldierung aller von einer natürlichen oder juristischen Person an dem betreffenden Unternehmen oder öffentlichen Emittenten gehaltenen

596 D. h. in Deutschland an die BaFin bzw. die ESMA, hierzu S. 177 ff.

597 Vgl. Verbot ungedeckter Leerverkäufe tritt in Kraft, in: FAZ vom 31. Oktober 2012, Nr. 254, S. 17; vgl. auch *Ludewig/Geilfus*, BaFinJournal 10/2012, 9, 12.

Short-Positionen mit allen gehaltenen Long-Positionen.[598] Insoweit stellt sich allerdings die Frage, welche Positionen als Short- bzw. Long-Positionen im Sinne der Verordnung in diese Saldierung einzubeziehen sind.

1. *Saldierungsfähige Long- und Short-Positionen*

Gemäß Art. 10 Abs. 3 DVO 918/2012 werden bei der Berechnung von Netto-Leerverkaufspositionen jegliche „Transaktionen mit allen Finanzinstrumenten berücksichtigt, die im Falle einer Kurs- oder Wertänderung bei der zugrundeliegenden Aktie einen finanziellen Vorteil verschaffen".[599] In die Berechnung einer Netto-Leerverkaufsposition sind somit sämtliche Long- und Short-Positionen der jeweiligen Person im ausgegebenen Aktienkapital eines Unternehmens oder den öffentlichen Schuldtiteln eines öffentlichen Emittenten in eine ökonomische Gesamtbetrachtung (economic exposure) einzubeziehen, die ein Interesse an den ausgegebenen Aktien bzw. Schuldtiteln ausdrücken.[600]

Im Folgenden ist somit im Einzelnen darzulegen, welche Positionen an einem Finanzinstrument als Long- bzw. Short-Position im Sinne der Art. 5 ff. VO zu qualifizieren sind.

a) Long-Positionen

Als Long-Position im Sinne der Verordnung (EU) Nr. 236/2012 definiert Art. 3 Abs. 2 der VO jede Position, die aus „dem Halten einer von einem Unternehmen begebenen Aktie oder eines von einem öffentlichen Emittenten ausgegebenen Schuldinstruments" resultiert (lit. a). Außerdem fällt unter diesen Begriff jede Position, die aus „dem Eintritt einer natürlichen oder juristischen Person in eine Transaktion, durch die ein anderes Finanzinstrument als ein unter Buchstabe a genanntes Instrument geschaffen wird oder die sich auf ein solches anderes Finanzinstrument bezieht und deren Wirkung oder eine deren Wirkungen darin besteht (...), im Falle einer Kurs- oder Wertsteigerung der Aktie bzw. des Schuldinstruments einen finanziellen Vorteil" zu erzielen (lit. b).

Als Positionen, welche - „wie in Artikel 3 Abs. 2 Buchstabe b der Verordnung (EU) Nr. 236/2012 dargelegt - im Falle eines Kursanstiegs einen finanziellen Vorteil verschaffen", definiert Art. 5 Abs. 2 in Verbindung mit Anhang I Teil 1 DVO918/2012 wiederum Risikopositionen in Aktienkapital, welche aus Optionen, gedeckten Optionsscheinen, Futures, an einen Index gekoppelten

---

598 *Mülbert/Sajnovits*, ZBB 2012, 266, 276.

599 Vgl. auch: *Mülbert/Sajnovits*, ZBB 2012, 266, 276.

600 *Mülbert/Sajnovits*, ZBB 2012, 266, 276.

Instrumenten, Differenzkontrakten, Anteilen börsengehandelter Fonds, Swaps, Spread Bets, Anlageprodukten für Klein- und professionelle Anleger, komplexen Derivaten, aktiengebundenen Zertifikaten und Global Depositary Receipts erwachsen.

Allerdings bildet Art. 5 Abs. 2 VO in Verbindung mit Anhang I Teil 1 DVO 918/2012, ohne dass dies aus dem Normtext ersichtlich würde, keine abschließende Aufzählung der für eine Long-Position im Sinne des Art. 3 Abs. 2 lit. b VO 236/2012 in Betracht zu ziehenden Finanzinstrumente. Vielmehr ist auch im Rahmen der Bestimmung einer Long-Position im Sinne der Verordnung auf die allgemeine Definition des Finanzinstruments nach Art. 2 Abs. 1 lit.a VO in Verbindung mit Anhang I Abschnitt C der Richtlinie 2004/39/EG zurückzugreifen (Art. 10 Abs. 3 DVO 918/2012).[601] Der Feststellung des Art. 7 lit. a DVO 918/2012 „für die Zwecke der in Art. 5 und 6 genannten Netto-Leerverkaufspositionen" sei es „unerheblich, ob Barausgleich oder effektive Lieferung der Basiswerte vereinbart wurde", kommt insoweit daher allenfalls eine klarstellende Funktion zu.

Demzufolge sind auch Anteile an Publikumssondervermögen, anders als noch im Rahmen des § 30h WpHG a.F., in die Berechnung einer Netto-Leerverkaufsposition der Art. 5 bis 7 der Verordnung (EU) Nr. 236/2012 einzubeziehen.[602]

Allerdings sind Rechte aus noch nicht ausgegebenen Aktien, wie beispielsweise Bezugsrechte und Wandelschuldverschreibungen, nicht in die Berechnung einer Netto-Leerverkaufsposition im Sinne der Verordnung einzubeziehen (Art. 10 Abs. 3 DVO 918/2012)[603] und neu emittierte Aktien erst ab dem Tag ihrer Handelszulassung zu berücksichtigen (Art. 10 Abs. 1 in Verbindung mit Anhang II Teil 1 Abs. 7 DVO 918/2012).[604] Ferner sind auch sonstige Instrumente im Sinne des § 25a WpHG, wie etwa der Rückforderungsanspruch des Wertpapierdarlehensgebers bzw. Rückkaufvereinbarungen bei einem Repo -Geschäft, der Berechnung einer Netto-Leerverkaufsposition mangels ihrer Qualität als Finanzinstrument im Sinne der Verordnung der Berechnung einer Netto-Leerverkaufsposition nicht zu Grunde zu legen.[605]

---

601 So im Ergebnis auch: *Mülbert/Sajnovits*, ZBB 2012, 266, 277.

602 *Mülbert/Sajnovits*, ZBB 2012, 266, 277.

603 A.A. insoweit jedoch *Ludewig/Geilfus*, BaFinJournal 10/2012, 9, 12, nach deren Ansicht Finanzinstrumente, die sich auf noch nicht emittierte Aktien oder Schuldtitel beziehen, zumindest auf der „Longseite" einzubeziehen sind.

604 *Mülbert/Sajnovits*, ZBB 2012, 266, 277.

605 *Mülbert/Sajnovits*, ZBB 2012, 266, 277.

b) Short-Positionen

Als Short-Position im Sinne der Verordnung definiert Art. 3 Abs. 1 VO wiederum den „Leerverkauf einer von einem Unternehmen begebenen Aktie oder eines von einem öffentlichen Emittenten ausgegebenen Schuldinstruments" (lit. a) bzw. den Eintritt in eine Transaktion „deren Wirkung oder eine deren Wirkungen darin besteht, (...) im Falle einer Kurs- oder Wertminderung der Aktie bzw. des Schuldinstruments einen finanziellen Vorteil" zu erzielen (lit. b).

In die Berechnung einer Short-Position in diesem Sinne sind wiederum sämtliche Finanzinstrumente nach der Definition des Art. 2 Abs. 1 lit.a VO (EU) Nr. 236/2012 in Verbindung mit Anhang I Abschnitt C der Richtlinie 2004/39/EG einzubeziehen, sodass auch etwaige Umgehungsstrategien, wie etwa synthetische Leerverkäufe, vom Offenlegungsregime der Art. 5 ff. VO 236/2012 erfasst werden.[606] Des Weiteren sind auch mittelbar gehaltene Positionen gemäß Art. 3 Abs. 3 der Verordnung, welche „durch oder über einen Index oder Wertpapierkorbs oder eine Beteiligung an einem börsengehandelten Fonds oder einer vergleichbaren Einheit" gehalten werden und sich im Falle eines ausgeglichenen Referenzpotfolios grundsätzlich nicht zur Kursbeeinflussung eignen,[607] unabhängig davon zu berücksichtigen, wie stark der jeweilige Wert darin vertreten ist.[608]

Hiernach wären grundsätzlich auch in einen börsengehandelten Fonds investierende Privatanleger dazu verpflichtet zu überprüfen, in welcher Höhe dieser Fond Short-Positionen im Sinne der Verordnung hält, um danach anhand der Höhe der Beteiligung an dem Fond die eigens gehaltenen Netto-Leerverkaufsposition zu ermitteln und gegebenenfalls zu melden bzw. offenzulegen. Dieses Ergebnis führt zu einer unangemessenen Belastung der in einen Fond investierenden (Klein-)Anleger und hätte im Rahmen der besonderen Vorschriften über die Veröffentlichungspflichten des Fonds- bzw.

---

606 *Mülbert/Sajnovits*, ZBB 2012, 266, 277 mit weiteren Nachweisen.

607 *Mühlbert*, in: Assmann/Schneider, WpHG, § 30i Rn. 8; Deutsches Aktieninstitut (DAI), Stellungnahme, S. 7, abrufbar unter: http:// www. bundestag.de/ bundestag/ ausschuesse17/ a07 /anhoerungen /2010 /020 / Stellungnahmen/ 17_ DT_Aktieninstitut. pdf).

608 *Mülbert/Sajnovits*, ZBB 2012, 266, 277; gegen eine solche Berücksichtigung jedoch: Die Deutsche Kreditwirtschaft, Comments on ESMA's draft technical advice in possible Deledated Acts concerning the regulation on short selling an certain aspects of credit default swaps ((EC) Nr. XX/2012) (12-03-09) abrufbar unter: www. esma. Europa.eu/ system/ files/ 12-03-13_ dk_ comments_ esma_ tech_ standards_ short_ selling_ clean. pdf S. 5.

Portfoliomanagements der Art. 3 Abs. 7 VO in Verbindung mit Art. 12 und 13 DVO 918/2012 Berücksichtigung finden müssen.

Zudem sind bei der Bestimmung der Höhe einer Short-Position im Sinne der Verordnung nach Art. 3 Abs. 3 VO auch Credit Defaults Swaps in Bezug auf öffentliche Emittenten zu berücksichtigen.[609]

Weiterhin stellt sich die Frage nach der Berechnungsmethode, mit Hilfe derer die dargestellten Short-Positionen gegen die Long-Positionen verrechnet werden.

2. *Berechnungsmethode*

Im Rahmen der Bestimmung einer Netto-Leerverkaufsposition im Sinne der Art. 5 ff. der Verordnung 236/2012 ist zwischen der Berechnung einer Netto-Leerverkaufsposition im ausgegebenen Aktienkapital eines Unternehmens, einer Netto-Leerverkaufsposition in öffentlichen Schuldtiteln eines öffentlichen Emittenten sowie der Berechnung einer Netto-Leerverkaufsposition für Fonds oder Gruppen zu differenzieren.

a) Netto-Leerverkaufsposition im ausgegebenen Aktienkapital

Die Berechnung einer Netto-Leerverkaufsposition im ausgegebenen Aktienkapital eines Unternehmens richtet sich insoweit nach Art. 3 Abs. 4 VO sowie der auf Grundlage des Art. 3 Abs. 7b VO erlassenen Vorschrift des Art. 10 DVO 918/2012 in Verbindung mit Anhang II.

Danach bedeutet eine Netto-Leerverkaufsposition im ausgegebenen Aktienkapital „die Position, die gehalten wird, nachdem von den Short-Positionen, die eine natürliche oder juristische Person im ausgegebenen Aktienkapital des betreffenden Unternehmens hält, jegliche Long-Positionen, die die betreffende natürliche oder juristische Person in diesem Kapital hält, abgezogen wurden“ (Art. 3 Abs. 4 VO). Die Berechnungsmethode einer solchen Netto-Leerverkaufsposition lässt sich demnach in der folgenden Formel zusammenfassen:

Short-Position – Long-Position./. Gesamtzahl der von einem Unternehmen ausgegebenen Aktien = Netto-Leerverkaufsposition.[610]

---

609 Vgl. hierzu insbesondere zur Berücksichtigung ungedeckter CDS auf öffentliche Schuldtitel *Ludewig/Geilfus*, BaFinJournal 10/2012, 9, 12.

610 *Mülbert/Sajnovits*, ZBB 2012, 266, 277; und bereits zur Berechnung einer Leerverkaufsposition im Sinne des § 30i WpHG a.F. *Mülbert*, in: Assmann/Schneider, § 30i Rn. 12.

Bezüglich der Gewichtung einzelner Finanzinstrumente bestimmt Art. 10 Abs. 1 in Verbindung mit Anhang II DVO 918/2012 für die Ermittlung einer Netto-Leerverkaufsposition in Aktien alle einzubeziehenden Finanzinstrumente anhand ihres Delta-Wertes zu berücksichtigen, um hierdurch das wahre ökonomische Gesamtinteresse (economic exposure) ermitteln zu können.[611] Der Delta-Wert indiziert insoweit den Einfluss, den eine Kursveränderung des unterliegenden Finanzinstruments (Aktie) auf das jeweils in Betracht zu ziehende Finanzinstrument nimmt.[612] Demnach sind etwa Indizes, Baskets oder Exchange Traded Funds anhand des Gewichtes der betreffenden Aktie am Gesamtinstrument mit dem Delta-Wert zu bewerten und zu berücksichtigen. Dabei müssen bei der Berechnung einer Netto-Leerverkaufsposition in Aktien alle Veränderungen im aufgelegten Aktienkapital eines Emittenten Berücksichtigung finden, welche sich beispielsweise aus einer Kapitalerhöhung ergeben können,[613] so dass sich beispielsweise die Gewichtung einer Leerverkaufsposition in Aktien eines bestimmten Unternehmens in Folge einer Kapitalerhöhung (auf Grund des gestiegenen Aktienvolumens) abschwächen würde.

b) Netto-Leerverkaufsposition in öffentlichen Schuldtiteln

Auch die Berechnung einer Netto-Leerverkaufsposition in öffentlichen Schuldtiteln eines öffentlichen Emittenten erfolgt gemäß Art. 3 Abs. 5 VO, Art. 11 Abs.1 in Verbindung mit Anhang II Teil 2 DVO 918/2012 anhand einer Saldierung aller in dem betreffenden öffentlichen Schuldtitel, bzw. mit diesen hoch korrelierenden Schuldtiteln[614] gehaltenen Long- und Short-Positionen. Hierbei ist nach Art. 11 Abs. 1 S. 2 DVO 918/2012 das in Anhang II der Durchführungsverordnung dargelegte „deltabereinigte Modell für öffentliche Schuldtitel" anzuwenden.

---

611 *Mülbert/Sajnovits*, ZBB 2012, 266, 277; *Ludewig/Geilfus*, BaFinJournal 10/2012, 9, 12.

612 *Mülbert/Sajnovits*, ZBB 2012, 266, 277; *Hull*, Optionen, Futures und andere Derivate, S. 311 ff., 449 ff.

613 *Mülbert/Sajnovits*, ZBB 2012, 266, 278; Art. 10 Abs. 1 i. V. m. Anhang II Teil I Abs. 6, 7 DVO 918/2012.

614 Wobei von einer hohen Korrelation zwischen einem Schuldinstrument und einem emittierten öffentlichen Schuldtitel in diesem Sinne nach Art. 8 Abs. 5 und 6 DVO auszugehen ist, „wenn der Pearson`sche Korrelationseffizient zwischen dem Preisniveau des Schuldtitels eines anderen öffentlichen Emittenten und dem Preisniveau des betreffenden öffentlichen Schuldtitels für den maßgeblichen Zeitraum (12Monate) mindestens 80 % beträgt", bzw. im Falle eines vorübergehenden Absinkens (max. 3 Monate) mindestens 60 % beträgt.

Insoweit werden etwa Geld-Positionen zum durationsbereinigten Nominalwert berücksichtigt,[615] der Nominalwert einer Position in Anleihen, die in anderen Währungen als dem Euro aufgelegt sind, in Euro umgerechnet[616] und Credit Default Swaps als Short-Positionen in die Berechnung einbezogen.[617] Letztendlich wird eine Netto-Leerverkaufsposition demnach berechnet, „indem die nominalen deltabereinigten äquivalenten Long- und Short-Positionen in den ausgegebenen öffentlichen Schuldtiteln eines öffentlichen Emittenten gegeneinander aufgerechnet werden",[618] wobei „eine gegebene Long-Position in Bezug auf hochkorrelierte Schuldtitel nur einmal zum Ausgleich einer Short-Position herangezogen" wird.[619] Eine anhand der Grundsätze dieses deltabereinigten Modells berechnete Position ist sodann als monetärer Betrag in Euro auszudrücken.[620]

c) Durch Fonds oder Gruppen gehaltenen Netto-Leerverkaufspositionen

Durch Art. 3 Abs. 7 Verordnung (EU) Nr. 236/2012 wird die Kommission überdies dazu ermächtigt, die Berechnungsmethode für Netto-Leerverkaufspositionen für Fälle, in welchen „verschiedene Stellen innerhalb einer Gruppe Long- oder Short-Positionen halten oder Managementeinheiten für getrennte Fonds zu berechnen sind", näher zu spezifizieren.[621] Eine auf Grundlage dieser Ermächtigung erarbeitete Spezifikation der Zurechnungsregeln in Konzernen und beim Fonds- bzw. Portfoliomanagement findet sich nunmehr in Art. 12 und 13 DVO 918/2012.[622]

Hintergrund dieser Regelung ist dabei das in Art. 3 Abs. 7 S. 1 lit. c sowie S. 2 VO 236/2012 zum Ausdruck kommende Bestreben, die durch die Nutzung verschiedener Organisationsstrukturen eröffneten Umgehungsmöglichkeiten zu beschränken, eine Verschleierung der betreffenden Positionen zu verhindern und ein präzises und repräsentatives Bild bezüglich der gehaltenen Short-Positionen zu ermöglichen.[623]

---

615 Art. 11 Abs. 1 i.V.m. Anhang II Teil 2 Abs. 1 DVO 918/2012; vgl. hierzu auch *Ludewig/Geilfus*, BaFinJournal 10/2012, 9, 12.

616 Art. 11 Abs. 1 i.V.m. Anhang II Teil 2 Abs. 2 DVO 918/2012.

617 Art. 11 Abs. 1 i.V.m. Anhang II Teil 2 Abs. 6 DVO 918/2012.

618 Art. 11 Abs. 1 i.V.m. Anhang II Teil 2 Abs. 7 DVO 918/2012.

619 Art. 11 Abs. 1 i.V.m. Anhang II Teil 2 Abs. 10 DVO 918/2012.

620 Art. 11 Abs. 1 i.V.m. Anhang II Teil 2 Abs. 8 DVO 918/2012.

621 *Mülbert/Sajnovits*, ZBB 2012, 266, 278.

622 *Krüger/Ludewig*, WM 2012, 1942, 1948.

623 *Krüger/Ludewig*, WM 2012, 1942, 1948; Erwägungsgrund 5 der Durchführungsverordnung 918/2012.

Insoweit ist im Folgenden zunächst auf die Methode der Berechnung von Netto-Leerverkaufspositionen für mehrere Fonds oder verwaltete Portfolios gemäß Art. 12 DVO 918/2012 einzugehen, bevor eine Auseinandersetzung mit der Methode zur Berechnung von Positionen für juristische Personen innerhalb einer Gruppe nach Art. 13 DVO 918/2012 erfolgt.

aa) Netto-Leerverkaufspositionen für mehrere Fonds oder verwaltete Portfolios

Werden durch ein Unternehmen bzw. eine Managementeinheit („Management Entity") mehrere Fonds oder Portfolien gemanagt, so bemisst sich die Berechnung der von diesen gehaltenen Netto-Leerverkaufspositionen nach Maßgabe des Art. 12 DVO 918/2012.

Als Managementeinheiten in diesem Sinne sind wiederum sowohl selbständige juristische Personen als auch rechtlich unselbständige Organisationseinheiten einer juristischen Person zu qualifizieren, welche eine Verwaltungstätigkeit im Sinne des Art. 12 Abs. 2 lit. b DVO 918/2012 ausüben und denen somit „die Verwaltung von Fonds gleich welcher Rechtsform und die Verwaltung von Portfolios mit einem Ermessensspielraum im Rahmen eines Mandats der Anleger" obliegt.[624]

Zunächst wird auch die Netto-Leerverkaufsposition einer solchen Managementeinheit rechtsformunabhängig auf der Ebene eines jeden Fonds oder Portfolios gemäß Art. 12 Abs.1 DVO 918/2012 anhand der voranstehend erörterten allgemeinen Grundsätze berechnet.[625]

Sodann muss die Verwaltungsstelle (Managementeinheit) jedoch die Netto-Leerverkaufspositionen derjenigen von ihr verwalteten Fonds oder Portfolios aggregieren, die bezüglich eines bestimmten Emittenten dieselbe Anlagestrategie im Sinne einer einheitlichen Short- bzw. Long-Strategie verfolgen (Art. 12 Abs. 3 DVO 918/2012).[626] Insoweit hat sie gemäß Art. 12 Abs. 4 lit. a DVO 918/2012 auch diejenigen Positionen zu berücksichtigen, deren Verwaltung ihr von einem Dritten übertragen wurden.[627] Nicht in die Berechnung einer

---

624 *Mülbert/Sajnovits*, ZBB 2012, 266, 278.

625 *Krüger/Ludewig*, WM 2012, 1942, 1948; *Ludewig/Geilfus*, BaFinJournal 10/2012, 9, 13; *Mülbert/Sajnovits*, ZBB 2012, 266, 278; zur grundsätzlichen Methode der Berechnung einer Netto-Leerverkaufsposition vergleiche die voranstehenden Ausführungen auf S. 186 ff.

626 Vgl. *Mülbert/Sajnovits*, ZBB 2012, 266, 278; *Krüger/Ludewig*, WM 2012, 1942, 1948; *Ludewig/Geilfus*, BaFinJournal 10/2012, 9, 13.

627 *Ludewig/Geilfus*, BaFinJournal 10/2012, 9, 13; *Mülbert/Sajnovits*, ZBB 2012, 266, 278.

Netto-Leerverkaufsposition einzubeziehen sind im Gegenzug jedoch Positionen von Fonds oder Portfolios, deren Verwaltung sie einem Dritten übertragen hat (Art. 12 Abs. 4 lit. b DVO 918/2012).[628]

bb) Netto-Leerverkaufspositionen innerhalb einer Gruppe

Die Berechnung einer Netto-Leerverkaufsposition innerhalb eines Konzerns („Gruppe“) bemisst sich wiederum anhand der Grundsätze des Art. 13 DVO 918/2012. Als Konzern bzw. Gruppe in diesem Sinne qualifiziert Art. 2 Abs. 1 lit. a DVO 918/2012 „juristische Personen, bei denen es sich um kontrollierte Unternehmen im Sinne von Art. 2 Abs. 1 lit. f der Richtlinie 2004/109/EG[629] handelt, und die natürliche oder juristische Person, die ein solches Unternehmen kontrolliert“.

Für die Berechnung einer Netto-Leerverkaufsposition innerhalb eines solchen Konzerns bzw. innerhalb einer solchen Gruppe ist nach Maßgabe des Art. 13 Abs. 1 S. 1 DVO 918/2012 zunächst die Netto-Leerverkaufsposition für jede juristische Person der Gruppe nach den allgemeinen Grundsätzen zu bestimmen.[630] Sodann werden gemäß Art. 13 Abs. 2 DVO 918/2012 alle „Netto-Leerverkaufs- und Netto-Long-Positionen aller juristischen Personen der Gruppe (…) aggregiert und aufgerechnet“.

cc) Zwischenergebnis

Im Zuge des Melde- bzw. Offenlegungsregimes der Verordnung (EU) Nr. 236/2012 sind signifikante Netto-Leerverkaufspositionen in Aktien bei Überschreiten eines Schwellenwertes von 0,2 % des ausgegebenen Aktienkapitals eines Unternehmens gemäß Artikel 5 der Verordnung an die jeweils zuständige Behörde zu melden, bzw. bei Überschreiten eines Schwellenwertes von 0,5 % des ausgegebenen Aktienkapitals nach Artikel 6 der Verordnung gegenüber der Öffentlichkeit offenzulegen. Signifikante Netto-Leerverkaufspositionen in öffentlichen Schuldtiteln sind darüber hinaus gemäß Artikel 7 der Verordnung bei

---

628 *Mülbert/Sajnovits*, ZBB 2012, 266, 278.

629 Richtlinie 2004/109/EG des europäischen Parlaments und des Rates vom 15. Dezember 2004 zur Harmonisierung der Transparenzanforderungen in Bezug auf Informationen über Emittenten, deren Wertpapiere zum Handel auf einem geregelten Markt zugelassen sind, und zur Änderung der Richtlinie 2001/34/EG ABl. L 345 vom 31.12.2003, S. 64.

630 *Krüger/Ludewig*, WM 2012, 1942, 1948; *Mülbert/Sajnovits*, ZBB 2012, 266, 279; *Ludewig/Geilfus*, BaFinJournal 10/2012, 9, 13.

Überschreiten eines jeweils von der Kommission festgelegten Schwellenwertes an die jeweils zuständige Behörde zu melden.

Insoweit berechnet sich die Höhe einer Netto-Leerverkaufsposition in Aktien oder öffentlichen Schuldtiteln gemäß Artikel 3 Abs. 4 oder Abs. 5 der Verordnung durch eine Saldierung aller von einer Person gehaltenen Long-Positionen (Positionen bei welchen der Inhaber im Falle einer Kurs- oder Wertsteigerung einen finanzieller Vorteil erzielt, (Art. 3 Abs. 2 VO) mit allen von dieser Person gehaltenen Short-Positionen (Positionen, aufgrund derer der Inhaber im Falle einer Kurs- oder Wertminderung einen finanziellen Vorteil erzielt,(Art. 3 Abs. 1 VO). Hierbei sind bei der Berechnung einer Netto-Leerverkaufsposition in Aktien nach Art. 10 Abs. 1 in Verbindung mit Anhang II DVO 918/2012 alle Finanzinstrumente anhand ihres Delta-Wertes zu berücksichtigen; bei der Berechnung einer Netto-Leerverkaufsposition in öffentlichen Schuldtiteln ist das deltabereinigte Modell anzuwenden (Art. 11 Abs. 1 in Verbindung mit Anhang II Teil 2).

Besonderheiten für die Berechnung von Netto-Leerverkaufspositionen ergeben sich aus den aufgrund der Ermächtigung des Art. 3 Abs. 7 VO erlassenen Art. 12 und 13 DVO 918/2012 für sogenannte Fonds und Gruppen.

III. Die Meldung bzw. Offenlegung

Nach der Darlegung der Berechnung etwaiger Netto-Leerverkaufspositionen im Sinne der Artikel 5 bis 7 VO stellt sich im Folgenden die Frage nach den Anforderungen, welche im Rahmen der Verordnung an eine Meldung bzw. Offenlegung signifikanter Netto-Leerverkaufspositionen gestellt werden. Hierbei gilt es zunächst, den Adressatenkreis der Melde- und Offenlegungspflichten der Verordnung zu bestimmen.

1. Meldepflichtige Person

Die Meldung bzw. Offenlegung einer die Melde- bzw. Offenlegungsschwellen der Art. 5 ff. Verordnung 236/2012 überschreitenden Netto-Leerverkaufsposition obliegt grundsätzlich jeder natürlichen oder juristischen Person, welche eine solche Position hält. Demzufolge richten sich die Vorschriften des EU-Leerverkaufsregimes neben den in aller Regel rechtlich beratenen institutionellen Anlegern (wie beispielweise Hedgefonds oder Versicherungen) dem Grunde nach gleichermaßen auch an weniger informierte natürliche Personen. Obgleich der einfache Anleger mit seiner Investition regelmäßig keine Short-Strategie verfolgen wird, wird die Anwendbarkeit der neuen EU-Leerverkaufsregulierung auf natürliche Personen, insbesondere in Anbetracht ihres hohen Detaillierungsgrades sowie der enormen Komplexität im Rahmen des im nächsten Kapitel zu behandelnden Bestimmtheitsgrundsatzes des Art. 49 Abs. 1 S. 1 EGC, zu problematisieren sein.[631]

Besonderheiten bezüglich der Verpflichtung zur Meldung von Netto-Leerverkaufspositionen gelten hingegen wiederum für Managementeinheiten bzw. Konzerne (Gruppen).

a) Managementeinheit

Nach Art. 12 Abs. 4 UAbs. 2 DVO 918/2012 ist eine Managementeinheit bei Erreichen, Über- oder Unterschreiten der maßgeblichen Schwellenwerte sowohl als selbständige Person als auch als unselbständige Organisationseinheit meldepflichtig.

Aufgrund dieser Statuierung einer eigenen Meldepflicht für Managementeinheiten kann dies jedoch zu einer Verdopplung der Meldepflichten führen, wenn etwa eine rechtlich selbständige Managementeinheit mehrere unselbständige Fonds oder Portfolios im eigenen Namen hält und für diese keine einheitliche Investmentstrategie im Sinne des Art. 12 Abs. 3 DVO 918/2012 verfolgt.[632] So wäre sie in diesem Falle dem Grunde nach sowohl als juristische Person und Halterin einer über alle Fonds oder Portfolios aggregierten Netto-Leerverkaufsposition nach den allgemeinen Grundsätzen gemäß Art. 12 Abs. 6 DVO 918/2012 als auch als Managementeinheit im Sinne des Art. 12 Abs. 4 UAbs. 2 in Verbindung mit Abs. 2 lit. c DVO 918/2012 meldepflichtig.[633]

Ob jedoch aus einer hieraus resultierenden, möglicherweise „irreführenden Doppelmeldung“ eine Beschränkung der Meldepflicht auf die einzelnen Managementeinheiten gefolgert werden,[634] oder in Anlehnung an Art. 13 Abs. 3 lit. (ii) DVO 918/2012 diese allein der verantwortlichen juristischen Person obliegen sollte, erscheint fraglich. Vorzugswürdig wäre unter dem Gesichtspunkt höchstmöglicher Transparenz[635] eine eindeutig als solche zu kennzeichnende „Doppelmeldung“.

---

631 Vgl. zur hinreichenden Bestimmtheit der Verordnung (EU) Nr. 236/2012 die Ausführungen auf S. 229 ff.

632 *Mülbert/Sajnovits*, ZBB 2012, 266, 279.

633 *Mülbert/Sajnovits*, ZBB 2012, 266, 279.

634 Wie dies insbesondere von Mülbert/Sajnovits gefordert wird: *Mülbert/Sajnovits*, ZBB 2012, 266, 279; vgl. zu dieser Problematik auch *Ludewig/Geilfus*, BaFinJournal 10/2012, 9, 13.

635 Welche wohl als absolut vorrangige Zielrichtung der Sonderregelung für die Offenlegung von Netto-Leerverkaufspositionen bei der Verwaltung mehrerer Fonds oder Portfolios bzw. innerhalb einer Gruppe (Konzern) zu qualifizieren ist.

Eine „transparente Doppelmeldung" in diesem Sinne wäre ferner dann vorzunehmen, wenn die von der Managementeinheit diskretionär verwalteten Positionen, wie im Falle klassischer Vermögensverwaltung, durch einen Dritten (den Kunden) gehalten werden bzw. die Managementeinheit nur einen Fonds oder ein Portfolio diskretionär verwaltet.[636]

b) Konzern (Gruppe)

Im Rahmen eines Konzerns (Gruppe) sind nach Art. 13 Abs. 1 S. 2 DVO 918/2012 grundsätzlich alle von der Obergesellschaft kontrollierten Gruppenmitglieder meldepflichtig, sofern sie eine die relevanten Meldeschwellen übersteigende Netto-Leerverkaufsposition halten.[637] Allerdings kann die Meldung bzw. Offenlegung einer Netto-Leerverkaufsposition auch durch den Konzern (die Gruppe) wahrgenommen werden (Art. 13 Abs.1 S. 2 DVO 918/2012).

Eine ausschließliche Meldung oder Offenlegung auf Gruppen- bzw. Konzernebene sieht Art. 13 Abs. 3 DVO 918/2012 allerdings für diejenigen Fälle vor, in welchen lediglich auf Gruppenebene eine Meldeschwelle erreicht oder überschritten wird (Art. 13 Abs. 3 lit. i) DVO 918/2012) oder sowohl die Gruppe als auch eine oder mehrere juristische Personen innerhalb der Gruppe gleichzeitig eine Melde- oder Offenlegungsschwelle erreichen bzw. überschreiten.

Nach Feststellung der im Einzelnen meldepflichtigen Personen, Managementeinheiten bzw. Konzernen stellt sich jedoch weiterhin die Frage nach dem richtigen Adressaten der Meldung, bzw. der Offenlegung einer Netto-Leerverkaufsposition im Sinne der Art. 5 ff. der Leerverkaufsverordnung.

2. Richtiger Adressat der Meldung bzw. Offenlegung

Gemäß Art. 5 und Art. 7 bzw. Art. 6 der Verordnung (EU) Nr. 236/2012 ist eine Netto-Leerverkaufsposition bei Erreichen oder Überschreiten der relevanten Meldeschwellen gegenüber der „jeweils zuständigen Behörde" zu melden bzw. gegenüber „der Öffentlichkeit" offenzulegen.

a) Jeweils zuständige Behörde

Die Begrifflichkeit der „jeweils zuständigen Behörde" im Sinne der Verordnung wird durch Art. 2 Abs. 1 lit. j VO, in Abhängigkeit von demjenigen Emittenten, in dessen aufgelegtem Aktienkapital oder öffentlichen Schuldtiteln die jeweilige Leerverkaufsposition gehalten wird, bestimmt.[638]

---

636 Vgl. hierzu *Mülbert/Sajnovits*, ZBB 2012, 266, 279.

637 *Mülbert/Sajnovits*, ZBB 2012, 266, 279.

638 *Mülbert/Sajnovits*, ZBB 2012, 266, 280.

So qualifiziert beispielsweise Art. 2 Abs. 1 lit. j (i) für öffentliche Schuldtitel eines Mitgliedsstaats oder einem seiner föderalen Gliedstaaten diejenige Behörde als „zuständige Behörde", welche der jeweilige Mitgliedsstaat auf Grundlage des Art. 32 der Verordnung als zuständige Behörde des Mitgliedsstaats bestimmt hat. Als zuständige Behörde innerhalb der Bundesrepublik Deutschland bestimmt § 30 h Abs. 1 WpHG n.F. die BaFin. Relevante Netto-Leerverkaufspositionen in öffentlichen Schuldtiteln des Bundes sowie der einzelnen Bundesländer sind mithin an die BaFin zu melden.

Die zuständige Behörde für Netto-Leerverkaufspositionen in öffentlichen Schuldtiteln der Union, öffentlichen Schuldtiteln mehrerer Mitgliedsstaaten, die sich einer Zweckgesellschaft bedienen, und öffentlichen Schuldtiteln eines von zwei oder mehreren Mitgliedsstaaten gegründeten Finanzinstituts wird weiterhin durch Art. 2 Abs. 1 lit. j ii) - iv) näher konkretisiert.

Bei sonstigen Finanzinstrumenten ist zuständige Behörde gemäß Art. 2 Abs. 1 lit. j v) VO die zuständige Behörde für das jeweilige Finanzinstrument im Sinne von Art. 2 Nr. 7 der Verordnung (EG) Nr. 1287/2006 der Kommission[639], die in Einklang mit Kapitel III jener Verordnung festgelegt wird.

Leerverkaufspositionen in Aktien sind hiernach dann an die BaFin zu melden, wenn die Bundesrepublik Deutschland nach Art. 2 Nr. 7 der Verordnung (EG) Nr. 1287/2006 den unter Liquiditätsaspekten wichtigsten Markt dieser Aktie darstellt, welcher durch Art. 9 jener Verordnung als derjenige Markt bezeichnet wird, an welchem die Aktie zum ersten Mal zum Handel an einem geregelten Markt zugelassen wurde (vgl. Art. 2 Abs. 1 lit. j v).

b) Öffentlichkeit

Gemäß Art. 9 Abs. 4 S. 2 der Leerverkaufsverordnung erfolgt eine Offenlegung von Netto-Leerverkaufspositionen gegenüber der Öffentlichkeit über eine von der jeweils zuständigen Behörde (BaFin) verwalteten oder beaufsichtigten zentralen Website.

3. *Maßgeblicher Zeitpunkt*

Nach Art. 9 Abs. 2 S. 1 der Verordnung (EU) Nr. 236/2012 ist der maßgebliche Berechnungszeitpunkt einer Netto-Leerverkaufsposition 24 Uhr am Ende des

---

639 Verordnung (EG) Nr. 1287/2006 der Kommission vom 10. August 2006 zur Durchführung der Richtlinie 2004/39/EG des Europäischen Parlaments und des Rates betreffend die Aufzeichnungspflichten für Wertpapierfirmen, die Meldung von Geschäften, die Markttransparenz, die Zulassung von Finanzinstrumenten zum Handel und bestimmte Begriffe im Sinne dieser Richtlinie, ABl. L 241 vom 2.9.2006, S. 1.

Handelstages, an welchem die natürliche oder juristische Person die betreffende Position hält.[640] Nach Art. 9 Abs. 2 S. 2 der Vorschrift gilt dieser Zeitpunkt für alle Transaktionen, unabhängig von der verwendeten Handelsform sowie dem Zeitpunkt des Geschäftsabschlusses. Die Meldung bzw. Offenlegung der relevanten Leerverkaufspositionen erfolgt sodann spätestens bis 15.30 Uhr des folgenden Handelstages (Art. 9 Abs. 2 S. 3), wobei sich die genannten Uhrzeiten nach der Zeit des Mitgliedsstaats der zuständigen Behörde, welcher die betreffenden Positionen zu melden sind, bemisst (Art. 9 Abs. 2 S. 4).[641]

Insoweit statuiert Art. 9 Abs. 2 S. 3 der Verordnung eine gegenüber seiner Vorgängerregelung des § 30j WpHG a.F. verkürzte Melde- bzw. Offenlegungsfrist, welche das Ende des nächsten Handelstages als maßgebenden Zeitpunkt bestimmte.[642]

4. Melde- und Offenlegungsverfahren

Das für die voranstehend erörterten Melde- bzw. Offenlegungspflichten der Art. 5 bis Art. 7 Verordnung (EU) Nr. 236/2012 einzuhaltende Melde- bzw. Offenlegungsverfahren richtet sich im Wesentlichen nach Art. 9 VO.

So hat gemäß Art. 9 Abs. 1 der Verordnung „jede Meldung oder Offenlegung gemäß den Art. 5, 6, 7 oder 8 (...) Angaben zur Identität der natürlichen oder juristischen Person, die die betreffende Position hält, zum Umfang der betreffenden Position, dem Emittenten, dessen Papiere in der betreffenden Position gehalten werden, und dem Datum, zu dem die betreffende Position eröffnet, geändert oder geschlossen wurde“ zu enthalten.

Die näheren Einzelheiten bezüglich der an das Melde- bzw. Offenlegungsverfahren zu stellenden Anforderungen finden sich wiederum in der delegierten Verordnung (EU) Nr. 827/2012 (insbesondere Art. 2 lit. a in Verbindung mit Anhang I Tabelle 1 DVO 827/2012) konkretisiert.

5. Zwischenergebnis

Bezüglich der Melde- bzw. Offenlegungspflichten der Artikel 5 bis 7 der Verordnung (EU) Nr. 236/2012 ist zunächst festzuhalten, dass diese sich an alle Inhaber einer Netto-Leerverkaufsposition im Sinne der Vorschriften und demnach sowohl an natürliche als auch juristische Personen richten. Besonderheiten des

---

640 *Ludewig/Geilfus*, BaFinJournal 10/2012, 9, 12

641 Vgl. *Ludewig/Geilfus*, BaFinJournal 10/2012, 9, 12

642 *Mülbert/Sajnovits*, ZBB 2012, 266, 282.

meldepflichtigen Personenkreises statuieren Artikel 12 und 13 DVO 918/2012 darüber hinaus lediglich für Managementeinheiten und Gruppen.

Als Empfänger einer Melde- bzw. Offenlegungspflicht in Aktien, welche zum ersten Mal in der Bundesrepublik Deutschland zum geregelten Markt zugelassen wurden[643] bzw. in öffentlichen Schuldtiteln des Bundes sowie der Bundesländer (§ 30h Abs. 1 WpHG n. F. in Verbindung mit Art. 2 Abs. 1 lit. j und Art. 32 VO) ist die BaFin zu qualifizieren. Die Offenlegung signifikanter Netto-Leerverkaufspositionen solcher Aktien gegenüber der Öffentlichkeit erfolgt über eine von der BaFin verwaltete und beaufsichtigte Website (Art. 9 Abs. 4 S. 2 VO).

Der relevante Berechnungszeitpunkt einer Netto-Leerverkaufsposition im Sinne der Art. 5 bis 7 der Verordnung ist 24 Uhr am Ende desjenigen Handelstages, an welchem die betreffende Position gehalten wird (Art. 9 Abs. 2 S. 1 VO), während eine solche Position bis spätestens um 15.30 Uhr des folgenden Handelstages zu melden bzw. offenzulegen ist (Art. 9 Abs. 2 S. 4 VO).

Desweiteren hat jede Meldung bzw. Offenlegung im Sinne der Art. 5 bis 7 der Verordnung Angaben zur Identität des Inhabers der betreffenden Position, zum Umfang der betreffenden Position, zum Emittenten, dessen Papiere in der betreffende Position gehalten werden, und zum Datum, an welchem die jeweilige Position eröffnet, geändert oder geschlossen wurde, zu enthalten.

IV. Ausnahmetatbestände

Als Ausnahmeregelung gegenüber dem Melde- und Offenlegungsregime für Leerverkäufe der Art. 5 ff. VO kommt vorliegend ausschließlich die „Ausnahme für Market-Making-Tätigkeiten“ gemäß Art. 17 der Verordnung in Betracht. Bezüglich der Darstellung von deren Voraussetzungen kann allerdings auf die voranstehend vorgenommene Erörterung des Tatbestandes verwiesen werden.[644]

V. Die Rechtsfolgen

Auch bezüglich der an einen Verstoß gegen die Transparenzvorschriften der Art. 5 bis 7 der Verordnung (EU) Nr. 236/2012 anknüpfenden Rechtsfolgen lässt

643 Bzw. für welche die Bundesrepublik Deutschland nach Art. 2 Nr. 7 der Verordnung (EG) Nr. 1287/2006 den unter Liquiditätsaspekten wichtigsten Markt darstellt, welcher durch Art. 9 jener Verordnung als derjenige Markt bezeichnet wird, an welchem die Aktie zum ersten Mal zum Handel an einem geregelten Markt zugelassen wurde (vgl. Art. 2 Abs. 1 lit. j v).

644 Vgl. zur Ausnahme für Market-Making-Tätigkeiten im Sinne des Art. 17 die Darstellung auf den S. 167 f.

sich wiederum zwischen straf- und ordnungswidrigkeitenrechtlichen Sanktionen, zivilrechtlichen Rechtsfolgen sowie aufsichtsrechtlichen Implikationen differenzieren.

1. *Straf- und ordnungswidrigkeitenrechtliche Sanktionen*

Ein Verstoß gegen die Melde- bzw. Offenlegungspflichten der Art. 5 bis 7 Verordnung (EU) Nr. 236/2012 wird gemäß der auf Grundlage des Art. 41 VO erlassenen Vorschrift des § 39 Abs. 2d in Verbindung mit § 39 Abs. 4 Nr. 1 und Nr. 2 WpHG n.F. bei vorsätzlicher oder leichtfertiger Begehung mit einer Geldbuße von bis zu 250. 000 € geahndet.

2. *Zivilrechtliche Rechtsfolgen*

Bezüglich der zivilrechtlichen Rechtsfolgen stellt sich wiederum insbesondere die Frage nach einem Verbotsgesetzcharakter der Melde- und Offenlegungsvorschriften der Art. 5, Art. 6 und Art. 7 VO im Sinne des § 134 BGB sowie einer Schutzgesetzeigenschaft der Vorschriften im Sinne des § 823 Abs. 2 BGB.

a) Verbotsgesetzqualität im Sinne des § 134 BGB

Ob die Art. 5, Art. 6 bzw. Art. 7 der VO die Qualität eines Verbotsgesetzes i.S.d. § 134 BGB haben, wird im Schrifttum nicht erörtert. Allerdings würde eine Qualifizierung der Melde- bzw. Offenlegungsvorschriften des EU-Leerverkaufstransparenzsystems als Verbotsgesetze im Sinne des § 134 BGB der Zielsetzung des Verordnungsgebers, die Finanzmärkte zu stabilisieren und die Erfüllungsdisziplin zu verbessern, zuwiderlaufen. Eine Einordnung der Art. 5 bis Art. 7 der Leerverkaufsverordnung als Verbotsgesetze scheidet demnach, im Einklang mit der Beurteilung der Verbotsgesetzeigenschaft der Art. 12 und Art. 13 VO, aus.[645]

b) Schutzgesetzqualität im Sinne des § 823 Abs. 2 BGB

Neben dem Verbotsgesetzcharakter der Art. 5 bis Art. 7 der Leeverkaufsverordnung ist insbesondere auch die Schutzgesetzqualität der Vorschriften im Rahmen einer deliktischen Haftung des § 823 Abs. 2 BGB von besonderer praktischer Relevanz.

Eine deliktische Einstandspflicht bei Verletzung der Art. 5, 6 bzw. 7 der Verordnung lässt sich allerdings, wie festgestellt, nicht durch eine auf den Effektivitätsgrundsatz des Art. 4 Abs. 3 EUV gestützte gemeinschaftsrechtskonforme

---

645 Vgl. zur Verbotsgesetzeigenschaft der Art. 12 und Art. 13 VO bereits S. 169 f.

Einschränkung des im Rahmen des § 823 Abs. 2 BGB anzuwendenden Schutznormkonzeptes stützen.[646] Vielmehr müssen auch in den Mitgliedsstaaten unmittelbar geltende Verordnungen (wie sonstige Gesetze) „nach Zweck und Inhalt zumindest auch dazu dienen (…), den Einzelnen oder einzelne Personenkreise gegen die Verletzung eines bestimmten Rechtsguts zu schützen",[647] und „die Schaffung eines individuellen Schadensersatzanspruchs sinnvoll und im Lichte des haftungsrechtlichen Gesamtsystems tragbar erscheinen".[648] Ob die Art. 5 ff. der Verordnung einen solchen Individualschutz bezwecken und deren Qualifizierung als Schutzgesetze im Lichte des haftungsrechtlichen Gesamtsystems tragbar und sinnvoll erscheint, soll daher im Folgenden für die Meldevorschriften der Art. 5 und 7 VO bzw. das Offenlegungserfordernis des Art. 6 VO gesondert geprüft werden.

aa) Das Melderegime der Art. 5 und Art. 7 VO

Hiernach stellt sich auch bezüglich der Meldung signifikanter Netto-Leerverkaufspositionen in Aktien bzw. öffentlichen Schuldtiteln an die jeweils zuständige Behörde gemäß den Art. 5 und 7 der Verordnung die Frage, ob diese neben dem Schutz der Funktion des Marktes auch einen Schutz des individuellen Anlegers bezwecken.

Allerdings sollen Positionen im Sinne der Art. 5 und 7 VO nach der Zielrichtung des EU-Leerverkaufsverordnungsgebers der betreffenden Regulierungsbehörde nur deshalb gemeldet werden, „damit die Behörde einschlägige Positionen überwachen und bei Bedarf prüfen kann, ob Leerverkäufe systemische Risiken verursachen, marktmissbräuchlich eingesetzt werden oder zu Marktstörungen führen könnten".[649] Demnach sind die Transparenzvorschriften der Art. 5 und 7 VO jedoch vornehmlich dazu bestimmt, eine effektivere Überwachung des Finanzmarktes durch die zuständigen Regulierungsbehörden zu ermöglichen. Insoweit lässt sich ein durch Art. 5 und Art. 7 der Verordnung intendierter individueller Anlegerschutz jedenfalls nicht schon daraus ableiten, dass eine effektive Überwachung der Finanzmärkte natürlich auch den Schutz des einzelnen Anlegers bewirkt.

---

646 Vgl. zur Frage der gemeinschaftsrechtskonformen Einschränkung des Schutznormkonzeptes des § 823 Abs. 2 BGB bereits ausführlich S. 171 ff.

647 Vgl. BGH, Urteil vom 13.12.2011 - XI ZR 51/10 Rn. 21 m.w.N. und auch die Ausführungen auf S. 173 ff.

648 BGH, Urteil vom 13.12.2011 - XI ZR 51/10 Rn. 21 m.w.N.

649 Erwägungsgrund 7 der Verordnung (EU) Nr. 236/2012.

Die Meldepflichten der Art. 5 und 7 VO bezwecken aber, entgegen dem Marktmanipulationsverbot des § 20a WpHG, nicht den Schutz des einzelnen Anlegers, so dass im Ergebnis zwischen der durch Art. 5 und 7 geförderten effektiven Durchsetzung des § 20a WpHG sowie dessen zivilrechtlichen Rechtsfolgen zu differenzieren ist. Dies begründet auch insoweit keinen Widerspruch, als auch den zur Durchsetzung strafrechtlicher Vorschriften dienenden Bestimmungen der Strafprozessordnung nicht bereits auf Grund des individualschützenden Charakters strafrechtlicher Regelungen ein Schutzgesetzcharakter beigemessen würde.

Eine individuelle Schutzrichtung der Vorschriften lässt sich darüber hinaus auch nicht mit dem im Europarecht im Vordringen befindlichen Gedanken des „private inforcement" begründen, obgleich eine zivilrechtliche Durchsetzung durchaus eine Effizienzsteigerung des Melderegimes für Netto-Leerverkaufspositionen bezwecken könnte.

Im Ergebnis sind somit jedenfalls Art. 5 und 7 der EU-Leerverkaufsverordnung nicht als Schutzgesetze im Sinne des § 823 Abs. 2 BGB zu qualifizieren.

bb) Die Offenlegungspflicht nach Art. 6 VO

Demgegenüber bezweckt die Offenlegungspflicht signifikanter Netto-Leerverkaufspositionen in Aktien gemäß Art. 6 der Verordnung nach Ansicht des Verordnungsgebers eine Offenlegung der gehaltenen Positionen gegenüber dem Markt, „damit die anderen Marktteilnehmer nützliche Informationen über einzelne signifikante Short-Positionen in Aktien erhalten".[650] Damit erfolgt eine Offenlegung signifikanter Netto-Leerverkaufspositionen gegenüber der Öffentlichkeit nicht lediglich, um Kursschwankungen einzelner Finanzmarktinstrumente vorzubeugen und hierdurch zur Stabilisierung der Finanzmärkte beizutragen, sondern gleichfalls, um einzelnen Marktteilnehmern eine bessere Bewertung der Marktpreisbildung zu ermöglichen. Mithin zielt Art. 6 der Leerverkaufsverordnung neben dem Schutz der Stabilität der Finanzmärkte zumindest auch auf die Gewährleistung eines angemessenen Anleger- bzw. Verbraucherschutzes.[651]

Ferner erscheint eine deliktrechtliche Flankierung der Offenlegungspflicht des Art. 6 VO vor dem Hintergrunde einer möglichst effektiven Durchsetzung der Verordnung und in Anbetracht der ausschließlich ordnungswidrigkeitenrechtlich ausgestalteten Rechtsfolge des § 39 Abs. 2d in Verbindung mit

650 Erwägungsgrund 7 der Verordnung (EU) Nr. 236/2012.

651 In diesem Sinne auch Erwägungsgrund 2 der Verordnung (EU) Nr. 236/2012.

§ 39 Abs. 4 Nr. 2 WpHG sinnvoll und auch im Lichte des haftungsrechtlichen Gesamtsystems tragbar.

Folglich ist Art. 6 der Verordnung (EU) Nr. 236/2012 richtigerweise als Schutzgesetz im Sinne des § 823 Abs. 2 BGB zu qualifizieren.

3. *Aufsichtsrechtliche Implikationen*

Ferner ist auch im Falle eines Verstoßes gegen das Transparenzregime der Art. 5 ff. der Leerverkaufsverordnung sowohl ein aufsichtsrechtliches Einschreiten der BaFin als auch der ESMA möglich. Im Hinblick auf die Einzelheiten eines solchen Vorgehens kann auf die zu Art. 12 und Art. 13 der Verordnung erarbeiteten Grundsätze zurückgegriffen werden.[652]

VI. Vergleich zu § 30i WpHG a.F.

Grundsätzlich entsprechen die mit Art. 5 und 6 der Verordnung (EU) Nr. 236/2012 vorgenommenen Melde- und Offenlegungspflichten weitgehend der durch § 30h WpHG a.F. normierten nationalen Vorgängerregelung, welche allerdings bezüglich der Meldung signifikanter Netto-Leerverkaufspositionen in öffentlichen Schuldtiteln durch Art. 7 der Verordnung eine Erweiterung erfährt.

Eine gegenüber der wertpapierhandelsrechtlichen Leerverkaufsregulierung abweichende Regelung trifft Art. 9 Abs. 2 S. 2 der Verordnung allerdings hinsichtlich der für eine Meldung bzw. Offenlegung einer Netto-Leerverkaufsposition maßgeblichen Melde- bzw. Offenlegungsfrist, welche sich nicht mehr bis zum Ende des nächsten Handelstages (§ 30i WpHG a.F.) sondern nunmehr nur noch bis spätestens 15:30 Uhr dieses Handelstages erstreckt.[653]

Einen weiteren Unterschied gegenüber der Leerverkaufsregulierung des § 30i WpHG a.F. bilden ferner die Sonderregelungen im Bezug auf die Zurechnungsregelungen im Konzern und dem Fond- und Portfoliomanagement der Art. 12 und 13 LV-DVO 918/2012, für welche im WpHG kein Pendant enthalten war.

Zusammenfassend lässt sich damit festhalten, dass die EU-Leerverkaufsverordnung gerade im Bezug auf das Melde- bzw. Offenlegungsregime der Art. 5 und 6 VO in wesentlichen Punkten mit der nationalen Vorgängerregelung des § 30i WpHG a.F. übereinstimmt, wodurch sowohl nationale Unternehmen als auch Aufsichtsbehörden von einer ihnen vertrauten Rechtsanwendungspraxis profitieren.[654]

---

652 Siehe zu den Möglichkeiten aufsichtsrechtlichen Vorgehens der BaFin und der ESMA bei Verstößen gegen Vorschriften der EU-Leerverkaufsverordnung S. 177 ff.

653 *Krüger/Ludewig*, WM 2012, 1942, 1947; *Mülbert/Sajnovits*, ZBB 2012, 266, 282.

654 *Krüger/Ludewig*, WM 2012, 1942, 1947.

Eine abschließende Bewertung des neuen EU-Leerverkaufsverbots- und Transparenzregimes findet sich im 5. Kapitel der vorliegenden Arbeit. Diese konzentriert sich neben einer rechtlichen Überprüfung der Verordnung und einer rechtsökonomischen Bewertung insbesondere auch auf eine rechtspolitische Analyse der EU-Leerverkaufsregulierung.

5. Kapitel Die Angemessenheit der EU-Leerverkaufsregulierung aus europarechtlicher, rechtsökonomischer und rechtspolitischer Perspektive

Im letzten Kapitel der vorliegenden Arbeit soll eine möglichst umfassende Bewertung der EU-Leerverkaufsregulierung vorgenommen werden. Eine Qualifizierung der EU-Leerverkaufsverordnung als angemessen setzt zunächst zwingendermaßen die Vereinbarkeit der vorgenommenen Leerverkaufsregulierung mit den europarechtlichen Vorgaben voraus. Darüber hinaus stellt sich jedoch die Frage der Angemessenheit der EU-Leerverkaufsregulierung auch aus rechtsökonomischer und im Rahmen einer vollumfänglichen Bewertung der Neuregelung schließlich aus rechtspolitischer Perspektive.

A. Die Vereinbarkeit der EU-Leerverkaufsverordnung mit dem Europarecht

Zunächst ist demnach die Vereinbarkeit der Leerverkaufsverordnung mit dem EUV und dem AEUV sowie die Vereinbarkeit mit der Europäischen Grundrechtecharta (GRC) zu überprüfen.

I. Vereinbarkeit der Leerverkaufsverordnung mit den Europäischen Verträgen (EUV/AEUV)

Einer Vereinbarkeit der EU-Leerverkaufsregulierung mit den Europäischen Verträgen könnte ein Verstoß gegen das durch Art. 5 und 13 Abs. 2 EUV zum Ausdruck kommende „Prinzip der begrenzten Einzelermächtigung“, ein Verstoß gegen den „Subsidiaritätsgrundsatz“ des Art. 5 Abs. 3 EUV bzw. den „Verhältnismäßigkeitsgrundsatz“[655] des Art. 5 Abs. 4 EUV oder ein Verstoß gegen die Dienstleistungs- bzw. Kapitalverkehrsfreiheit der Art. 56 bzw. 63 AEUV entgegenstehen.[656] Überdies könnten die der ESMA durch Art. 28 VO eingeräumten Befugnisse gegen die Kompetenzordnung des AEUV verstoßen.

---

655 Deren Überschreitung nach einer „ultra vires-Kontrolle“ durch das BVerfG eine Unanwendbarkeit der EU-Leerverkaufsverordnung innerhalb der BRD zu Folge haben könnte, vgl. *Oppermann/Classen/Nettesheim*, Europarecht, § 10 Rn. 25.

656 Durch Entscheidung vom 22.01.2014 hat der EuGH die Vereinbarkeit der Verordnung (EU) Nr. 236/2012 mit dem AEUV jedoch ausdrücklich bestätigt, wobei sich

1. *Rechtsgrundlage*

Zunächst könnte es dem EU-Verordnungsgeber bereits an einer zum Erlass der vorangehend erörterten EU-Leerverkaufsregulierung tauglichen Rechtsgrundlage mangeln. So gilt für jede Rechtsetzung auf europäischer Ebene das „Prinzip der begrenzten Einzelermächtigung", nach welchem jeder Rechtsakt einer ausdrücklichen oder impliziten Rechtsgrundlage im Primärrecht bedarf (Art. 5 Abs. 2 EUV).[657]

Ausweislich des Verordnungstextes stützte der Verordnungsgeber die im Rahmen der Verordnung (EU) Nr. 236/2012 vorgenommene Leerverkaufsregulierung auf Art. 114 AEUV, nach dessen Abs. 1 S. 2 „das Europäische Parlament und der Rat (…) Maßnahmen zur Angleichung der Rechts- und Verwaltungsvorschriften der Mitgliedsstaaten (erlassen), welche die Errichtung und das Funktionieren des Binnenmarktes zum Gegenstand haben".

Nach Art. 3 Abs. 2 EUV zählt zu den Zielen der Europäischen Union auch die Schaffung eines europäischen Rechtsraumes innerhalb eines funktionierenden Binnenmarktes, wodurch die Angleichung nationaler Rechtsvorschriften auch zu den Kernaufgaben der Union gehört.[658] Gegenstand einer solchen Harmonisierung sind insoweit Rechts- und Verwaltungsvorschriften, welche die Schaffung und das Funktionieren des Binnenmarktes betreffen und durch eine Rechtsangleichung eine Anpassung an einen unionsrechtlich definierten Standard erfahren.[659] Als Binnenmarkt in diesem Sinne definiert Art. 26 Abs. 2 AEUV wiederum „einen Raum ohne Binnengrenzen, in dem der freie Verkehr von Waren, Personen, Dienstleistungen und Kapital gemäß den Bestimmungen der Verträge gewährleistet" ist. Als Rechtsvorschriften im Sinne des Art. 114 AEUV lassen sich demnach jene zwischen den einzelnen Mitgliedsstaaten vor Inkrafttreten der EU-Leerverkaufsverordnung erheblich divergierenden Leerverkaufsbeschränkungen qualifizieren,[660] welche das ordnungsgemäße Funktionieren des europäischen Finanzmarktes betreffen.

---

die Entscheidung ausschließlich auf die Rechtmäßigkeit des Art. 28 der Verordnung bezieht, vgl. EuGH, Urteil vom 22.01.2014, Rs-270/12 = NZG 2014, 266-270.

657 Vgl. *Calliess*, in: Callies/Ruffert, EUV/AEUV, Art. 5 Rn. 6 f.

658 *Kahn*, in: Geiger/Kahn/Kotzur, EUV/AEUV, Art. 114 AEUV Rn. 1; vgl. auch *Herrnfeld*, in: Schwarze (Hrsg.), EU-Kommentar, § 114 Rn. 1.

659 *Kahn*, in: Geiger/Kahn/Kotzur, EUV/AEUV, Art. 114 AEUV Rn. 6 f.

660 Als deren Auslöser das unkoordinierte Vorgehen der BaFin im Jahre 2009/2010 qualifiziert werden kann, als diese ohne Absprache mit den anderen europäischen Partnern ungedeckte Leerverkäufe in Finanzwerten und Staatsanleihen von

Allerdings darf Art. 114 AEUV nicht als eine den Grundsatz der begrenzten Einzelermächtigung aushöhlende Generalklausel missverstanden werden.[661] So rechtfertigen weder die bloße Feststellung von Unterschieden zwischen nationalen Vorschriften noch die abstrakte Gefahr von Beeinträchtigungen der Grundfreiheiten oder möglicherweise drohende Wettbewerbsverzerrungen einen Rückgriff auf die Ermächtigung des Art. 114 AEUV.[662] Vielmehr müssen die Unterschiede zwischen den Rechts- und Verwaltungsvorschriften der Mitgliedsstaaten geeignet sein, die Grundfreiheiten zu beeinträchtigen oder spürbare Wettbewerbsverzerrungen hervorzurufen und sich hierdurch unmittelbar auf das Funktionieren des Binnenmarktes auszuwirken.[663] Demnach ist eine Inanspruchnahme der Kompetenzgrundlage des Art. 114 AEUV nur dann zulässig, wenn sich die Schaffung bzw. das Funktionieren des Binnenmarktes tatsächlich als die zentrale, sich etwa den Begründungserwägungen zu entnehmende Regelungsintention des Verordnungsgebers darstellt und der konkrete Rechtsakt objektiv und tatsächlich den Zweck hat, die Voraussetzungen für die Errichtung und das Funktionieren des Binnenmarktes zu verbessern.[664]

Nach Erwägungsgrund 2 der Verordnung (EU) Nr. 236/2012 sollte im Zuge der EU-Leerverkaufsverordnung „ein gemeinsamer Regelungsrahmen für Vorschriften und Befugnisse im Zusammenhang mit Leerverkäufen und Credit Default Swaps geschaffen" werden, um, als Reaktion auf die unterschiedlichen mitgliedsstaatlichen Maßnahmen,[665] „das ordnungsgemäße Funktionieren des Binnenmarktes sicherzustellen und die Voraussetzungen für sein Funktionieren, insbesondere in Bezug auf die Finanzmärkte zu verbessern".[666] Mithin lässt sich die Hauptintention des Verordnungsgebers als Rechtsangleichung zum Zwecke

Mitgliedern der Währungsunion verbot, vgl. Verbot ungedeckter Leerverkäufe tritt in Kraft, in: FAZ vom 31.10.2012, Nr. 254, S. 17.

661 *Kahn,* in: Geiger/Kahn/Kotzur, EUV/AEUV, Art. 114 AEUV Rn. 14; *Fischer,* in: Lenz/Borchardt (Hrsg.), EU-Verträge, Art. 114 Rn. 9; EuGH, Urteil vom 05.10.2000, Rs C-376/98, Slg. 2000, I-8419, - „Tabakwerbung" Rn. 84.

662 Fischer, in: *Lenz/Borchardt* (Hrsg.), EU-Verträge, Art. 114 Rn. 9; EuGH, Urteil vom 05.10.2000, Rs C-376/98, Slg. 2000, I-8419, - „Tabakwerbung" Rn. 84.

663 *Fischer,* in: Lenz/Borchardt (Hrsg.), EU-Verträge, AEUV, Art. 114 Rn. 9 m.N.

664 *Kahn,* in: Geiger/Kahn/Kotzur, EUV/AEUV, Art. 114 AEUV Rn. 14; *Fischer,* in: Lenz/Borchardt (Hrsg.), EU-Verträge, AEUV, Art. 114 Rn. 9.

665 Erwägungsgrund 1 der Verordnung (EU) Nr. 236/2012.

666 Vgl. auch EuGH, Urteil vom 22.01.2014, Rs C-270/12 - Vereinigtes Königreich/Parlament und Rat = NZG 2014, 266-270, Rn. 114.

des ordnungsgemäßen Funktionierens des Binnenmarktes qualifizieren und die Verordnung sich somit auf die Ermächtigung des Art. 114 AEUV stützen.[667]

Würde man dagegen den Schutz des gesamten Finanzsystems vor systemischen Risiken, die von Leerverkäufen und Credit Default Swaps ausgehenden als vorrangiges Regelungsziel des Verordnungsgebers einstufen, so ließe sich auch eine hierdurch motivierte Rechtsvereinheitlichung letztendlich auf den Schutz des ordnungsgemäßen Funktionierens des Binnenmarktes zurückführen.

Art. 114 AEUV bildet demnach eine taugliche Ermächtigungsgrundlage zum Erlass der Verordnung (EU) Nr. 236/2012, so dass die EU-Leerverkaufsverordnung nicht gegen das Prinzip der begrenzten Einzelfallermächtigung des Artikels 5 EUV verstößt.

2. *Subsidiaritätsgrundsatz*

Weiterhin müsste die EU-Leerverkaufsverordnung allerdings auch dem Subsidiaritätsprinzip des Art. 5 Abs. 3 EUV genügen, nach welchem „die Union in den Bereichen, die nicht in ihre ausschließliche Zuständigkeit fallen, nur tätig (wird), sofern und soweit die Ziele der in Betracht gezogenen Maßnahmen von den Mitgliedsstaaten weder auf zentrale noch auf regionaler oder lokaler Ebene ausreichend verwirklicht werden können, sondern vielmehr wegen ihres Umfangs oder ihrer Wirkung auf Unionsebene besser zu verwirklichen sind“. Danach dürfen auf europäischer Ebene lediglich diejenigen Aufgaben übernommen werden, deren Erfüllung auf europäischer Ebene im Interesse der Bürger unabweisbar notwendig ist und deren volle Wirksamkeit ausschließlich auf Gemeinschaftebene erreicht werden kann.[668]

Allerdings ist der Anwendungsbereich des Subsidiaritätsgrundsatzes auf diejenigen Bereiche beschränkt, auf welchen der Union nicht bereits nach Art. 3 AEUV die ausschließliche Handlungskompetenz zusteht.[669] Demnach könnte die Anwendung des Subsidiaritätsgrundsatzes auf die Verordnung (EU) Nr. 236/2012 nach Art. 3 Abs. 1 lit. b AEUV ausgeschlossen sein, nach welchem die Union die ausschließliche Zuständigkeit für die „Festlegung der für das Funktionieren des Binnenmarktes erforderlichen Wettbewerbsregeln“ besitzt. Da Art. 114 AEUV dem EU-Gesetzgeber jedoch gemäß Art. 4 Abs. 2 lit. a

---

667 So auch EuGH, Urteil vom 22.01.2014, Rs C-270/12 - Vereinigtes Königreich/Parlament und Rat = NZG 2014, 266-270, Rn. 100 und 116 f.

668 *Geiger*, in: Geiger/Kahn/Kotzur, EUV/AEUV, Art. 5 AEUV Rn. 6; *Langguth*, in: Lenz/Borchardt (Hrsg.), EU-Verträge, AEUV, Art. 5 Rn. 19 f.

669 *Geiger*, in: Geiger/Kahn/Kotzur, EUV/AEUV, Art. 5 EUV Rn. 11.

AEUV keine ausschließliche, sondern lediglich eine geteilte Zuständigkeit zur Rechtsangleichung im Binnenmarkt verleiht, unterliegt auch die aus Zwecken der Rechtsangleichung vorgenommene „Harmonisierung" der Leerverkaufsregulierung dem in Art. 5 Abs. 3 EUV verankerten Grundsatz der Subsidiarität.[670]

Somit ist im Folgenden zu untersuchen, inwieweit die Mitgliedsstaaten außerstande sind, die Ziele der EU-Leerverkaufsverordnung durch eigene Maßnahmen auf zentraler, regionaler oder lokaler Ebene zu verwirklichen, und ob das Tätigwerden des Verordnungsgebers im Vergleich zu mitgliedsstaatlichen Leerverkaufsbeschränkungen so wesentliche Vorteile bietet, dass die mit der Handlung der Union verbundene Einschränkung nationaler Handlungsspielräume hingenommen werden kann.[671] Insoweit hat der Europäische Rat in Edinburgh in seinen Leitlinien zum Subsidiaritätsprinzip die Befugnis zum Gebrauch einer Kompetenz der Union insbesondere in denjenigen Fällen für rechtmäßig erachtet, in welchen „die zur Prüfung vorliegende Frage (...) transnationale Aspekte (hat), die durch Maßnahmen der Mitgliedsstaaten nicht zufriedenstellend geregelt werden können", bzw. in denen eine „Maßnahme auf Unionsebene (...) aufgrund ihrer Größenordnung oder ihrer Auswirkungen im Verhältnis zu einem Tätigwerden auf Ebene der Mitgliedsstaaten deutliche Vorteile erbringen" würde.[672] Letztendlich stellt sich danach die Frage, ob eine Regulierung von Leerverkäufen gerade aufgrund transnationaler Aspekte einer europaweiten Regelung bedurfte oder die EU-Leerverkaufsverordnung gegenüber mitgliedsstaatlichen Maßnahmen jedenfalls deutliche Vorteile erbringt.

In diesem Sinne rechtfertigt sich ein unionsrechtliches Tätigwerden nach Einschätzung des EU-Leerverkaufsverordnungsgebers insbesondere durch ein durch divergierende mitgliedsstattliche Maßnahmen begründetes Hindernis für das ordnungsgemäße Funktionieren des Binnenmarktes sowie die Sicherstellung eines höheren Maßes an Koordinierung und Kohärenz.[673] Darüber hinaus ist es nach Ansicht des Verordnungsgebers zweckmäßig und notwendig die Form einer Verordnung zu wählen, um sicherzustellen, dass eine Regulierung in der gesamten Union einheitlich angewandt wird, sowie um der European Securities und Markets Authority (ESMA) Befugnisse zur Koordinierung

---

670 *Fischer*, in: Lenz/Borchardt (Hrsg.), EU-Verträge, AEUV, Art. 114 Rn. 18 m.N.

671 *Geiger*, in: Geiger/Kahn/Kotzur, EUV/AEUV, Art. 5 EUV Rn; 12; *Jarass*, EuGRZ 1994, 218.

672 *Geiger*, in: Geiger/Kahn/Kotzur, EUV/AEUV, Art. 5 EUV Rn; 13; vgl. auch: *Langguth*, in: Lenz/Borchardt (Hrsg.), EU-Verträge, EUV, Art. 5 Rn. 21; *Lienbacher*, in: Scharze (Hrsg.), EUV, § 5 Rn. 25.

673 Erwägungsgrund 1 der Verordnung (EU) Nr. 236/2012

mitgliedsstaatlicher und Verhängung eigener Maßnahmen zu übertragen.[674] Demnach sei zur Überwindung der „derzeitigen Fragmentierung" und „zur Bewältigung der potentiellen Risiken von Leerverkäufen und Credit Default Swaps ein harmonisiertes Vorgehen erforderlich",[675] insbesondere, da die „Schwierigkeiten im Zusammenhang mit Leerverkäufen und Credit Default Swaps nur im unionsweiten Kontext vollständig erfasst werden und (…) sich daher besser auf Unionsebene verwirklichen" lassen.[676]

Dieser Einschätzung ist wohl insoweit beizupflichten, als eine wirksame Regulierung von Leerverkäufen und Credit Default Swaps bereits aufgrund der hochgradigen internationalen Verflechtung des Finanzmarktes einen transnationalen Charakter aufweist, welcher eine zufriedenstellende mitgliedsstaatliche Regelung nahezu ausschließt.[677] So ließe sich beispielsweise der von Leerverkäufen ausgehenden Gefahr für „systemrelevante Unternehmen der Finanzbrache", welche sich zu einer Gefährdung der Funktionsfähigkeit des gesamten Finanzsystems ausweiten kann, aufgrund der engen Verflechtung des Finanzsektors nicht zufriedenstellend durch eine nationale Leerverkaufsbeschränkung begegnen (wie sich insbesondere an den weltweiten Auswirkungen des Zusammenbruchs der amerikanischen Investmentbank Lehman Brothers Inc. verdeutlichen lässt).

Des Weiteren hat eine europaweit harmonisierte Leerverkaufsregulierung gegenüber einer divergierenden mitgliedsstaatlichen Regelung den Vorteil, dass sich sowohl Investoren als auch Aufsichtsbehörden auf einen einheitlichen Rechtsrahmen einstellen können und sich somit unnötige Kosten vermeiden lassen.

Im Ergebnis waren demnach die Ziele der EU-Leerverkaufsregulierung von den Mitgliedsstaaten weder auf zentraler, regionaler noch lokaler Ebene ausreichend zu bewältigen, sondern vielmehr aufgrund ihres Umgangs und ihrer Wirkung besser auf Unionsebene zu verwirklichen. Mithin ist im Erlass der EU-Leerverkaufsverordnung auch kein Verstoß gegen das Subsidiaritätsprinzip des Art. 5 Abs. 3 EUV zu erblicken.

3. *Verhältnismäßigkeitsgrundsatz*

Zudem müsste die Verordnung (EU) Nr. 236/2012 jedoch den in Art. 5 Abs. 4 EUV niedergelegten Grundsatz der Verhältnismäßigkeit wahren, nach welchem

---

674 Erwägungsgrund 2 der Verordnung (EU) Nr. 236/2012.

675 Erwägungsgrund 5 der Verordnung (EU) Nr. 236/2012.

676 Erwägungsgrund 45 der Verordnung (EU) Nr. 236/2012.

677 Vgl. hierzu beispielsweise die Kritik am „nationalen Alleingang" der Bundesregierung im Rahmen der Schaffung der § 30h f. WpHG von *Möllers/Christ/Harrer*, NZG 2010, 1167, 1167 ff.

„Maßnahmen der Union inhaltlich wie formal nicht über das zur Erreichung der Ziele der Verträge erforderliche Maß hinaus(gehen)" dürfen. Insoweit bildet Art. 5 Abs. 4 EUV den Maßstab für die Regelungsintensität europäischer Maßnahmen sowohl bezüglich deren Art als auch im Hinblick auf deren Umfang.[678] Danach sind Maßnahmen, welche für den Einzelnen bzw. einen Mitgliedsstaat eine Belastung darstellen, nur rechtmäßig, sofern sie zur Erreichung der verfolgten Ziele geeignet und erforderlich sind und die auferlegten Belastungen in einem angemessenen Verhältnis zu den angestrebten Zielen stehen.[679]

Nach Einschätzung des Verordnungsgebers war es wiederum zweckmäßig und notwendig, im Rahmen einer europaweiten Leerverkaufsregulierung die Form einer Verordnung zu wählen, um in der gesamten Union einen einheitlichen Rechtsrahmen zu schaffen und der ESMA alle notwendigen Handlungsbefugnisse zu verleihen.[680] Dabei ermögliche die Verordnung eine umfassende und dennoch verhältnismäßige Reaktion auf Risiken, die bei einem Leerverkauf bestimmter Finanzinstrumente entstehen können, „ohne dabei die Vorteile, die Leerverkäufe für die Marktliquidität und -effizienz bieten, zu sehr zu schmälern".[681]

Zwar bestehen bezüglich der angemessenen Berücksichtigung der von der Vornahme von Leerverkäufen ausgehenden positiven Effekte auf die Effizienz des Kapitalmarktes insbesondere im Hinblick auf die Verbote ungedeckter Leerverkäufe der Art. 12 und 13 der Verordnung sowie die Offenlegungspflicht signifikanter Netto-Leerverkaufspositionen in Aktien nach Art. 6 VO erhebliche Zweifel.[682] Aufgrund der Tatsache, dass zur Rechtsangleichung vorgenommene Maßnahmen in aller Regel auf hochkomplexen politischen, wirtschaftlichen und sozialen Beurteilungen beruhen, verfügt der Unionsgesetzgeber im Hinblick auf den Grundsatz der Verhältnismäßigkeit jedoch über ein weites Ermessen, dessen gerichtliche Kontrolle sich auf die Frage beschränkt, ob die gewählte Maßnahme zur Erreichung des mit ihr angestrebten Zwecks offensichtlich ungeeignet ist.[683] Eine offensichtliche Ungeeignetheit der EU-Leerverkaufsverordnung zur

---

678 *Langguth*, in: Lenz/Borchardt (Hrsg.), EU-Verträge, EUV, Art. 5 Rn. 36; *Lienbacher*, in: Schwarze (Hrsg.), EUV, § 5 Rn. 35 f.

679 *Langguth*, in: Lenz/Borchardt (Hrsg.), EU-Verträge, EUV, Art. 5 Rn. 36 f.; *Blanke*, ZG 1995, 193, 209 ff.; *Jarass*, EuGRZ 1994, 209, 214 ff.

680 Erwägungsgrund 3 der Verordnung (EU) Nr. 236/2012.

681 Erwägungsgrund 4 und 5 der Verordnung (EU) Nr. 236/2012.

682 Vgl. hierzu im Einzelnen die nachfolgende rechtsökonomische Bewertung der Normen auf den S. 231 ff.

683 *Fischer*, in: Lenz/Borchardt (Hrsg.), EU-Verträge, AEUV, Art. 114 Rn. 19 m.N.

Sicherstellung des ordnungsgemäßen Funktionierens des Binnenmarktes im Rahmen der vorgenommenen Harmonisierung der divergierenden mitgliedsstaatlichen Leerverkaufsbeschränkungen sowie zur Begrenzung potentieller Risiken der Durchführung von Leerverkäufen kann allerdings nicht festgestellt werden.

Das neue EU-Leerverkaufsverbots- und Transparenzregime der Verordnung (EU) Nr. 236/2012 verstößt danach auch nicht gegen den in Art. 5 Abs. 4 EUV niedergelegten Grundsatz der Verhältnismäßigkeit.

4. *Verstoß gegen die Grundfreiheiten*

Überdies dürfte die neue EU-Leerverkaufsregulierung allerdings auch gegen keine der europarechtlich gewährleisteten Grundfreiheiten verstoßen. Letztendlich wird durch die Verordnung (EU) Nr. 236/2012 jedoch weder die Dienstleistungsfreiheit des Art. 56 AEUV, noch die Kapitalverkehrsfreiheit des Art. 63 AEUV verletzt.

Zwar stellen beispielsweise das Angebot einzelner (in den Mitgliedstaaten ansässiger) Banken zur Durchführung von Leerverkäufen an Finanzmärkten anderer Mitgliedstaaten, bzw. die Investition einzelner Hedgefonds in solche Leerverkäufe, selbstständige erwerbswirtschaftliche Tätigkeiten mit grenzüberschreitendem Charakter dar und sind demnach als Dienstleistungen im Sinne des Art. 56 AEUV zu qualifizieren.[684] Des Weiteren unterfallen solche Leerverkäufe nach Anhang I iii. der Kapitalverkehrsrichtlinie 88/361 als „Geschäfte, die normalerweise am Kapitalmarkt gehandelt werden“, auch der Definition des Kapitalverkehrs im Sinne des Art. 63 AEUV, für welche es in Ermangelung einer entsprechenden Legaldefinition im Rahmen des AEUV zur Konkretisierung der Begrifflichkeit nach ständiger Rechtsprechung des EuGH auf die Kapitalverkehrs -RL zurückzugreifen gilt.[685]

Doch ist die unterschiedslos in allen Mitgliedsstaaten geltende europaweite Regulierung von Leerverkäufen im Rahmen der EU-Leerverkaufsverordnung nicht dazu geeignet, etwaige Dienstleistungserbringer aus Gründen der Staatsangehörigkeit zu diskriminieren („Diskriminierungsverbot“).

Allerdings versteht der EuGH die Dienstleistungsfreiheit längst nicht mehr ausschließlich als Diskriminierungsverbot, sondern ebenfalls als umfassendes

---

684 Vgl. *Kotzur*, in: Geiger/Kahn/Kotzur, EUV/AEUV, Art. 57 Rn. 5 ff. AEUV.

685 EuGH, Urteil vom 12.12.2006, Rs. C-483/04, Slg. 2006, I-11753 Rn. 179 – Test Claimants in the FII Group Litigation – weitere Nachweise bei *Schürmann*, in: Lenz/Borchardt (Hrsg.), EU-Verträge, Art. 63 Rn. 4.

Beschränkungsverbot, nach welchem alle Beschränkungen aufzuheben sind, die, obgleich sie unterschiedslos gelten, geeignet sind, die Tätigkeit eines in einem anderen Mitgliedstaat ansässigen Dienstleistenden, der dort rechtmäßig gleichartige Dienstleistungen erbringt, zu unterbinden oder zu behindern.[686] Zudem schützt auch die Kapitalverkehrsfreiheit des Art. 63 AEUV schon ihrem Wortlaut nach nicht lediglich vor Diskriminierungen, sondern verbietet jedwede „Beschränkungen des Kapitalverkehrs zwischen den Mitgliedstaaten sowie zwischen den Mitgliedstaaten und dritten Ländern".[687]

Zwar verletzen unterschiedslos anwendbare Regelungen, welche sowohl bezüglich nationaler, als auch transnationaler Sachverhalte die gleiche Wirkung entfalten, das den Grundfreiheiten inhärente Verbot der Schlechterbehandlung grundsätzlich nicht.[688] Doch hat der EuGH bezüglich der Warenverkehrsfreiheit schon früh hervorgehoben, dass auch sonstige Maßnahmen, die den Handel unmittelbar oder mittelbar, tatsächlich oder potentiell beeinträchtigen, geeignet sind, die Ausübung der Grundfreiheiten zu behindern und gegen die Grundfreiheiten zu verstoßen (sog. Dassonville-Formel).[689]

In diesem Sinne könnte auch die EU-Leerverkaufsregulierung den transnationalen Kapitalverkehr behindern oder weniger attraktiv machen. Auch könnte sie die freie Entscheidung über die Investition des Kapitals beeinflussen und somit zum Nachteil der Berechtigten der Kapitalverkehrsfreiheit bzw. Dienstleistungsfreiheit gereichen.[690]

Allerdings muss aus der sogenannten „Keck-Formel", nach welcher bloße „Verkaufsmodalitäten", welche den Marktzugang nicht behindern und damit nicht in die Grundfreiheiten eingreifen, gefolgert werden, dass tatsächlich unterschiedslos wirkende Regelungen solange keinen Eingriff bewirken, als sie „nicht in ein Marktzutritts- oder -austrittshindernis umschlagen".[691] Danach müssen aber Behinderungen von Kapitalbewegungen, welche die Folge einer allgemeinen Regulierung sind und in- und ausländische Marktteilnehmer in gleicher Weise betreffen – wie insbesondere die aufsichtsrechtliche Regulierung des Bank- und Börsenwesens in Form der Verordnung (EU) Nr. 236/2012 – als

686 *Kotzur*, in: Geiger/Kahn/Kotzur, EUV/AEUV, Art. 57 Rn. 14 AEUV m.N.
687 *Kotzur*, in: Geiger/Kahn/Kotzur, EUV/AEUV, Art. 563Rn. 7 AEUV.
688 *Sedlaczek/Züger*, in: Streinz, EUV/AEUV, Art. 65 Rn. 19.
689 *Sedlaczek/Züger*, in: Streinz, EUV/AEUV, Art. 65 Rn. 19.
690 Vgl. *Sedlaczek/Züger*, in: Streinz, EUV/AEUV, Art. 63 Rn. 9.
691 Vgl. EuGH, Urteil vom 24.11.1993, Rs C-267/91; u. 268/91 -„Keck"- = NJW 1994, 121, 122; vgl. auch *Sedlaczek/Züger*, in: Streinz, EUV/AEUV, Art. 65 Rn. 19 und *Ruffert*, JuS 2009, 97, 101.

Rahmenmodalitäten qualifiziert werden, welche keine grundfreiheitlich relevante Beschränkung begründen.[692]

Mithin ist die EU-Leerverkaufsregulierung im Ergebnis auch nicht als eine unterschiedslos wirkende Beschränkung der Dienstleistungs- bzw. Kapitalverkehrsfreiheit der Art. 56 und 63 AEUV zu qualifizieren.

Die EU-Leerverkaufsverordnung Nr. 236/2012 verstößt nicht gegen die Dienstleistungs- bzw. Kapitalverkehrsfreiheit der Art. 56 bzw. Art. 63 AEUV.

5. *Verstoß gegen die Kompetenzverteilung des AEUV*

Weiterhin verstoßen auch die der ESMA im Rahmen des Art. 28 AEUV eingeräumten Eingriffsbefugnisse[693] nicht gegen die Verteilung der Kompetenzen innerhalb des AEUV.[694]

Insoweit ist zunächst zu berücksichtigen, dass „die Verträge zwar keine Vorschrift enthalten, die die Übertragung von Zuständigkeiten auf eine Einrichtung oder sonstige Stelle der Union vorsieht, dass aber mehrere Vorschriften des AEUV (Art. 263, 265, 267, 277 AEUV) vom Bestehen einer solchen Möglichkeit ausgehen“.[695] Demnach ist durch Art. 290 AEUV und Art. 291 AEUV nicht bestimmt, dass ausschließlich der Kommission bestimmte delegierte Befugnisse und Durchführungsbefugnisse zugewiesen werden dürfen.[696]

Entscheidend ist weiterhin, dass die der ESMA durch Art. 28 der Verordnung (EU) 236/2012 eingeräumten Befugnisse sowohl durch die in den Absätzen 2 bis 5 der Vorschrift normierten Eingriffsvoraussetzungen als auch durch den sich aus Art. 9 Abs. 5 der ESMA-Verordnung ergebenden Beschränkungen genau eingegrenzt sind.[697] Folglich stehen die Befugnisse der ESMA im Einklang mit dem AEUV, da sie nicht „nach freiem Ermessen auszuüben sind und einen weiten Ermessenspielraum voraussetzen“, so dass deren Ausübung nicht als „Verwirklichung einer ausgesprochenen Wirtschaftspolitik“ zu qualifizieren ist

---

692 Hierzu: *Sedlaczek/Züger*, in: Streinz, EUV/AEUV, Art. 65 Rn. 24.

693 Vgl. im Einzelnen bereits oben, S. 179 f.

694 EuGH, Urteil vom 22.01.2014, Rs-270/12 - Vereinigtes Königreich/Parlament und Rat = NZG 2014, 266-270.

695 EuGH, Urteil vom 22.01.2014, Rs-270/12 - Vereinigtes Königreich/Parlament und Rat = NZG 2014, 266-270, Rn. 79 f.

696 Vgl. EuGH, Urteil vom 22.01.2014, Rs-270/12 - Vereinigtes Königreich/Parlament und Rat = NZG 2014, 266-270, Rn. 78 ff.

697 EuGH, Urteil vom 22.01.2014, Rs-270/12 - Vereinigtes Königreich/Parlament und Rat = NZG 2014, 266-270, Rn. 45 ff. und Rn. 67.

und keine „tatsächliche Verlagerung der Verantwortung mit sich bringt".[698] Ferner ist auch die Übertragung von Befugnissen auf die ESMA entsprechend der voranstehend erörterten Ausführungen durch den Kompetenztitel des Art. 114 AEUV gedeckt.

II. Zwischenergebnis

Die EU-Leerverkaufsverordnung 236/2012 dient der Rechtsvereinheitlichung zum Zwecke der Verbesserung des Funktionierens des europäischen Finanzmarktes, so dass sich deren Erlass auf die Rechtsgrundlage des Art. 114 AEUV stützen lässt. Zudem steht die Verordnung im Einklang mit dem durch Art. 5 Abs. 3 EUV verbürgten Subsidiaritätsgrundsatz wie auch mit dem Verhältnismäßigkeitsgrundsatz des Art. 5 Abs. 4 EUV. Des Weiteren verletzt die EU-Leerverkaufsregulierung weder die durch Art. 56 AEUV geschützte Dienstleistungsfreiheit, noch die durch Art. 63 AEUV gewährleistete Kapitalverkehrsfreiheit. Ferner verstößt auch die Übertragung von Eingriffsbefugnissen auf die ESMA im Rahmen des Art. 28 der EU-Leerverkaufsverordnung nicht gegen die Regelung des AEUV.

Im Ergebnis steht die Verordnung (EU) Nr. 236/2012 somit im Einklang mit dem EUV und dem AEUV.

B. Vereinbarkeit der Leerverkaufsverordnung mit den Grundrechten der Europäischen Grundrechtecharta

Abschließend soll im Folgenden die Vereinbarkeit der Verordnung (EU) Nr. 236/2012 mit den Grundrechten der Europäischen Union erörtern werden. Hierzu sind zunächst die Rechtsquellen zu bestimmen, aus welchen sich ein europäischer Grundrechtsschutz herleiten lässt. Denn musste ein unionsrechtlicher Grundrechtsschutz in Ermangelung einer entsprechenden rechtlichen Grundlage in den Gründungsverträgen zunächst im Wege richterrechtlicher Rechtsfortbildung in das Gemeinschaftsrecht eingefügt werden, so herrscht seit der Einbeziehung der Charta der Grundrechte der Europäischen Union durch Art. 6 Abs. 1 EUV bzw. der Perspektive des Beitritts der Europäischen Union zur Europäischen Menschenrechtskonvention (Art. 6 Abs. 2 EUV) kein Mangel an Grundrechtsgewährleistung mehr.[699] Vielmehr stellt sich danach jedoch die

---

698 EuGH, Urteil vom 22.01.2014, Rs-270/12 - Vereinigtes Königreich/Parlament und Rat = NZG 2014, 266-270, Rn. 41 f.

699 *Kingreen*, in: Calliess/Ruffert, EUV/AEUV, Art. 6 Rn. 1.

Frage des Verhältnisses der Charta der Grundrechte der Europäischen Union (EGC) zu den Bestimmungen der Europäischen Konvention zum Schutze der Menschenrechte und Grundfreiheiten (EMRK) sowie zu den grundrechtlichen Wertungen der Rechtsprechung des EuGH.

Insoweit gilt es zunächst zu berücksichtigen, dass die „EU-Grundrechtecharta" seit der Einbeziehung im Rahmen des Vertrages von Lissabon durch Art. 6 Abs. 1 EUV der gleiche Rang wie den Verträgen (EUV/AEUV) eingeräumt ist und damit klargestellt ist, dass die Charta über den Rechtsakten der Union steht und diese an ihr zu messen sind.[700]

Der Rang der EMRK (als völkerrechtliche Grundrechtsbindung der Union)[701] ergibt sich demgegenüber nicht aus Art. 6 Abs. 2 EUV, sondern vielmehr aus Art. 216 Abs. 2 AEUV in Verbindung mit Art. 218 Abs. 11 AEUV.[702] Da die EMRK letztendlich kein Primärrecht der Union werden soll, steht sie im Rang jedenfalls hinter der GRC.[703] Jedoch profiliert Art. 6 Abs. 3 EUV die EMRK als wichtigste Rechtserkenntnisquelle im Rahmen der Auslegung der Unionsgrundrechte und die Grundrechte der Charta werden „durch die Kohärenzklausel des Art. 52 Abs. 3 GRCh aufs Engste an die EMRK und die entsprechende Rechtsprechung des EGMR gekoppelt".[704]

Ähnlich verhält es sich mit den grundrechtlichen Wertungen innerhalb der Judikatur des EuGH, welche nach dem rechtsstaatlichen Grundsatz des Vorrangs des geschriebenen Rechts ebenfalls hinter der Grundrechtecharta zurückstehen.[705] Allerdings lässt sich aus Art. 6 Abs. 3 EUV ableiten, dass die bisherige Rechtsprechung des EuGH eine wesentliche Grundlage für die Auslegung der Grundrechte der Charta bildet und die Charta den durch die Rechtsprechung geprägten Schutzumfang des europäischen Grundrechtsschutzes nicht in Frage stellt.[706]

---

700 Vgl. *Streinz*, in: Streinz, EUV/AEUV, Art. 6 Rn. 2; *Geiger*, in: Geiger/Kahn/Kotzur, EUV/AEUV, Art. 6 Rn. 8 EUV.

701 Vgl. *Kingreen*, in: Calliess/Ruffert, EUV/AEUV, Art. 6 Rn. 2; *Geiger*, in: Geiger/Kahn/Kotzur, EUV/AEUV, Art. 6 Rn. 19 EUV.

702 *Hatje*, in: Schwarze (Hrsg.), EU-Kommentar, Art. 6 Rn. 11; vgl. auch *Folz*, in: Vedder/Heintschel von Heinegg (Hrsg.), Europäischen Unionsrecht, Art. 6 EUV Rn. 6.

703 *Hatje*, in: Schwarze (Hrsg.), EU-Kommentar, Art. 6 Rn. 11.

704 *Kingreen*, in: Calliess/Ruffert, EUV/AEUV, Art. 52 Rn. 21, Art. 6 Rn. 23; *Wolffgang*, in: Lenz/Borchard (Hrsg.), EU-Verträge, GRC, Art. 52, Rn. 17; vgl. auch *Borowski*, in: Meyer, Kommentar zur Charta der Grundrechte der Europäischen Union, Art. 52 Rn. 30.

705 *Kingreen*, in: Calliess/Ruffert, EUV/AEUV, Art. 6 Rn. 17 m.w.N.

706 *Kingreen*, in: Calliess/Ruffert, EUV/AEUV, Art. 6 Rn. 18.

Mithin ist die EU-Leerverkaufsverordnung im Folgenden an den Grundrechten der Charta der Grundrechte der Europäischen Union zu messen, bei deren Auslegung jedoch wesentlich auf die Wertungen der Europäischen Menschenrechtskonvention sowie auf die durch den EuGH geprägten grundrechtlichen Wertungen zurückzugreifen ist. Danach soll die Verordnung (EU) Nr. 236/2012 im Folgenden auf ihre Vereinbarkeit mit dem Recht auf den Schutz personenbezogener Daten aus Art. 16 AEUV und Art. 8 Abs. 1 EGC, die Berufsfreiheit des Art. 15 EGC, die unternehmerische Freiheit des Art. 16 EGC, die Eigentumsfreiheit des Art. 17 EGRC und das Bestimmtheitsgebot des Art. 49 Abs. 1 S. 1 EGRC überprüft werden.

I. Das Recht auf den Schutz personenbezogener Daten

Zunächst könnte die Verordnung (EU) Nr. 236/2012 durch Begründung der neuen Transparenz- und Offenlegungspflichten für signifikante Netto-Leerverkaufspositionen gegen das durch Art. 16 Abs. 1 AEUV und durch Art. 8 Abs. 1 EGC gewährleistete „Recht auf den Schutz personenbezogener Daten“ verstoßen.

Allerdings erscheint bereits fraglich, ob die Höhe einer in Aktien oder öffentlichen Schuldtiteln gehaltenen signifikanten Netto-Leerverkaufsposition im Sinne der Art. 5 ff. der Verordnung als „personenbezogene Daten“ gemäß der Art. 16 AEUV bzw. Art. 8 EGC zu qualifizieren ist. So ist bei der Bestimmung der Begrifflichkeit in Ermangelung einer entsprechenden Definition innerhalb des AEUV und der EGC insbesondere auf die Datenschutzrichtlinie 95/46/EG[707] zurückzugreifen, nach welcher personenbezogene Daten als „Informationen über eine bestimmte oder bestimmbare natürliche Person“ zu definieren sind.[708] Insoweit könnte es jedoch reinen Geschäftsdaten an einem Personenbezug im Sinne des Rechtes auf den Schutz personenbezogener Daten im Sinne der Art. 16 AEUV und Art. 8 EGC mangeln, deren Schutz vielmehr anhand der unternehmensbezogenen Freiheiten zu gewährleisten sein könnte.[709] Demgegenüber ließe sich jedoch die durch das Bedürfnis eines effektiven Grundrechtsschutzes begründete (umstrittene) Einbeziehung juristischer Personen in den persönlichen

---

707 ABl. (EU) 1995 Nr. L 281, S. 31-50; zuletzt geändert durch VO (EG) Nr. 1882/2003, ABl. (EU) 2003 Nr. L 284, S. 1-53.

708 *Frenz*, in: HDB-Europarecht, Band 4, Rn. 1368 und 1360 f.; vgl. auch *Bernsdorff*, in: Meyer, Kommentar zur Charta der Grundrechte der Europäischen Union, Art. 8 Rn. 15.

709 *Frenz*, in: HDB-Europarecht, Band 4, Rn. 1367 m.w.N.

Schutzbereich der Art. 16 AEUV bzw. Art. 8 EGC für eine Einbeziehung rein geschäftlicher Informationen in den Schutzbereich des Grundrechts anführen.[710] In Entsprechung der grundgesetzlichen Systematik erscheint es daher zur Gewährleistung eines umfassenden Grundrechtsschutzes vorzugswürdig, auch geschäftliche Daten in den Schutzbereich der Art. 16 AEUV bzw. Art. 8 EGC einzubeziehen und deren geschäftlichen Charakter vielmehr auf Rechtfertigungsebene zu berücksichtigen.[711] Die Erhebung und Veröffentlichung signifikanter Netto-Leerverkaufspositionen im Rahmen der Art. 5 ff. der EU-Leerverkaufsverordnung greift demnach in den nach vorangehender Argumentation sowohl auf natürliche als auch juristische Personen anzuwendenden Schutzbereich des durch die Art. 16 AEUV und 8 EGC gewährleisteten Rechts auf den Schutz personenbezogener Daten ein.

Demnach stellt sich die Frage, ob dieser Eingriff aus Gründen der Finanzmarktstabilität und des Anlegerschutzes gerechtfertigt ist.[712] Hierzu müsste für die Meldung und Offenlegung signifikanter Netto-Leerverkaufspositionen in Aktien bzw. öffentlichen Schuldtiteln ein zwingendes gesellschaftliches Bedürfnis bestehen, und das EU-Offenlegungs- und Transparenzregime für Leerverkäufe müsste in einem angemessenen Verhältnis zu dem verfolgten berechtigten Zweck stehen.[713] Insoweit ist die Schutzintensität umso höher zu gewichten, je stärker der Personenbezug der jeweiligen Information ausfällt, und ist der Gestaltungsspielraum des Verordnungsgebers umso beschränkter, je stärker die Wahrung der Vertraulichkeit personenbezogener Daten die Privatsphäre des Einzelnen berührt.[714] Weiterhin dürfen personenbezogene Daten gemäß Art. 8 Abs. 2 EGC ausschließlich für festgelegte Zwecke mit Einwilligung der Betroffenen bzw. auf Grund einer gesetzlich geregelten legitimen Grundlage verarbeitet werden.[715]

710 Insoweit wohl: *Folz*, in: Vedder/Heintschel von Heinegg (Hrsg.), Europäischen Unionsrecht, Art. 8 GRC Rn. 4; *Kingreen*, in: Calliess/Ruffert, VerfEU, Art. I-51 Rn. 14.

711 *Folz*, in: Vedder/Heintschel von Heinegg (Hrsg.), Europäischen Unionsrecht, Art. 8 GRC Rn. 4.

712 So die Einschätzung des EU-Leerverkaufsverordnungsgebers in Erwägungsgrund 40 der Verordnung (EU) Nr. 236/2012.

713 *Frenz*, in: HDB-Europarecht, Band 4, Rn. 1447 unter Verweis auf die ständige Rechtsprechung des EGMR; vgl auch *Wolffgang*, in: Lenz/Borchard (Hrsg.), EU-Verträge, Art. 8 EGC Rn. 5 sowie *Rengeling/Szczekalla*, Grundrechte in der Europäischen Union, Rn. 688.

714 *Frenz*, in: HDB-Europarecht, Band 4, Rn. 1456 f.

715 Vgl. hierzu *Bernsdorff*, in: Meyer (Hrsg.), Kommentar zur Charta der Grundrechte der Europäischen Union, Art. 8 Rn. 21 ff.

Zwar ist in Anbetracht der öffentlichen Wahrnehmung der Vornahme von Leerverkäufen ein gewisser Personenbezug der nicht anonymisierten Veröffentlichung signifikanter Netto-Leerverkaufspositionen durchaus anzuerkennen. Allerdings fällt deren Bezug zur Privatsphäre des Leerverkäufers, etwa im Vergleich zu einer Erhebung gesundheitlicher Daten,[716] eher gering aus. Danach ist bei der nachfolgenden Überprüfung, ob die Meldung bzw. Offenlegung signifikanter Netto-Leerverkaufspositionen zur Stabilisierung des Finanzsystems sowie der Verbesserung des Anlegerschutzes geeignet, erforderlich und angemessen ist, ein weiter Gestaltungsspielraum des Verordnungsgebers zu berücksichtigen. Jedenfalls stellen die Vorschriften der EU-Leerverkaufsregulierung jedoch eine legitime gesetzliche Grundlage im Sinne des Art. 8 Abs. 2 EGC dar, mit deren Hilfe die festgelegte Zwecksetzung der Finanzmarktstabilisierung verfolgt wird.

Insoweit bestehen danach an der Verhältnismäßigkeit der Meldung signifikanter Netto-Leerverkaufspositionen an die zuständige Behörde gemäß Art. 5, 7 der Verordnung keinerlei Zweifel. Diese Meldeverpflichtungen sind geeignet, eine effektive Überwachung der Vornahme von Leerverkäufen zu ermöglichen, um deren Gefahrenpotential zu erkennen und zu minimieren; sie stellen zu diesem Zwecke auch das relativ mildeste Mittel dar. Unter Berücksichtigung der mit der Durchführung von Leerverkäufen potentiell einhergehenden Gefahren für das gesamte Finanzsystem ist das Melderegime der Art. 5, 7 der Leerverkaufsverordnung als angemessen zu qualifizieren.

Problematischer ist demgegenüber jedoch die Bewertung der Offenlegung signifikanter Netto-Leerverkaufspositionen in Aktien gegenüber der Öffentlichkeit gemäß Art. 6 der Verordnung. Zwar ist auch die Offenlegung signifikanter Netto-Leerverkaufspositionen zur Stabilisierung des Finanzsystems und der Verbesserung des Anlegerschutzes geeignet, insbesondere um hierdurch Überreaktionen des Marktes auf aus ökonomischer Perspektive gerechtfertigte und damit nach § 20a WpHG zulässige Leerverkäufe zu mildeRn. Doch könnte eine anonymisierte Offenlegung ein gegenüber Art. 6 der Verordnung milderes Mittel darstellen, welches gleichsam zur Begegnung solcher Überreaktionen geeignet ist.

Weiterhin ließe sich darauf verweisen, Art. 6 der Verordnung sei im Besonderen unter Berücksichtigung der von der Offenlegung ausgehenden negativen Folgen für die Finanzmarktstabilität und den Anlegerschutz nicht angemessen, da die Neuregelung die gezielte Spekulation gegen ökonomisch begründete

716 Hierzu: *Frenz*, in: HDB-Europarecht, Band 4, Rn. 1457 m.w.N.

Leerverkäufe ermöglicht und hierdurch der Effektivität des Finanzmarktes sowie den an einer hohen fundamentalen Effizienz interessierten Anlegern schade.

In Anbetracht des dem EU-Leerverkaufsverordnungsgebers zuzugestehenden weiten Gestaltungsspielraumes sowie der Komplexität und Vielgestaltigkeit der widerstreitenden Interessen ist im Ergebnis allerdings von der Angemessenheit der Einschränkung des Rechts auf den Schutz personenbezogener Daten aus Art. 16 AEUV bzw. Art. 8 EGC auszugehen.

Die Verordnung (EU) Nr. 236/2012 verstößt folglich nicht gegen das Recht auf den Schutz personenbezogener Daten aus Art. 16 AEUV und 8 EGC.

II. Die Berufsfreiheit des Art. 15 Abs. 1 der Europäischen Grundrechtecharta

Aus unionsverfassungsrechtlicher Perspektive ist die EU-Leerverkaufsregulierung im Rahmen der Verordnung (EU) Nr. 236/2012 weiterhin auf einen möglichen Verstoß gegen die Berufsfreiheit des Art. 15 Abs. 1 EGC zu überprüfen.

Hierbei stellt sich die Frage, ob die Durchführung von Leerverkäufen überhaupt dem Schutzbereich der durch Art. 15 Abs. 1 EGC gewährleisteten Berufsfreiheit unterfällt. Zentrales Element des Berufes im Sinne des Art. 15 Abs. 1 EGC ist die Erwerbsaussicht, so dass der Beruf als eine auf gewisse Dauer angelegte Tätigkeit definiert werden kann, welche zur Schaffung und Erhaltung einer Lebensgrundlage dient.[717]

Zwar ist die Vornahme von Leerverkäufen sicher nicht als ein eigenes „Berufsbild“ zu qualifizieren. Doch ist es bezüglich der Eröffnung des Schutzbereiches entsprechend der grundgesetzlichen Wertung des Grundgesetzes wohl gleichgültig, ob es sich bei einer bestimmten Tätigkeit um einen eigenen „Beruf“, oder vielmehr um einen Teilaspekt einer umfassenderen beruflichen Betätigung handelt.[718]

Danach unterfällt die Durchführung von Leerverkäufen jedoch sowohl zum Zwecke der privaten Vermögensmehrung als auch durch institutionelle Anleger als Bestandteil der selbstständigen bzw. unselbstständigen Vermögensverwaltung zum Zwecke einer dauerhaften Schaffung bzw. Sicherung einer Lebensgrundlage dem sachlichen Schutzbereich des Art. 15 Abs. 1 EGC.

Insoweit steht einer Eröffnung des Schutzbereiches nach richtiger Ansicht auch nicht entgegen, dass Leerverkäufe jedenfalls in Teilen bereits den Verboten

---

717 *Wolffgang*, in: Lenz/Borchardt (Hrsg.), EU-Verträge, § 15 GRCh Rn. 3.

718 Vgl. *Manssen*, in: Mangold/Klein/Stark, GG, Art. 12 Rn. 45; so im Ergebnis auch *Kämmerer*, in: von Münch/Kunig, Grundgesetz Kommentar, Band I, Art. 12 Rn. 19.

des § 20 a WpHG bzw. der Art. 12 und 13 der Verordnung (EU) Nr. 236/2012 unterfallen.[719] Eine andere Einschätzung würde vielmehr eine unangemessene Einschränkung des Schutzbereiches der Berufsfreiheit bedeuten, die die Reichweite der Grundrechte in das Ermessen des einfachen (europäischen) Gesetzgebers legen und Grundrechtsbeschränkungen (wie die VO 236/2012) einer verfassungsrechtlichen Überprüfung entziehen würde.[720]

Neben natürlichen Personen erstreckt sich der Schutzbereich des Art. 15 EGC auch auf juristische Personen.[721] Allerdings ist der Schutzbereich der Berufsfreiheit in personeller Hinsicht auf Unionsbürger und diejenigen Drittstaatenangehörigen beschränkt, welche bereits legal Zugang zum Arbeitsmarkt der Union haben,[722] so dass sich weder ausländische Investoren, noch deren Arbeitnehmer, bzw. die in aller Regel in Luxemburg oder auf den Cayman Islands aufgelegten Hedgefonds auf eine mögliche Verletzung ihrer Berufsfreiheit berufen können.

Eine Unvereinbarkeit der EU-Leerverkaufsverordnung mit Art. 15 EGC würde jedoch außerdem voraussetzen, dass das EU-Leerverkaufsverbots- und Transparenzregime der Verordnung als Eingriff in die Berufsfreiheit potentieller Investoren zu qualifizieren ist. Ein Eingriff in das Grundrecht liegt dann vor, wenn dem Grundrechtsträger die Berufsausübung erschwert oder unmöglich gemacht wird.[723] Hierbei sind sowohl normative als auch nichtnormative Einwirkungen als Verletzungshandlungen zu qualifizieren.[724]

Mit der Verordnung (EU) Nr. 236/2012 hat der Verordnungsgeber eine Regelung geschaffen, welche die in aller Regel beruflich durchgeführte Spekulation in Form von Leerverkäufen reglementiert und damit die Rahmenbedingungen der beruflichen Betätigung von Spekulanten verändert. Weiterhin wird durch das

---

719 *Wolffgang*, in: Lenz/Borchardt (Hrsg.), EU-Verträge, Art. 15 GRCh Rn. 3; *Penski/Elsner*, DÖV 2001, 265, 271; und zum vergleichbaren Problematik im Rahmen der grundgesetzlichen Systematik auch: *Jarass*, in: Jarass/Pieroth, GG, Art. 12 Rn. 9; *Kämmerer*, in: von Münch/Kunig, Grundgesetz Kommentar, Band I., Art. 12 Rn. 17; *Wieland*, in: Dreier, GG, Band I, Rn. 57 jeweils m.w.N.

720 Vgl. wiederum zum parallelen Problem der Reichweite der Grundrechte des Grundgesetzes: *Kämmerer*, in: von Münch/Kunig, Grundgesetz Kommentar, Band I, Art. 12 Rn. 17.

721 *Folz*, in: Vedder/Heintschel von Heinegg (Hrsg.), Europäisches Unionsrecht, Art. 15 GR-Charta Rn. 5.

722 *Streinz*, in: Ders, EUV/AEUV, Art. 15 GR-Charta Rn. 11; *Ruffert*, in: Calliess/Ruffert, EUV/AEUV, Art. 15 GR-Charta Rn. 9.

723 *Wolffgang*, in: Lenz/Borchardt (Hrsg.), EU-Verträge, Art. 15 GRCh Rn. 5.

724 *Wolffgang*, in: Lenz/Borchardt (Hrsg.), EU-Verträge, Art. 15 GRCh Rn. 5.

neue EU-Leerverkaufsverbots- und Transparenzregime die berufliche Vermögensverwaltung jedenfalls in Teilbereichen nennenswert behindert.[725]

Mithin stellt die EU-Leerverkaufsverordnung 236/2012 einen Eingriff in die durch Art. 15 Abs. 1 EGC gewährleistete Berufsfreiheit dar.

Allerdings könnte dieser Eingriff, insbesondere zum Zwecke der Begrenzung der von Leerverkäufen potentiell ausgehenden Gefahren für die Stabilität des Finanzsystems, gerechtfertigt sein. Eingriffe in das Grundrecht der Berufsfreiheit des Art. 15 EGC sind an den Grenzen des Art. 52 Abs. 1 EGC zu messen und dürfen demzufolge ausschließlich auf gesetzlicher Grundlage und unter Wahrung der Wesensgehaltsgarantie sowie des Verhältnismäßigkeitsgrundsatzes vorgenommen werden.[726]

Bezüglich des durch Art. 52 Abs. 1 EGC statuierten Gesetzesvorbehaltes bestehen an der Rechtmäßigkeit einer Beschränkung der europäischen Grundrechte auf der Grundlage der EU-Leerverkaufsverordnung, als im ordentlichen Gesetzgebungsverfahren erlassener Rechtsakt, keine Bedenken.[727]

Allerdings müsste die Verordnung (EU) Nr. 236/2012 auch dem Grundsatz der Verhältnismäßigkeit genügen und hierzu „zur Erreichung der zulässigerweise mit der fraglichen Regelung verfolgten Ziele geeignet und erforderlich" sein; ferner müssten die auferlegten Belastungen in einem angemessenem Verhältnis zu den angestrebten Zielen stehen".[728]

Hierzu müsste die EU-Leerverkaufsverordnung nach Art. 52 Abs. 1 EGC zunächst „den von der Union anerkannten, dem Gemeinwohl dienenden Zielsetzungen oder den Erfordernissen des Schutzes der Rechte und Freiheiten anderer tatsächlich entsprechen" und damit eine im EU-Primärrecht verankerte (legitime) Zielsetzung verfolgen.[729] Ausweislich des 2. Erwägungsgrundes der

---

725 Eine der grundgesetzlichen Systematik entsprechende Einschränkung des Eingriffsbegriffes in Form einer zu fordernden „berufsregelnden Tendenz" hat sich auf unionsverfassungsrechtlicher Ebene wohl noch nicht durchgesetzt, vgl. exemplarisch *Rengeling/Szczekalla*, Grundrechte in der Europäischen Union, Rn. 787.

726 *Bernsdorff*, in: Meyer (Hrsg.), Kommentar zur Charta der Grundrechte der Europäischen Union, Art. 15 Rn. 18; *Wolffgang*, in: Lenz/Borchardt (Hrsg.), EU-Verträge, Art. 15 GRCh Rn. 6.

727 Vgl. *Wolffgang*, in: Lenz/Borchardt (Hrsg.), EU-Verträge, Art. 52 GRCh Rn. 11; cgl. auch *Borowsky*, in Meyer, Kommentar zur Charta der Grundrechte der Europäischen Union, Art. 52 Rn. 20.

728 EuGH, Urteil v. 11.7.1989, Rs. C-265/87, Slg. 1989, 2237 - „Schräder Hs Kraftfutter" - Rn. 21.

729 *Streinz/Michl*, in: Streinz, EUV/AEUV, Art. 52 GR-Charta Rn. 28; vgl. auch *Borowsky*, in Meyer, Kommentar zur Charta der Grundrechte der Europäischen Union, Art. 52 Rn. 21.

EU-Leerverkaufsverordnung dient die im Rahmen der Verordnung vorgenommene Leerverkaufsregulierung dem ordnungsgemäßen Funktionieren des Binnenmarktes für Finanzdienstleistungen (dem Schutz vor Gefahren von mit der Vornahme von Leerverkäufen potentiell einhergehenden systemischen Risiken) und verfolgt demnach die im Primärrecht verankerte Zielsetzung der Rechtsangleichung (Art. 114 AEUV).[730] Demnach verfolgt die Verordnung (EU) Nr. 236/2012 einen legitimen Zweck.

Weiterhin setzt die Geeignetheit der EU-Leerverkaufsverordnung im Sinne des Art. 52 Abs. 1 EGC voraus, dass diese der Erreichung des angestrebten Zwecks zumindest förderlich ist.[731] Insoweit betont der EuGH jedoch bei wirtschaftlich komplexen Sachverhalten regelmäßig den weiten politischen Gestaltungsspielraum des Gesetzgebers und beschränkt sich auf die Feststellung, inwieweit die getroffene Maßnahme jedenfalls nicht offensichtlich ungeeignet zur Erreichung des angestrebten Zweckes ist.[732] Allerdings ist die EU-Leerverkaufsregulierung der Rechtsangleichung zum Zwecke einer Verbesserung der Funktionsfähigkeit des Binnenmarktes für Finanzdienstleistungen jedenfalls insoweit förderlich, als vor Inkrafttreten der Verordnung erheblich divergierende Regelungen bzgl. der Durchführung von Leerverkäufen in den einzelnen Mitgliedsstaaten galten.[733] Mithin war die EU-Leerverkaufsverordnung zur Förderung der Zielsetzung des Art. 114 AEUV auch geeignet.

Zudem müsste die EU-Leerverkaufsverordnung zur Erreichung des angestrebten Zwecks allerdings auch erforderlich sein. Von der Erforderlichkeit im Sinne des Art. 52 Abs. 1 S. 2 EGC ist auszugehen, wenn es kein zur Erreichung des angestrebten Ziels gleich geeignetes Mittel gibt, das für den Betroffenen weniger einschneidend wirkt.[734]

Zwar wäre eine Beschränkung der Leerverkaufsregulierung auf eine Meldung signifikanter Netto-Leerverkaufspositionen in Verbindung mit einer konsequenten Anwendung des § 20a Abs. 1 S. 1 Alt. 2 WpHG im voranstehend dargelegten Sinne, insbesondere unter Würdigung der ökonomisch wertvollen Effekte wirtschaftlich begründeter Leerverkäufe, gegenüber der Regelung in Form der Verordnung (EU) Nr. 236/2012 vorzugswürdig. Allerdings ist in Anbetracht des enormen Preisbeeinflussungspotentials ungedeckter Leerverkäufe sowie möglicher Überreaktionen des Marktes auf in wirtschaftlicher Weise begründete

---

730 Vgl. hierzu im Einzelnen bereits S. 208 ff.

731 *Streinz/Michl*, in: Streinz, EUV/AEUV, Art. 52 Rn. 29.

732 *Kingreen*, in: Calliess/Ruffert, EUV/AEUV, Art. 52 Rn. 68.

733 Vgl hierzu wiederum die S. 208 ff.

734 *Kingreen*, in: Calliess/Ruffert, EUV/AEUV, Art. 52 Rn. 69 m.N.

gedeckte Leerverkäufe nicht ausgeschlossen, dass die Verordnung in der geltenden Form eine, gegenüber einer auf eine Meldepflicht beschränken Verordnung in Verbindung mit einer konsequenten Durchsetzung des Marktmanipulationsverbotes des § 20a WpHG, weniger effektivere Maßnahme darstellt. Mithin muss dem europäischen Verordnungsgeber bezüglich der Beurteilung der Erforderlichkeit des eingesetzten Mittels in Entsprechung der bundesverfassungsgerichtlichen Rechtsprechung eine Einschätzungsprägorative zustehen.[735]

Schließlich müssten die durch die Verordnung (EU) Nr. 236/2012 verursachten Nachteile aber auch in einem angemessenen Verhältnis zu deren angestrebten Zielen stehen.[736]

Insoweit gilt es zunächst zu berücksichtigen, dass in Anbetracht der mit der Vornahme von Leerverkäufen einhergehenden erheblichen Gefahren für die Stabilität des Finanzmarktes sowohl das Verbot ungedeckter Leerverkäufe als auch die Offenlegung signifikanter Leerverkaufspositionen gegenüber der Öffentlichkeit zweckmäßig erscheinen. So können die von Leerverkäufen ausgehenden Gefahren durch das Verbot ungedeckter Leerverkäufe und die Offenlegung signifikanter Netto-Leerverkaufspositionen zum Schutz der Stabilität und Funktionsfähigkeit des Finanzmarktes zumindest reduziert werden.[737]

Demgegenüber bedeutet die EU-Leerverkaufsverordnung auf Investorenseite eine relativ geringe Beeinträchtigung der durch Art. 15 Abs. 1 EGC geschützten Berufsfreiheit. So wird die Spekulation in Leerverkäufen durch die Verordnung nicht gänzlich untersagt, sondern lediglich die „Art und Weise“ einer zulässigen Leerverkaufsspekulation bestimmt.[738]

Insbesondere in Anbetracht der volkswirtschaftlich unabdingbaren Allokationsfunktion funktionsfähiger Kapitalmärkte muss eine mit der EU-Leerverkaufsverordnung einhergehende (geringe) Beschränkung der Berufsfreiheit des Art. 15 EGC mithin auch als angemessen im Sinne des Art. 52 Abs. 1 EGC qualifiziert werden. Dieses Ergebnis ist auch vor dem Hintergrund konsequent, dass der EuGH eine unionsrechtliche Maßnahme regelmäßig nur auf eine offensichtliche Unangemessenheit überprüft, um „nicht die Beurteilung des Rates in der Frage, ob die vom Gemeinschaftgesetzgeber gewählten

735 Vgl. *Kingreen*, in: Calliess/Ruffert, EUV/AEUV, Art. 52 Rn. 69 m.N.

736 *Kingreen*, in: Calliess/Ruffert, EUV/AEUV, Art. 52 Rn. 70 m.N

737 Vgl. die nachfolgenden Ausführungen auf den S. 231 ff.

738 Was nach dem Maßstab der zu Art. 12 GG entwickelten 3. Stufentheorie des BVerfG einen Eingriff auf erster Stufe zur Folge hätte, welcher bereits durch „vernünftige Erwägungen des Allgemeinwohls“ zu rechtfertigen ware; vgl. BVerGE vom 11.06.1958 - 1 BvR 596/56 = NJW 1958, 1035-1040.

Maßnahmen mehr oder weniger angemessen sind, durch seine eigene Beurteilung (zu) ersetzen".[739] Eine solche Gefahr bestünde jedoch im Rahmen einer Bewertung der Angemessenheit der Europäischen Leerverkaufsregulierung in Anbetracht der enormen rechtlichen aber auch ökonomischen Komplexität in besonderem Maße.

III. Die unternehmerische Freiheit des Art. 16 der Europäischen Grundrechtecharta

Zudem ist durch die EU-Leerverkaufsverordnung auch die unternehmerische Freiheit des Art. 16 EGC nicht verletzt, durch welche insbesondere auch die Vertragsfreiheit der Grundrechtsadressaten geschützt wird.[740] Zwar stellt die Einschränkung der Möglichkeiten einer Durchführung von Leerverkäufen im Rahmen der EU-Leerverkaufsregulierung zweifelsfrei eine Beschränkung der durch Art. 16 EGC geschützten unternehmerischen Freiheit dar, da potentielle Leerverkäufer in ihrer Vertragsautonomie eingeschränkt werden. Allerdings ist auch eine solche Beschränkung der unternehmerischen Freiheit nach dem Maßstab des Art. 52 Abs. 1 EGC zum Schutze der Funktionsfähigkeit des europäischen Finanz- bzw. Kapitalmarktes im Ergebnis in Übereinstimmung mit der zu Art. 15 EGC vorgenommenen Abwägung gerechtfertigt.[741]

IV. Das Eigentumsrecht des Art. 17 der Europäischen Grundrechtecharta

Allerdings könnte die EU-Leerverkaufsverordnung gegen das durch Art. 17 EGC verbürgte Eigentumsrecht verstoßen. Hierzu müsste die Verordnung (EU) Nr. 236/2012 allerdings als nicht gerechtfertigte Beschränkung des Eigentumsrechts des Art. 17 EGC zu qualifizieren sein.

Erfasst wird durch die Eigentumsgarantie des Art. 17 EGC neben dem Bestand der Eigentumsgarantie auch die Nutzungs- und Verfügungsbefugnis der grundrechtsberechtigten Personen.[742] Mithin wird durch Art. 17 EGC auch die Veräußerung bzw. Verfügung einer unionsverfassungsrechtlich anerkannten Eigentumsposition geschützt.

---

739 EuGH, Urteil v. 05.10.1994, Rs. C-280/93, Slg. 1994, I-4973, Rn. 94 - „Deutschland/Rat".

740 Vgl. *Bernsdorff*, in: Meyer, Kommentar zur Charta der Grundrechte der Europäischen Union,Art. 16 Rn. 12, *Streinz*, in: ders., EUV/AEUV, Art. 16 GRC Rn. 6.

741 Vgl insoweit bereits S. 224 ff.

742 *Bernsdorff*, in: Meyer (Hrsg.), Kommentar zur Charta der Grundrechte der Europäischen Union, Art. 17 Rn. 17 m.N.; *Streinz*, in: ders., Art. 17 GRC, Rn. 17.

Danach stellen jedoch die Verbote ungedeckter Leerverkäufe nach Art. 12 f. der Verordnung, nach deren Charakteristik sich die verkauften Finanzinstrumente gerade nicht im Eigentum der (Leer)Verkäufer befinden, zweifelsfrei keinen Eingriff in das Eigentumsrecht des Art. 17 EGC dar.

Fraglich erscheint demgegenüber, ob die Transparenz- und Offenlegungspflichten im Rahmen der Vornahme gedeckter Leerverkäufe des zweiten Kapitels der Verordnung (EU) Nr. 236/2012 eine Beeinträchtigung der, beispielsweise im Wege der Wertpapierleihe erworbenen, eigentumsrechtlich geschützten Verfügungsbefugnis der Leerverkäufer darstellt.

So würde dies nach dem Maßstab des Grundgesetzes voraussetzen, dass die eigentumsrechtlich geschützte Verfügungsbefugnis des Leerverkäufers durch die Verordnung (EU) Nr. 236/2012 in erheblichem Umfang faktisch behindert wird.[743] Doch hindert das Transparenz- und Melderegime der Art. 5 ff. VO den Leerverkäufer faktisch nicht daran, von seiner Verfügungsbefugnis durch Vornahme eines gedeckten Leerverkaufes Gebrauch zu machen. Die durch das EU-Leerverkaufstransparenzsystem potentiell geminderten Spekulationsgewinne und die möglicherweise erhöhten Kosten für Meldung und Offenlegung signifikanter Netto-Leerverkaufspositionen, welche durchaus zur verringerten Attraktivität des Leerverkaufes beitragen, stellen jedoch weder einen Eingriff in Art. 17 EGC noch Art. 14 Abs. 1 S. 1 GG dar.[744] Danach könnte es dem EU -Leerverkaufsmelde- bzw. Transparemzregimes bezüglich des Eigentumsrechts des Art. 17 EGC aber an der Eingriffsqualität mangeln.

Jedenfalls wäre eine potentielle Beeinträchtigung des Eigentumsrechtes der Europäischen Grundrechtecharta im Sinne der „vertikale(n), spezifische(n) Schrankenklausel des Art. 17 Abs. 1 S. 3 EGC" durch die im Ergebnis hinreichend bestimmte[745] und dem Wohle der Allgemeinheit dienende EU-Leerverkaufsverordnung, im Gleichklang mit der Argumentation zur Berufsfreiheit des Art. 15 EGC, gerechtfertigt.[746]

---

743 Vgl. *Jarass*, in: Jarass/Pieroth, GG, Art. 12 Rn. 30; vgl. auch: *Wieland*, in: Dreier, GG, Band I, Art. 14 Rn. 45; so auch *Wendt*, in: Sachs, GG, Art. 14 Rn. 23.

744 Da diese lediglich zukünftige Erwerbsaussichten bzw. Erwerbschancen berühren und demnach keine Einschränkung des bereits erworbenen Eigentums bedeuten, vgl. *Bernsdorff*, in: Meyer (Hrsg.), Kommentar zur Charta der Grundrechte der Europäischen Union, Art. 17 Rn. 15.

745 Siehe hierzu die nachfolgenden Ausführungen.

746 Vgl. hierzu: *Rengeling/Szczkalla*, Grundrechte in der Europäischen Union, S. 642 Rn. 822.

V. Das Bestimmtheitsgebot aus Art. 49 Abs. 1 S. 1 der Europäischen Grundrechtecharta

Abschließend soll im Folgenden noch die Vereinbarkeit der EU-Leerverkaufsverordnung mit dem durch Art. 49 Abs. 1 S. 1 EGC bzw. Art. 103 Abs. 2 GG gewährleisteten (strafrechtlichen) Bestimmtheitsgebot untersucht werden, dessen Anwendbarkeit sich durch die Straf- bzw. Ordnungswidrigkeitenbewährtheit der Leerverkaufsverbots- und Transparenzvorschriften durch § 39 Abs. 2d in Verbindung mit § 39 Abs. 4 Nr. 1 und 2 bzw. § 39 Abs. 2d in Verbindung mit § 39 Abs. 4 Nr. 3 WpHG n.F. ergibt.

Insoweit stellt sich zunächst die Frage, ob sich die Bestimmtheit der aus der EU-Leerverkaufsregulierung folgenden Straf- bzw. ordnungswidrigkeitenrechtlichen Tatbestände, welche sich als Folge der mangelnden Befugnis der EU zum Erlass strafrechtlicher Normen aus § 39 WpHG n.F. ergeben, nicht am Maßstab des Art. 103 Abs. 2 GG zu messen sind.[747] So folgt die Straf- bzw. ordnungswidrigkeitenrechtliche Sanktionierung von Verordnungsverstößen zwar der Forderung des Art. 41 der Verordnung (EU) Nr. 236/2012 nach wirksamen, verhältnismäßigen und abschreckenden Maßnahmen, doch folgt die Strafbarkeit etwaiger Verordnungsverstöße allein aus der wertpapierhandelsrechtlichen Inbezugnahme der Verordnung durch § 39 WpHG n.F.

Letztendlich ist die Bestimmtheit der an die EU-Leerverkaufsverordnung anknüpfenden straf- und ordnungswidrigkeitenrechtlichen Tatbestände an dem unionsverfassungsrechtlichen Bestimmtheitsgrundsatz zu messen, da ein Vorwurf mangelnder Bestimmtheit allenfalls an die Ausgestaltung des Verordnungstextes anknüpft, und in diesem eine strafrechtliche Ahndung von Verordnungsverstößen durch Art. 41 VO explizit angeordnet ist. Mithin ist die hinreichende Bestimmtheit der EU-Leerverkaufsverordnung richtigerweise am Maßstab des Art. 49 EGC zu überprüfen.

Entsprechend der bundesverfassungsgerichtlichen Rechtsprechung zum Bestimmheitsgrundsatz des Art. 103 Abs. 2 GG folgt auch für den europäischen Gesetzgeber aus Art. 49 Abs. 1 S. 1 EGC die Verpflichtung, die Voraussetzungen der Strafbarkeit so genau zu umschreiben, dass Tragweite und Anwendungsbereich der sanktionierenden Tatbestände schon aus dem Gesetz zu erkennen sind und sich durch Auslegung ermitteln und konkretisieren lassen, so dass jedermann sein Verhalten auf die Rechtslage eigenverantwortlich einrichten kann.[748]

---

747 Vgl. *Nolte*, in: Mangold/Klein/Stark, GG, § 103 Abs. 2 Rn. 115.

748 *Eser*, in: Meyer, Kommentar zur Charta der Grundrechte der Europäischen Union, Art. 49, Rn. 21; vgl. zum gleichem Maßstab des Art. 103 Abs. 2 GG auch: *Schmahl*,

An der Bestimmtheit in diesem Sinne fehlt es nach der Rechtsprechung des EGMR insbesondere dann, wenn ein Tatbestand auf Grund seiner Formulierung erhebliche Möglichkeiten für eine willkürliche Anwendung liefert, oder die Interpretation einer Norm nicht mehr im Rahmen dessen liegt, was auch für einen (beratenen) Laien in den als möglicherweise strafbar erkennbaren Rahmen einer Norm fällt.[749]

Insoweit stellen die Melde- und Transparenzpflichten der Art. 5 ff. der Verordnung (EU) Nr. 236/2012 zwar einen detaillierten und komplexen Regelungsrahmen dar. Sie sind durch Auslegung allerdings in hinreichendem Maße zu konkretisieren. Auch wenn das neue EU-Leerverkaufs-Transparenzregime also einen hohen Überwachungs- und Verwaltungsaufwand erfordert, sind die Transparenzregelungen der Verordnung derart bestimmt, dass sich potentielle Leerverkäufer auf die neue Rechtslage in angemessener Weise einrichten können. Diese Einschätzung lässt sich insbesondere darauf stützen, dass nur sehr wenige Banken ihren (Privat)Kunden die Spekulation in Leerverkäufen ermöglichen und ein solcher Service ausschließlich für „Profi-Anleger" angeboten wird.[750] Des Weiteren dürfte die theoretisch mögliche Anwendung der Art. 5 ff. VO auf Privatanleger in der Praxis dadurch ausgeschlossen sein, dass von diesen weder die Offenlegungs- noch Meldeschwellen der Verordnung erreicht werden dürften.

Die Transparenzvorschriften der Art. 5 bis 7 der Verordnung (EU) Nr. 236/2012 begründen demnach keinen Verstoß gegen das Bestimmtheitsgebot des Art. 49 Abs. 1 S. 1 EGC.

Dagegen begegnet die hinreichende Bestimmtheit der durch die Art. 12 f. der Verordnung vorgenommenen Beschränkung ungedeckter Leerverkäufe, insbesondere im Hinblick auf die der Verordnung durch Art. 3 Abs. 1 DVO 918/2012 zugrundegelegte Leerverkaufsdefinition sowie der äußerst komplexen Regelung bezüglich der Anforderung an die Deckung eines Leerverkaufes, einigen Bedenken. Diese Bedenken werden insbesondere auch dadurch bestärkt, dass seit dem Inkrafttreten der Verordnung (EU) Nr. 236/2012 zum 1. November 2012 keinerlei Kommentierung der Verordnung im Rahmen der einschlägigen Fachliteratur

---

in: Schmidt-Bleibtreu/Hofmann/Hopfauf, GG, Art. 103 Rn. 32; *Degenhart*, in: Sachs, GG, Art 103 Rn. 67 jeweils mit zahlreichen weiteren Nachweisen.

749 *Eser*, in: Meyer, Kommentar zur Charta der Grundrechte der Europäischen Union, Art. 49, Rn. 21 m.w.N.

750 Vgl. Der Verkäufer als Bösewicht: Alles Wichtige über Leerverkäufe, in: FAZ vom 13. August 2011, Nr. 187, S. 20.

vorgenommen wurde und sich auch die Auseinandersetzung im Rahmen der Fachzeitschriften in engen Grenzen hält.[751]

In Anbetracht des regelmäßig fachkundigen Adressatenkreises der in aller Regel von institutionellen Investoren vorgenommenen Leerverkäufe sowie der Möglichkeit, die Zulässigkeit eines Leerverkaufes anhand einer Gesamtwürdigung der Verbotsregelung zutreffend beurteilen zu können, ist auch die im Rahmen der Leerverkaufsverordnung vorgenommene Beschränkung ungedeckter Leerverkäufe trotz einiger Bedenken noch als hinreichend bestimmt im Sinne des Art. 49 Abs. 1 S. 1 EGC zu qualifizieren. Insbesondere begründen die Tatbestände der Art. 12 f. VO auch keine besonderen Möglichkeiten einer willkürlichen Anwendung der europäischen Leerverkaufsverbote. Die Interpretation der Normen liegt, insbesondere unter Berücksichtigung des vorgegebenen Regel -Ausnahme-Verhältnisses – grundsätzliches Verbot ungedeckter Leerverkäufe, von welchem lediglich Ausnahmen statuiert werden – im Rahmen dessen, was auch für einen beratenen Laien noch als Anknüpfungspunkt einer möglichen straf- bzw. ordnungswidrigkeitenrechtlichen Sanktionierung erkennbar ist.

Mithin steht die Verordnung (EU) Nr. 236/2012 auch in Einklang mit dem durch Art. 49 Abs. 1 S. 1 EGC gewährleisteten Bestimmtheitsgrundsatz.

VI. Ergebnis

Der Wirksamkeit der EU-Leerverkaufsverordnung stehen im Ergebnis weder europarechtliche noch unionsverfassungsrechtliche Bedenken entgegen. Demnach kann die EU-Leerverkaufsregulierung als angemessen im rechtlichen Sinne qualifiziert werden.

C. Die Angemessenheit der EU-Leerverkaufsregulierung aus rechtsökonomischer Perspektive

Des Weiteren stellt sich die Frage der Angemessenheit der EU-Leerverkaufsregulierung aus rechtsökonomischer Perspektive. Die Angemessenheit im rechtsökonomischen Sinne setzt wiederum die Vereinbarkeit der EU-Leerverkaufsverordnung mit den Regelungszielen des Kapitalmarktrechts voraus. Danach stellt sich die Frage, ob die Verordnung die im dritten Kapitel dieser Arbeit beschriebenen Gefahren der Vornahme von Leerverkäufen mildert, ohne hierbei deren positive Effekte unangemessen zu beschneiden. Im

751 Vgl. hierzu die Darstellung des Regelungsgehaltes der EU-Leerverkaufsverordnung im 4. Kapitels der vorliegenden Arbeit, S. 143 ff.

Zuge der nachfolgenden Untersuchung dieser Fragestellung soll zunächst die Vereinbarkeit der durch Art. 12 f. statuierten Leerverkaufsverbote mit den Regelungszielen des Kapitalmarktrechts beleuchtet werden.

I. Die Vereinbarkeit des EU-Leerverkaufsverbotsregimes mit den Regelungszielen des Kapitalmarktrechts

Im Rahmen einer „ökonomischen Analyse" des neuen EU-Leerverkaufsregimes ist nachfolgend der ökonomische „Nutzen" der Leerverkaufsverbote den mit der Neuregelung einhergehenden „Kosten" im Lichte der Regelungsziele des Kapitalmarktrechts gegenüberzustellen.

Insoweit ist zunächst der informationsökonomische Nutzen der Durchführung von (ungedeckten) Leerverkäufen sowie deren Bedeutung für die Liquidität des Kapitalmarktes zu berücksichtigen. So schafft die Möglichkeit der Vornahme von (ungedeckten) Leerverkäufen einen Anreiz zur Überprüfung der Werthaltigkeit vorherrschender Wertpapierkurse, eröffnet die Möglichkeit negative Kursinformationen in die Kursbildung einzupreisen und wirkt hierdurch der Bildung von Preisblasen entgegen.[752]

Weiterhin ist die Vornahme von Leerverkäufen dazu geeignet, für eine Zusammenführung von Angebot und Nachfrage zu sorgen und hierdurch die Liquidität eines Marktes sowie dessen Preiseffizienz zu steigern.[753] Somit kommt der Vornahme von (ungedeckten) Leerverkäufen insbesondere durch Steigerung der Liquidität und Effektivität des Kapitalmarktes ein wichtiger Nutzen für eine effektive Ressourcenallokation zu, welche als vorrangiges Regelungsziel des Kapitalmarktrechts zu qualifizieren ist.

Dementsprechend bedeutet ein vollständiges Verbot ungedeckter Leerverkäufe eine erhebliche Beschränkung der Informationseffizienz und Liquidität des Kapitalmarktes, insbesondere da etwaige Wertpapierdarlehensgeber kein Interesse an einem Kursrückgang der eigens gehaltenen Finanzinstrumente haben dürften, so dass diese in Anbetracht eines bevorstehenden Kursverlustes die entsprechenden Wertpapiere eher veräußern dürften als diese darlehenshalber einem Leerverkäufer zur Verfügung zu stellen.

Demgegenüber bergen gerade ungedeckte Leerverkäufe ein erhebliches Preisbeeinflussungspotential und es bestehen Bedenken, „dass Leerverkäufe in Zeiten beträchtlicher finanzieller Instabilität die Abwärtsspirale der Aktienkurse verstärken könnten, insbesondere bei Finanztiteln, wodurch schließlich

752 Vgl. die ausführliche Darstellung auf den S. 130 ff.

753 Erwägungsgrund 5 der Verordnung (EU) Nr. 236/2012.

die Lebensfähigkeit der Finanzinstitute bedroht würde und systemische Risiken entstehen könnten"[754], was letztendlich zum Anlass der Leerverkaufsregulierung genommen wurde.

Einer solchen Abwärtsspirale könnte möglicherweise insbesondere durch die Verbote ungedeckter Leerverkäufe der Art. 12 f. der Verordnung entgegengewirkt werden. So beschränkt das Erfordernis der Deckung eines Leerverkaufes Schnelligkeit und Ausmaß, in welchem Leerverkäufe getätigt werden können.[755] Leerverkäufer werden in aller Regel eine gewisse Zeit benötigen, um sich auf dem Markt für Wertpapierdarlehen mit den entsprechenden Wertpapieren einzudecken, so dass auf einen Kurssturz eines Wertpapieres nicht zeitgleich mit weiteren Leerverkäufen reagiert werden kann und eine Abwärtsbewegung nicht übermäßig beschleunigt wird.[756]

Außerdem wird der Leerverkauf aufgrund der Verbote ungedeckter Leerverkäufe durch die von den Wertpapierdarlehensgebern verlangten Zinsen und Sicherheiten beschränkt und ist darüber hinaus auf die Stückzahl der am Markt erhältlichen Aktien beschränkt.[757]

Allerdings legen zahlreiche wirtschaftwissenschaftliche Studien nahe, dass ein Verbot von Leerverkäufen (auch in Krisenzeiten) keinen signifikanten Einfluss auf die Frequenz extremer Preisstürze hat,[758] so dass die Notwendigkeit des Verbotes ungedeckter Leerverkäufe der Art. 12 und 13 der Verordnung (EU) Nr. 236/2012 in Zweifel gezogen werden darf. So ließe sich gegen die Effektivität der durch die Art. 12 f. VO statuierten Leerverkaufsverbote einwenden, dass auch durch die vor Inkrafttreten der EU-Leerverkaufsverbote geltenden Leerverkaufsbeschränkungen in keinem der betroffenen Länder ein Zusammenbruch bzw. eine Rettung von Finanzinstituten hätte verhindert werden können.[759] Jedenfalls konnten jedoch die nach der Pleite von Lehman Brothers

---

754 Erwägungsgrund 1 der Verordnung (EU) Nr. 236/2012.

755 *Mittermeier*, ZBB 2010, 139, 144; *Klöhn*, Kapitalmarkt, Spekulation und Behavioural Finance, S. 127-129.

756 *Mittermeier*, ZBB 2010, 139, 144; Financial Service Authority (FSA), Discussion Paper 09/1, Short selling, 2009, S. 10, abrufbar unter http://www.fsa.gov.uk/pubs/discussion/dp09_01.pdf.

757 *Mittermeier*, ZBB 2010, 139, 144; *Klöhn*, Kapitalmarkt, Spekulation und Behavioural Finance, S. 128; *Laurer*, Kreditwesen 2008, 980, 984.

758 Vergleiche beispielhaft: *Nitzsch/Kampshoff*, ZfB 2012, 1159 ff. m.N. und bereits S. 140.

759 Vgl. Verbot von Leerverkäufen läuft ins Leere, in: FAZ vom 16. September 2011, Nr. 216, S. 21.

verhängten Leerverkaufsverbote einen weiteren Verfall der Aktienkurse von Finanztiteln nicht stoppen.[760]

Darüber hinaus verspricht sich der EU-Leerverkaufsverordnungsgeber durch die in den Art. 12 und 13 der Verordnung (EU) Nr. 236/2012 normierten Verbote ungedeckter Leerverkäufe eine Verbesserung der Erfüllungsdisziplin, da ungedeckte Leerverkäufe „mitunter als Faktor (gelten), durch den das potentielle Risiko steigt, dass Abwicklungen scheitern und Marktvolatilität entsteht".[761] Eine durch die Verbote ungedeckter Leerverkäufe verbesserte Erfüllungsdisziplin erscheint insoweit auch gewährleistet, da die Notwendigkeit der Erlangung einer Eigentümerstellung bzw. eines unbedingten Anspruches auf Übertragung des leerverkauften Wertpapieres vor Abschluss eines Leerverkaufes in aller Regel sicherstellen können, dass die entsprechenden Wertpapiere auch geliefert werden.[762]

Trotzdem erscheint ein vollständiges Verbot ungedeckter Leerverkäufe auch vor dem Hintergrund einer beabsichtigten Verbesserung der Erfüllungsdisziplin in Anbetracht der jedweden Börsengeschäften zugrundeliegenden Börsengeschäftsbedingungen[763] nicht zwingend. So sehen beispielsweise bereits die Geschäftbedingungen der Frankfurter Wertpapierbörse in §§ 6-8 ein System der Zwangseindeckung vor, nach welchem auch die Deckung eines Leerverkaufes bei nicht rechtzeitiger Erfüllung und dem fruchtlosen Verstreichen einer Nacherfüllungsfrist (§ 6 der Geschäftsbedingungen) ohne weitere Einflussmöglichkeiten des Leerverkäufers im Wege der fortlaufenden Auktion im Sinne des § 7 der Geschäftsbedingungen geschlossen wird.[764]

Hiernach ist allerdings fraglich, inwieweit darüber hinaus noch von einem weiteren Erfordernis der Verbesserung der Erfüllungsdisziplin ausgegangen werden kann.

Im Rahmen einer Gegenüberstellung von Risiken und Nutzen der Leerverkaufsverbote im Lichte der kapitalmarktrechtlichen Regelungsziele bestehen im Ergebnis erhebliche Zweifel, ob der Verordnungsgeber durch Schaffung der Art. 12 f. der Verordnung 236/2012 die Absicht, den Risiken von Leerverkäufen

---

760 Vgl. Vier europäische Staaten verbieten Leerverkäufe, in: FAZ vom 13. August 2011, Nr. 187, S. 11

761 Erwägungsgrund 18 der Verordnung (EU) Nr. 236/2012.

762 In diesem Sinne auch *Mittermeier*, ZBB 2010, 139, 144 m.w.N.

763 Zu deren Rechtsnatur und Rechtsfolgen bereits im 2. Kapitel der vorliegenden Arbeit Stellung bezogen wurde; vgl. S. 105 ff.

764 Vgl. hierzu bereits S. 108 f. sowie *Mittermeier*, ZBB 2010, 139, 144 und *Fleckner*, WM 2009, 2064, 2064 ff.

zu begegnen, „ohne dabei die Vorteile, die Leerverkäufe für die Marktliquidität und -Effizienz bieten, zu sehr zu schmälern“,[765] gewahrt hat.

Dabei gilt es in besonderem Maße zu berücksichtigen, dass (ungedeckte) Leerverkäufe bei konsequenter Anwendung des Marktmanipulationsverbotes, wie festgestellt, ausschließlich auf Grundlage einer am Fundamentalwert des jeweiligen Unternehmens ausgerichteten wirtschaftlichen Betrachtungsweise zulässig sind, so dass diesen bereits im Rahmen einer konsequenten Durchsetzung des § 20a WpHG der wesentliche Anteil ihres (ökonomisch ungerechtfertigten) Preisbeeinflussungspotentials genommen würde.

Gerade in Anbetracht des wirtschaftwissenschaftlich nicht belegbaren Einflusses ungedeckter Leerverkäufe auf die Frequenz extremer Preisstürze und die Funktionsfähigkeit des Finanzsystems sowie die zweifelhafte Notwendigkeit einer Verbesserung der Erfüllungsdisziplin auf den Kapitalmärkten ist ein Verbot ungedeckter Leerverkäufe als unangemessener Eingriff in die Liquidität und Preiseffizienz des Finanzmarktes zu bewerten. So gilt es inzwischen als offensichtlich, in welchem geringen Maße die Spekulation in Leerverkäufen für die Banken- und Schuldenkrise verantwortlich ist.[766] Vielmehr ist nach Einschätzung von JP Morgan nicht einmal gesichert, ob die gesunkenen Handelsumsätze und breiteren Preisspannen an den Märkten die Zurückhaltung der Marktteilnehmer in der anhaltenden Krisensituation widerspiegeln, oder aber als Folge der Leerverkaufsregulierung zu qualifizieren sind.[767]

Letztendlich ist ein vollständiges Verbot ungedeckter Leerverkäufe demnach als rechtsökonomisch unangemessen zu qualifizieren und steht im Widerspruch zu den Reglungszielen des Kapitalmarktrechts.

Weiterhin stellt sich aber die Frage der Vereinbarkeit der durch die EU-Leerverkaufsverordnung kodifizierten Melde- und Offenlegungspflichten mit den Regelungszielen des Kapitalmarktrechts.

II. Vereinbarkeit des EU-Leerverkaufstransparenzregimes mit den Regelungszielen des Kapitalmarkrechts

Zur Beantwortung dieser Frage ist im Folgenden bezüglich der Meldung signifikanter Netto-Leerverkaufspositionen in Aktien gemäß Art. 5 der Verordnung,

765 Erwägungsgrund 5 der Verordnung (EU) Nr. 236/2012.

766 Vgl. hierzu: Verbot ungedeckter Leerverkäufe tritt in Kraft, in: FAZ vom 31. Oktober 2012, Heft Nr. 254, S. 17.

767 Verbot ungedeckter Leerverkäufe tritt in Kraft, in: FAZ vom 31. Oktober 2012, Heft Nr. 254, S. 17.

der Offenlegung signifikanter Netto-Leerverkaufspositionen in Aktien nach Art. 6 der Verordnung sowie der Meldung signifikanter Netto-Leerverkaufspositionen in öffentlichen Schuldtiteln nach Art. 7 VO zu differenzieren.

1. Die Meldung signifikanter Netto-Leerverkaufspositionen in Aktien

Im Rahmen der rechtsökonomischen Bewertung der Meldeverpflichtung signifikanter Netto-Leerverkaufspositionen in Aktien an die zuständige Behörde gemäß Art. 5 der EU-Leerverkaufsverordnung sollen zunächst die positiven und negativen Effekte des neuen EU-Leerverkaufs-Melderegimes auf die Effizienzkriterien des Kapitalmarktes aufgezeigt werden und sodann dessen Vereinbarkeit mit den primären Regelungszielen des Kapitalmarktrechtes erörtert werden.

Zunächst steigert eine Meldung von Leerverkaufspositionen die Möglichkeiten einer effizienten Überwachung der Durchführung von Leerverkäufen durch die zuständige Behörde, um bei Bedarf prüfen zu können, „ob Leerverkäufe systemische Risiken verursachen, marktmissbräuchlich eingesetzt werden oder zu Marktstörungen führen könnten".[768] Ohne eine solche Meldepflicht wäre es, wie festgestellt, nahezu unmöglich, einen Leerverkauf ohne weitere Anhaltspunkte als einen solchen zu qualifizieren. Danach wären nach konsequenter Auslegung des § 20a WpHG lediglich solche Leerverkäufe zulässig, welche aus objektiver Perspektive als ökonomisch gerechtfertigt einzustufen sind.[769]

Auch mit Einführung des neuen Offenlegungsregimes für Leerverkäufe bliebe somit der Anreiz des Leerverkäufers grundsätzlich erhalten, Informationen für eine Überbewertung eines Finanzinstruments aufzuspüren und diese durch Vornahme eines Leerverkaufes in den Börsenkurs einzupreisen (informationelle Effizienz). Weiterhin stellt die Verpflichtung zur Meldung signifikanter Netto-Leerverkaufspositionen des Art. 5 VO wohl auch keine unangemessene Beschränkung der von Leerverkäufen ausgehenden Erhöhung der Liquidität eines Kapitalmarktes dar.

Zwar schmälert die Meldepflicht des Art. 5 VO insbesondere auf Grund des durch die Neuregelung stark ansteigenden Verwaltungs- und Kostenaufwandes im Rahmen der ständigen Überwachung der gehaltenen Leerverkaufspositionen den Anreiz zur Durchführung von Leerverkäufen.[770] Allerdings wird dies

---

768 Erwägungsgrund 7 der Verordnung (EU) Nr. 236/2012.

769 Vgl. hierzu die ausführliche Herleitung dieses Ergebnisses auf den S. 54 ff.

770 So wird es nach Ansicht von *Frank Hering*, welcher für die Großkanzlei Allen & Overy den Bereich des internationalen Kapitalmarktrechts für Deutschland verantwortet, Jahre dauern, bis der Regelungsgehalt der Unmenge an Regulierungsvorschriften

unter Berücksichtigung der primären Regelungsziele des Kapitalmarktrechtes zweifelsohne durch die mit der Meldepflicht einhergehende Verbesserung des Funktionen- und Anlegerschutzes kompensiert.

So wird durch eine konsequente Überwachung von Leerverkäufen deren Preisbeeinflussungspotential erheblich gemildert, wenn etwa zur gezielten Kursbeeinflussung getätigte Leerverkäufe im Rahmen des § 20a WpHG geahndet werden, bzw. der erhebliche Kursverfall der Aktien und Schuldverschreibungen eines „systemrelevanten Unternehmens" durch gezielte Leerverkaufsverbote gestoppt werden kann. Somit ist die Neuregelung des Art. 5 der Verordnung (EU) Nr. 236/2012 jedenfalls geeignet, die von Leerverkäufen ausgehenden Gefahren für die Stabilität des Finanzsystems in erheblichem Maße zu mildern (Funktionenschutz).

Des Weiteren dient die Neuregelung jedoch auch dem Anlegerschutz, indem Anleger vor manipulativen Leerverkäufen geschützt werden, ohne der von Leerverkäufen ausgehenden Steigerung der Informationseffizienz und Liquidität des Kapitalmarktes beraubt zu werden.[771]

Aus rechtsökonomischer Perspektive ist die Meldepflicht des Art. 5 der EU-Leerverkaufsverordnung demzufolge positiv zu bewerten.

Allerdings ist auch die Meldung aller signifikanten Netto-Leerverkaufspositionen an die zuständige Behörde nicht geeignet, die Gefahr einer Überreaktion des Marktes auf aus ökonomischer Perspektive gerechtfertigte Leerverkäufe auszuschließen.

2. *Die Offenlegung signifikanter Netto-Leerverkaufspositionen in Aktien*

Weiterhin stellt sich die Frage nach der rechtsökonomischen Bewertung der aus Art. 6 VO folgenden Offenlegungspflicht signifikanter Netto-Leerverkaufspositionen gegenüber der Öffentlichkeit. Als Grundgedanke dürfte diesem hoheitlichen Publizitätskonzept die Überlegung zugrundeliegen, dass andere Marktteilnehmer durch eine Offenlegung signifikanter Short-Positionen nützliche Informationen erhalten, um sich selber schützen zu können und so weitergehende staatliche Interventionen entbehrlich zu machen.[772]

---

genau geklärt ist; vgl. Allen & Overy hält Kreditfluss durch Regulierung für gefährdet, in: FAZ vom 4. Dezember 2012, Nr. 283, S. 22.

771 Hierdurch werden auch Anleger letztendlich vor der Bildung von Preisblasen geschützt.

772 Vergleiche zur Kritik am hoheitlichen Publizitätskonzepten: *Werner*, Ein Publizitätskonzept, S. 78 ff. sowie zur Intention des Verordnungsgebers bezüglich der

Möglicherweise lässt sich durch eine solche Offenlegungspraxis auch die Gefahr einer Überreaktion des Marktes auf in ökonomischer Weise gerechtfertigte Leerverkäufe mindern, indem sich Kursverluste eines Finanzinstruments der Vornahme von Leerverkäufen zuordnen lassen. Problematisch erscheint allerdings, dass sich auf Grundlage der Offenlegung einer Leerverkaufsposition im Sinne des Art. 6 VO keinerlei Rückschlüsse auf die Intention eines Leerverkäufers ziehen lassen und aus Anlegersicht danach nicht zwischen spekulativen Leerverkäufen bzw. zur Absicherung getätigten Leerverkäufen differenziert werden kann.[773]

Zwar kann die Notwendigkeit einer Offenlegung Spekulanten davon abhalten, große Leerverkaufspositionen einzugehen und hierdurch einen durch Leerverkäufe verstärkten Preisrutsch verlangsamen.[774] Doch lässt sich auch durch eine Offenlegung signifikanter Leerverkaufspositionen eine Überreaktionen des Marktes auf in wirtschaftlicher Weise gerechtfertigte Leerverkäufe nicht in Gänze ausschließen, da einige Investoren feste Verkaufslimits festlegen, bzw. sich ausschließlich an der Wertentwicklung bestimmter Finanzinstrumente orientieren (Trendsetting). Vielmehr kann auch die Offenlegung einer signifikanten Leerverkaufsposition eines bekannten Investors zu einem durch massive Verkäufe begründeten Preisrutsch führen, da möglicherweise gerade durch diese Offenlegung ein gefürchteter Herdeneffekt ausgelöst werden könnte, infolgedessen es zu einem erheblichen Preissturz kommen kann.[775]

Zudem eröffnet die Offenlegung signifikanter Netto-Leerverkaufspositionen eine erhebliche Gefahr der gezielten Spekulation gegen in ökonomischer Weise berechtigte Leerverkäufe und birgt somit die Gefahr einer Preisverzerrung, welche negative Auswirkungen auf die Allokationsfunktion des Kapitalmarktes hat. Zwar ist auch eine gezielte Spekulation gegen einzelne Leerverkäufer, bei welcher der Manipulator Leerverkäufer „in die Ecke treibt“, indem er alle zur Deckung des Leerverkaufes geeigneten Finanzinstrumente aufkauft, um deren Kurs bzw. Marktpreis unter Ausnutzung seiner marktbeherrschenden Stellung in die Höhe zu treiben, ihrerseits durch § 20a WpHG untersagt.[776] Jedoch sind auch solche

Einführung des Art. 6 VO Erwägungsgrund 7 der Verordnung (EU) Nr. 236/2012.

773 *Mittermeier*, ZBB 2010, 139, 146.

774 *Mittermeier*, ZBB 2010, 139, 146; CESR, Proposal for a Pan-European Short-Selling Disclosure Regime, July 2009, S. 6; Financial Services Authority (FSA), Discussion Paper 09/1, Short-Selling 2009, S. 30, abrufbar unter http://www.fsa.gov.uk/pubs/discussion/dp09_01.pdf.

775 *Mittermeier*, ZBB 2010, 139, 146 m.w.N.

776 *Vogel*, in: Assmann/Schneider, Vor § 20a Rn. 36.

Spekulationen gegen ökonomisch gerechtfertigte Leerverkäufe der Informationseffizienz und fundamentalen Effizienz des Kapitalmarktes schädlich, welche mangels marktbeherrschender Stellung des Spekulanten nicht unter das Marktmanipulationsverbot des § 20a WpHG fallen.

Letztendlich stellt sich danach die Frage, inwieweit eine Offenlegung signifikanter Leerverkaufspositionen zur Verhinderung ökonomisch schädlicher Überreaktionen auf die Vornahme von Leerverkäufen eine Beschneidung der wirtschaftlich positiven Effekte der Leerverkaufsvornahme rechtfertigt. Insoweit bleibt festzuhalten, dass sowohl die von der ordnungsgemäßen Leerverkaufsvornahme potentiell ausgehenden Überreaktionen als auch die durch Leerverkäufe verursachte Entfernung einzelner Finanzinstrumente von deren Fundamentalwert eine Gefahr für die Funktionsfähigkeit des Kapitalmarktes und den Anlegerschutz darstellen. Allerdings erscheint es zweifelhaft, ob diesen Gefahren mit Hilfe der Publizitätspflicht des Art. 6 der Verordnung (EU) Nr. 236/2012 effektiv begegnet werden kann.

Im Ergebnis stellt eine Offenlegung signifikanter Netto-Leerverkaufspositionen gegenüber der Öffentlichkeit allerdings eine zu schwerwiegende Beschränkung der von Leerverkäufen ausgehenden positiven Effekte auf den Kapitalmarkt dar, welche durch eine (mögliche) Verringerung der Gefahr von Überreaktionen auf in wirtschaftlicher Hinsicht begründete Leerverkäufe nicht zu rechtfertigen ist. So verzichtet etwa auch der EU-Leerverkaufsverordnungsgeber aus Sorge um die Liquidität auf den Märkten für öffentliche Schuldtitel bewusst auf eine Pflicht zur Offenlegung signifikanter Netto-Leerverkaufspositionen gegenüber der Öffentlichkeit.[777]

Die Offenlegung signifikanter Netto-Leerverkaufspositionen gemäß Art. 6 der EU-Leerverkaufsverordnung ist mithin als aus rechtsökonomischer Perspektive überzogen zu qualifizieren.

3. *Die Meldung signifikanter Netto-Leerverkaufspositionen in öffentlichen Schuldtiteln*

Demgegenüber ist auch die Meldung signifikanter Netto-Leerverkaufspositionen in öffentlichen Schuldtiteln nach Art. 7 der Verordnung in Übereinstimmung mit der Bewertung des Art. 5 der Verordnung als rechtsökonomisch sinnvoll zu qualifizieren. So wird auch durch Art. 7 VO letztendlich eine Überwachung der Leerverkaufsvornahme in öffentlichen Schuldtiteln ermöglicht, ohne hierdurch

777 Erwägungsgrund 8 der Verordnung (EU) Nr. 236/2012.

die positiven Effekte der Durchführung von Leerverkäufen unangemessen zu beschränken.

4. *Zwischenergebnis*

Zusammenfassend bleibt festzuhalten, dass die Meldung signifikanter Netto-Leerverkaufspositionen in Aktien bzw. öffentlichen Schuldtiteln gemäß Art. 5, 7 der EU-Leerverkaufsverordnung als rechtsökonomisch sinnvoll zu qualifizieren ist. Die Verbote ungedeckter Leerverkäufe der Art. 12 f. der Verordnung sowie die Offenlegung signifikanter Netto-Leerverkaufspositionen gegenüber der Öffentlichkeit gemäß Art. 6 der Verordnung stellen demgegenüber jedoch eine ungerechtfertigte Einschränkung der positiven Effekte der Leerverkaufsvornahme dar und sind aus rechtsökonomischer Perspektive als verfehlt zu bewerten. Folglich stellt die Verordnung (EU) 236/2012 aus rechtsökonomischer Perspektive im Ergebnis eine Überreaktion auf die von Leerverkäufen ausgehenden Gefahren dar und muss demnach bzgl. ihrer Regelungstiefe als rechtsökonomisch unangemessen qualifiziert werden.

Zum Abschluss des vorstehenden Kapitels soll im Folgenden eine rechtspolitische Bewertung des neuen EU-Leerverkaufsverbots- und Transparenzregimes erfolgen. Im Zuge dieser Bewertung sollen alle im Rahmen der vorliegenden Arbeit bezüglich des Für und Wider der Angemessenheit der EU - Leerverkaufsverordnung aufgeworfenen Argumente Berücksichtigung finden.

D. Die rechtspolitische Bewertung der Neuregelung

Im Ergebnis ist die in Folge der Finanzkrise verabschiedete EU-Leerverkaufsverordnung 236/2012 eine Überreaktion auf die von Leerverkäufen (potentiell) für die Stabilität des Finanzsystems ausgehenden Gefahren. Der Verordnungsgeber wurde seinem im Rahmen der Erwägungsgründe der Verordnung formulierten Anspruch, den mit Leerverkäufen einhergehenden Gefahren zu begegnen, ohne deren positive Effekte unangemessen zu beschränken, nicht gerecht.

Eine angemessene Leerverkaufsregulierung wäre auf eine Meldepflicht signifikanter Netto-Leerverkaufspositionen an die zuständigen Behörden (Art. 5, 7 VO) in Verbindung mit einer Regelung der notwendigen Eingriffsbefugnisse der zuständigen Behörden (Kapitel V der VO) zu beschränken gewesen.

Diese Einschätzung lässt sich bereits darauf stützen, dass Leerverkäufe keinesfalls als Auslöser der Finanzkrise ausgemacht werden können, sondern ihnen allenfalls eine krisenverstärkende Wirkung beigemessen werden kann. Zwar bergen Leerverkäufe die Gefahr, den Börsenkurs eines Emittenten in erheblichem Maße zu drücken, was zu einer Gefährdung der Fremd- und

Eigenkapitalfinanzierung der betreffenden Unternehmen führen kann, welche sich im Falle „systemrelevanter Unternehmen der Finanzbranche" zu einer Gefahr für das gesamte Finanzsystem entwickeln kann.

Allerdings unterlag die Vornahme von Leerverkäufen bereits vor ihrer gezielten Regulierung im Rahmen der §§ 30 h f. WpHG bzw. der Verordnung (EU) Nr. 236/2012 einer ausdifferenzierten nationalen Regulierung, welche sowohl dem Schutz der Funktionsfähigkeit des Wertpapiermarktes als auch dem Schutz der einzelnen Anleger Rechnung trug. Diese kapitalmarktrechtliche Regulierung von Leerverkäufen kollidiert nicht mit der Verordnung (EU) Nr. 236/2012 und wird in Folge dessen auch nicht durch den Anwendungsvorrang der europarechtlichen Leerverkaufsregulierung verdrängt.

Folglich könnte den durch die Vornahme von Leerverkäufen begründeten Risiken für die Stabilität des Finanzmarktes bereits durch eine, im Zuge einer Meldepflicht für signifikante Leerverkaufspositionen stark vereinfachte, konsequente Durchsetzung des Marktmanipulationsverbotes des § 20a Abs.1 S. 1 Nr. 2 WpHG begegnet werden. Dieses gestattet ausschließlich solche Leerverkäufe, welche sich durch eine am Fundamentalwert des jeweiligen Unternehmens ausgerichtete ökonomische Betrachtungsweise rechtfertigen. In erheblichem Umfang vorgenommene Leerverkäufe, welche sich nicht durch ökonomische Erwägungen rechtfertigen, sind demgegenüber geeignet, irreführende Signale über die Nachfrage eines Finanzinstruments und den hierdurch beeinflussten Börsen- bzw. Marktpreis zu geben und unterfallen demnach dem Marktmanipulationsverbot des § 20a Abs. 1 Nr. 2 WpHG i.V.m. § 3 Abs. 2 Nr. 3 Abs. 1 Nr. 1c MaKonV. Über das Marktmanipulationsverbot des § 20a WpHG hinaus wird der Anlegerschutz neben den investmentrechtlichen Leerverkaufsverboten der §§ 59, 113 Abs. 1 und 136 Abs. 1 Nr. 5g InvG auch über das Verbot der Verleitung zu Börsenspekulationsgeschäften des § 26 Abs. 1 BörsG gewährleistet.

Die aufsichtsrechtliche Sanktionierung manipulativer Leerverkäufe mit Hilfe der im Rahmen des 5. Kapitels der EU-Leerverkaufsverordnung kodifizierten Eingriffsbefugnisse der BaFin sowie der ESMA würden insoweit durch die Möglichkeit einer privatrechtlichen Durchsetzung des § 20a WpHG, welcher entgegen der Auffassung des BGH ein Schutzgesetz im Sinne des § 823 Abs. 2 BGB darstellt, im Zuge des „private enforcement" flankiert.

Auch die Ausgestaltung des hochkomplexen und äußerst detaillierten EU-Leerverkaufsverbots- und Transparenzregimes, insbesondere bezüglich der durch Art. 12 f. der Verordnung statuierten Leerverkaufsverbote, ist zu bemängeln. So wurde mit der Verordnung (EU) Nr. 236/2012 eine europäische Leerverkaufsregulierung geschaffen, welche für den Rechtsanwender auf Grund ihrer hohen Komplexität und ihres hohen Detaillierungsgrades eine unübersichtliche und schwer zugängliche Regelung darstellt.

Insbesondere die aus Art. 2 Abs. 1 lit. b VO in Verbindung mit Art. 3 DVO 918/2012 herzuleitende Definition des Leerverkaufes, durch welche der Anwendungsbereich der Leerverkaufsbeschränkungen der Art. 12 f. VO maßgebend bestimmt wird, erscheint misslungen. Insoweit ist insbesondere die durch Art. 3 Abs. 1 DVO 918/2012 vorgenommene Bestimmung der Definition des Eigentums im Sinne der Verordnung sowie das unübersichtliche Regel-Ausnahme-Verhältnis der Leerverkaufsdefinition zu bemängeln, in dessen Rahmen nicht verlässlich zwischen konstitutiv wirkenden Ausnahmetatbeständen und deklaratorischen Klarstellungen differenziert werden kann. Danach läge es im Aufgabenbereich des Verordnungsgebers, die Definition des Leerverkaufes soweit zu präzisieren, dass eine verlässliche Bestimmung eines Verkaufes als Leerverkauf ermöglicht wird.[778] Dabei sollte sich das Vorliegen eines Leerverkaufes nicht nach der Eigentums- bzw. Besitzlage des veräußerten Finanzinstruments bemessen, sondern ein Leerverkauf immer dann vorliegen, wenn dem Verkäufer eines Wertpapieres nach Geschäftsabschluss eine offene wertvariable Verbindlichkeit in Form des Wertpapieres verbleibt.

Zudem sind auch die Voraussetzungen an die Deckung eines Leerverkaufes im Sinne der Art. 12 f. VO zu unbestimmt und bedürfen demzufolge einer Präzisierung durch den Verordnungsgeber.[779] So lassen sich der Verordnung (EU) Nr. 236/2012 auch die an eine zulässige Durchführung gedeckter Leerverkäufe gestellten Anforderungen nicht mit hinreichender Klarheit entnehmen.

Im Ergebnis wirken sich diese Mängel allerdings nicht auf die Anwendung der Melde- und Offenlegungsvorschriften der Art. 5 bis 7 der Verordnung aus, da diesen wiederum eine eigenständige Definition einer zu meldenden bzw. offenzulegenden Netto-Leerverkaufsposition zu Grunde liegt. Allerdings muss auch bezüglich der Bestimmung einer Netto-Leerverkaufsposition im Sinne der Verordnung kritisiert werden, dass sich diese nahezu unmöglich ohne gewisse wirtschaftswissenschaftliche Vorkenntnisse ermitteln lässt. Dies erscheint jedoch insbesondere vor dem Hintergrund problematisch, als sich die Melde- und Offenlegungspflichten der Verordnung nicht ausschließlich an professionelle Investoren richten, sondern theoretisch auch Privatanleger, welche beispielsweise lediglich in einen börsengehandelten Fonds investieren, erfasst werden.

---

778 So auch die europäische Wertpapieraufsichtsbehörde ESMA, vgl. Wertpapieraufsicht für neue Leerverkaufsregeln, in: FAZ vom 4. Juni 2013, Nr. 126, S. 17.

779 So auch die europäische Wertpapieraufsichtsbehörde ESMA, vgl. Wertpapieraufsicht für neue Leerverkaufsregeln, in: FAZ vom 4. Juni 2013, Nr. 126, S. 17.

Letztendlich liegt der EU-Leerverkaufsregulierung in Form des Art. 2 Abs. 1 lit. b in Verbindung mit Art. 3 DVO 918/2012 eine Bestimmung des Leerverkaufes zugrunde, welche keine verlässliche Definition des Leerverkaufes im Sinne der Verordnung ermöglicht. Zudem ist es dem Rechtsanwender, insbesondere in Anbetracht der zahlreichen Ausnahmebestimmungen sowie des unklaren Regel-Ausnahme-Verhältnisses nicht in sachgerechter Weise möglich, zwischen unzulässigen ungedeckten und zulässigen gedeckten Leerverkäufen zu differenzieren. Demnach dürfte sowohl die Einhaltung der neuen EU-Leerverkaufsverordnung durch die betroffenen Spekulanten, als auch die Überwachung und Durchsetzung der Leerverkaufsregulierung durch die zuständigen Aufsichtsbehörden einige Schwierigkeiten bereiten, so dass eine zulässige privatrechtliche Durchsetzung etwaiger Verordnungsverstöße im Wege des private enforcement an Bedeutung gewinnen könnte.

Zwar verstößt die EU-Leerverkaufsverordnung auf Grund des der Komplexität und Vielschichtigkeit des Regelungsbereiches geschuldeten weiten Einschätzungs- bzw. Prognosespielraumes des Verordnungsgebers im Ergebnis weder gegen die Grundfreiheiten des AEUV noch die Grundrechte der europäischen Grundrechtecharta. Im Rahmen einer rechtsökonomischen Analyse der EU-Leerverkaufsregulierung konnte jedoch aufgezeigt werden, dass sowohl die Verbote ungedeckter Leerverkäufe der Art. 12 f. der Verordnung, als auch die Offenlegungspflicht signifikanter Netto-Leerverkaufspositionen nach Art. 6 VO, im Widerspruch zu den Regelungszielen des Kapitalmarktrechts stehen. Wie voranstehend aufgezeigt wurde, konnte der EU-Leerverkaufsverordnungsgeber dem im 3. Kapitel der vorliegenden Arbeit entwickelten Regelungsauftrag, Überreaktionen des Marktes auf wirtschaftlich nützliche Leerverkäufe zu unterbinden, ohne hierbei die ökonomisch wertvollen Effekte der Vornahme von Leerverkäufen unangemessen zu beschränken, nicht gerecht werden.

Ferner muss bereits die Intention des Verordnungsgebers, im Rahmen der Regulierung von Leerverkäufen eine notwendige Verbesserung der Erfüllungsdisziplin an den Finanz- und Kapitalmärkten zu bewirken, nach der Untersuchung der einschlägigen Börsengeschäftsbedingungen, welche nach richtiger Ansicht das dispositive Leistungsstörungsrecht in Form privatrechtlicher Vereinbarung oder Satzung verdrängen, erheblich in Zweifel gezogen werden.

Letztendlich lassen sich zwar auch durch eine, infolge der Meldung signifikanter Leerverkaufspositionen stark vereinfachte, effektive Durchsetzung des § 20a Abs. 1 S. 1 Nr. 2 WpHG Überreaktionen des Marktes auf ökonomisch gerechtfertigte und damit volkswirtschaftlich wünschenswerte Leerverkäufe nicht gänzlich ausschließen. Doch stellen auch die Leerverkaufsverbote der Art. 12 f. VO sowie die Offenlegungspflicht des Art. 6 VO keine angemessenen

Maßnahmen dar, um einer hierdurch begründeten Gefahr für die Stabilität des Finanzmarktes zu begegnen. Vielmehr sorgen diese für eine unter Berücksichtigung der Regelungsziele des Kapitalmarktrechts unsachgerechte Beschränkung der Liquidität und Preiseffizienz des Kapitalmarktes. Zudem begründet die Offenlegung signifikanter Leerverkaufspositionen ihrerseits die Gefahr einer Überreaktion des Marktes und ermöglicht eine gezielte Spekulation gegen ökonomisch wünschenswerte Leerverkäufe.

Demzufolge sollte sich eine angemessene Regulierung von Leerverkäufen auf eine Pflicht zur Meldung signifikanter Leerverkaufspositionen an die zuständigen Aufsichtsbehörden zum Zwecke einer effektiven Durchsetzung des Marktmanipulationsverbotes des § 20a WpHG beschränken.[780] Zum Zwecke der effektiven Überwachung der Vornahme von Leerverkäufen sollten den zuständigen Aufsichtsbehörden darüber hinaus jedoch die im 5. Kapitel der Verordnung (EU) Nr. 236/2012 geregelten Eingriffsbefugnisse verbleiben.

Zwingend hat der Verordnungsgeber jedoch den Leerverkaufsbegriff der Verordnung (EU) Nr. 236/2012 zu präzisieren und die Möglichkeit einer verlässlichen Abgrenzung von ungedeckten bzw. gedeckten Leerverkäufen sicher zu stellen.

780 Politisch ließe sich ein Verbot ungedeckter Leerverkäufe, insbesondere in öffentlichen Schuldtiteln, in Zeiten der europäischen Staatsschuldenkrise allerdings dadurch rechtfertigen, dass weder die Regierungen überschuldeter Staaten, noch die zur Rettung dieser Staaten angetretenen Regierungen der Mitgliedstaaten an einer „wahren" wirtschaftlichen Bewertung der öffentlichen Schuldtitel interessiert sein werden.

Zusammenfassende Thesen

I. Zum Hintergrund der Regulierung von Leerverkäufen

1. Leerverkäufe lassen sich keinesfalls als Ursache der Finanzkrise der Jahre 2008 ff. ausmachen; allenfalls lässt sich ihnen eine krisenverstärkende Wirkung beimessen.
2. Leerverkäufe bergen die Gefahr, den Börsenkurs eines Emittenten erheblich zu drücken. Sie können hierdurch zu einer Gefährdung der Fremd- und Eigenkapitalfinanzierung führen, welche sich im Falle „systemrelevanter Unternehmen des Finanzsektors" zu einer Gefahr für die Stabilität des Finanzsystems entwickeln kann.
3. Das Vorliegen eines Leerverkaufes sollte sich nicht nach der Eigentums- bzw. Besitzlage des veräußerten Finanzinstruments bemessen. Richtigerweise liegt ein Leerverkauf vor, soweit dem Verkäufer nach Geschäftsschluss eine offene wertvariable Verbindlichkeit in Form des Wertpapiers verbleibt. Die an der Eigentumslage ausgerichtete Regelung des Art. 2 Abs. 1 lit. b VO i.V.m. Art. 3 Abs. 1 DVO enthält keine hinreichend bestimmte Definition des Leerverkaufes.
4. Im Gegensatz zu gedeckten Leerverkäufen ist die Vornahme von ungedeckten Leerverkäufen weder durch eine anfallende „Wertpapierleihgebühr", noch durch die Anzahl der tatsächlich am Markt verfügbaren Wertpapiere begrenzt.
5. Mit Leerverkäufen lassen sich im Wesentlichen drei grundverschiedene Handelsstrategien verfolgen: Spekulation, Arbitrage und Hedging.

II. Zur Rechtslage vor der gezielten Leerverkaufsregulierung

6. Bereits vor der gezielten Leerverkaufsregulierung durch die §§ 30h f. WpHG a.F. bzw. die Verordnung (EU) Nr. 236/2012 unterlagen Leerverkäufe einer ausdifferenzierten Regulierung, welche sowohl dem Schutz der Funktionsfähigkeit des Wertpapiermarktes als auch dem Schutz der einzelnen Anleger Rechnung trug. Vor diesem Hintergrund erscheint das Erfordernis einer weitergehenden Leerverkaufsregulierung zweifelhaft.

7. In erheblichem Umfang vorgenommene Leerverkäufe, welche sich nicht durch wirtschaftlich begründete Tatsachen rechtfertigen, sind geeignet, irreführende Signale über die Nachfrage eines Finanzinstruments und den hierdurch beeinflussten Börsen- bzw. Marktpreis zu geben und unterfallen demnach dem Marktmanipulationsverbot des § 20a Abs. 1 S. 1 Nr. 2 WpHG i.V.m. § 3 Abs. 2 Nr. 3, Abs. 1 Nr. 1c MaKonV.
8. Seit der Streichung des Absichtsmerkmals aus dem Tatbestand des Marktmanipulationsverbotes im Rahmen der Umsetzung des Anlegerschutzverbesserungsgesetzes setzt ein Verstoß gegen § 20a Abs. 1 S. 1 Nr. 2 WpHG richtigerweise keine Absicht der Kursmanipulation mehr voraus.
9. Die in Kenntnis der eigenen Investitionsentscheidung vorgenommenen Leerverkäufe stellen mangels „Drittbezuges" der (Insider)Information keine verbotene Verwendung einer Insiderinformation i.S.d. § 14 Abs. 1 Nr. 1 WpHG dar.
10. Über das Marktmanipulationsverbot des § 20a WpHG hinaus wird der Anlegerschutz neben der investmentrechtlichen Leerverkaufsregulierung der §§ 59, 113 Abs. 1 S. 3 und 136 Abs. 1 Nr. 5g InvG auch über das Verbot der Verleitung zu Börsenspekulationsgeschäften gemäß § 26 Abs. 1 BörsG gewährleistet.
11. Die Strafbarkeit des Leerverkaufes ergibt sich grundsätzlich weder aus den kernstrafrechtlichen Bestimmungen der §§ 263, 264a StGB, noch aus dem kapitalmarktstrafrechtlichen Verbot des § 20a Abs. 1 S. 1 Nr. 2 WpHG i.V.m. § 38 Abs. 2 Nr. 1 WpHG.
12. Eine aufsichtsrechtliche Sanktionierung manipulativer Leerverkäufe war auch vor der neu in das Wertpapierhandelsgesetz eingefügten Ermächtigungsgrundlage des § 4a WpHG a.F. bzw. des 5. Kapitels der EU-Leerverkaufsverordnung, insbesondere auf Grundlage des § 22 Abs. 2 BörsG, möglich. Allerdings war die grundsätzliche Unterbindung von Leerverkäufen in Form der von der BaFin erlassenen Allgemeinverfügungen mangels tauglicher Ermächtigungsgrundlage rechtswidrig.
13. Zivilrechtlich stellen Leerverkäufe grundsätzlich gewöhnliche Kaufverträge dar, deren Wirksamkeit letztendlich dem Trennungsprinzip geschuldet ist.
14. Der zivilrechtlichen Wirksamkeit des Leerverkaufes steht ein einseitiger Verstoß gegen das Marktmanipulationsverbot des § 20a Abs. 1 S. 1 Nr. 2 WpHG nicht entgegen (§ 134 BGB).
15. Die Regulierung von Leistungsstörungen bemisst sich im Wesentlichen nach den Vorschriften der einzelnen Börsenordnungen, welche nach richtiger Ansicht das dispositive Leistungsstörungsrecht in Form privatrechtlicher Vereinbarungen oder Satzungen verdrängen.

16. Entgegen der Auffassung des BGH stellt § 20a WpHG ein Schutzgesetz im Sinne des § 823 Abs. 2 BGB dar, so dass sowohl durch manipulative Leerverkäufe geschädigte Anleger als auch Emittenten hieraus Ansprüche gegen die Leerverkäufer herleiten können.

III. Zum Verhältnis der Leerverkaufsregulierung zu den Regelungszielen des Kapitalmarktrechts

17. Aus rechtsökonomischer Perspektive ist der Regelungsauftrag des Gesetz- bzw. Verordnungsgebers derart zu bestimmen, eine Regelung zu schaffen, welche Überreaktionen des Marktes auf wirtschaftlich begründete Leerverkäufe unterbindet, ohne hierbei die ökonomisch wertvollen Effekte der Vornahme von Leerverkäufen unangemessen zu beschränken.
18. Das Hauptziel des Kapitalmarktrechts ist der Funktionenschutz, welcher die volkswirtschaftlich unabdingbare Ressourcenallokation des Kapitalmarktes sicherstellt. Zur Gewährleistung der Allokationsfunktion des Kapitalmarktes ist die fundamentale Effizienz, die informationelle Effizienz sowie die hinreichende Liquidität des Marktes entscheidend.
19. Der Vornahme von Leerverkäufen kommt aus zweifacher Hinsicht ein aus kapitalmarktrechtlicher Sicht wünschenswerter informationsökonomischer Nutzen zu, da Leerverkäufer die am Kapitalmarkt gehandelten Finanzinstrumente auf mögliche Überbewertungen überprüfen und pessimistische Einschätzungen bezüglich der Werthaltigkeit bestimmter Wertpapiere durch Verkaufsorder offenlegen.
20. Die Durchführung von Leerverkäufen führt dem Kapitalmarkt Wertpapiere zu, die diesem ansonsten entzogen wären, erhöht hierdurch die Handelsmöglichkeiten der Marktteilnehmer und wirkt liquiditätsfördernd.
21. Leerverkäufen wohnt in mehrfacher Hinsicht ein erhebliches Preisbeeinflussungspotential inne, welches die fundamentale Effizienz des Kapitalmarktes gefährden kann. So sorgen Leerverkäufe regelmäßig bereits auf Grund einer Erhöhung des Angebotsvolumens für fallende Kurse der entsprechenden Finanzinstrumente und geben hiermit ein Signal für deren Überbewertung, welches zur Auslösung entsprechender Markttrends geeignet sein kann. Darüber hinaus können Leerverkäufe zu einem ungerechtfertigten Kursanstieg eines Finanzinstruments führen, sofern am Kapitalmarkt keine ausreichende Anzahl an Wertpapieren zur Glattstellung eingegangener Leerverkaufspositionen verfügbar ist („Short Squeeze“).

22. Leerverkäufe können eine Gefahr für die Stabilität des gesamten Finanzsystems darstellen, wenn durch diese der Wertpapierkurs eines „systemrelevanten Unternehmens der Finanzbranche“ soweit unter Druck gerät, dass diesem jegliche Refinanzierungsmöglichkeiten im Wege der Fremd- bzw. Eigenkapitalaufnahme unmöglich wird.
23. Leerverkäufe gelten verbreitet als Gefahr für die Erfüllungsdisziplin am Kapitalmarkt, welcher jedoch in Form der Geschäftsbedingungen der Wertpapierbörsen in angemessener Weise begegnet wird.
24. Die durch Leerverkäufe begründeten Risiken können durch eine konsequente Durchsetzung des § 20a WpHG, nach welcher Leerverkäufe richtigerweise ausschließlich auf Grundlage einer am Fundamentalwert des jeweiligen Finanzinstruments ausgerichteten Analyse zulässig sind, nicht gänzlich ausgeschlossen werden, da auch ökonomisch wünschenswerte Leerverkäufe zur Auslösung einer Überreaktion des Marktes geeignet sein können.

IV. Zur Verordnung (EU) Nr. 236/2012

25. Die EU-Leerverkaufsverordnung vermag weder bzgl. ihres Regelungsumfangs noch ihrer Ausgestaltung zu überzeugen. Die EU-Leerverkaufsverbots- und Transparenz-vorschriften stellen auf Grund ihrer hohen Komplexität und ihres hohen Detailierungsgrades eine unübersichtliche und schwer zugängliche Regelung dar, welche einer Präzisierung durch den Verordnungsgeber bedarf. Eine angemessene Leerverkaufsregulierung wäre aus Sicht des Verfassers auf eine Meldung signifikanter Leerverkaufspositionen an die zuständigen Behörden (Art. 5 und 7 VO), erweitert um eine Regelung effektiver Eingriffsbefugnisse der Aufsichtsbehörden (V Kapitel VO), zu beschränken.

1. Zur Beschränkung ungedeckter Leerverkäufe

26. Die Verbote ungedeckter Leerverkäufe der Art. 12 und 13 VO stehen im Widerspruch zu den Regelungszielen des Kapitalmarktrechts und bedürfen sowohl hinsichtlich der Definition eines Leerverkaufes als auch der Abgrenzung gedeckter und ungedeckter Leerverkäufe einer Präzisierung durch den Verordnungsgeber.
27. Art. 2 Abs. 1 lit. b VO i.V.m. Art. 3 Abs. 1 DVO kodifiziert eine hochkomplexe Definition des Leerverkaufes mit zahlreichen Ausnahmebestimmungen,

welche dem Rechtsanwender keine verlässliche Bestimmung eines Leerverkaufes ermöglicht und dem zu Folge einer Präzisierung durch den Verordnungsgeber bedarf.

28. Ein im Hoheitsgebiet der Bunderepublik Deutschland getätigter Verkauf von Finanzinstrumenten durch deren Eigentümer im sachenrechtlichen Sinne unterfällt dem Grunde nach nicht der Leerverkaufsdefinition der EU-Leerverkaufsverordnung, es sei denn, ein solches ergibt sich unmittelbar durch die im Rahmen des Art. 2 Abs. 1 lit. b statuierten Ausnahmen. Maßgebliche Bedeutung kommt der Definition des wirtschaftlichen Eigentums des Art. 3 DVO lediglich in denjenigen Fällen zu, in welchen dem jeweiligen anwendbaren Recht i.S.d. Art. 3 Abs. 1 DVO eine wirtschaftliche Eigentumsdefinition zugrundeliegt.
29. Die Möglichkeit einer Saldierung von innerhalb eines Konzerns gehaltenen Long- bzw. Short-Positionen führt, im Gegensatz zur nationalen Vorgängerregelung des § 30h WpHG a.F., nicht zur Unanwendbarkeit der EU-Leerverkaufsverbote.
30. Die Verordnung (EU) Nr. 236/2012 ermöglicht keine hinreichend bestimmte Abgrenzungsmöglichkeit unzulässiger ungedeckter und zulässiger gedeckter Leerverkäufe und bedarf diesbezüglich einer Präzisierung durch den Verordnungsgeber. Im Ergebnis lässt sich zwischen ungedeckten und gedeckten Leerverkäufen im Sinne der Verordnung wohl danach differenzieren, ob es der Verkäufer in angemessener Weise sichergestellt hat, den Leerverkauf bei Fälligkeit erfüllen zu können.
31. Die Beschränkung ungedeckter Leerverkäufe in Aktien nach Art. 12 VO i.V.m. Art. 6 DVO sollte insbesondere bzgl. der Lokalisierungszusage eines Dritten i.S.d. Art. 12 Abs. 1 lit. c eine Präzisierung erfahren, in deren Folge eine Klarstellung des Alternativverhältnisses der innerhalb der Buchstaben der einzelnen Absätze 2 - 4 des Art. 6 DVO aufgestellten Voraussetzungen vorzunehmen ist.
32. Die Beschränkungen ungedeckter Leerverkäufe in Aktien und öffentlichen Schuldtiteln gemäß Art. 12 und 13 der Verordnung sind im Wesentlichen vergleichbar; allerdings statuieren Art. 13 Abs. 2 und 3 VO Ausnahmetatbestände, welchen es der Regelung des Art. 12 VO (aus nicht nachvollziehbaren Gründen) an einem Pendant mangelt.
33. Den Bestimmungen der Art. 12 und 13 VO ist kein eigenständiges kapitalmarktrechtliches Vorsatzerfordernis zu entnehmen; soweit die Vorschriften von den Straf- bzw. Ordnungswidrigkeitentatbeständen des § 39 WpHG n.F. in Bezug genommen werden, ist jedoch ein subjektives Element in Form eines gesteigerten Fahrlässigkeitsvorwurfes („Leichtfertigkeit“) ausdrücklich angeordnet.

34. Ein zumindest leichtfertiger Verstoß gegen die Leerverkaufsbeschränkungen des 3. Kapitels der Verordnung kann gemäß § 39 Abs. 2 d Nr. 3 i.V.m. § 39 Abs. 4 WpHG n.F. mit einer Geldbuße von 500.000 € geahndet werden. Verstöße gegen Art. 12 und 13 VO lassen die zivilrechtliche Wirksamkeit der den Leerverkäufen zugrundeliegenden Vertragsabschlüsse unberührt und können Schadensersatzansprüche der Leerverkäufer aus § 823 Abs. 2 BGB i.V.m. Art. 12 bzw. 13 VO sowohl gegenüber geschädigten Anlegern als auch Emittenten auslösen. Darüber hinaus ermöglichen Verstöße gegen die Beschränkungen ungedeckter Leerverkäufe ein aufsichtsrechtliches Vorgehen der BaFin sowie der ESMA.
35. Die (nationale) kapitalmarktrechtliche Regulierung von Leerverkäufen kollidiert nicht mit der EU-Leerverkaufsverordnung und wird in Folge dessen nicht durch den Anwendungsvorrang der europarechtlichen Leerverkaufsregulierung verdrängt.
36. Das EU-Leerverkaufsregime erfasst einen gegenüber den wertpapierhandelsrechtlichen Leerverkaufsverboten erweiterten Anwendungsbereich, stellt im Gegenzug jedoch an eine zulässige Durchführung gedeckter Leerverkäufe gelockerte Anforderungen.
37. Es bestehen erhebliche Zweifel, ob der Verordnungsgeber durch Schaffung der Art. 12 und 13 VO den Risiken von Leerverkäufen in geeigneter Weise begegnet, ohne dabei die Vorteile für die Effizienz des Kapitalmarktes unangemessen zu beschränken, so dass ein vollständiges Verbot ungedeckter Leerverkäufe im Ergebnis im Widerspruch zu den Regelungszielen des Kapitalmarktrechts steht.

2. Zur Transparenz von Netto-Leerverkaufspositionen

38. Aus rechtsökonomischer Perspektive ist die Pflicht zur Meldung signifikanter Netto-Leerverkaufspositionen nach Art. 5 VO positiv zu bewerten. Allerdings ist die hoch komplexe Ausgestaltung der Meldepflichten, insbesondere vor dem Hintergrund ihrer hinreichenden Bestimmtheit i.S.d. Art. 49 EGC, zu bemängeln. Die Offenlegungspflicht des Art. 6 VO ist aus rechtsökonomischer Sicht als überzogen zu qualifizieren.
39. Eine Netto-Leerverkaufsposition i.S.d. der Art. 5-7 VO ergibt sich durch Saldierung aller von einer natürlichen oder juristischen Person an dem betreffenden Unternehmen oder öffentlichen Emittenten gehaltenen Short-Positionen mit allen gehaltenen Long Positionen (Art. 2 Abs. 1 lit. h und lit. g VO).

40. Saldierungsfähige Long- bzw. Short-Positionen sind (im Ergebnis) alle Positionen, welche sich aus einem Finanzinstrument i.S.d. Art. 2 Abs. 1 lit. a i.V.m. Anhang I Abschnitt C der Richtlinie 2004/39/EG ergeben und deren Wirkung bzw. eine ihrer Wirkungen darin besteht, im Falle einer Kurs- oder Wertminderung der Aktien bzw. des Schuldinstruments einen finanziellen Vorteil bzw. finanziellen Nachteil zu erzielen (Art. 3 Abs. 1 und 2 VO).
41. Auch die Art. 5-7 VO begründen kein eigenständiges kapitalmarktrechtliches Vorsatzerfordernis und setzen lediglich im Rahmen einer ordnungswidrigkeitenrechtlichen Sanktionierung von Verordnungsverstößen gemäß § 39 Abs. 2 d Nr. 2 bzw. Nr. 2 WpHG n.F. eine zumindest leichtfertige Verletzung der Transparenzpflichten voraus.
42. Art. 5 bis 7 der Verordnung sind nicht als Verbotsgesetze i.S.d. § 134 BGB zu qualifizieren und lassen demnach die zivilrechtliche Wirksamkeit der Vornahme von Leerverkäufen unberührt.
43. Bezüglich der Schutzgesetzqualität der Transparenzpflichten der Art. 5 ff. VO ist zwischen den Meldepflichten der Art. 5 und 7 VO, welchen mangels eines intendierten Individualschutzes die Schutzgesetzqualität i.S.d. § 823 Abs. 2 BGB abzusprechen ist, und zwischen der Offenlegungspflicht nach Art. 6 VO, welche einen Individualschutz intendiert und demnach als Schutzgesetz zu qualifizieren ist, zu differenzieren.

V. Zur Vereinbarkeit der EU-Leerverkaufsregulierung mit dem EUV, dem AEUV und der GRC

44. Die EU-Leerverkaufsregulierung verstößt im Ergebnis weder gegen den Vertrag über die Europäische Union, den Vertrag über die Arbeitsweise der Europäischen Union noch gegen die Europäische Grundrechtecharta.
45. Die EU-Leerverkaufsverordnung dient dem Zweck, die Voraussetzungen für das Funktionieren des Binnenmarktes zu verbessern, so dass zu deren Erlass Art. 114 AEUV als taugliche Ermächtigungsrundlage herangezogen werden konnte.
46. Die Verordnung (EU) Nr. 236/2012 steht im Einklang mit dem durch Art. 5 Abs. 3 EUV verbürgten Subsidiaritätsgrundsatz sowie dem in Art. 5 Abs. 4 EUV niedergelegten Verhältnismäßigkeitsgrundsatz.
47. Die EU-Leerverkaufsregulierung verletzt weder die durch Art. 56 AEUV geschützte Dienstleistungsfreiheit noch die durch Art. 63 AEUV gewährleistete Kapitalverkehrsfreiheit.

48. Die EU-Leerverkaufsverordnung ist mit dem durch Art. 16 Abs. 1 AEUV und Art. 8 Abs. 1 EGC gewährleisteten Recht auf den Schutz personenbezogener Daten, der Berufsfreiheit des Art. 15 Abs. 1 EGC, der unternehmerischen Freiheit des Art. 16 EGC sowie der Eigentumsfreiheit des Art. 17 EGC vereinbar.
49. Allerdings bestehen hinsichtlich der hinreichenden Bestimmtheit der durch Art. 12 und 13 VO vorgenommenen Beschränkungen ungedeckter Leerverkäufe, insbesondere in Anbetracht der den Bestimmungen zugrundeliegenden unscharfen Definition des Leerverkaufes und der komplexen Anforderungen an die zulässige Deckung eines Leerverkaufes, unionsverfassungsrechtliche Bedenken im Hinblick auf das Bestimmtheitsgebot des Art. 49 Abs. 1 S. 1 EGC.

Literaturverzeichnis

Abee, Stephan: Die Neubestimmung des öffentlichen und privaten Interesses auf Kapitalmärkten, Frankfurt a.M. 2012.

Assies, Paul H./Beule, Dirk/Heise, Julia/Strube, Hartmut (Hrsg.): Handbuch des Fachanwalts- Bank- und Kapitalmarktrecht, 3. Auflage, Köln 2012.

Assmann, Heinz-Dieter/Schneider, Uwe H. (Hrsg.): Wertpapierhandelsgesetz, Kommentar, 6. Auflage, Köln 2012.

Arlt, Michael: Der strafrechtliche Anlegerschutz vor Kursmanipulation, Frankfurt a.M. 2004.

Altenhain, Karsten: Die Neuregelung der Marktmanipulation durch das Vierte Finanzmarktförderungsgesetz, in: Betriebs-Berater 2002, S. 1874-1879.

Bachmann, Gregor: Regelwerk und Rechtsgeschäft – Zur einseitigen Änderung privater Börsenregeln – in: Zeitschrift für Wirtschafts- und Bankrecht 2001, S. 1793-1798.

Barnett, Thomas: Deliktischer Schadensersatz bei Kursmanipulation de lege lata und de lege ferenda - Zugleich eine Besprechung zu den Urteilen LG Augsburg vom 24.9.2001 = WM 2001, 1944 und LG Augsburg vom 9.1.2002 = WM 2002, 592-, in: Zeitschrift für Wirtschafts- und Bankrecht 2002, S. 1471-1483.

Baumbach, Adolf/ Hopt, Klaus J.: Handelsgesetzbuch, 35. Auflage, München 2012.

Bartsch, Meinhard: Effektives Kapitalmarktrecht, Zur Rechtsfolgenseite der Richtlinien im europäischen Kapitalmarktrecht, Augsburg 2005.

Beber, Alessandro/Pagano, Marco: Short-Selling Bans Around the Word: Evidence from the 2007-09 Crisis, in: The Journal of Finance Februar 2013, S. 343-381.

Berger, Hanno/Steck, Kai-Uwe/Lübbehüsen, Dieter: Investmentgesetz, Investmentsteuergesetz, Kommentar, München 2010.

–: Regulierung von Hedgefonds in Deutschland. Zugleich ein rechtsvergleichender Blick auf die USA, Luxemburg und die Schweiz, in: Zeitschrift für Bankrecht und Bankwirtschaft 2003, S. 192-202.

Bisson, Frank/Kunz, Anna: Die Kurs- und Marktpreismanipulation nach In -Kraft-Treten des Gesetzes zur Verbesserung des Anlegerschutzes vom 28.10.2004 und der Verordnung zur Konkretisierung des Verbotes der Marktmanipulation vom 1.3.2005, in: Zeitschrift für Bank- und Kapitalmarktrecht 2005, S. 186-190.

Bittner, Claudia/Caspers, Georg/Feldmann, Cornelia/Löwisch, Manfred/Otto, Hnasjörg/Schwarze, Roland (Hrsg.): J. von Staudingers Kommentar zum Bürgerlichen Gesetzbuch mit Einführungsgesetz und Nebengesetzen: Buch 2., Recht der Schuldverhältnisse §§ 255- 304 (Leistungsstörungsrecht 1), Neubearbeitung Berlin 2009.

Blanke, Hermann-Josef: Normativität und Justitiabilität des gemeinschaftsrechtlichen Subsidiaritätsprinzips, in: Zeitschrift für Gesetzgebung 1995, S. 193-223.

Brinkhaus, Josef/Scherer, Peter (Hrsg.): Gesetz über Kapitalanlagegesellschaften, Auslandsinvestment-Gesetz, München 2003.

Bröker, Klaus F.: § 89 BörsG in der neueren Rechtsprechung – Ein Überblick, in: Zeitschrift für Wirtschaft-Steuer-Strafrecht 1993, S. 161-166.

Buck-Heeb, Petra: Kapitalmarktrecht, 5. Auflage, Heidelberg 2011.

Büschgen, Hans E.: Das Kleine Bank-Lexikon, 2. Auflage, Düsseldorf 1997.

Bräutigam, Klaus: Effizienzprobleme an Finanzmärkten: Analyse des deutschen Aktien-, Renten-, Geld-, und Devisenmarktes unter Verwendung von ARIMA- und GARCH- Modellen, Marburg 2004.

Calliess, Cristian/Ruffert, Matthias: EUV/AEUV, Das Verfassungsrecht der Europäischen Union mit Europäischer Grundrechtecharta, 4. Auflage, München 2011.

Caspari, Karl-Burkhard: Die geplante Insiderregelung in der Praxis, in: Zeitschrift für Unternehmens- und Gesellschaftsrecht 1994, S. 530-564.

Claussen, Carsten P.: Bank- und Börsenrecht für Studium und Praxis, 4. Auflage, München 2008.

Conrad, Christian: Moral und Wirtschaftskrisen – Enron, Subprime und Co., Hamburg 2010.

Derleder, Peter/Knops, Kai-Oliver/Bamberger, Heinz Georg: Handbuch zum deutschen und europäischen Bankrecht, 2. Auflage, Berlin 2009.

Dreier, Host (Hrsg.): Grundgesetz Kommentar, Band I, 3. Auflage Tübingen 2013.

Edelmann, Herve: Haftung von Vorstandsmitgliedern für fehlerhafte Adhoc-Mitteilungen – Besprechung der Infomatec-Urteile des BGH, in: Betriebsberater 2004, S. 2031-2033.

Eichelberger, Jan: Scalping – ein Insiderdelikt? In: Zeitschrift für Wirtschafts- und Bankrecht 2003, S. 2121-2126.

–: Das Verbot der Marktmanipulation (§ 20a WpHG), Berlin 2006.

Ekkenga, Jens: Fragen der deliktischen Haftungsbegründung bei Kursmanipulationen und Insidergeschäften, in: Zeitschrift für Wirtschaftsrecht 2004, S. 781-793.

Einsele, Dorothee: Bank- und Kapitalmarktrecht, Nationale und internationale Bankgeschäfte, 2. Auflage, Tübingen 2010.

Erbs, Georg/Kolhaas, Max: Strafrechtliche Nebengesetze, 192. Ergänzungslieferung, München 2012.

Fikentscher, Wolfgang: Finanzkrise, Wettbewerb und Regulierung, in: Zeitschrift der deutschen Vereinigung für gewerblichen Rechtsschutz und Urheberrecht 2009, S. 635-646.

Findeisen, Maximilian/Tönningsen, Gerrit: Das Verbot ungedeckter Leerverkäufe – Regelungsgehalt und Reichweite des § 30f WpHG –, in: Zeitschrift für Wirtschafts- und Bankrecht 2011, S. 1405-1412.

Fischer, Thomas: Strafgesetzbuch und Nebengesetze, 60. Auflage, München 2014.

Fleckner, Andreas M.: Schicksal der Gegenleistungspflicht beim Kauf von Wertpapieren – zum Gefahrübergang im Wertpapierhandel sowie zur Konkurrenz zwischen allgemeinem Leistungsstörungsrecht und börsenrechtlicher Zwangsregulierung –, in: Zeitschrift für Wirtschafts- und Bankrecht 2009, S. 2064-2073.

Flohten, Katrin: Marktmanipulation und Kurspflege. Eine Konkretisierung unter Berücksichtigung des § 20a WpHG und der MaKonV, Baden-Baden 2009.

Fock, Till: Kollektive Vermögensverwaltung zwischen Investmentrecht und Kreditwesengesetz, in: Zeitschrift für Bankrecht und Bankwirtschaft 2004, S. 365-371.

Frenz, Walter: Handbuch Europarecht, 2. Auflage, Berlin 2012.

Friedrich, Thomas: Bericht aus Brüssel, Barnier will Wildwestmanieren der Finanzmärkte stoppen, in: Versicherungswirtschaft 2010, 1368-1368.

Fuchs, Andreas: Wertpapierhandelsgesetz (WpHG), Kommentar, München 2009.

–, Dühn, Matthias: Deliktische Schadensersatzhaftung für falsche Ad -hoc - Mitteilungen, in: Zeitschrift für Bank- und Kapitalmarktrecht 2002, S. 1063-1071.

Funken, Thora Katharina: Übertragung von Darlehensforderungen durch Kreditinstitute, Hamburg 2011.

Geiger, Rudolf/Kahn, Daniel-Erasmus/Kotzur, Markus: Vertrag über die Europäische Union und Vertrag über die Arbeitsweise der Europäischen Union, Kommentar, 5. Auflage, München 2010.

Graef, Andreas: Aufsicht über Hedgefonds im deutschen und amerikanischen Recht: zugleich ein Beitrag zu den Einflüssen des Anlagemodells auf die Finanzmarktstabilität, Berlin 2008.

Graf, Peter/Jäger, Markus/Wittig, Petra (Hrsg.): Wirtschafts- und Steuerstrafrecht, Kommentar, München 2011.

Gringel, Christoph: Die Regulierung von Hedgefonds zwischen Anleger- und Fondsinteressen, Baden-Baden 2009.

Groß, Wolfgang: Kapitalmarktrecht, Kommentar zum Börsengesetz, zur Börsenzulassungsverordnung und zum Wertpapierprospektgesetz, 5. Auflage, München 2012.

Grundmann, Stefan/Kirchner, Kristian/Raiser, Thomas/Schwintowski, Hans-Peter/Weber, Martin/Windbichler, Christine: Unternehmensrecht zu Beginn des 21. Jahrhunderts, Festschrift für Eberhard Schwark zum 70. Geburtstag, München 2009.

Günther, Marcus: Bad Banks. Die Bewältigung systemischer Finanzkrisen durch Errichtung staatlicher Abwicklungsanstalten, Baden-Baden 2012.

Habersack, Mathias/Mülbert/Peter/Schlitt, Michael: Handbuch der Kapitalmarktinformation, München 2008.

Haisch, Martin L./Helios, Marcus: Rechtshandbuch Finanzinstrumente, München 2011.

Haltern, Ulrich: Europarecht Dogmatik im Kontext, 2. Auflage, Tübingen 2007.

Hammen, Horst: Börsenreform und Verfassungsrecht – Rechtsnatur der Börsenbedingungen und Zuständigkeit für die Einführung von Aktien zum Börsenhandel in den Teilbereichen –, in: Zeitschrift für Wirtschafts- und Bankrecht 2007, S. 1297-1305.

Harrer, Andreas: Regulierung von Leerverkäufen und Credit Default Swaps. Das deutsche Verbot im Lichte europäischer Vorschläge, Augsburg 2010.

Haunreiter, Diego: Die Krisenabwehr im Bankengesetz unter besonderer Berücksichtigung der bankenrechtlichen Schutzfunktionen, der internationalen Finanzarchitektur und der TBTF-Problematik, Bern 2011.

Heidel, Thomas (Hrsg.): Nomos Kommentar, Aktien und Kapitalmarktrecht, 3. Auflage, Baden-Baden 2011.

–, Hüßtege, Reiner/Mansel, Heinz-Peter/Noak, Ulrich: Nomos Kommentar, BGB, Band 1, 2. Auflage, Baden-Baden 2012.

Hellmann, Uwe/Beckemper, Katharina: Wirtschaftsstrafrecht, 3. Auflage, Stuttgart 2010.

Hellwig, Martin F.: Finanzkrise und Reformbedarf, in: Neue Juristische Wochenschrift-Beilage 2010, S. 94-97.

Hergt, Andre: Short Selling – Grundlagen, Strategien und Implikationen für den Kapitalmarkt, Mainz 2009.

Hiebel, Stefan/Kassebohm, Hans L. (Hrsg.): Festschrift für Volkmar Mehle zum 65. Geburtstag am 11.11.2009, Baden-Baden 2009.

Hirte, Heribert/Möllers, Thomas M. J. (Hrsg.): Kölner Kommentar zum WpHG, Köln 2007.

Hömig, Dieter (Hrsg.): Grundgesetz für die Bundesrepublik Deutschland, 9. Auflage, Baden-Baden 2010.

Holzborn, Timo/Foelsch, Martin E.: Schadensersatzpflichten von Aktiengesellschaften und deren Management bei Anlegerverlusten – Ein Überblick, in: Neue Juristische Wochenschrift 2003, S. 932-940.

Horn, Norbert: Börsentermingeschäfte nach neuem Recht, in: Zeitschrift für Wirtschaftsrecht 1990, S. 2-18.

Hüffer, Uwe/Schmidt-Aßmann, Eberhard/Weber, Martin: Anteilseigentum, Unternehmenswert und Börsenkurs, München 2005.

Hull, John: Optionen, Futures und andere Derivate, 8. Auflage, München 2012.

Ipsen, Knut: Völkerrecht, 6. Auflage, München 2012.

Jarass, Hans D./Pieroth, Bodo: Grundgesetz für die Bundesrepublik Deutschland: Kommentar, 12. Auflage, München 2012.

Jarass, Hans D.: EG-Kompetenzen und das Prinzip der Subsidiarität nach Schaffung der Europäischen Union, in: Europäische Grundrechte Zeitschrift 1994, S. 209-219.

Joeks, Wolfgang/Miebach, Klaus (Hrsg.): Münchener Kommentar zum Strafgesetzbuch, Band 4, München 2006.

Joost, Detlev/Strohn, Lutz (Hrsg.): Ebenroth/Boujong/Joost/Strohn Handelsgesetzbuch, 2. Auflage, München 2008.

Jungmichel, Tim: Haftung und Schadenskompensation bei Verstößen gegen Ad-hoc-Publizitätspflichten unter besonderer Berücksichtigung der §§ 37b, 37c WpHG, Hamburg 2007.

Karst, Björn: Das Marktmanipulationsverbot gem. § 20a WpHG unter besonderer Berücksichtigung der „Safe-Habour"-Regelung, Frankfurt a.M. 2011.

Kempf, Eberhard/Lüderssen, Klaus/Volk, Klaus (Hrsg.): Die Finanzkrise, das Wirtschaftsstrafrecht und die Moral, Berlin 2010.

Kessler, Oliver (Hrsg.): Die Internationale Politische Ökonomie der Weltfinanzkrise, Berlin 2011.

Kilgus, Stefan: Auswirkungen der Finanzkrise auf das Konsortialkreditgeschäft, in: Zeitschrift für Bank- und Kapitalmarktrecht 2009, S. 181-1190.

Kindhäuser, Urs/Neumann, Ulfrid/Paeffgen, Hans-Ullrich (Hrsg.): Nomos Kommentar zum Strafgesetzbuch, Band III., 4. Auflage, Baden-Baden 2013.

Kindhäuser, Urs (Hrsg.): Strafgesetzbuch, Lehr und Praxiskommentar, 5. Auflage, Nomos 2013.

Kleinschmitt, Martin: Das Informationsmodell bei Börsentermingeschäften, Berlin 1992.

Klöhn, Lars: Kapitalmarkt, Spekulation und Behavioral Finance: Eine interdisziplinäre und vergleichende Analyse zum Fluch und Segen der Spekulation und ihrer Regulierung durch Recht und Markt, Berlin 2006.

Knaut, Oliver/Käsler, Corina: § 20a WpHG und die Verordnung zur Konkretisierung des Marktmanipulationsverbotes (MaKonV), in: Zeitschrift für Wirtschafts- und Bankrecht 2006, S. 1041-1052.

Köndgen, Johannes/Schmies Christian: Die Neuordnung des deutschen Investmentrechts, in: Zeitschrift für Wirtschafts- und Bankrecht, Sonderbeilage Nr. 1 zu Heft 11/2004.

Kopp, Ferdinand O./Ramsauer, Ulrich: Verwaltungsverfahrensgesetz, Kommentar, 14. Auflage, München 2013.

Krüger, Hartmut/Ludewig, Verena: Leerverkaufsregulierung – Aktueller Stand in Deutschland und Ausblick auf die europäische Regulierung unter besonderer Berücksichtigung der aktuellen Vorschläge zu den ausgestalteten Rechtsakten – in: Zeitschrift für Wirtschafts- und Bankrecht 2012, S. 1942-1951.

Kübler, Friedrich/Assmann, Heinz-Dieter: Gesellschaftsrecht, die privatrechtlichen Ordnungsstrukturen und Regelungsprobleme von Verbänden und Unternehmen, 6. Auflage, Heidelberg 2006.

Kugler, Stefan: Ausgewählte Rechtsfragen zum öffentlichen Vertrieb von Hedgefonds in Deutschland, in: Zeitschrift für Bank- und Kapitalmarktrecht, 2006, S. 41-50.

Kümpel, Thomas/Piel Karin: Die Konsolidierung von Zweckgesellschaften vor dem Hintergrund der Subprimekrise. Was ändert sich im Rahmen des BilMoG, in: DstR 2009, S. 1222-1226.

Kümpel, Sigfried (Begr.)/Wittig, Arne (Hrsg.): Bank- und Kapitalmarktrecht, 4. Auflage, Köln 2011.

Kümpel, Siegfried: Bank- und Kapitalmarktrecht, 3. Auflage, Köln 2004.

–, Peters, Martin: Aktuelle Rechtsfragen der Wertpapierleihe, in: Die Aktiengesellschaft 1994, S. 525-531.

–: Börsengesetznovelle 1989 Teil II, in: Zeitschrift für Wirtschafts- und Bankrecht 1989, S. 1485-1496.

Lackner, Karl/ Imo, Christian: Zum Vermögensschaden bei betrügerischen Manipulationen mit Warenterminoptionen, in: Monatsschrift für Deutsches Recht 1983, S. 969-979.

Langenbucher, Katja: Aktien- und Kapitalmarktrecht, 2. Auflage, München 2011.

–, Bliesener, Dirk/Spindler, Gerald: Bankrechts-Kommentar, München 2013.

Lang, Norbert: Das Investmentgesetz – Kein großer Wurf, aber ein Schritt in die richtige Richtung – in: Zeitschrift für Wirtschafts- und Bankrecht 2004, S. 53-59.

Laurer, Thomas: Der Leerverkauf von Aktien: Abgrenzung, Formen und aufsichtsrechtliche Implikationen, in: Zeitschrift für das gesamte Kreditwesen 2008, S. 980-985.

Leisch, Clemens: Vorstandshaftung für falsche Ad-hoc-Mitteilungen – ein höchstrichterlicher Beitrag zur Stärkung des Finanzplatzes Deutschland, in: Zeitschrift für Wirtschaftsrecht 2004, S. 1573-1580.

Lenebach, Markus: Kapitalmarktrecht und kapitalmarktrelevantes Gesellschaftsrecht, 2. Auflage, Köln 2010.

–: „Scalping“, Insiderhandelsverbote, Kurs- und Marktpreismanipulation/ „Fall Opel“, in: Entscheidungen zum Wirtschaftsstrafrecht 2004, S. 307-308.

Leible, Stefan/Lehmann, Mattias (Hrsg.): Hedgefonds und Private Equity- Fluch oder Segen?, Jena 2009.

Laisch, Clemens: Vorstandshaftung für falsche Ad-hoc-Mitteilungen – ein höchstrichterlicher Beitrag zur Stärkung des Finanzplatzes Deutschland, in: Zeitschrift für Wirtschaftsrecht 2004, S. 1573-1580.

Lenz, Carl O./Borchardt, Klaus-Dieter (Hrsg.): EU-Verträge, Kommentar, 6. Auflage, Köln 2012.

Leufgen, Andrea: Kollektiver Rechtsschutz zugunsten geschädigter Anleger, Baden-Baden 2007.

von Livonius, Hilger: Investmentrechtliche Rahmenbedingungen für Hedgefonds in Deutschland, in: Zeitschrift für Wirtschafts- und Bankrecht 2004, S. 60-69.

Ludewig, Verena/Geilfus, Marie C.: EU-Leerverkaufsregulierung: ESMA-Guidelines bestimmen neuen Rahmen der Ausnahmeregelungen für Market-Maker und Primärhändler – Betrachtung unter besonderer Berücksichtigung der BaFin-Erklärung, dem Großteil der Regelung nachzukommen (Partially - Comply-Erklärung) – in: Zeitschrift für Wirtschafts- und Bankrecht 2013, S. 1533-1540.

–: Europaweite Regulierung von Leerverkäufen, in: BaFinJournal 10/2012, S. 9-15.

Maier-Reimer, Georg/Webering, Anabel: Ad hoc-Publizität und Schadensersatzhaftung – Die neuen Haftungsvorschriften des Wertpapierhandelsgesetzes- in: Zeitschrift für Wirtschafts- und Bankrecht 2002, S. 1855-1864.

Maile, Jörg: Der Straftatbestand der Kurs- und Marktpreismanipulation nach dem Wertpapierhandelsgesetz, Berlin 2006.

von Mangoldt, Hermann/Klein, Friedrich/Stark, Christian: Kommentar zum Grundgesetz, Band I, 6. Auflage, München 2010.

Märker, Klaus/Hillesheim, Reiner: Brennpunkt Finanzkrise: Anlegerschutz in Deutschland, in: Zeitschrift für Rechtspolitik 2009, S. 65-69.

Melzer, Philipp: Zum Begriff des Finanztermingeschäfts, in: Zeitschrift für Bank- und Kapitalmarktrecht 2003, S. 366-372.

Meyer, Jürgen: Kommentar zur Charta der Grundrechte der Europäischen Union, 3. Auflage, Baden-Baden 2011.

Mittermeier, Martin: Grundlagen und Regulierungsperspektiven von Leerverkäufen, in: Zeitschrift für Bankrecht und Bankwirtschaft 2010, S. 139-149.

Mock, Sebastian: Das Gesetz zur Vorbeugung gegen missbräuchliche Wertpapier- und Derivategeschäfte, in: Zeitschrift für Wirtschafts- und Bankrecht 2010, S. 2248-2256.

Moosmayer, Klaus: Straf- und bußgeldrechtliche Regelungen eines Vierten Finanzmarktförderungsgesetzes, in: Zeitschrift für Wirtschafts- und Steuerstrafrecht 2002, S. 161-170.

Möller, Andreas: Die Neuregelung des Verbots der Kurs- und Marktpreismanipulation im Vierten Finanzmarktförderungsgesetz, in: Zeitschrift für Wirtschafts- und Bankrecht 2002, S. 309-317.

Möller, Andreas: Kapitalmarktaufsicht Wandel und Neubestimmung der nationalen und europäischen Kapitalmarktaufsicht anhand des Beispiels der Aufsicht über die Börsen und den Börsenhandel, Berlin 2006.

Möllers, Thomas M. J./Christ, Dominique/Harrer, Andreas: Nationale Alleingänge und die europäische Reaktion auf ein Verbot ungedeckter Leerverkäufe, in: Neue Zeitschrift für Gesellschaftsrecht 2010, S. 1167-1170.

Möschel, Wernhard: Die Finanzkrise – Wie soll es weitergehen? In: Zeitschrift für Rechtspolitik 2009, S. 129-133.

Mühlbert, Peter O./Sajnovits, Alexander: Das künftige Regime für Leerverkäufe und bestimmte Aspekte von Credit Default Swaps nach der Verordnung (EU) Nr. 236/2012, in: Zeitschrift für Bankrecht und Bankwirtschaft 2012, S. 266-285.

Müller, Sigrid: Regulierung von Leerverkäufen: Verbote vs. Transparenz, in: Ifo Schelldienst 13/2010, S. 12-15.

von Münch, Ingo/Kunig, Philip, Grundgesetz Kommentar, Band I, 6. Auflage, München 2012.

von Nitzsch, Rüdiger/Kampshoff, Philipp: Verbot von Leerverkäufen in der Krise. Segen oder Fluch für die Kapitalmärkte, in: Zeitschrift für Betriebswirtschaft 2012, S. 1159-1178.

Oppermann, Thomas/Classen, Claus Dieter/Nettesheim, Martin: Europarecht, 5. Auflage, München 2011.

Palandt, Otto (Begr.): Palandt, Becksche Kurz-Kommentare, Bürgerliches Gesetzbuch, 73. Auflage, München 2014.

Papier, Hans-Jürgen/Möller, Johannes: Das Bestimmtheitsgebot und seine Durchsetzung, in: Archiv des öffentlichen Rechts 122 (1997), S. 177-211.

Park, Tido (Hrsg.): Kapitalmarktstrafrecht, Straftaten/Ordnungswidrigkeiten/ Finanzaufsicht/Compliance, Handkommentar, 3. Auflage, Baden-Baden 2013.

–: Kapitalmarktstrafrecht und Anlegerschutz, in: Neue Zeitschrift für Strafrecht 2007, S. 369-377.

–: Kapitalmarktstrafrechtliche Neuerungen des Vierten Finanzmarktförderungsgesetzes, in: Betriebs-Berater 2003, S. 1513-1517.

Patzner, Andreas/Döser, Achim/ Kempf, Ludger: Investmentrecht, Aufsicht/Besteuerung, Handkommentar, Baden-Baden 2012.

Paus, Ulrich: Börsentermingeschäfte: Begriff und Erscheinungsformen nach neuem Börsenrecht, Baden-Baden 1995.

Penski, Ulrich/Elsner, Bernd R.: Eigentumsgewährleistung und Berufsfreiheit als Gemeinschaftsgrundrechte in der Rechtsprechung des Europäischen Gerichtshofs, in: Die Öffentliche Verwaltung 2001, S. 263-275.

Pfüller, Markus/Anders, Dietmar: Die Verordnung zur Konkretisierung des Verbotes der Kurs- und Marktpreismanipulation nach § 20a WpHG, in: Zeitschrift für Wirtschafts- und Bankrecht 2003, S. 2445-2454.

Pütz, Achim/Schmies, Christian: Die Umsetzung der neuen rechtlichen Rahmenbedingungen für Hedgefonds in der Praxis, in: Zeitschrift für Bank- und Kapitalmarktrecht 2004, S. 51-60.

Rengeling, Hans-Werner/Szczekalla, Peter: Grundrechte in der Europäischen Union, Köln 2004.

Ricke, Markus: Stichwort: Hedge Fonds, in: Zeitschrift für Bank- und Kapitalmarktrecht 2004, S. 60-65.

Roberts, Julian: Rechtliche Behandlung von Derivaten. Ein Casebook, Berlin 2012.

Ruffert, Matthias: Die Grundfreiheiten im Recht der Europäischen Union, in: Juristische Schulung 2009, S. 97-103.

Rützel, Stefan: Der aktuelle Stand der Rechtsprechung zur Haftung bei Ad-hoc-Mitteilungen, in: Die Aktiengesellschaft 2003, S. 69-79.

Sachs, Michael (Hrsg.): Grundgesetz-Kommentar, 6. Auflage, München 2011.

Saliger, Frank/Rönnau, Thomas/Kirch-Heim, Claudio: Täuschung und Vermögensschaden beim Sportwettenbetrug durch Spielteilnehmer – Fall „Hoyzer“, in: Neue Zeitschrift für Strafrecht 2007, S. 361-424.

Säcker, Franz J./Rixecker, Roland: Münchener Kommentar zum Bürgerlichen Gesetzbuch, Band I, 6. Auflage, München 2012.

Schäfer, Frank. A./Hamann, Uwe (Hrsg.): Kapitalmarktgesetze, Band I, 2. Auflage, Stuttgart Stand: April 2012.

Schimansky, Herbert/Bunte, Hermann-Joseph/Lwowski, Hans-Jürgen (Hrsg.): Bankrechts-Handbuch, Band II, 4. Auflage, München 2011.

Schmidt-Bleibtreu, Bruno/Hofmann, Hans/Hopfauf, Axel: Kommentar zum Grundgesetz, 12. Auflage, Köln 2011.

Schmidt, Karsten (Hrsg.): Münchner Kommentar zum Handelsgesetzbuch, Band 2, 3. Auflage, München 2011.

–: Münchener Kommentar zum Handelsgesetzbuch, Band V, 2. Auflage, München 2009.

Schmies, Christian: Die Regulierung von Hedgefonds, Baden-Baden 2012.

Schneider, Joachim: Kapitalmarktrechtlicher Anlegerschutz und Internationales Privatrecht, Frankfurt a.M. 1998.

Scholz, Doreen: Selbst- und Fremdregulierung von Wertpapierbörsen, Hamburg 2009.

Scholz, Helmut D.: Langfristiger Vermögensaufbau mit risikoneutralen Hedge-Fonds-Strategien. Optimales Wertpapiermanagement für die Altersvorsorge, Sankt Augustin 2005.

Schönke, Adolf (Begr.)/Schröder, Horst: Strafgesetzbuch, Kommentar, 28. Auflage, München 2010.

Schröder, Christian: Handbuch Kapitalmarktstrafrecht, 2. Auflage, Köln 2010.

–: Aktienhandel und Strafrecht: Börseneinführung und Handel von Aktien und Optionsrechten auf Aktien aus strafrechtlicher Sicht, Köln 1994.

Schünemann, Bernd (Hrsg.): Die sogenannte Finanzkrise- Systemversagen oder global organisierte Kriminalität?, Berlin 2010.

Schwark, Eberhard/Zimmer, Daniel (Hrsg.): Kapitalmarktrechtskommentar, 4. Auflage, München 2010.

Schwarze, Jürgen/Becker, Ulrich/Hatje, Armin/Schoo, Johann: EU-Kommentar, 3. Auflage, Baden-Baden 2012.

Sethe, Rolf: Die Verschärfung des insiderrechtlichen Weitergabeverbots, in: Zeitschrift für Bankrecht und Bankwirtschaft 2006, S. 243-257.

Slomka, Lars: Effizienzkriterien und Börsensysteme, Berlin 1999.

Sodan, Helge (Hrsg.): Grundgesetz, Beck'scher Kompakt-Kommentar, 2. Auflage, München 2011.

Spindler, Gerald: Persönliche Haftung der Organmitglieder für Falschinformationen des Kapitalmarktes – de lege Lata und de lege ferenda –, in: Zeitschrift für Wirtschafts- und Bankrecht 2004, S. 2089-2098.

von Staudinger, Julius (Begr.), Löwisch, Manfred/Caspers, Georg, J.: von Staudingers Kommentar zum Bürgerlichen Gesetzbuch mit Einführungsgesetz und Nebengesetzen. Recht der Schuldverhältnisse §§ 255-304 (Leistungsstörungsrecht 1), Berlin 2009.

Stelkens, Paul/Bonk, Heinz J./Sachs, Michael: Verwaltungsverfahrensgesetz Kommentar, 8. Auflage, München 2013.

Streinz, Rudolf: EUV/AEUV, Vertrag über die Europäische Union und Vertrag über die Arbeitsweise der Europäischen Union, 2. Auflage, München 2012.

–, Ohler, Christoph: § 20a WpHG in rechtsstaatlicher Perspektive – europa- und verfassungsrechtliche Anforderungen an das Verbot von Kurs- und Marktmanipulationen, in: Zeitschrift für Wirtschafts- und Bankrecht 2004, S. 1309-1317.

Teigelack, Lars: Finanzanalysen und Behavioral Finance, Baden-Baden 2009.

Trüg, Gerson: Ist der Leerverkauf von Wertpapieren strafbar? In: Neue Juristische Wochenschrift 2009, S. 3202-3206.

–, Habetha, Jörg: Zur Rechtsfigur des Betruges durch schlüssiges Verhalten – Der Fall „Hoyzer"- in: Juristenzeitung 2007, S. 878-883.

Tyrolt, Jochen/Bingel, Adrian: Short Selling – Neue Vorschriften zur Regulierung von Leerverkäufen, in: Betriebs-Berater 2010, 1419-1429.

Vedder, Christoph/Heintschel von Heinegg, Wolff (Hrsg.): Europäischen Unionsrecht EUV/AEUV/ Grundrechte-Charta Handkommentar, Baden-Baden 2012.

Verannen, Peter: Das deutsche Verbot von Hochrisiko-Wetten: Schutz der Finanzmärkte und Schutz vor den Finanzmärkten, in: Gesellschaft- und Wirtschaftsrecht 2010, 337.

Vogel, Joachim: Scalping als Kurs- und Marktpreismanipulation, in: Neue Zeitschrift für Strafrecht 2004, S. 252-256.

von Münch, Ingo/Kunig, Philip (Hrsg.): Grundgesetz Kommentar, Band I, 6. Auflage, 2012.

Wagner, Gerhard: Prävention und Verhaltenssteuerung durch Privatrecht – Anmaßung oder legitime Aufgabe, in: Archiv für die civilistische Praxis 2006, 352-476.

Walla, Fabian: Die Konzeption der Kapitalmarktaufsicht in Deutschland, Baden -Baden 2012.

Weber, Martin: Die Entwicklung des Kapitalmarktrechts im Jahre 2004, in: Neue Juristische Wochenschrift 2004, S. 3674-3681.

–: Scalping – Erfindung und Folgen eines Insiderdelikts, in: Neue Juristische Wochenschrift 2000, S. 562-564.

Wittig, Petra: Wirtschaftsstrafrecht, 2. Auflage, München 2011.

Zerey, Jean-Claude (Hrsg.): Finanzderivate, Rechtshandbuch, 3. Auflage, Baden-Baden 2012.

Zerey, Jean-Claude (Hrsg.): Zweckgesellschaften, Rechtshandbuch, Baden-Baden 2012.

Zimmer, Daniel: Gesetzliches Verbot ungedeckter Leerverkäufe, in: Betriebs-Berater, die erste Seite 2010, Nr. 30.

–, Beisken, Thomas A.: Die Regulierung von Leerverkäufen de lege lata und de lege ferenda, in: Zeitschrift für Wirtschafts- und Bankrecht 2010, S. 485-491.

Ziouvas, Dimitris: Das neue Recht gegen Kurs- und Marktpreismanipulation im 4. Finanzmarktförderungsgesetz, in: Zeitschrift für Unternehmens- und Gesellschaftsrecht 2003, S. 113-146.

Schriftenreihe der Forschungsstelle für Finanzdienstleistungsrecht der Philipps-Universität Marburg

Herausgegeben von Prof. Dr. Dr. h.c. Gilbert Gornig und Prof. Dr. Hans-Detlef Horn

Band 1 Gilbert Gornig (Hrsg.): Rechtliche Aspekte der Vermögensberatung. 2003.

Band 2 Gilbert Gornig / Dieter Meurer / Frank Reinhardt / Norbert Klatt: Der unabhängige Allfinanz-Vertrieb. Unter Berücksichtigung hierarchischer Vertriebssysteme. 2004.

Band 3 Julia Schwalm: Die Erstellung von Finanzanalysen nach § 34b WpHG. Sorgfaltspflichten und Offenlegungspflichten nach §§ 2–4 FinAnV. 2007.

Band 4 Richard Karl Friedrich Reimer: Rechtsfragen zum Finanztransfergeschäft. Der Zahlungsverkehr über Alternative Remittance-Systeme. 2007.

Band 5 Volker Lemmer: Integrierte Finanzdienstleistungsaufsicht. Eine verwaltungsrechtliche Strukturanalyse der Aufsicht über Banken und Versicherungen. 2014.

Band 6 Paul Tritschler: Die Regulierung von Leerverkäufen als Folge der Finanzkrise. Übertriebener Aktionismus oder angemessene Maßnahme zur Stabilisierung des Finanzsystems? 2015.

www.peterlang.com